한국산업인력공단(www.q-net.or.kr)의
출제기준에 따른

전자캐드 기능사
Craftsman Electronic CAD

실기

저자
캐드문제연구회

엔플북스

PREFACE
머·리·말

    80년대 초부터 시작된 전자 CAD 프로그램을 이용한 회로 및 인쇄회로기판(PCB)의 설계는 초보적 단계였으나, 컴퓨터 하드웨어의 급속한 발전과 전자·통신 분야에서 제품의 첨단 소형화, 경량화 및 다기능화에 따라 ECAD도 나날이 발전하여 고난도의 기능을 탑재하여 회로의 설계 및 고밀도 다층(Multi Layer) PCB의 설계가 PC에서 가능하게 됨에 따라 전자·통신 분야의 기업에서는 설계 능력의 중요도가 대두됨에 따라 회로의 설계와 PCB 설계 능력을 갖춘 전문 인력의 요구가 증대되고 있는 것이다.

    현재 국내에서는 PC 기반의 다양한 ECAD 프로그램(OrCAD, PADS, Altium Designer 등)이 사용되고 있으나, 본 교재에서는 일선 산업현장과 교육기관에 많이 보급되고 사용되고 있는 OrCAD 16.6 버전을 기준으로 본 교재를 통하여 회로의 설계와 PCB 설계를 쉽게 학습할 수 있도록 3개의 장으로 구성하였다.

1. 1편의 1장에서는 OrCAD Capture의 기본 명령과 사용 환경의 설정 등을 중심으로 회로의 부품 배치와 수정 등의 설계 과정에 대하여 자세히 설명하였다.
2. 1편의 2장에서는 PCB Editor의 기본적인 사용방법과 사용환경의 설정, PCB 풋프린트의 생성과 PCB 설계 과정과 에러의 수정, PCB의 제조를 위한 거버 파일의 생성에 대하여 자세히 설명하였다.
3. 2편에서는 전자캐드기능사 문제의 주요 요구 조건에 따른 회로의 설계에 필요한 새로운 부품 심벌의 생성과 부품의 풋프린트를 생성하여 PCB Editor에 적용하도록 설정하고 주어진 크기의 2Layer의 양면 표면실장형(SMD) PCB 설계를 통하여 거버 파일을 생성하고 출력하는 과정을 상세하게 설명하였다.

전자 CAD의 기능을 습득하기 위해 중요한 요소가 하드웨어에 대한 지식이 동반되어야 양질의 회로 설계와 PCB의 설계가 이루어짐을 간과해서는 안 된다.

현재 OrCAD는 16.X 버전과 17.4 버전까지 출시되어 사용되고 있으나, 현재 많은 사용자를 갖고 있는 16.6 버전을 중심으로 설명하였으며, 본 교재를 통하여 회로도면과 인쇄회로기판(PCB)의 설계 능력이 향상되고 현장적응능력이 향상되기를 기원합니다.

마지막으로 미흡한 부분이 많으나 알찬 내용으로 거듭나도록 노력할 것을 약속하며, 본 교재가 출간될 수 있도록 많은 도움을 주신 나인플러스 대표님과 직원분들, 일선 교육현장에서 전자CAD를 담당하시는 선생님들과 더불어 도서출판 엔플북스 대표와 편집자에게 감사의 마음을 전합니다.

2021년 가을에
저자가

출·제·기·준(실기)

직무분야	전기·전자	중직무분야	전기	자격종목	전자캐드기능사	적용기간	2019. 1. 1.~2023. 12. 31.

○ 직무내용 : 전자, 통신 및 컴퓨터 등의 기기 및 제품의 설계와 제작을 위하여 전자회로를 설계하고, 전자회로도의 표현, 부품목록표(BOM) 작성, 인쇄회로기판(PCB) 설계, 회로의 제작 및 시험 등을 컴퓨터 설계(CAD) 프로그램을 활용해서 처리하는 직무

○ 수행준거 : 1. 하드웨어 관련 부품 및 설계정보 등을 파악하고 효율적인 PCB 설계 계획을 수립할 수 있다.
            2. 회로 및 PCB 도면의 설계에 필요한 부품을 생성하고, 부품의 배치와 배선을 할 수 있다.
            3. 부품이 배치와 배선이 완료된 도면에 각종 문자 정보를 삽입하고, 부품 참조를 갱신할 수 있다.
            4. 설계 규칙에 따라 부품배치, 배선, 문자삽입 등을 검사하여 도면을 수정 및 보완할 수 있다.
            5. 설계된 도면을 이용하여 PCB 제조에 사용될 자료를 생성하고, 관련된 도면을 출력할 수 있다.

실기검정방법	작업형	시험시간	4시간 30분 정도

실기 과목명	주요항목	세부항목	세 세 항 목
전자제도 CAD 작업	1. 하드웨어 기초회로 설계	1. 블록별 회로 설계하기	1. 기초 회로의 시뮬레이션을 통하여 상세 단위 회로를 설계할 수 있다. 2. 설계된 단위 회로를 조합하여 각 블록별 회로를 설계할 수 있다.
		2. 하드웨어 전체 설계도 작성하기	1. 검증된 기초 회로를 조합하여 전체 회로를 구성할 수 있다. 2. 구성된 단위 회로를 시뮬레이션을 통하여 성능을 검증할 수 있다. 3. 검증된 회로를 바탕으로 하드웨어 전체 설계도를 작성할 수 있다.
	2. 하드웨어 회로 설계	1. 부품 규격 선정하기	1. 제품개발전략을 바탕으로 적용 가능한 주요 부품의 라인업을 파악할 수 있다. 2. 파악된 라인업에 따라 개발계획서의 요구기능을 구현할 수 있는 주요 부품의 목록을 작성할 수 있다. 3. 작성된 주요 부품의 목록에 따라 부품 규격서를 수집할 수 있다.
		2. 블록 설계하기	1. 제품 규격서에서 제시하는 제품 기능에 따라 블록도를 작성할 수 있다. 2. 작성된 블록도를 활용하여 블록별 회로를 설계할 수 있다.

실기 과목명	주요항목	세부항목	세 세 항 목
			3. 설계된 회로를 시뮬레이션을 진행한 후 이론적인 검토내용과 시뮬레이션 결과를 비교·검토할 수 있다.
		3 회로도 설계하기	1. 검토된 블록별 회로를 신호와 타이밍을 고려하여 회로를 구성할 수 있다.
			2. 구성된 회로를 분석하여 부품의 규격, 납기, 단가, 제조사 등에 따라 사용 부품을 확정할 수 있다.
			3. 확정된 부품을 바탕으로 회로를 설계할 수 있다.
3. 하드웨어 기능별 설계	1. 하드웨어 구성하기		1. 분석된 하드웨어 자료를 바탕으로 하드웨어 요소를 작성할 수 있다.
			2. 작성된 하드웨어 요소를 기반으로 구성도를 작성할 수 있다.
			3. 작성된 구성도와 기구 도면을 바탕으로 하드웨어를 배치할 수 있다.
		2. 블록도 작성하기	1. 제품 기능안과 하드웨어 구성도를 바탕으로 동작순서를 작성할 수 있다.
			2. 작성된 동작 순서를 바탕으로 주요 부품을 중심으로 하드웨어 연결도면을 그릴 수 있다.
			3. 전체 블록도, 상세 블록도를 나누어 작성할 수 있다.
4. 하드웨어 회로 구현 설계	1. 상세회로도 작성하기		1. 기초 회로 설계도를 기반으로 상세회로도를 그릴 수 있는 설계 프로그램을 사용할 수 있다.
			2. 설계 프로그램을 이용하여 하드웨어 전체 설계도를 작성할 수 있다.
			3. 작성된 하드웨어 전체 설계도에 대해 오류를 검증할 수 있다.
		2. 전자파 대응 설계하기	1. 작성된 전체 설계도에 대해서 전자파 유해성 관련 규격을 조사할 수 있다.
		3. 회로 검증하기	1. 회로 시뮬레이션 프로그램을 통하여 회로의 성능을 검증할 수 있다.
			2. 전문가 집단이 작성한 하드웨어 체크 리스트를 기반으로 전체 회로 설계도에 대한 적합 여부를 확인할 수 있다.

실기 과목명	주요항목	세부항목	세 세 항 목
	5. 하드웨어 부품 선정	1. 부품의 특성 분석하기	1. 기초 회로에 적용된 부품에 대한 특성을 분석할 수 있다.
			2. 기초 회로에 적용된 부품에 대한 동작 조건을 확인할 수 있다.
			3. 기초 회로에 적용된 부품에 대한 사용 환경의 적합성을 판단할 수 있다.
		2. 부품의 검사항목 결정하기	1. 제품의 종류와 사용 환경에 따른 부품의 사양을 정할 수 있다.
			2. 정해진 사양에 대한 부품의 필요 기능을 설정할 수 있다.
			3. 정해진 필요 기능에 따라 검사항목을 결정할 수 있다.
		3. 부품 선정하기	1. 전기적 성능 검사 결과를 바탕으로 부품 사용 가부를 결정할 수 있다.
			2. 부품사양서를 확인하여 유해성분이 없는 부품을 선정할 수 있다.
			3. 환경 안전규격을 검토하여 해당 부품의 적용 가능 여부를 판단할 수 있다.
	6. 하드웨어 양산 이관	1. 관계부서 지원하기	1. 관련 부서 간 협의를 통하여 생산에 필요한 개발 내용을 해당 부서에 이관할 수 있다.
			2. 관련 부서가 양산 체제를 구축할 수 있도록 제품 개발에 대한 정보 및 문서를 공유할 수 있다.
			3. 양산 이관 시 문제점에 대한 관련 부서의 개선 요구 사항을 검토, 분석, 개선할 수 있다.
		2. 문제점 개선하기	1. 양산 시 발생 가능한 문제점을 파악하여 설계에 반영, 개선할 수 있다.
		3. 양산 이관문서 작성하기	1. 기술 문서 및 문제적 개선 이력을 작성할 수 있다.
			2. 최종적으로 개선한 견본품을 이관할 수 있다.

CONTENTS

목 · 차

PART 1　OrCAD 16.6의 기초　　1

제1장 캡쳐를 이용한 회로도면의 설계 / 3

1-1 Capture 시작하기 ·· 3
1-2 툴 바(Tool Bar)의 기능 ··· 8
1-3 회로도면 편집 창(Schematic Page Editor Windows) 27
1-4 FIND 툴 바의 기능 ··· 47
1-5 회로도면(Schematic)의 구조 ································· 48
1-6 부품 편집 & 기호 편집 창(Part & Symbol Editor Windows)
　　 ·· 52
1-7 설계환경 설정(Option) ·· 54
1-8 OrCAD 캡쳐의 설계 흐름(Flow) ·························· 65

제2장 PCB Editor를 이용한 PDB 설계 / 81

2-1 PCB Editor 시작하기 ·· 81
2-2 툴 바(Tool Bar)의 기능 ··· 86
2-3 Stroke의 기능 ·· 95
2-4 PCB Editor의 환경 설정 ······································· 97
2-5 Board 작성하기 ·· 123
2-6 Constraints 설정 ·· 139
2-7 부품 배치 ·· 146

2-8 배선 및 설계 검사 ··· 151
2-9 후처리 과정(Gerber File 생성) ····························· 164

PART 2 전자CAD기능사 실기 풀이

제1장 실기 풀이 / 185
과제 1. 회로설계 ··· 185
과제 2. PCB설계 ··· 319

memo

OrCAD 16.6의 기초

Chapter 01 캡쳐를 이용한 회로도면의 설계

1-1 Capture 시작하기

① 시작 – 모든 프로그램 – Cadence – OrCAD Capture를 클릭한다. 또는 바탕화면의 캡쳐 아이콘()을 더블클릭한다.

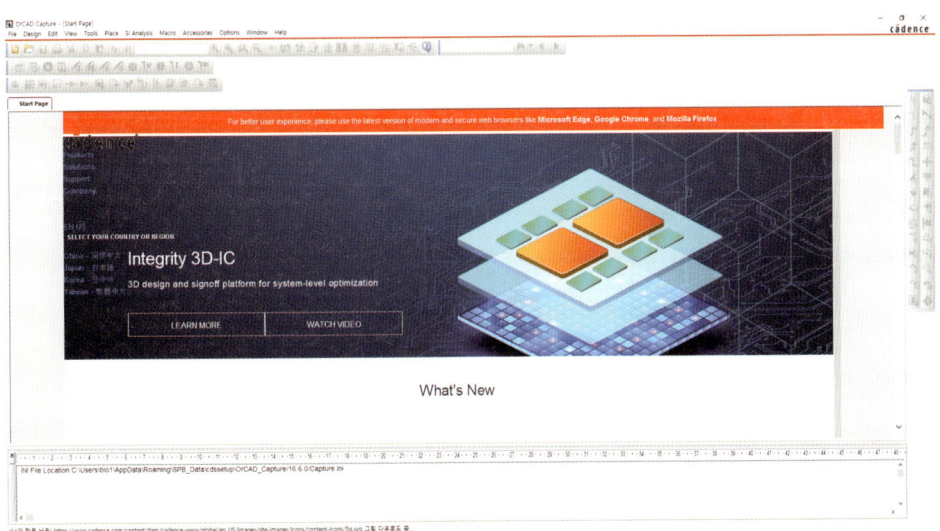

② Gatting Started Page를 닫으려면 Start Page 탭을 선택하고 RMB-Close를 선택하면 Gatting Started 창이 사라진다.

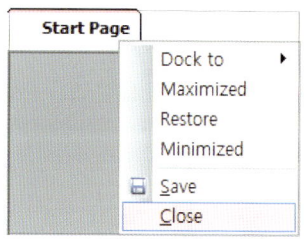

1) Capture의 화면 구성

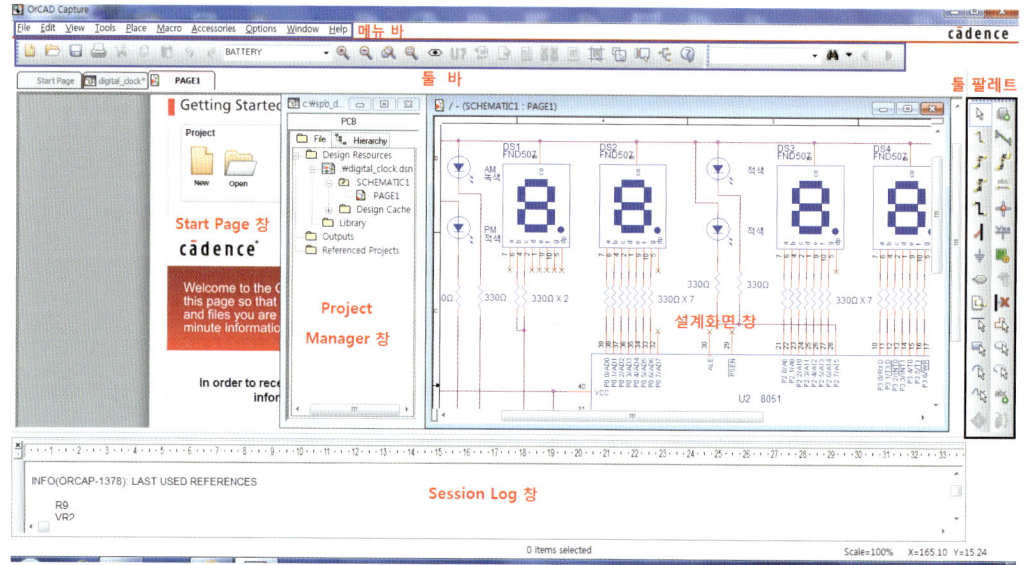

(1) 메뉴의 바(Menu Bar)

캡쳐의 메뉴를 나타내며, 창에 따라 메뉴가 달라지는데 각 메뉴를 선택하면 부 메뉴가 나타난다.

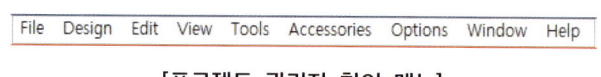

[프로젝트 관리자 창의 메뉴]

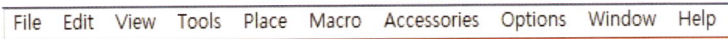

[설계 창의 메뉴]

(2) 툴 바(Tool Bar)

메뉴의 기능 중(Place 메뉴의 기능 제외)에서 자주 사용하는 명령들을 사용이 용이하도록 아이콘을 클릭하면 기능의 수행이 이루어지게 된다. 전기적 속성의 객체와 그래픽 속성의 객체로 구분되며, 비활성화 상태(흐려짐)가 되면 사용할 수 없고 활성화 상태(컬러)가 되어야 사용이 가능하다.

[프로젝트 관리자 창의 툴 바]

[설계 창의 툴 바]

(3) 시작 페이지 창(Start Page Window)

인터넷에 연결되어 있을 경우 Start Page가 자동으로 실행되며, Project 생성 및 열기, Design 생성 및 열기, Tutorial(사용 매뉴얼), Documentation(프로그램 User Guide), 프로그램 업데이트 정보 확인, Cadence Home Page, What's New, 페이스북(FaceBook), 유튜브(YouTube), 트위터(Twitter) 등의 SNS 접속을 위한 창이다.

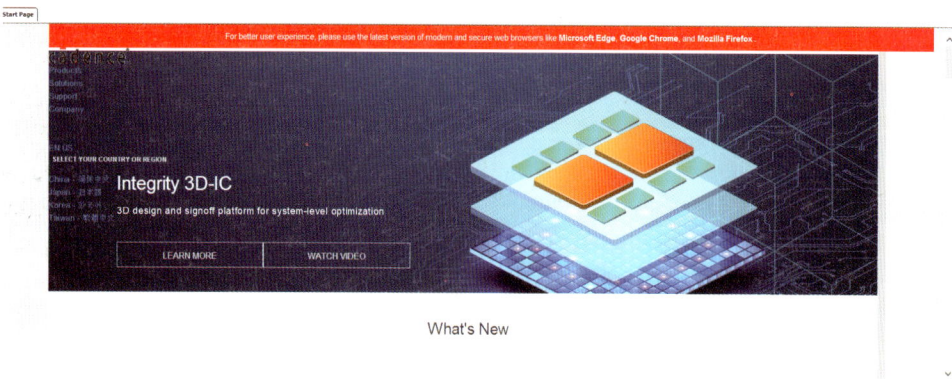

What's New

(4) 프로젝트 관리자 창(Project Manager Window)

프로젝트에 관련된 각종 정보를 나타내는 창으로 설계 파일과 관련된 정보의 생성과 수정이 이루어진다.

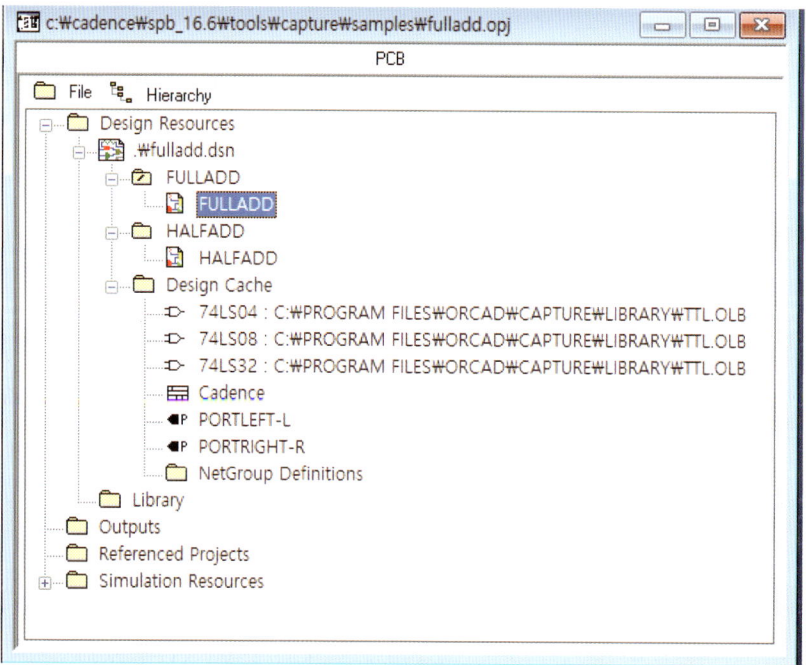

(5) 설계화면 창(Schematic Page Editor & Part Editor Window)

① 회로도면 설계 창(Schematic Page Editor Window)

회로도면의 설계와 편집을 위한 창으로 편집 툴 바(Draw Tool bar)의 각종 아이콘을 이용하며, 그래픽 객체와 문자의 사용도 가능하다.

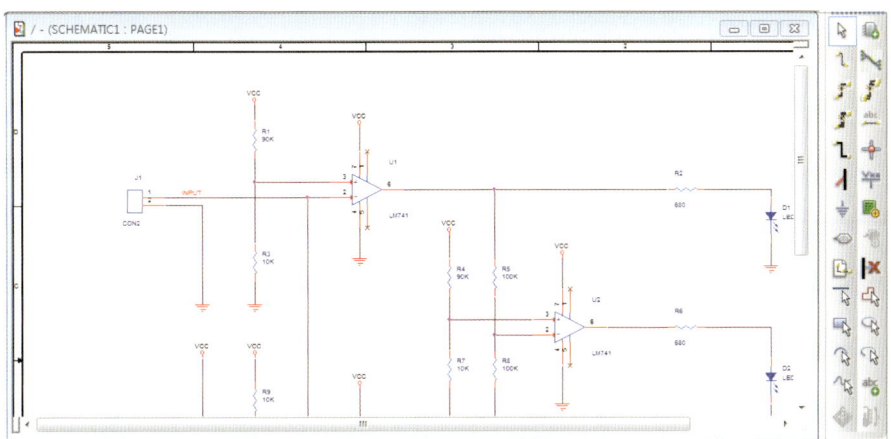

② 부품 편집 창(Part Editor Window)

부품(Part) 및 기호(Symbol)의 생성과 편집을 위한 창으로 툴 팔레트에서 사용 가능한 아이콘이 제한된다.

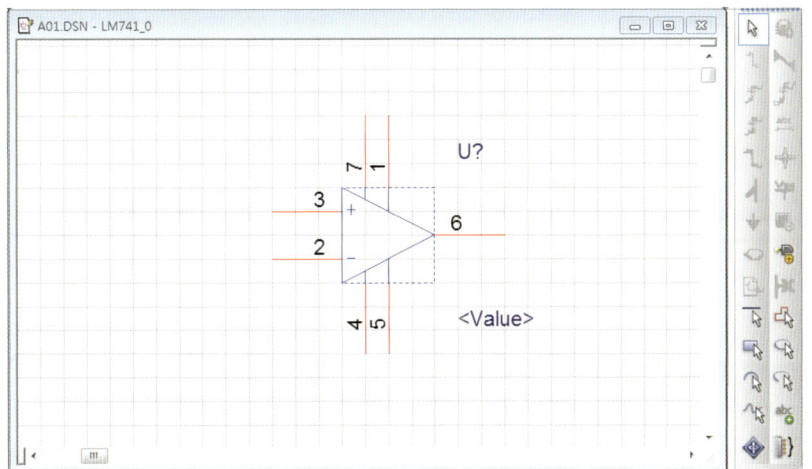

(6) 툴 팔레트(Tool Plate : 드로우 툴 바 : Draw Tool Bar)

 Place 메뉴의 기능 중에서 자주 사용하는 명령들을 사용이 용이하도록 아이콘을 클릭하면 기능의 수행이 이루어지게 된다. 전기적 속성의 객체와 그래픽 속성의 객체로 구분되며, 비활성화 상태(흐려짐)가 되면 사용할 수 없고 활성화 상태(컬러)가 되어야 사용이 가능하다.

(7) 세션 로그 창(Session Log Windows)

 캡쳐의 설계과정에서 일어나는 모든 내용과 메시지가 기록되는 창이다.

 **1-2 툴 바(Tool Bar)의 기능**

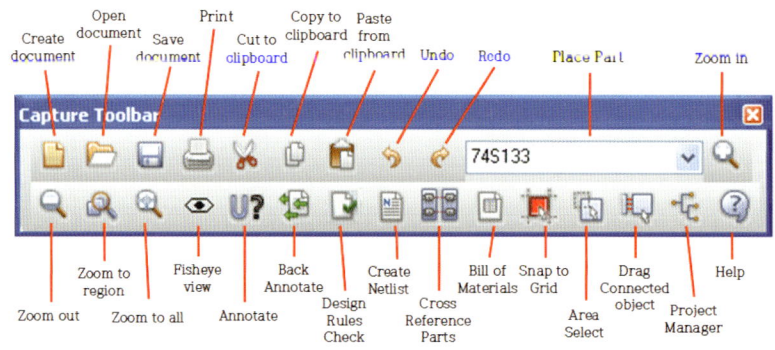

[캡쳐의 도구 막대(Tool Bar)]

 파일(File) - 신규(Create Document) : 새로운 도면 파일을 작성한다.

📋 프로젝트(Project)를 바탕으로 한 새로운 도면 설계하기

① 메뉴의 File - New에서 Project를 클릭한다. 또는 Create Document 아이콘 (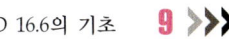) 을 클릭한다.

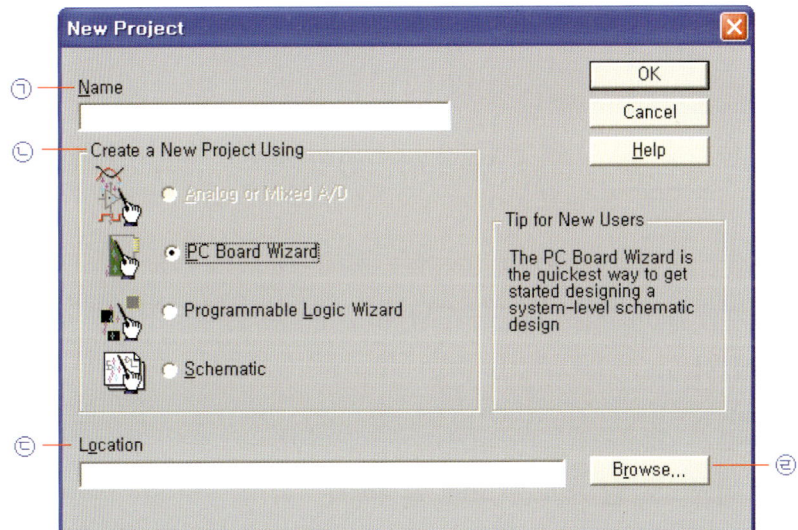

㉠ 파일 이름을 입력한다.
㉡ 프로젝트의 종류를 선택한다.
㉢ 파일이 저장될 디렉토리(폴더)의 경로를 표시된다.
㉣ 파일이 저장될 디렉토리(폴더)의 경로를 설정한다.

② Name 칸에 파일 이름을 입력한다.

👉 한글 파일명을 사용하면 레이아웃 설계에서 에러가 발생하므로, 한글 파일명을 사용하지 않도록 한다.

③ Create a New Project Using에서 프로젝트의 종류를 선택한다.

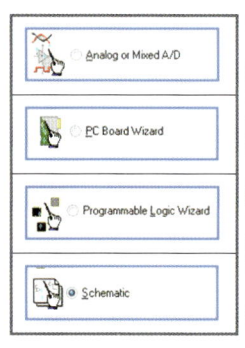

아날로그(Analog) 또는 아날로그·디지털 혼재 회로의 설계를 위한 Pspice 프로젝트를 선택한다.

인쇄회로기판(PCB)을 설계하기 위한 Layout 또는 Layout Plus를 사용하기 위한 프로젝트를 선택한다.

CPLD 또는 FPGA 설계의 디지털 시뮬레이션을 위한 프로젝트를 선택한다.

회로도면 설계를 위한 캡쳐를 사용하기 위한 프로젝트를 선택한다.

④ 프로젝트 파일을 저장하기 위한 폴더를 Location 칸에 설정한다.
  ㉠ Browse... 버튼을 누른다.
  ㉡ 기존의 폴더에 저장할 경우에는 Select Directory 창에서 파일을 저장할 폴더를 선택하고, OK 버튼을 누른다.
  ㉢ 새로운 폴더를 만들어 저장할 경우에는 Select Directory 창에서 Create Dir... 버튼을 클릭한 후에 Name 칸에 이름을 입력하고, 생성된 폴더를 선택한 후, OK 버튼을 누른다.

Design을 바탕으로 한 새로운 도면 설계하기

① 메뉴의 File - New에서 Design을 클릭한다.
② Select Directory 창에서 파일을 저장할 폴더를 선택하고, OK 버튼을 누른다.
③ 새로운 폴더를 생성하여 저장할 경우에는 Select Directory 창에서 Create Dir... 버튼을 클릭한 후에 Name 칸에 이름을 입력하고, 생성된 폴더를 선택한 후, OK 버튼을 누른다.

새로운 라이브러리 생성하기

① 메뉴의 File - New에서 Library를 클릭한다.

② 프로젝트 관리자 창에 Library1.olb의 라이브러리 파일이 생성된다.

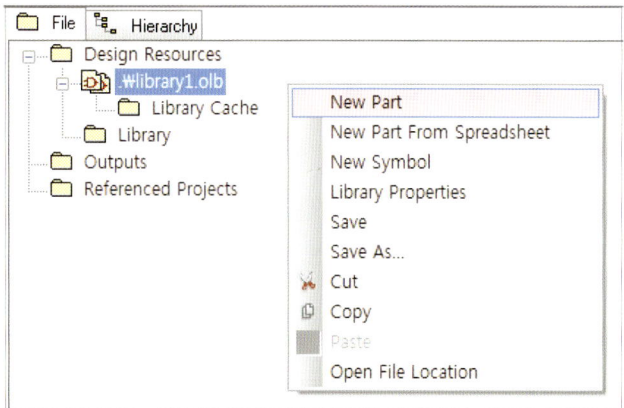

③ 생성된 라이브러리를 선택하고, 팝업 메뉴에서 명령을 선택한다.
　㉠ New Part를 선택하면, New Part Properties 창이 나타난다.

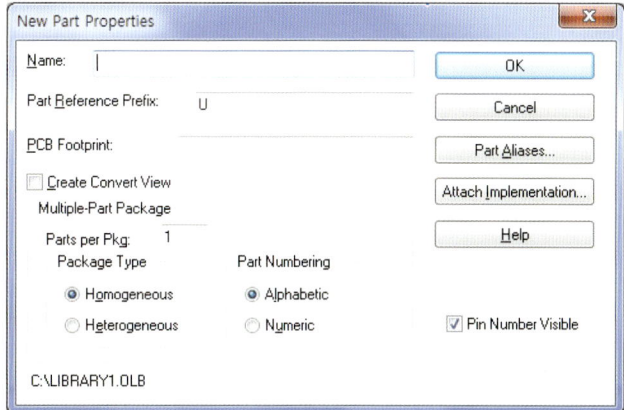

　㉡ New Symbol을 선택하면, New Symbol Properties 창이 나타난다.

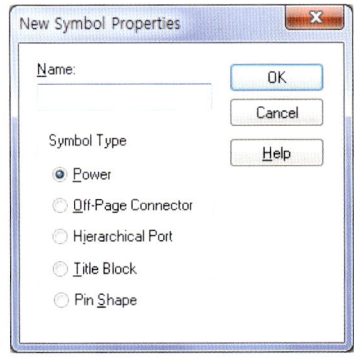

④ 원하는 부품 또는 기호의 생성을 위한 창의 내용을 설정하고,  버튼을 클릭하면, 부품 편집 창으로 이동한다.

| | 파일(File) – 열기(Open Document) : 기존 도면 파일을 연다. |

프로젝트(Project) 열기(*.opj)

① 메뉴의 File – Open에서 Project를 클릭한다. 또는 Open Document 아이콘( )을 클릭한다.

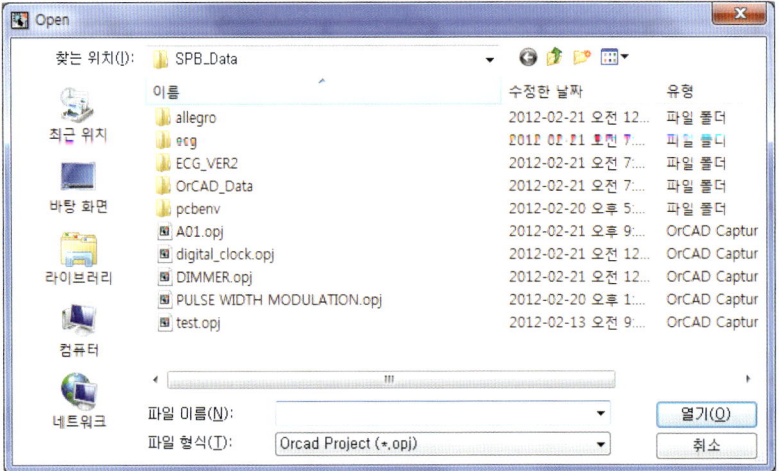

② 열기 창에서 프로젝트 파일이 존재하는 폴더로 이동한다.
③ 프로젝트 파일을 선택하고, 열기(O) 버튼을 누른다. 또는 파일을 더블클릭하면 파일이 열린다.

회로도면 열기(*.DSN)

① 메뉴의 File – Open에서 Design을 클릭한다.

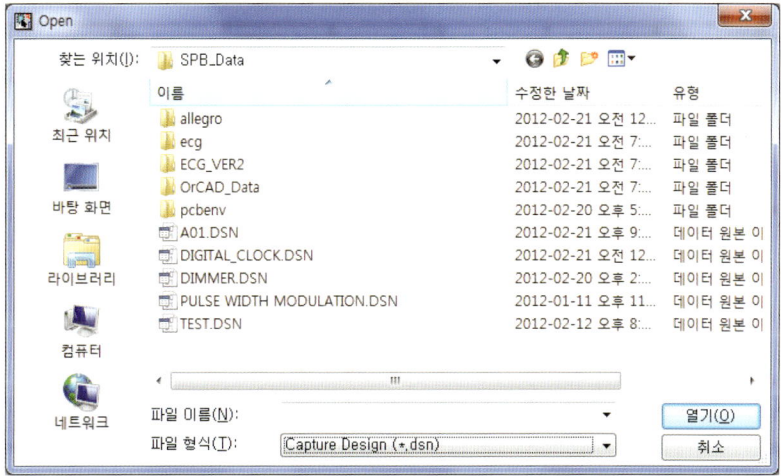

② Open Design 창에서 파일이 저장된 폴더로 이동한다.
③ Design 파일을 선택하고 열기(O) 버튼을 누른다. 또는 파일을 더블클릭한다.

라이브러리 열기

① 메뉴의 File – Open에서 Library를 클릭한다.
② Open Library 창에서 라이브러리 파일이 저장된 폴더로 이동한다.

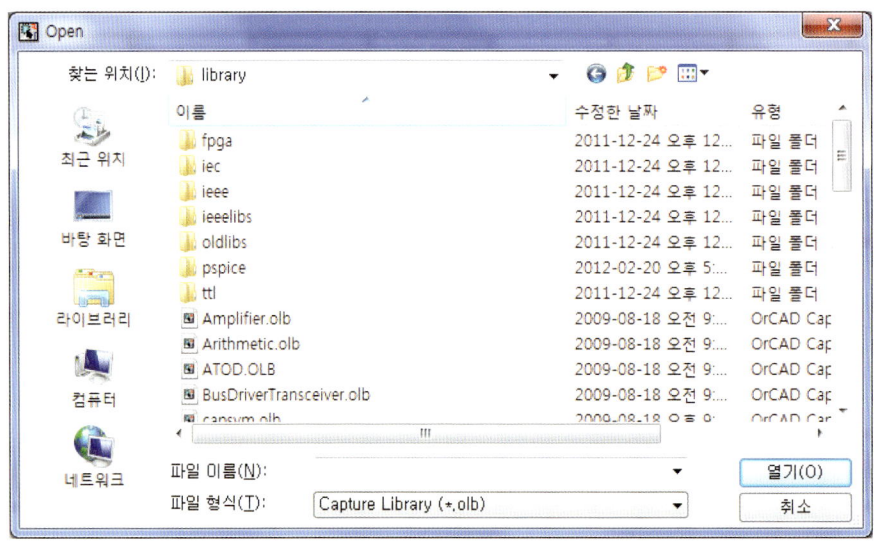

③ 라이브러리 파일을 선택하고, 열기(O) 버튼을 클릭한다. 또는 파일을 더블클릭한다.

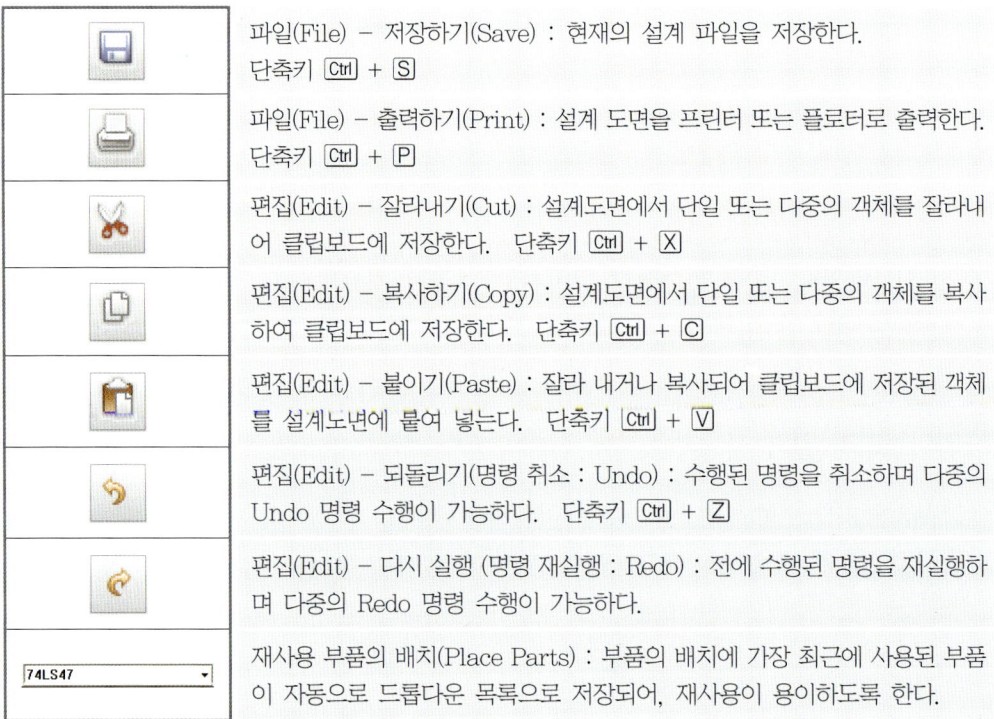

	보기(View) – 확대하기(Zoom In) : 설계 창의 선택 위치를 중심으로 확대한다. 단축키 Ⅰ
	보기(View) – 확대하기(Zoom Out) : 설계 창의 선택 위치를 중심으로 축소한다. 단축키 O
	보기(View) – 확대하기(Zoom to Region) : 선택한 특정 영역을 확대한다.
	특정부분 확대하기(Fisheye) : 도면의 특정 부분을 볼록렌즈처럼 확대를 on, off 전환한다.

① 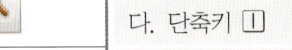 아이콘 또는 RMB – Fisheye view를 선택한다.
② 다시 RMB를 클릭하면 Fisheye에 대한 옵션 항목이 나타난다.
   ㉠ Set Fisheye Focus : 마우스가 위치한 부분을 확대한다.
   ㉡ Fisheye Dynamic Focus Mode : 마우스의 이동에 따라 확대 영역이 이동한다.
   ㉢ Reset Fisheye Focus : 확대된 영역을 초기화시킨다.

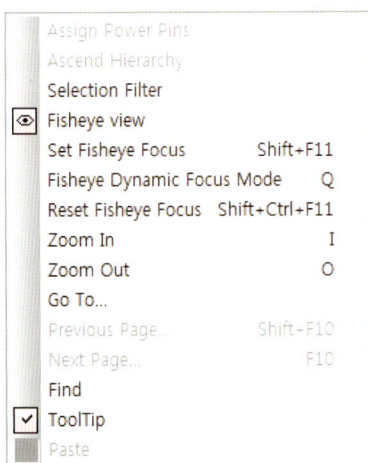
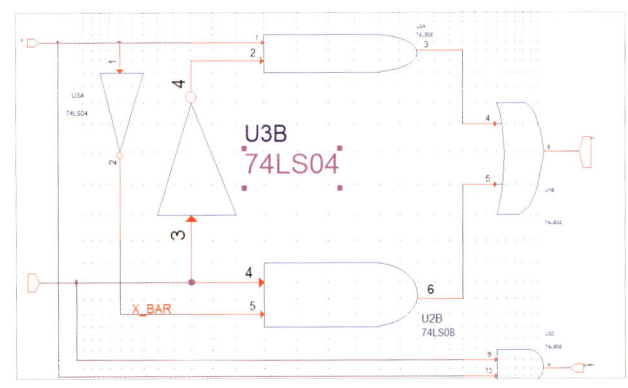

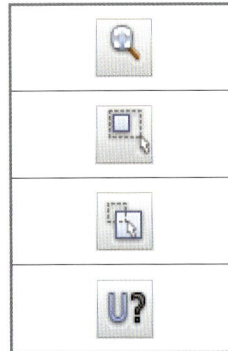

	보기(View) - 확대하기(Zoom to All) : 설계에 대하여 전체화면 보기로 전환한다.
	도구(Tools) - 부품의 전체영역 선택하기(Area Select- Fully Enclosed) : 부품 선택 시 전체 선택이 되어야 가능하도록 설정한다.
	도구(Tools) - 부품의 일부영역 선택하기(Area Select- Intersecting) : 부품 선택 시 부분 선택이 되어도 가능하도록 설정한다.
	도구(Tools) - 참조번호 갱신하기(Annotate) : 부품의 참조번호를 갱신한다.

Annotating(Update Part Reference) : 참조번호를 부여하는 과정으로 회로도상의 부품에 참조번호를 자동으로 부여한다. 일반 부품은 U1, U2…, 저항은 R1, R2…, 커패시터는 C1, C2… 등의 번호를 부여하고, 이를 Part Reference name이라 한다.

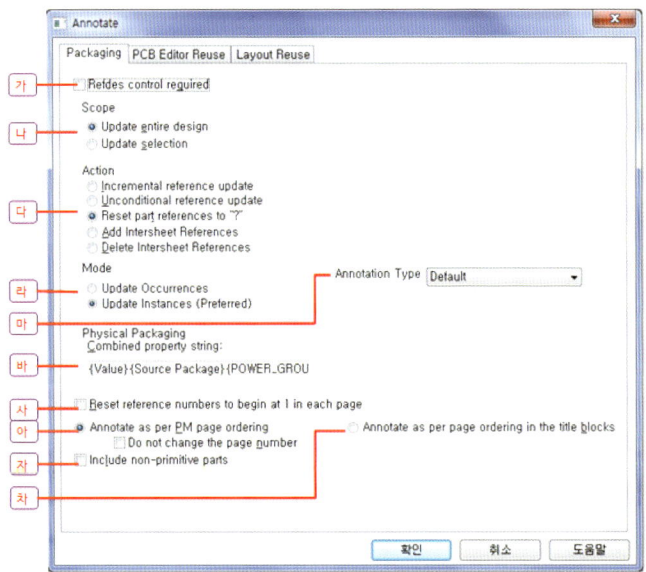

㉮ 각 페이지별로 Reference를 다르게 설정할 수 있다.
㉯ 설계 파일 전체 또는 선택한 스키매틱 폴더나 페이지에 대하여 갱신한다.
㉰ 부품의 참조번호를 초기화(? mark)시키거나 갱신한다.
  - Incremental reference update : ?로 된 reference만을 업데이트시키며 기존의 번호 다음 번호로 증가한다.

- Unconditional reference update : 현재 있는 모든 reference를 무시하고 1부터 증가시킨다.
- Reset part reference to "?" : 모든 reference를 ?로 변경한다.
- Add Intersheet References : Off-page Connect나 Port 사용 시 포트 연결 정보를 표시(평면도면, 계층도면)
- Delete Intersheet References : 포트 연결 정보 삭제

㉯ Annotate 방식을 Occurrences(부품의 논리적 성격), Instances(부품의 물리적 성격)을 설정한다.
㉰ 참조번호의 정렬방법을 설정한다.
㉱ 관련된 Intersheet References를 나타낸다.(Intersheet References : 타이틀 블록의 페이지 수. 즉, Sheet 2 of 3인 경우, 앞의 2가 Intersheet References가 된다.)
㉲ 페이지 내의 Intersheet References를 삭제한다.
㉳ 부품을 Project Manager 순서로 판단하여 참조번호를 갱신한다.
㉴ 계층구조로 설계된 도면에서 적용 부품을 논리적으로 판단하여 참조번호를 갱신한다.
㉵ 회로도에 적용된 부품의 참조번호를 1부터 부여한다.
㉶ 페이지 번호의 변경이 없도록 한다.
㉷ 기초적이지 않은(non-primitive) 부품들을 포함한다.

 도구(Tools) - 핀과 게이트의 교체(Back Annotate) : 부품의 핀과 게이트의 교체에 사용한다.

스왑 파일에 의해 부품번호, 게이트 그리고 핀을 일괄적으로 변경한다.

파일 확장자는 *.swp으로 PCB Editor 작업 후에 부품, 패키지 또는 게이트들이 상호 교환된 정보를 기록한 스왑 파일을 이용하여 캡쳐 도면과 PCB Editor 파일을 일치하게 한다.

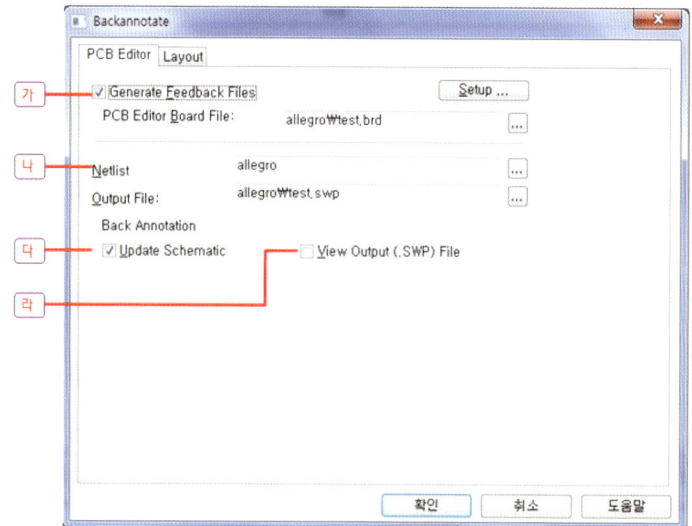

㉮ 피드백 파일을 생성한다.
㉯ 네트리스트에 대한 스왑 파일의 경로를 설정한다.
㉰ 백 애노테이션에 따른 스키매틱을 갱신한다.
㉱ 백 애노테이션에 따른 스왑 파일을 열어 보이도록 한다.

 도구(Tools) – 설계규칙 검사하기(Design Rules Check) : 설계규칙의 위배 여부를 검사한다.

    회로도면 설계 후, 회로의 전기적 속성의 충돌 여부나 연결되지 않은 배선 등의 전기적인 에러 검사 기능으로, 파일의 확장자는 *.drc이다.
    실행 결과는 자동으로 세션 로그 창에 기록되지만, 실행 직후 자동으로 보기 위해서는 View Output을 선택하면 메모장이나 워드패드에 결과가 나타난다.

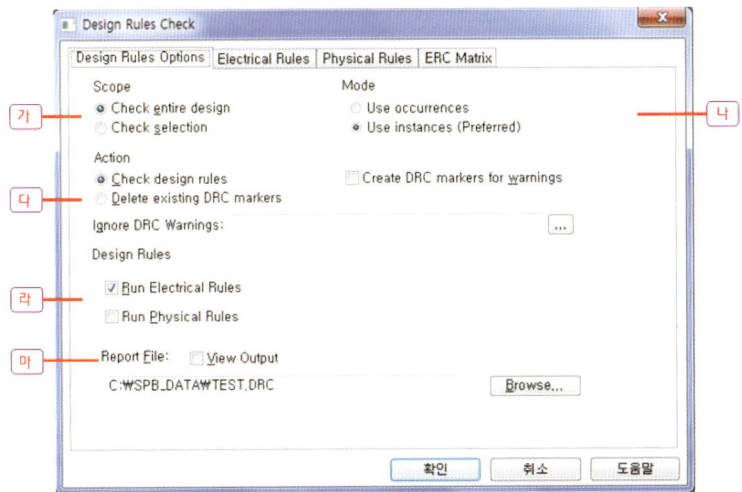

㉮ 전체의 도면 설계에 대하여 실행한다.
㉯ 선택된 도면의 설계에 대하여 실행한다.
㉰ 부품들을 물리적으로 판단하여 검사한다.
  - Create DRC markers for warnings : DRC 에러 발생 시 에러 부위에 에러 마크를 표시한다.
  - Delete existing DRC markers : DRC 에러 마크를 제거한다.
㉱ 부품들을 논리적/물리적으로 판단하여 검사한다.
㉲ ERC Matrix 탭에서 설정한 전기적인 검사를 실행한다.
㉳ 전기적인 검사에 의한 에러 표시를 삭제한다.

Electrical Rules 탭

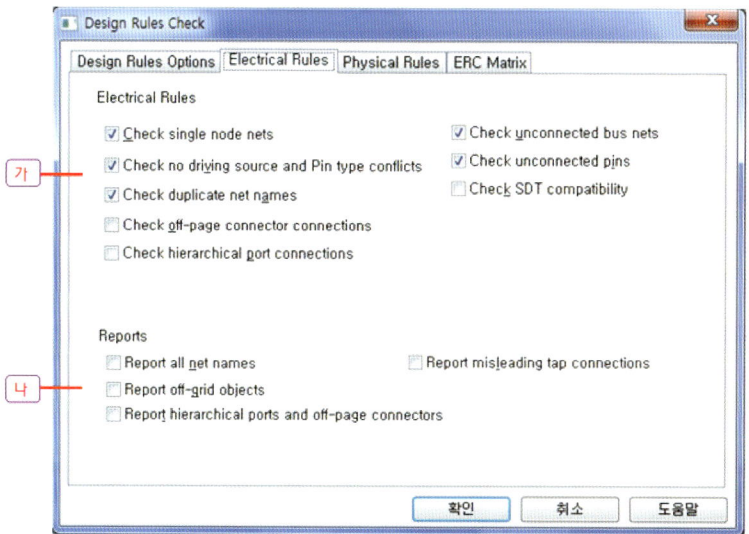

㉮ 전기적인 규칙의 에러검색 항목을 설정한다.
- Check single node nets : 미결선 wire를 검사한다.
- Check no driving source and Pin type conflicts : ERC Matrix의 설정에 따라 검사한다.
- Check Duplicate net names : 네트 이름의 중복에 대하여 검사한다.
- Check off-page connector connections : off-page connector 사용 시 다른 페이지와의 연결 여부를 검사한다.
- Check hierarchical port connections : 계층구조 도면의 연결을 검사한다.
- Check unconnected bus nets : 버스와 네트의 연결되지 않은 네트를 검사한다.
- Check unconnected pins : 배선이 연결되지 못한 핀에 대하여 검사한다.
- Check SDT compatibility : SDT 형식으로 변환할 때의 변환오류를 검사한다.

㉯ 전기적인 규칙의 검사에 대한 보고서 항목을 설정한다.

Physical Rules 탭

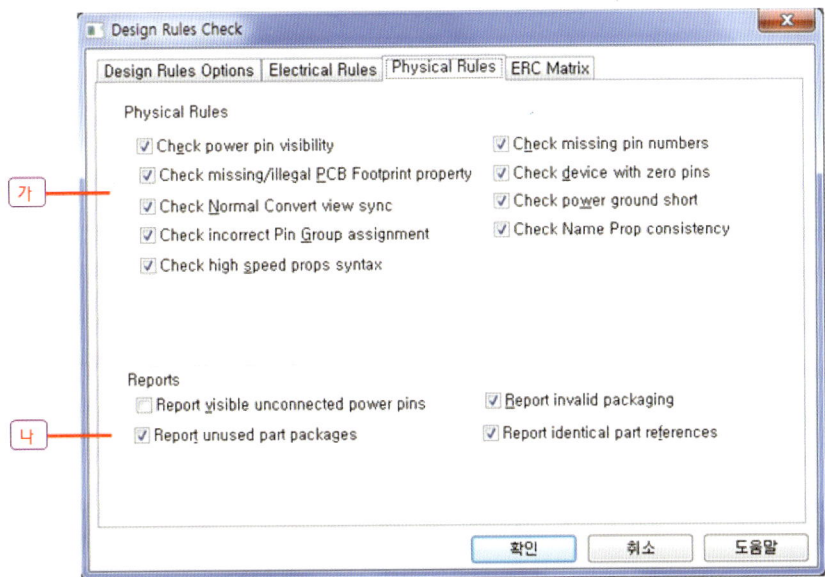

㉮ 물리적인 규칙의 검사에 대하여 설정한다.
- Check power pin visibility : 가시적인 전원 핀을 검사한다.
- Check missing/illegal PCB Footprint property : 일치하지 않거나 누락된 PCB 풋프린트를 검사한다.
- Check Normal Convert view sync : 일반 변환 뷰 동기화를 검사한다.
- Check incorrect Pin Group assignment : 잘못된 핀 그룹 할당을 검사한다.
- Check high speed props syntax : 고속 소품 구문을 검사한다.
- Check missing pin numbers : 핀 번호가 잘못된 경우를 검사한다.
- Check device with zero pins : 장치의 길이가 "0" 인 것을 검사한다.
- Check power ground short : 전원 접지의 단락(쇼트)을 검사한다.
- Check Name Prop consistency : 이름 소품의 일관성을 검사한다.

㉯ 물리적인 규칙의 검사결과 보고서에 대하여 설정한다.
- Report visible unconnected power pins : 가시적인 미연결 전원 핀의 보고서를 생성한다.
- Report invalid packaging : 실효성이 없는 패키지의 보고서를 생성한다.
- Report unused part packages : 사용하지 않은 부품 패키지의 보고서를 생성한다.
- Report identical part references : 동일한 부품 참조번호의 보고서를 생성한다.

ERC Matrix 탭

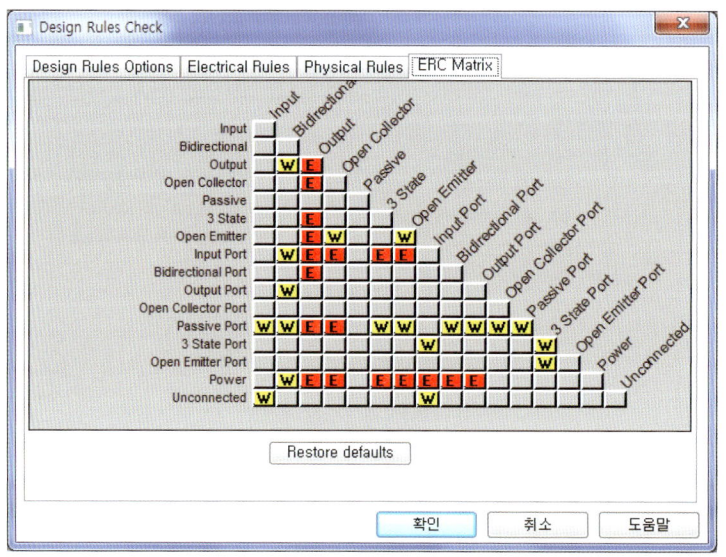

 : ERC 매트릭스의 설정을 초기화한다.

설계 규칙의 조건(입·출력 핀, 계층구조 포트, 전원 등)을 설정하는 매트릭스 탭으로, W는 경고(Wrong), E는 에러(Error)를 나타낸다.

> 도구(Tools) – 네트리스트의 생성(Create Netlist) : 네트리스트 파일을 생성한다.

회로도에 구성되어 있는 부품 간의 연결 정보를 지니는 네트리스트 파일을 생성한다. (Layout에서는 *.mnl로 생성하며, PCB Editor에서는 pstxnet.dat, pstxprt.dat, pstchip.dat 파일로 생성된다.)

① 툴 바에서 Create Netlist 아이콘( )을 선택하거나, 메뉴의 Tools – Create Netlist를 클릭하면 Create Netlist 창이 활성화된다.

② Create Netlist 창의 Option 항목에서 Netlist의 저장 폴더를 선택할 수 있다.

③ 기본적으로 작업폴더 내에 allegro 폴더를 생성하여 저장한다.
④ Board Launching Option에서 SPB의 Product 중 **Open Board in OrCAD PCB Editor**를 선택한다.
⑤ 　확인　 버튼을 선택하면, 설정된 경로에 네트리스트 파일이 생성되고, PCB Editor가 열리며 Netlist가 전송된다.

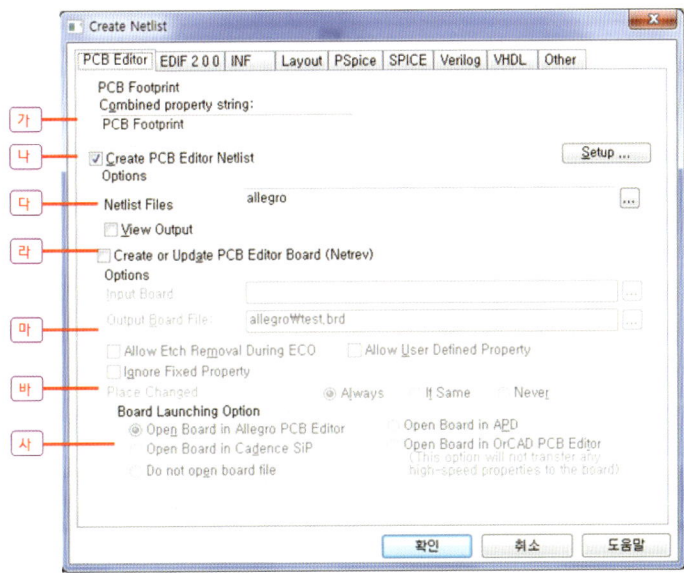

㉮ PCB 풋프린트의 속성 문자를 설정한다.
㉯ PCB Editor의 네트리스트를 생성한다.
㉰ Netlist의 저장 폴더를 선택할 수 있으며, 기본적으로 작업폴더 내에 allegro 폴더를 생성하여 저장한다.
㉱ PCB Editor Board를 생성하거나 갱신한다.
㉲ PCB를 신규 생성하거나 업데이트할 수 있는 옵션이다.
　- Input Board : 업데이트 시 기존 작업된 보드를 기입한다.
　- Output Board File : 신규 또는 업데이트 시 새롭게 생성되는 파일명을 기입한다.
　- Allow Etch Removal During ECO : ECO하는 동안 변경된 배선 제거를 허용한다.
　- Allow User Defined Property : 사용자가 지정한 설계 속성을 허용한다.
　- Ignore Fixed Property : 기존 Board에서 고정된 속성 값의 무시를 허용한다.
㉳ 배치의 변경에 대하여 설정한다.
㉴ SPB의 Product 중 해당되는 제품군을 선택한다.

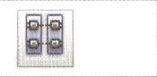 도구(Tools) - 교차참조 보고서(Cross Reference Parts) : 회로설계도면의 부품에 적용된 라이브러리와 부품의 목록을 생성한다.

설계도면에서 사용된 부품의 라이브러리와 부품 목록의 교차참조 보고서 파일(*.xrf)을 생성한다.

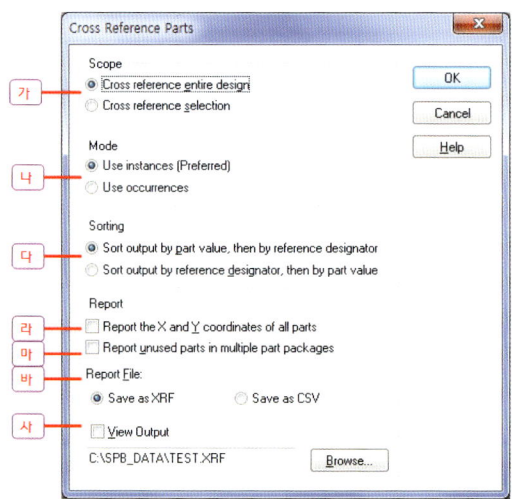

㉮ 설계한 전체 도면, 또는 선택된 설계도면에 대하여 교차참조 보고서의 범위로 지정한다.
㉯ 인스턴스(Instances) 속성(부품들을 물리적으로 판단) 또는 어커런스(Occurrences) 속성(부품들을 논리적으로 판단)을 사용한다.
㉰ 부품의 값으로 선 정렬 후에 부품 참조를 이용하여 정렬하거나 부품의 참조를 이용하여 선 정렬 후에 부품 값으로 정렬한다.
㉱ 모든 부품의 좌표 값을 보고서에 포함한다.
㉲ 다중 부품의 패키지에 포함된 부품에서 사용되지 않은 부품을 보고서에 포함한다.
㉳ 레포트 파일을 XRF 또는 CSV 파일로 저장한다.
㉴ 보고서 파일이 생성됨과 함께 생성된 파일을 열어 보여주도록 한다.

 도구(Tools) - 부품목록 보고서(Bill of Materials) : 회로설계도면의 부품 목록 보고서를 생성한다.

설계도면에서 사용된 부품목록 보고서(*.bom)를 생성하며, 부품목록은 일련번호, 개수, 부품번호, 부품이름으로 구성된다.

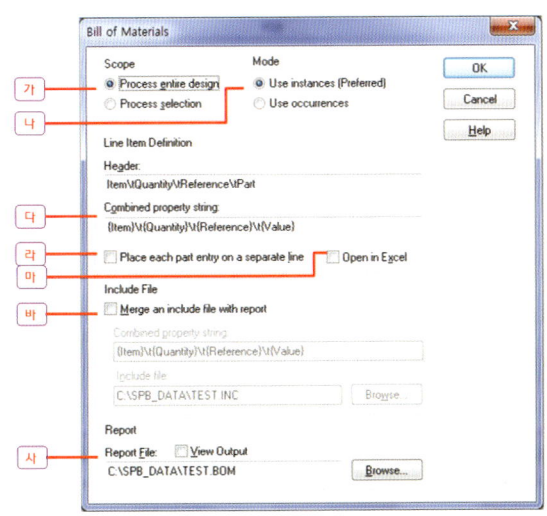

㈎ 설계도면 전체 또는 선택된 도면만을 범위로 설정한다.
㈏ 인스턴스(instances)의 속성(부품들을 논리적으로 인식) 또는 어커런스(Occurrences)의 속성(부품들을 물리적으로 인식)을 적용한다.
㈐ 라인 아이템을 정의한다.
㈑ 각 부품을 라인에 의해 분리한다.
㈒ 엑셀 파일로 열기를 선택한다.
㈓ 포함 파일을 사용하고자 하는 경우에 선택한다.
㈔ 부품목록 보고서 파일을 지정하며, *.bom의 확장자를 갖는다.

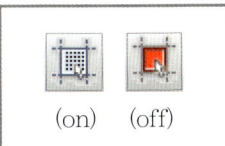

(Snap to Grid) : 부품이나 배선, 텍스트 등의 개체가 그리드(점)에 맞추어 위치 시에 on, off를 선택한다.

부품 및 개체들이 그리드에 맞추어 배치 및 이동이 되도록 설정한다.

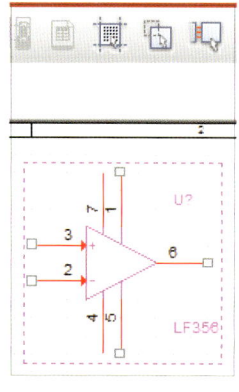
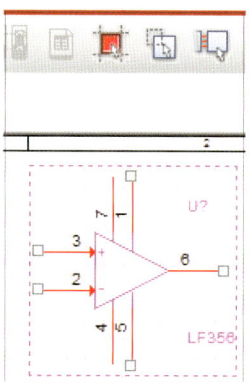

[Snap to Grid on]　　　　　　　[Snap to Grid off]

 개체의 드래그 연결하기(Drag connected object) : 개체의 드래그 시에 부품 연결의 on, off를 선택한다.

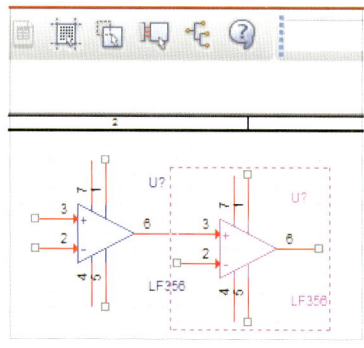
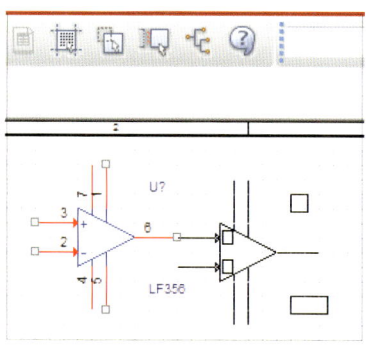

[Drag connected object on]　　　　　　　[Drag connected object off]

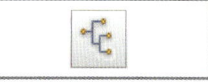 프로젝트 관리자(Project Manager) : 설계 관리자 창으로 이동하도록 한다.

회로도면 페이지 창 또는 세션 로그 창에서 프로젝트 관리자 창으로 이동하도록 한다.

 도움말(Help Topics) : 도움말 기능을 수행하도록 한다.

도움말 기능을 이용하도록 한다.

 **1-3 회로도면 편집 창(Schematic Page Editor Windows)**

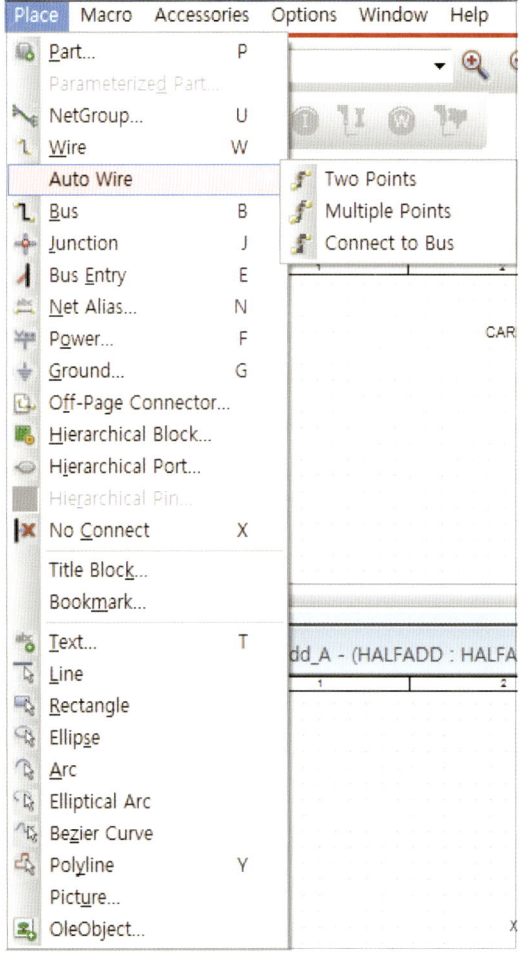

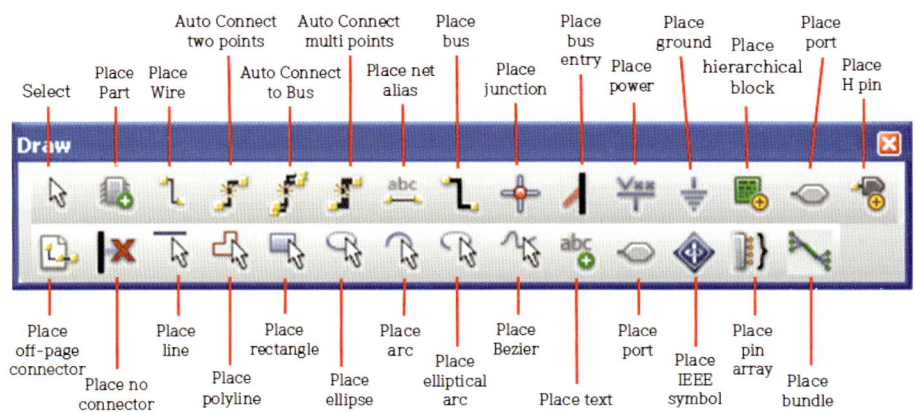

[회로도면 편집 창의 도구 팔레트]

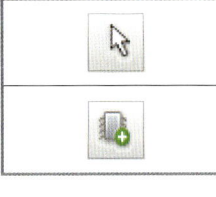	선택(Selection) : 객체를 선택하도록 한다.
	배치(Place) – 부품(Part) : 부품을 라이브러리에서 찾아 배치한다. 단축키 Shift + P

부품 배치하기

① 스키매틱 페이지 편집 창의 도구 팔레트에서 Place Part 아이콘( )을 선택한다.

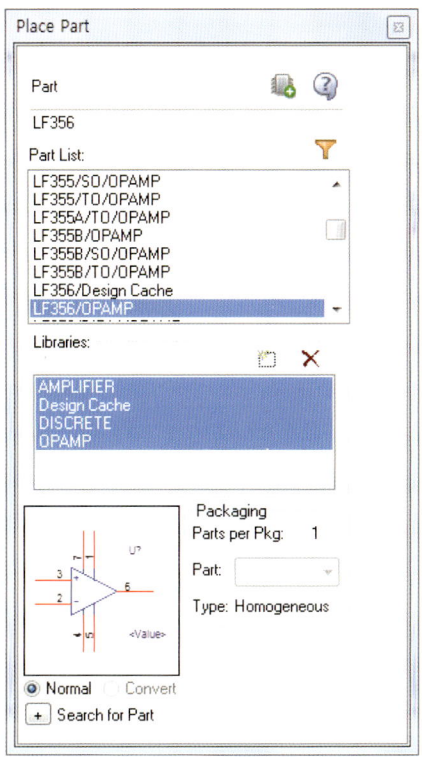

② 설계에 필요한 라이브러리의 추가를 위하여 [아이콘] 버튼을 선택한다.

③ Browse File 창에서 라이브러리를 선택한다. 여러 개의 라이브러리를 한 번에 추가하기 위해서는 Ctrl 키를 사용한다.

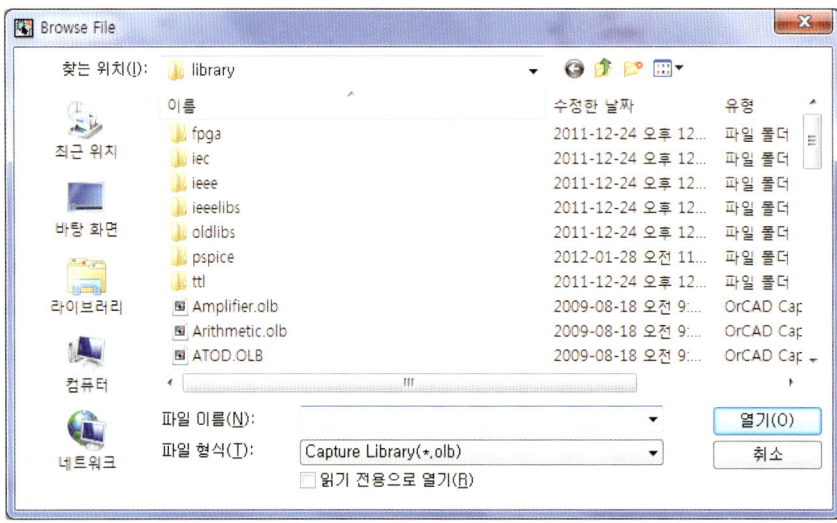

④ Part 상자에서 찾고자 하는 부품 이름을 입력하고 선택한다.
⑤ 부품을 클릭하여 원하는 곳에 배치한다.
⑥ 부품을 회전 배치하기 위해서는 키보드에서 R 키를 선택하거나, RMB - Rotate를 선택한다. 또는 수평 반사(H 키)나 수직 반사(V 키)를 이용한다.

[부품의 수평 대칭(Mirror Horizontally) 회전 배치]

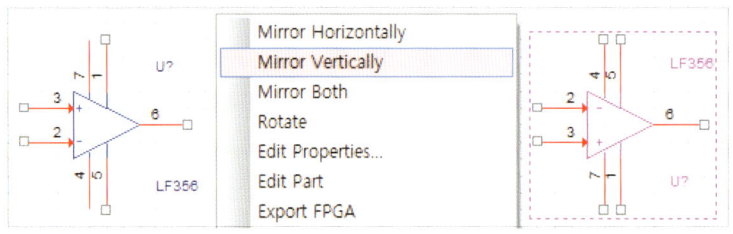

[부품의 수직 대칭(Mirror Vertically) 회전 배치]

[부품의 수평, 수직 대칭(Mirror Both) 회전 배치]

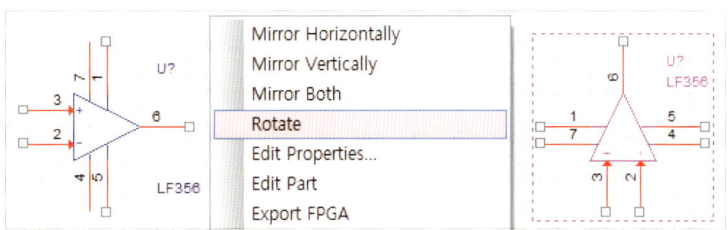

[부품의 90° 회전(Rotate) 배치]

| | 배치(Place) - 선(Wire) : 부품과 객체 사이의 배선을 연결한다.
단축키 Shift + W |

부품과 심벌 등의 핀과 핀 사이를 전기적으로 연결하여 주는 도구로 배선이 핀에 정확하게 연결 시에는 사각형 박스가 사라지게 된다.

① 도구 팔레트의 Place Wire 아이콘( )을 선택한다.
② 시작점에서 끝나는 점이 핀, 포트 또는 커넥터이면 하나의 선이 완성된다.
③ 핀, 포트 또는 커넥터가 아니라면, 방향을 변경하거나 같은 방향으로 계속해서 선을 그릴 수 있다.
④ 사선 그리기
  ㉠ 선 그리기 준비 상태에서 Shift 키를 누르면서 시작점을 클릭한다.
  ㉡ 마우스를 이동하면 임의의 방향으로 임의의 선이 나타난다.
  ㉢ 원하는 사선의 각도에서 클릭하면 사선이 만들어진다.

㉣ 동일한 수평선의 반복 그리기

⑤ 도구 팔레트의 Place Wire 아이콘( )을 선택한다.

⑥ 시작점에서 끝나는 점이 핀, 포트 또는 커넥터이면 하나의 선이 완성된다.

⑦ 선이 연결된 상태에서 F4 버튼을 누르면 동일한 선이 아래쪽의 그리드 하나만큼 내려 그려진다.

⑧ 선의 반복을 위해서는 F4 버튼을 누르면 선이 그려지고, 종료를 위해서는 Esc 키를 누르거나 RMB - End Command를 선택한다.

 배치(Place) - 두 점 사이의 자동 연결(Auto Connect two points)
: 부품과 객체 사이의 두 점의 배선을 자동으로 연결한다.

① 메뉴의 Place - Auto Wire - Two Points 또는 Multiple Points를 클릭한다.
(툴 팔레트의 아이콘 선택)

② Two Points는 핀과 핀을 선택하면 자동 연결된다.

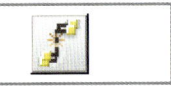 배치(Place) - 다중 점 사이의 자동 연결(Auto Connect multi points)
: 부품과 다중 객체 사이의 배선을 자동으로 연결한다.

① 메뉴의 Place - Auto Wire - Two Points 또는 Multiple Points를 클릭한다.
(툴 팔레트의 아이콘 선택)

② Multiple Points는 연결할 핀들을 모두 선택 후 RMB - Connect를 선택한다.

 배치(Place) - 버스선의 자동 연결(Auto Connect Bus) : 부품과 객체 사이 버스선의 배선을 자동으로 연결한다.

① 메뉴의 Place - Bus를 선택하여 Bus선을 그린다.

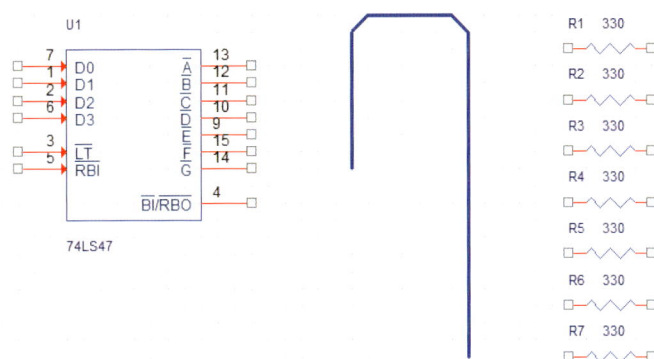

② 메뉴의 Place – Auto Wire – Connect to Bus를 클릭한다.

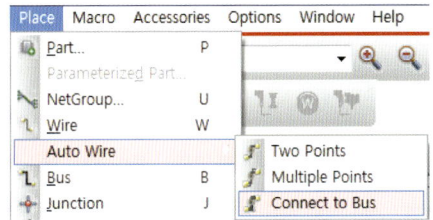

③ 버스에 연결할 핀들을 선택한 후 RMB – Connect to Bus를 선택한다.

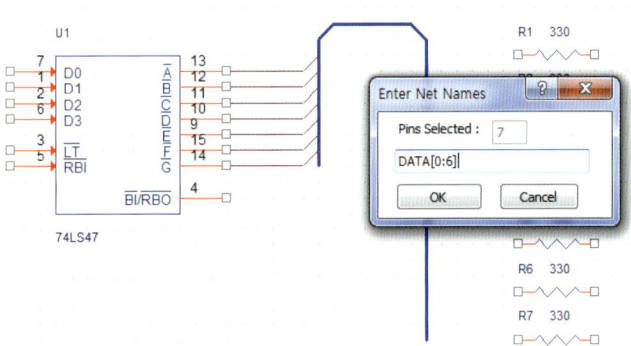

④ 마우스로 연결할 버스를 클릭한다.

⑤ Enter Net Names 창이 뜨면 **DATA[0:6]**을 입력한다.

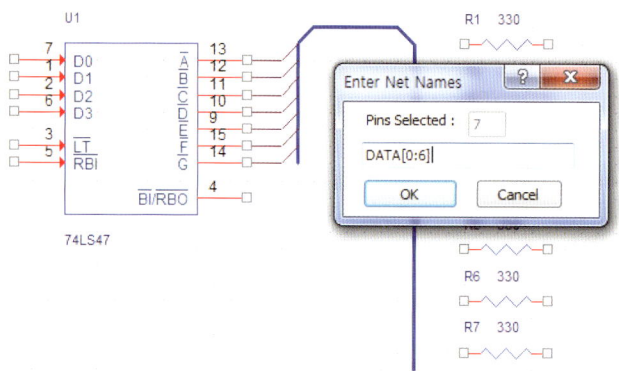

⑥ 버스의 이름을 Net Alias로 작성해준다.

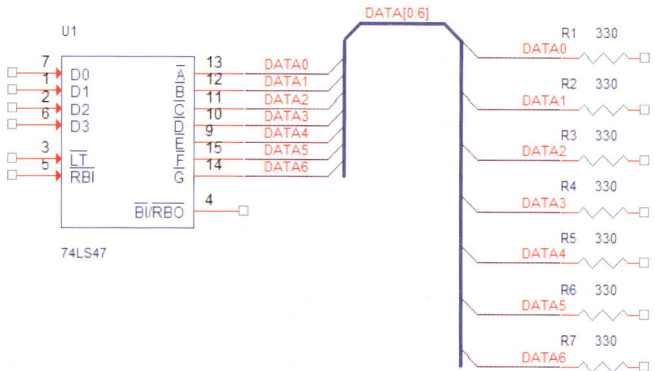

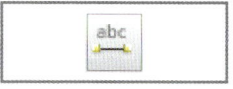 배치(Place) - 버스선의 자동 연결(Auto Connect Bus) : 부품과 객체 사이 버스선의 배선을 자동으로 연결한다.

회로도면에서 불필요한 배선을 줄이려고 네트와 버스에 네트 이름을 지정하고자 할 때 많이 사용하는 도구로 단일 시트에서만 사용한다.

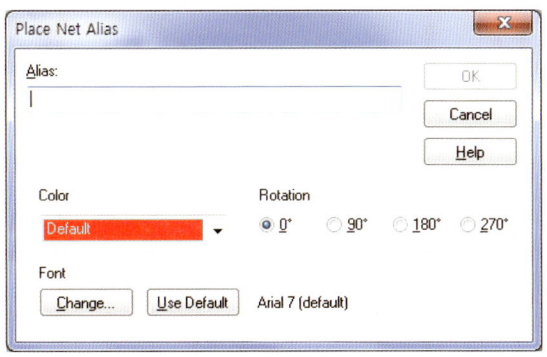

	배치(Place) – 버스선(Bus)
	: 버스선을 그린다. 단축키 [Shift] + [B]

공통의 성질을 갖는 선들의 집합을 단순화하여 배선으로 사용하는 도구로서, 버스의 이름과 버스에 연결된 핀의 이름은 net alias 아이콘( )을 사용하며, 버스선에서 핀으로의 연결 시에는 Bus entry 아이콘( )을 이용한다.

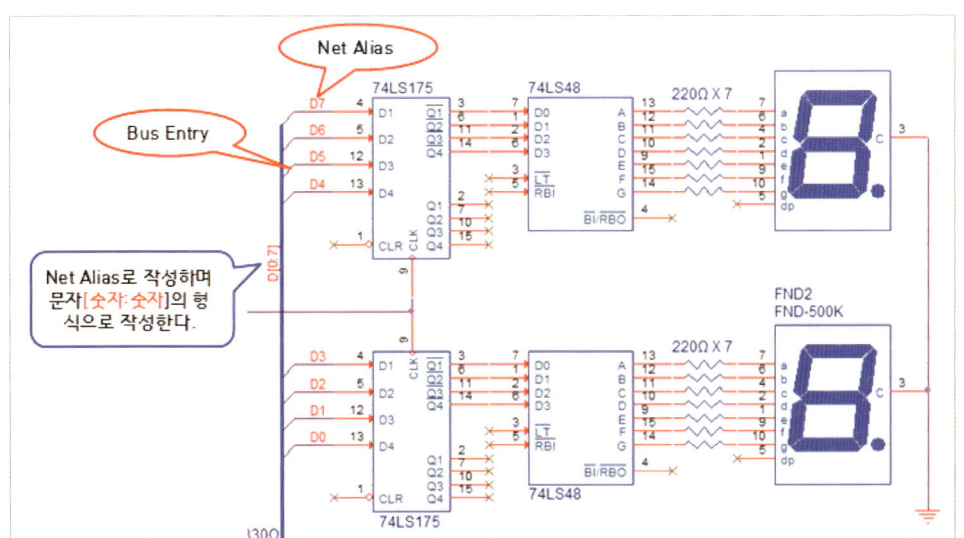

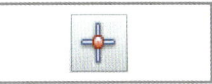 배치(Place) - 접속점(Junction) : 선과 선의 접속점을 표시한다.
단축키 Shift + J

두 개의 배선이 교차되거나 접속될 때 배선을 연결한다.

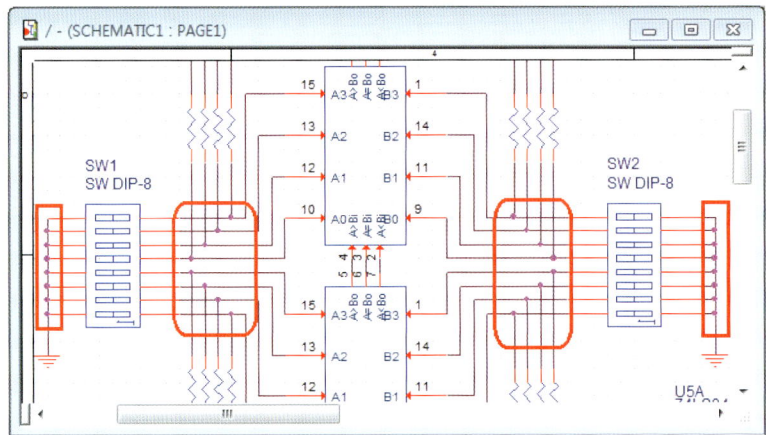

 배치(Place) - 버스 인입·출선(Bus Entry) : 버스선에서 핀과 객체로의 인출선을 배치한다. 단축키 Shift + E

버스선에서 핀으로의 배선 시에 사용하는 도구로서, 버스에서 핀으로 연결된 배선의 이름은 net alias 아이콘( )을 사용하여 나타낸다.

제1장 캡쳐를 이용한 회로도면의 설계

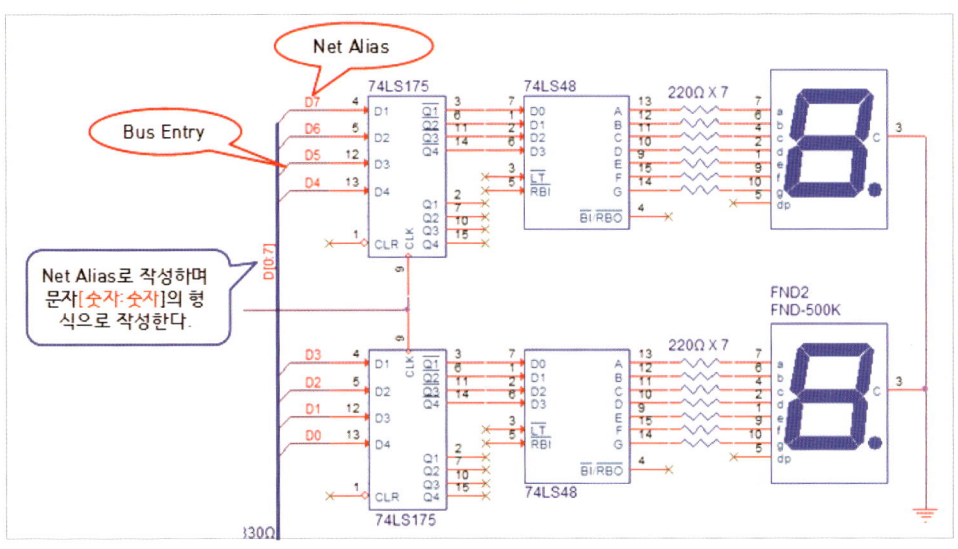

 배치(Place) - 파워(Power)
: 파워 기호를 배치한다. 단축키 [Shift] + [F]

① 도구 팔레트에서 Place Power 아이콘( )을 선택한다.

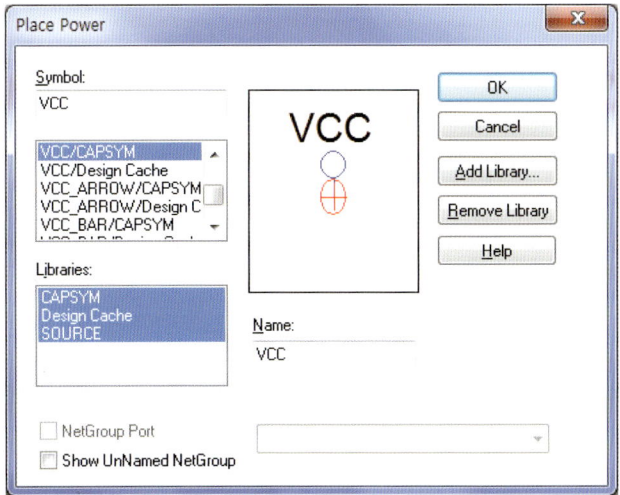

제1편 OrCAD 16.6의 기초

② 기호 상자에서 필요한 기호를 선택하고, 모양을 확인하여 맞으면 OK 버튼을 누른다.

③ 배치할 점으로 이동하여 클릭하고, 같은 심벌인 경우에는 계속 이동하여 클릭한다.
④ 명령 종료를 위하여 Esc 키를 선택한다.
⑤ 연결되지 않은 전원 심벌은 선을 이용하여 연결한다.

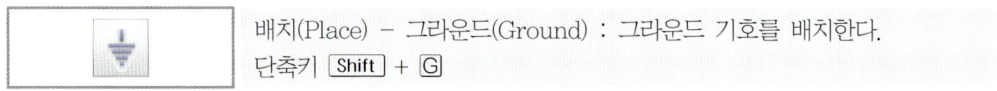

① 도구 팔레트에서 Place Ground 아이콘( )을 선택한다.

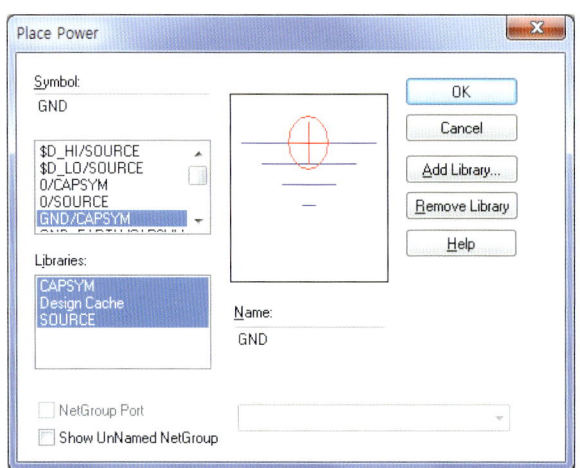

② 기호 상자에서 필요한 기호를 선택하여, 모양을 확인한 후에 맞으면 OK 버튼을 누른다.

GND	GND_EARTH	GND_FIELD_SIGNAL	GND_POWER	GND_SIGNAL

③ 배치할 점으로 이동하여 클릭하고, 같은 심벌인 경우에는 계속 이동하여 클릭한다.
④ 명령의 종료를 위하여 Esc 키를 선택한다.
⑤ 연결되지 않은 접지 심벌은 선을 이용하여 연결한다.

 배치(Place) – 핀(Pin : 계층구조 블록의 선택 시만 활성화) : 계층구조 블록 내에 핀을 배치한다.

일반적으로 계층구조를 연결할 때 사용하는 핀으로 핀의 모양과 형태에 따라 갖는 성질이 다르다.
① 설계도면의 계층구조 블록을 선택하면 그림과 같이 핑크색으로 변화된다.

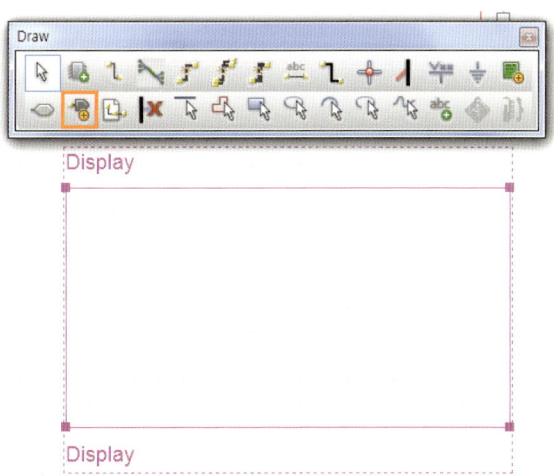

② 계층구조 블록이 핑크색으로 선택된 상태에서 메뉴의 Place – Hierarchical Pin을 클릭한다.(툴 팔레트에서 Hierarchical Pin( ) 아이콘을 선택한다.)
③ Name란에 **FND[1 : 4]**를 입력하고 Type은 **Bidirectional**로 설정한 후 OK 버튼

을 선택하여 Block에 배치한다. 두 번째 핀은 Name란에 **FND_IN[1:4]**를 입력하고 Type은 **Input**으로 설정한 다음 OK 버튼을 선택한다.

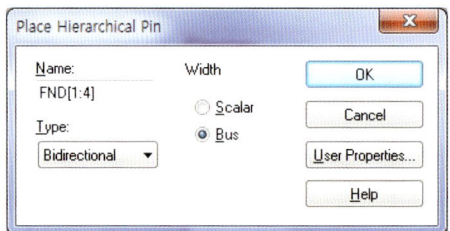 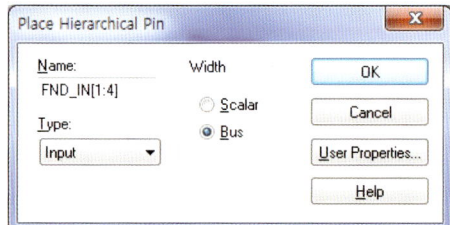

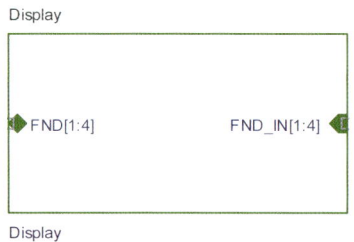

 배치(Place) – 포트(Port) : 도면 또는 객체의 연결을 위한 포트를 배치한다.

같은 회로도면 안에 평면적으로 연결된 도면을 배선이나 버스로 연결 시 사용되는 커넥터로서, 단일 시트, 평면구조, 계층구조도면에서 사용한다. 또한 계층구조에서 회로도면으로 연결하는 핀으로 사용한다.

> 같은 평면도면으로 구성된 도면에서 오프-페이지 커넥터의 이름이 같으면 그 네트는 연결된 것이고, 오프-페이지 커넥터와 연결된 네트는 오프-페이지 커넥터의 이름을 따라가게 되며 계층구조에서는 도면 내에 오프-페이지 커넥터와 연결할 수 없다.

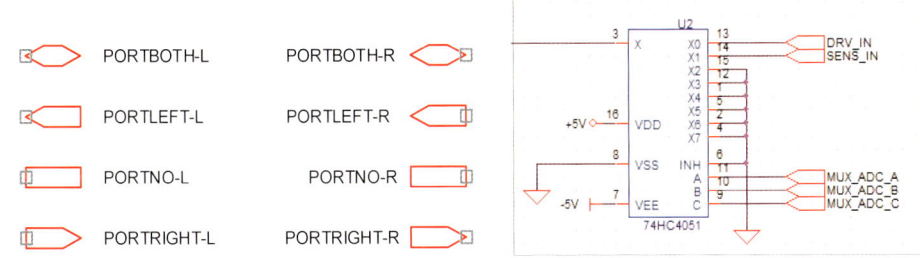

 배치(Place) – 계층구조 블록(Hierarchical Block) : 계층구조도면을 위한 계층구조 블록을 배치한다.

① 메뉴의 Place – Hierarchical Block을 선택한다.
   (툴 팔레트에서 핀( ) 아이콘을 선택한다.)
② Place Hierarchical Block에서 블록의 Reference 및 Implementation을 설정하고 OK 버튼을 선택한다.

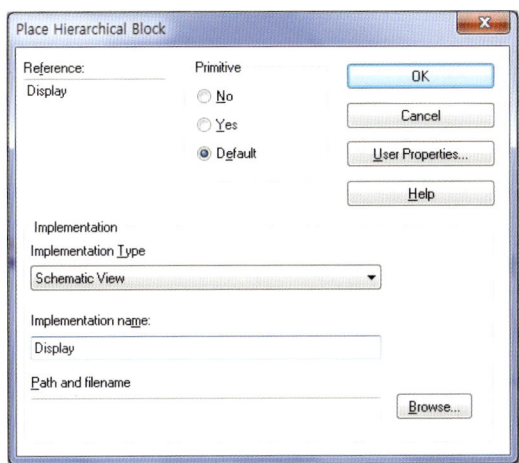

③ 설계 창에 적당한 크기의 사각형을 그린다.

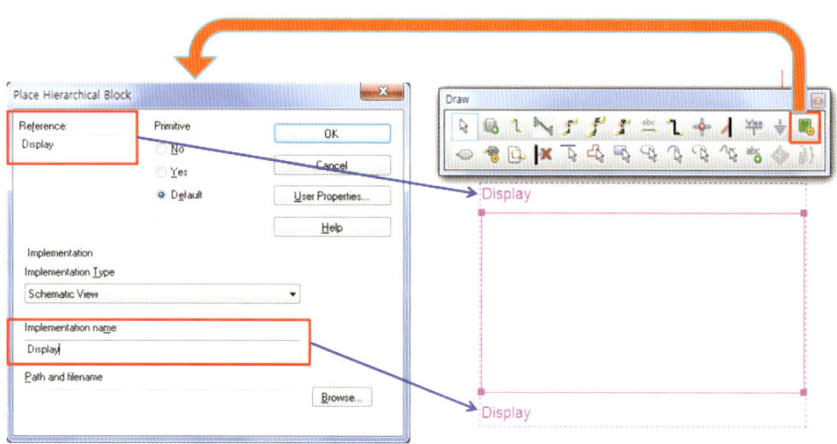

④ 계층구조 블록이 핑크색으로 선택된 상태에서 메뉴의 Place – Hierarchical Pin을 클릭한다.(툴 팔레트에서 Hierarchical Pin( ) 아이콘을 선택한다.)

⑤ Name란에 **FND[1:4]**를 입력하고 Type은 **Bidirectional**로 설정한 후 OK 버튼을 선택하여 Block에 배치한다. 두 번째 핀은 Name란에 **FND_IN[1:4]**를 입력하고 Type은 **Input**으로 설정한 후 OK 버튼을 선택한다.

 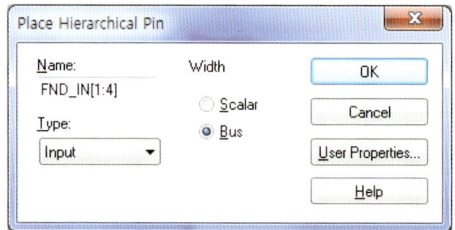

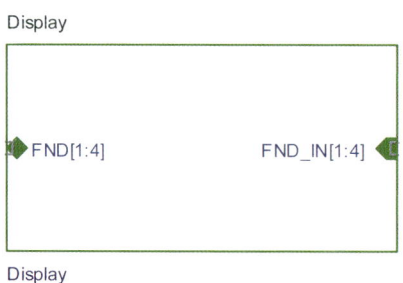

⑥ 메뉴의 Place – Bus를 클릭하여 버스선의 배선을 추가한다.
   (툴 팔레트에서 Bus( ) 아이콘을 선택한다.)

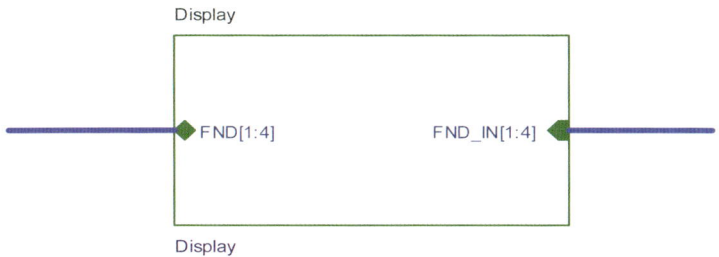

⑦ 툴 팔레트에서 Net Alias( ) 아이콘을 클릭하여 **FND[1:4]**와 **FND_IN[1:4]**를 추가한다.

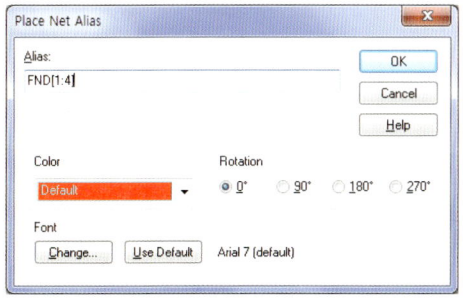 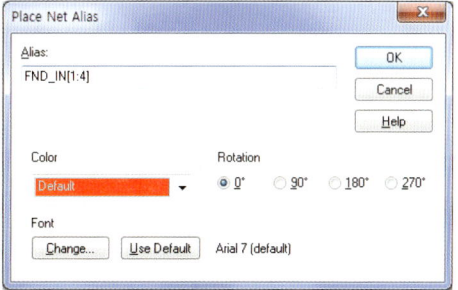

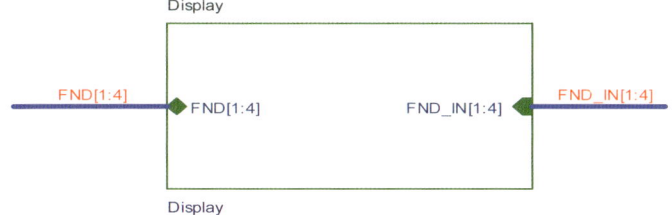

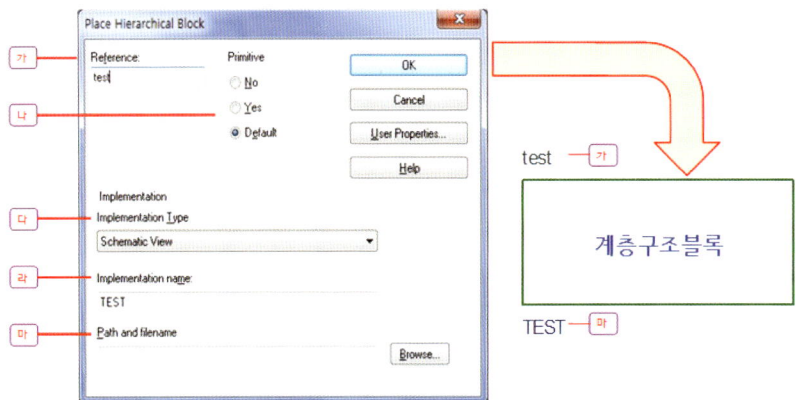

㉮ 계층구조 블록의 참조번호를 지정한다.
㉯ 원형의 것을 선택한다.
㉰ 블록 안에 지정될 형태를 설정한다. 회로도면이면 Schematic View, VHDL의 경우는 VHDL을 선택한다.
㉱ 블록 안에 들어갈 회로의 회로도면(Implementation)의 이름을 입력한다.
㉲ 파일이 저장될 폴더의 경로와 파일 이름을 설정한다.

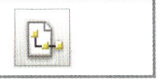 배치(Place) - 페이지 연결 커넥터(Off Page Connector) : 설계도면의 페이지의 연결 커넥터를 배치한다.

단일 시트와 평면구조의 도면에 사용한다.

—》》OFFPAGELEFT-R OFFPAGELEFT-L 》》—

 배치(Place) - 사용하지 않는 핀(No Connect) : 사용하지 않는 핀을 표시한다. 단축키 [Shift] + [X]

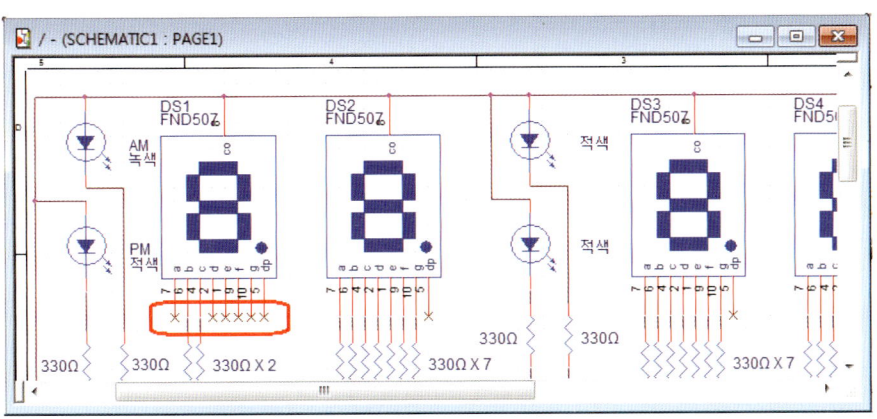

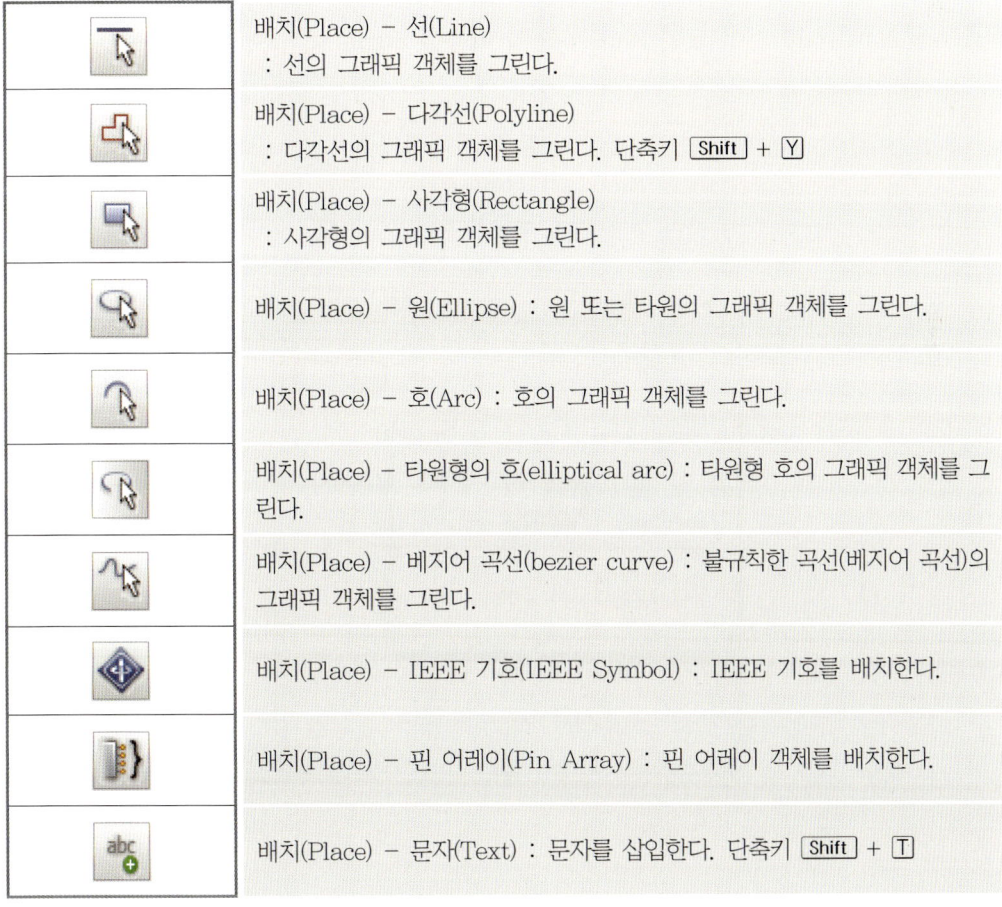	배치(Place) - 선(Line) : 선의 그래픽 객체를 그린다.
	배치(Place) - 다각선(Polyline) : 다각선의 그래픽 객체를 그린다. 단축키 [Shift] + [Y]
	배치(Place) - 사각형(Rectangle) : 사각형의 그래픽 객체를 그린다.
	배치(Place) - 원(Ellipse) : 원 또는 타원의 그래픽 객체를 그린다.
	배치(Place) - 호(Arc) : 호의 그래픽 객체를 그린다.
	배치(Place) - 타원형의 호(elliptical arc) : 타원형 호의 그래픽 객체를 그린다.
	배치(Place) - 베지어 곡선(bezier curve) : 불규칙한 곡선(베지어 곡선)의 그래픽 객체를 그린다.
	배치(Place) - IEEE 기호(IEEE Symbol) : IEEE 기호를 배치한다.
	배치(Place) - 핀 어레이(Pin Array) : 핀 어레이 객체를 배치한다.
	배치(Place) - 문자(Text) : 문자를 삽입한다. 단축키 [Shift] + [T]

배치(Place) – 다발 또는 묶음(Bundle) : 버스 번들을 만들고 수정, 삭제할 수 있는 번들 대화상자를 열거나, 현재의 디자인에 번들 XML 정의를 가져올 수 있다.

Net Group의 생성

① Net Group은 동일한 DRC의 적용을 받는 Net를 묶어주어 속성 관리 및 DRC 설정에 쉽게 적용할 수 있다.
② Main 도면을 연다. 메뉴의 Place – Net Group을 클릭한다.
(툴 팔레트의 Bundle(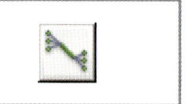) 아이콘을 선택한다.)
③ Place NetGroup 창이 뜨면 우측의 Add NetGroup을 선택한다.
④ New NetGroup 창이 뜨면 NetGroup에 이름을 **Signal**로 기재한 후 Apply 버튼을 선택한다.
⑤ Add 버튼이 활성화되면 Add 버튼을 선택한다.

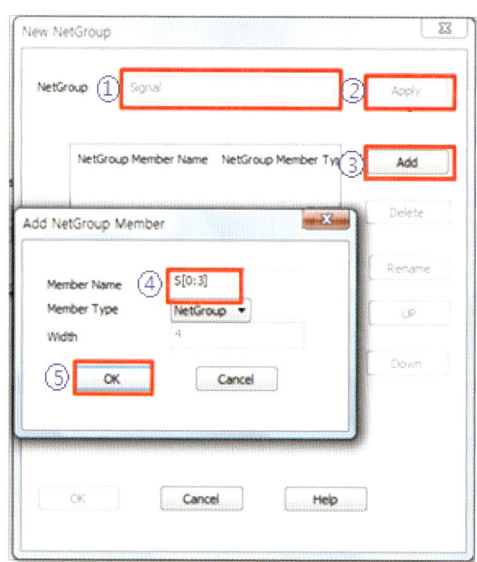

1-4 FIND 툴 바의 기능

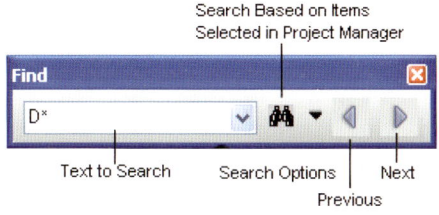

[Find 툴 바]

 편집(Edit) – 문자로 찾기(Text to Search)
: 회로도에 사용한 Part와 Net 등을 검색하는 기능을 제공한다.

① 검색창( )을 이용하거나 메뉴의 Edit – Find…를 선택한다.
② 검색창에 찾고자 하는 Part나 Net의 이름을 기입한 후 보기 아이콘( )을 클릭한다.
③ Find Window 창이 뜨며, 해당 부품번호를 누르면, 화면에 선택된 요소가 활성화된다.

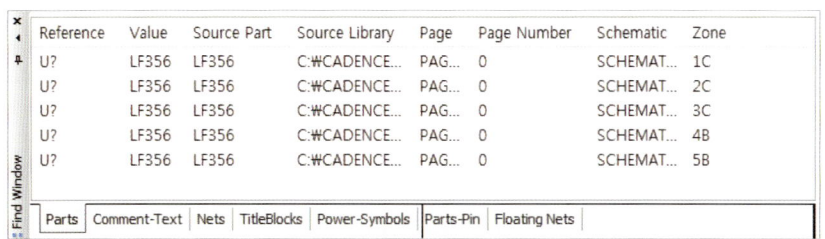

 수정(Edit)–찾기(Find), 찾기 툴 바(Search Tool bar) – 찾기(Find) : 프로젝트 관리자의 선택 및 검색 옵션 목록에서 선택한 옵션에 따라 항목에 대하여 검색한다.

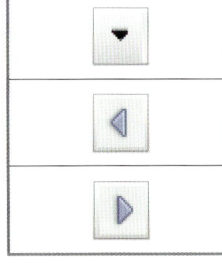

▼	찾기 툴 바(Search Tool bar) −검색 옵션(Search Options) : 도식 구성 요소 유형 등 다양한 매개변수의 검색 옵션을 정의한다.
◀	찾기 툴 바(Search Tool bar) −이전(Previous) : 최근 검색 히트의 이전 인스턴스(어떤 집합의 개별적인 요소)를 검색한다.
▶	찾기 툴 바(Search Tool bar) −이전(Previous) : 최근 검색 히트의 이전 인스턴스(어떤 집합의 개별적인 요소)를 검색한다.

1-5 회로도면(Schematic)의 구조

1) 단일 구조(One Sheet)

단일 페이지를 갖는 회로도면 설계구조로서 Net Alias() Off - Page Connector

(![]), Hierarchical(Generic, Module) Port(![]) 등을 사용한다.

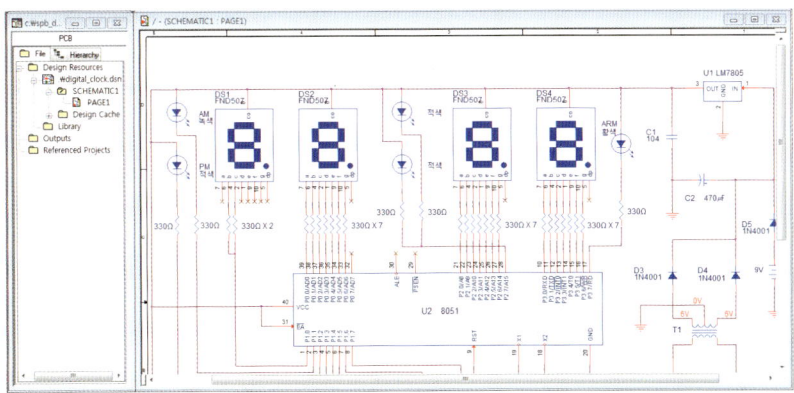

2) 평면구조(Flat Structure)

하나의 스키매틱 안에 여러 개의 페이지를 갖는 회로도면 설계구조이다. Off – Page Connector(![]), Hierarchical(Generic, Module) Port(![]) 등을 사용한다.

[평면구조]

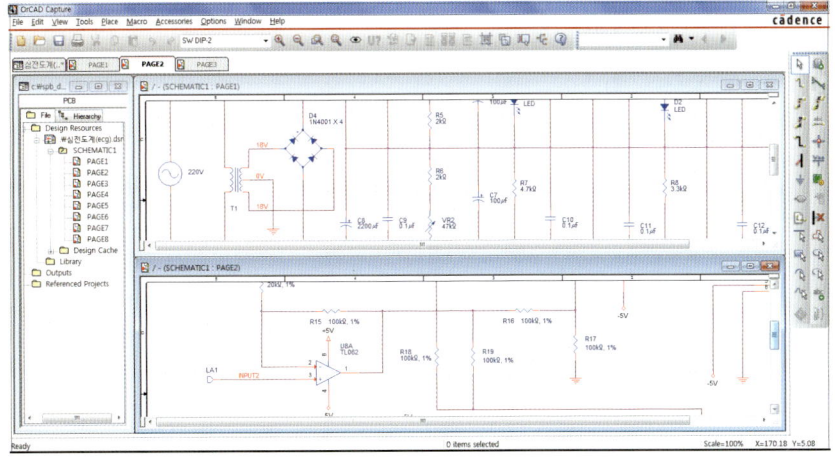

3) 계층구조(Hierarchical Structure)

프로젝트 관리자 창의 스키매틱 폴더 아래에 또 다른 스키매틱 폴더가 존재하는 형태로 회로도 내의 임의의 영역을 다른 계층의 도면으로 관리하는 경우에 사용된다.

계층구조를 구성하는 도구로는 계층구조 블록(🔲), 핀(🔲), 포트(🔲)를 사용한다.

(1) 단순 계층구조(Simple Hierarchical Structure)

하나의 계층구조 블록이 하나의 하위도면과 일대일로 연결되는 회로도면 설계구조이다.

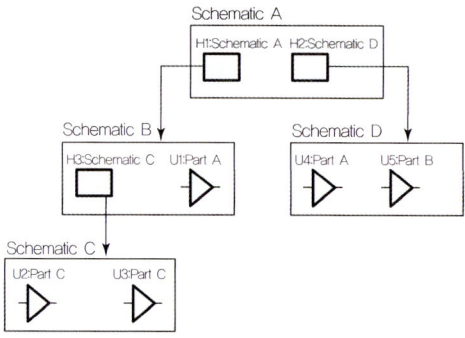

[단순 계층구조]

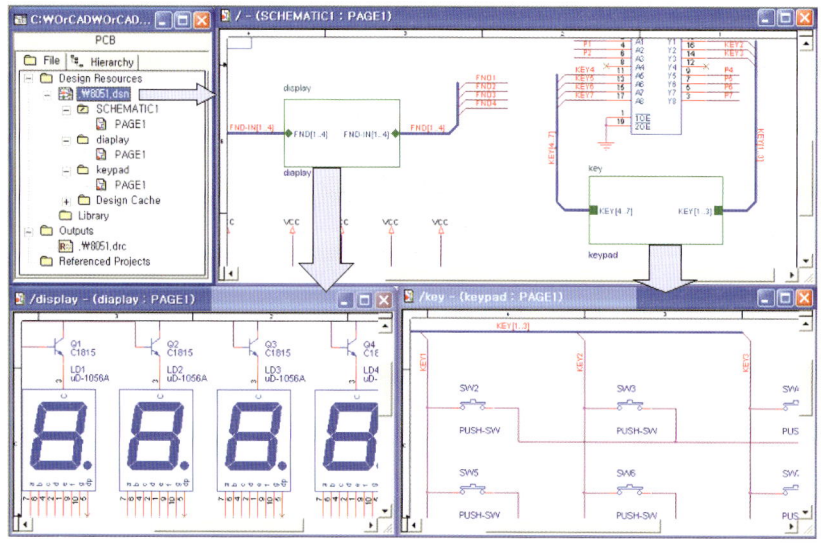

(2) 복합 계층구조(Complex Hierarchical Structure)

여러 개의 계층구조 블록이 하나의 하위도면과 복합으로 연결되는 회로도면 설계구조이다.

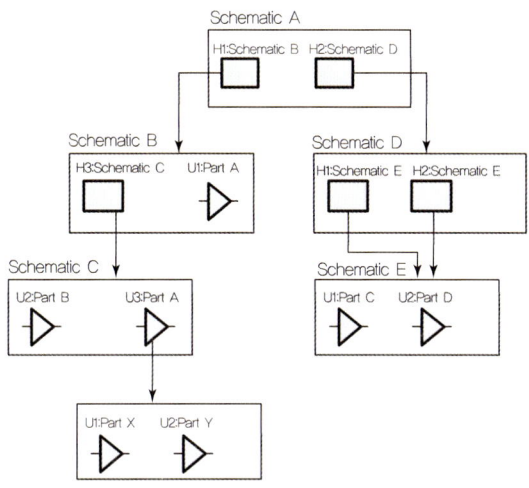

[복합 계층구조]

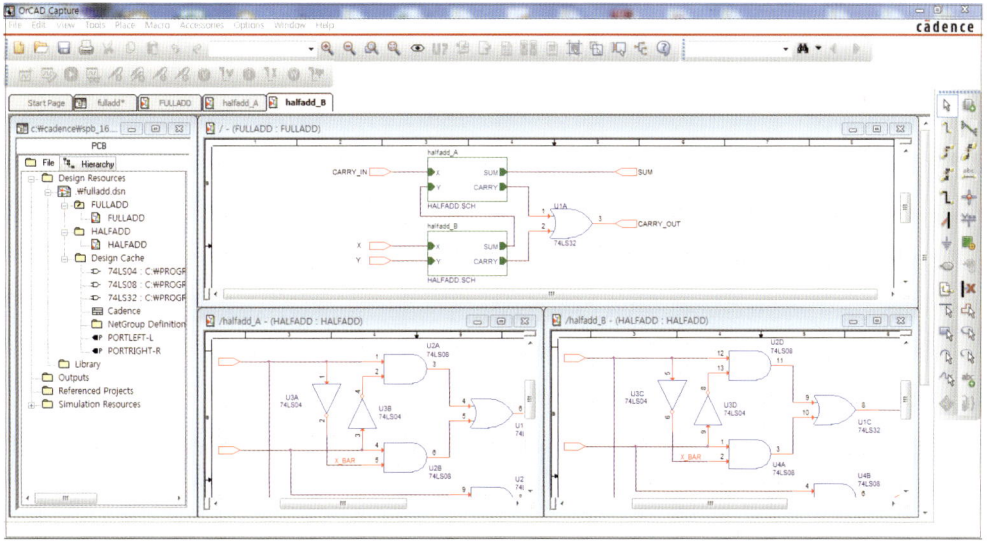

캡처가 연결 변경 경고를 제공하는 경우는 다음 표와 같다.

객체 형태(Object Type)	드래그(Drag)	배치(Place)	Pasting	Resizing
Part	Yes	Yes	Yes	N/A
Hierarchical Block	Yes	No	Yes	N/A
Wire	Yes	Yes	Yes	Yes
Bus	Yes	Yes	Yes	Yes
Net Symbol	Yes	Yes	Yes	N/A
Bus Entry	Yes	No	Yes	N/A

 **1-6 부품 편집 & 기호 편집 창(Part & Symbol Editor Windows)**

1) 새로운 부품 생성하기

① 메뉴의 File – New – Library를 클릭한다.

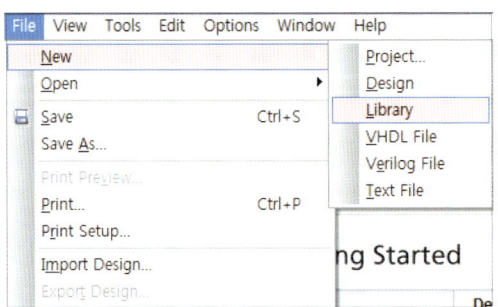

② 프로젝트 설계관리자(Project Manager) 창에 Library1.olb의 파일이 생성된 경로가 나타난다.

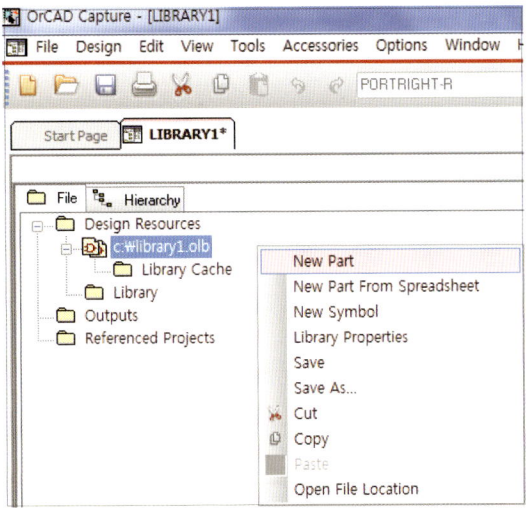

③ Library1.olb를 선택하고, RMB – New Part를 선택한다. 또는 Design 메뉴에서 New Part를 선택한다.

　　🖐 새로운 기호(Symbol)를 생성할 경우에는 New Symbol을 선택하여야 한다.

④ 새로운 부품 속성 설정(New Part Properties) 창이 나타난다.

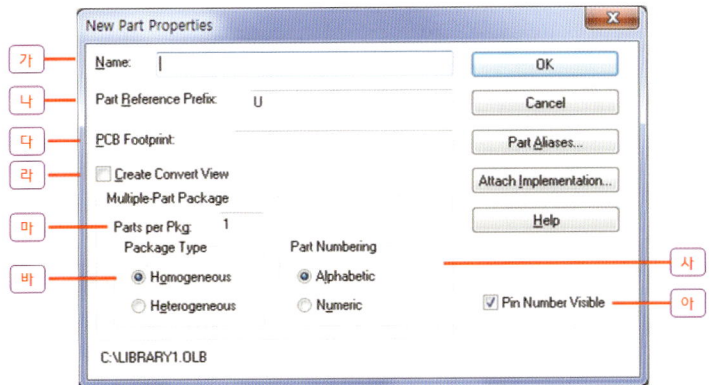

㉮ 생성하고자 하는 부품의 이름을 입력한다.
㉯ 부품의 참조명칭을 정의한다.

㉱ 생성하는 부품의 PCB 풋프린트 이름을 지정한다.
㉲ 드 모르간(D' Morgan)의 정리에 의한 등가 변환 부품을 만든다.
㉳ 패키지 안의 부품의 수를 지정한다.
㉴ 패키지 부품의 성질(동성 또는 이성)을 선택한다.
㉵ 패키지 부품의 계수방법(숫자 또는 영문)을 선택한다.
㉶ 핀 번호의 보기를 선택한다.

 1-7 설계환경 설정(Option)

메뉴의 Options에 있는 기능을 이용하여 캡처의 설계환경을 설정할 수 있다.

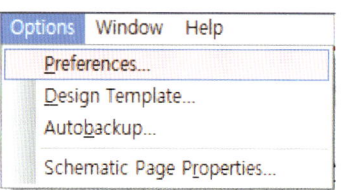

- Preference : Color, Print, Grid, Zoom factor, Auto Reference, Box fill Style 등의 전체적인 환경 설정이 이루어진다.
- Design Template : 새로운 설계의 기본설정이 이루어진다.
- Autobackup : 자동 백업 환경을 설정한다.
- Schematic Page Properties : 개별 회로도면에서의 설계 템플릿을 변경한다.

1) Preference

Color, Print, Grid, Zoom factor, Auto Reference, Box fill Style 등의 전체적인 환경 설정이 이루어진다.

(1) Preference의 Color/Print 탭 설정하기

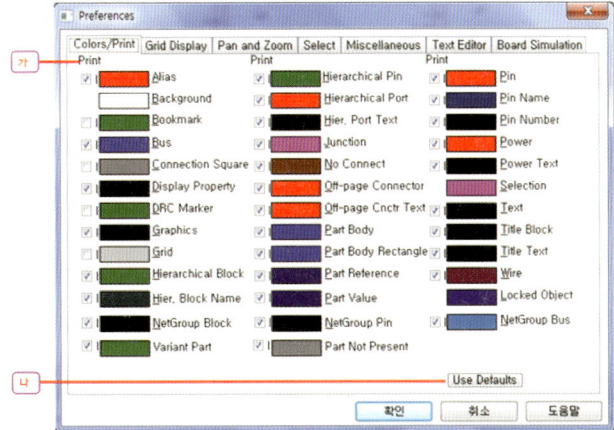

㉮ 각각의 객체에 대한 프린트 여부와 표시 색상을 설정한다.
㉯ 기본 설정(환원)으로 되돌린다.

(2) Preference의 Grid Display 탭 설정하기

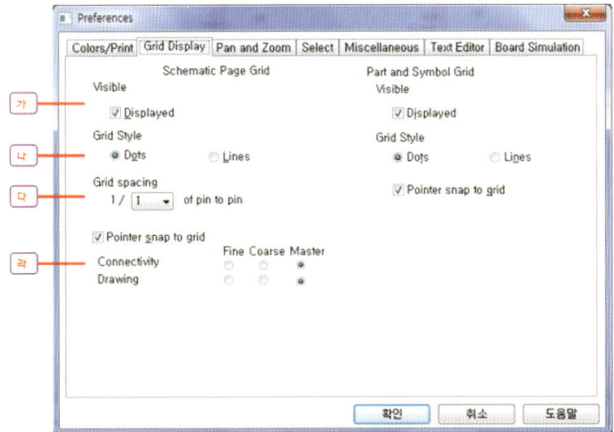

㉮ 회로도면 페이지 창 또는 부품 & 기호(심벌) 편집 창의 그리드 표시를 설정한다.
㉯ 그리드 형태를 점 또는 선으로 할 것인가를 설정한다.
㉰ 핀과 핀 사이의 그리드 간격을 설정한다.
㉱ 그리드에 맞게 객체의 이동과 배치가 되도록 설정한다.

(3) Preference의 Pan and Zoom 탭 설정하기

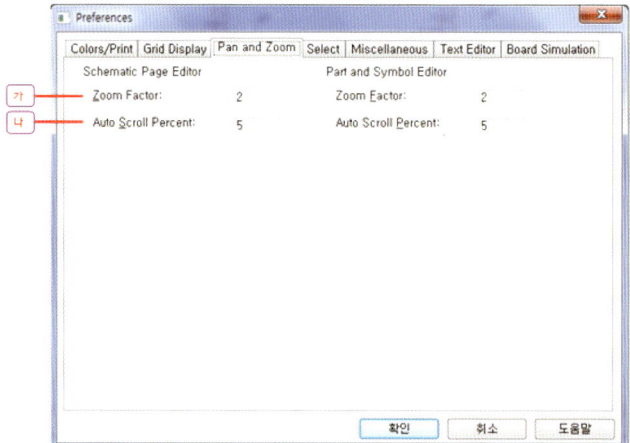

㉮ 회로도면 페이지 편집 창과 부품 및 기호 편집 창의 확대와 축소 시의 배율 값을 조정한다.
㉯ 회로도면 페이지 편집 창과 부품 및 기호 편집 창에서 객체를 선택하여 이동(드래그)할 때 자동 스크롤 배율 값을 설정한다.

(4) Preference의 Select 탭 설정하기

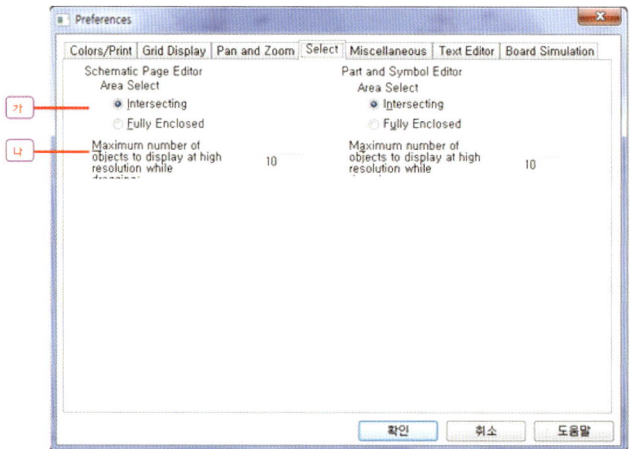

㉮ 스키매틱 편집 창과 부품 및 기호 편집 창에서 객체의 선택 시 객체가 드래그 박스의 일부만 선택되어야 하거나, 객체가 드래그 박스 안에 모두 들어가야만 선택되는 것을 설정한다.
㉯ 다수의 객체를 선택 드래그 시 객체의 외곽선을 정확하게 표시하는 개수를 정의한다.

(5) Preference의 Miscellaneous 탭 설정하기

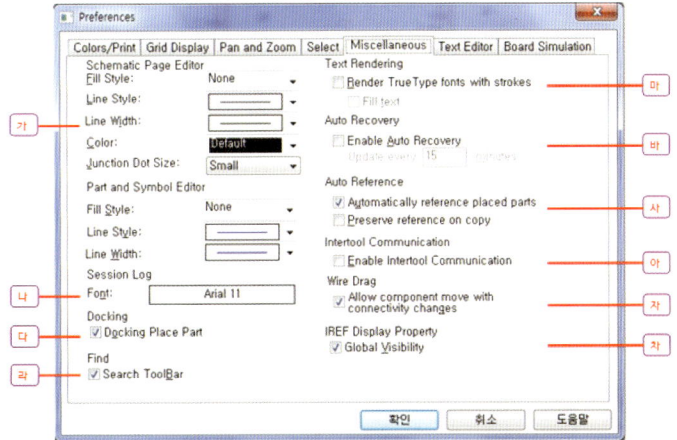

㉮ 스키매틱 편집 창과 부품 및 기호 편집 창에서 객체(박스 또는 원 등)의 선의 형태와 폭, 색상, 채우기 형태 및 접속점의 크기를 설정한다.
- Fill Style : 스키매틱 편집 창과 부품 및 기호 편집 창에서 선의 형태를 설정한다.
- Line Style : 스키매틱 편집 창과 부품 및 기호 편집 창에서 선의 폭을 설정한다.
- Line Width : 스키매틱 편집 창과 부품 및 기호 편집 창에서 선의 폭(두께)을 설정한다.
- Color : 스키매틱 편집 창의 색상을 설정한다.
- Junction Dot Size : 화면에 출력되는 Junction의 크기를 수정할 수 있으며, 회로도면 출력 시 Junction의 크기를 조절할 수 있다.

Size	Symbol	Size	Symbol	Size	Symbol	Size	Symbol
Small (Default)		Medium		Large		Very Large	

㉯ 세션 로그 창의 글자체(Font)를 설정한다.
㉰ 부품 배치 시 부품 찾기의 결합 여부를 설정한다.
㉱ 툴 바의 검색에 의한 찾기 기능 활성화 여부를 설정한다.
㉲ 스키매틱 페이지 편집 창의 글자에 대한 설정을 한다.
㉳ 프로그램이 비정상적으로 종료 시의 자동 복구기능을 설정한다.
㉴ 부품 배치 시 자동으로 참조번호 부여기능에 대한 설정을 한다.
- Automatically reference placed parts : 부품 배치 시 참조번호의 자동 증가 여부를 설정하는 옵션으로 체크 해제 시 참조번호가 ?로 출력된다. (예 : R?, U?)

- Preserve reference on copy : 부품의 참조번호는 ?로 출력되며, 부품 복사 시 동일한 참조 번호로 부품을 복사할 수 있다

㉮ ITC(Inter Tool Communication) 기능의 사용 여부를 설정한다. 즉 캡쳐와 PCB EDITOR 툴 상호 간에 정보가 연동(PCB EDITOR와의 교차 프로빙 기능)하도록 한다.
㉯ 선의 드래그 시 부품의 이동과 연결의 변경을 설정한다.(연결 변경 구성 요소 이동을 허용)
㉰ IREF 디스플레이 속성을 전체적인 표시로 설정한다.

(6) Preference의 Text Editor 탭 설정하기

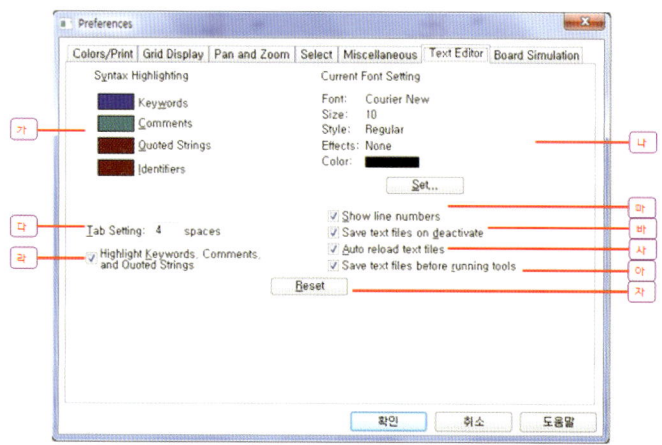

㉮ 키워드와 주석, 인용문구의 색상을 설정한다.
㉯ 문자 편집기에서 활성화 문자에 대한 설정을 변경한다.
㉰ 문자 편집기에서의 탭 간격을 설정한다.
㉱ 문자 편집기에서 강조 키워드와 주석과 인용 문구를 검사한다.
㉲ 문자 편집기의 줄 번호를 나타낸다.
㉳ 텍스트 편집기 창은 현재 상태에서 열린 텍스트 파일들을 저장한다.
㉴ 텍스트 편집기가 자동으로 캡쳐의 동작 결과 파일(네트리스트 생성 파일과 같은)이 최근 버전일 때 텍스트 파일을 다시 읽어오도록 한다.
㉵ 텍스트 편집기가 캡쳐의 툴들(설계규칙검사 또는 네트리스트 생성과 같은)을 실행하기 전에 열린 텍스트 파일들의 저장을 지정한다.
㉶ 문자 편집기의 설정을 기본값으로 환원한다.

(7) Preference의 Board Simulation 탭 설정하기

보드 단계의 시뮬레이션에 사용되는 하드웨어 개발 언어를 지정하는 탭으로, Verilog 또는 VHDL(Very High speed Integrated circuit Hardware Description Language) 의 하드웨어 언어를 선택할 수 있는 옵션이다.

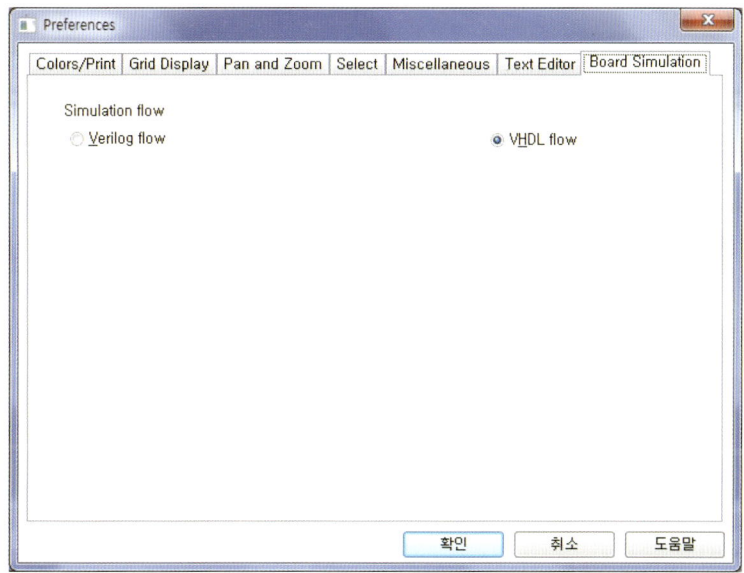

2) Design Template 설정하기

(1) Design Template의 Font 탭 설정하기

새로운 스키매틱 페이지에 적용되는 객체들의 글자체를 설정한다.

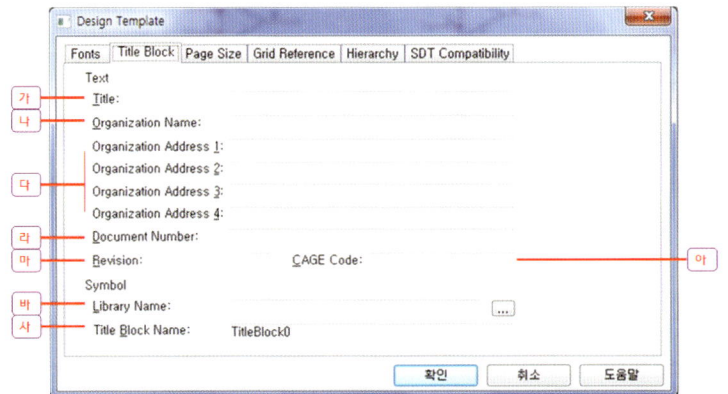

(2) Design Template의 Title Block 탭 설정하기

㉮ 회로도면의 이름을 입력한다.
㉯ 회사 이름, 또는 부서 이름을 입력한다.
㉰ 회사의 주소 등을 입력한다.
㉱ 회로도면의 문서번호를 입력한다.
㉲ 개정번호를 입력한다.
㉳ 타이틀 블록이 속한 라이브러리의 이름을 입력한다.
㉴ 타이틀 블록의 기호 이름을 입력한다.
㉵ 미국연방정부에서 부여되는 코드로 사용하지 않는다.

(3) Design Template의 Page Size 탭 설정하기

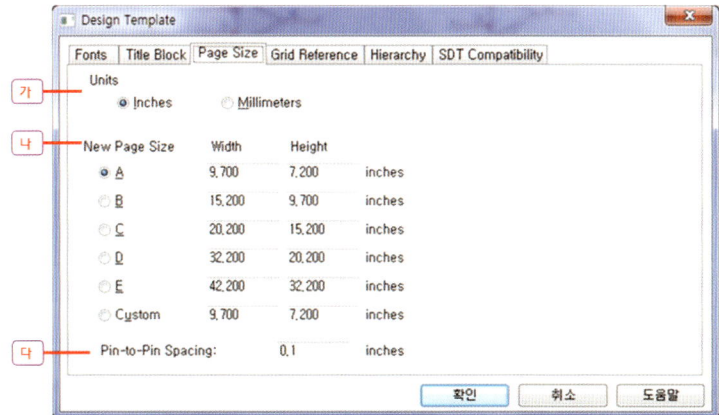

㉮ 회로도면 페이지의 단위(인치 또는 밀리미터)를 선택한다.
㉯ 회로도면 페이지의 규격을 선택하거나, 사용자 정의한다.
㉰ 핀과 핀 사이의 간격을 정의한다.

(4) Design Template의 Grid Reference 탭 설정하기

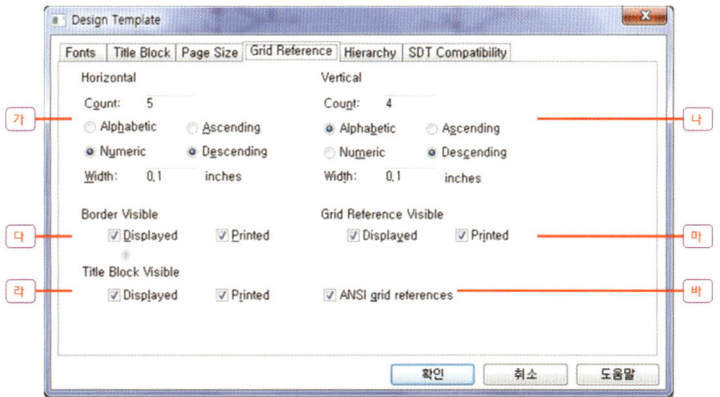

㉮ 그리드 참조의 수평축에 대한 설정(계수단위와 숫자, 영문자의 올림차순 또는 내림차순)을 한다.
㉯ 그리드 참조의 수직축에 대한 설정(계수단위와 숫자, 영문자의 올림차순 또는 내림차순)을 한다.
㉰ 보더(Border)의 표시와 프린터 출력에 대하여 선택한다.
㉱ 타이틀 블록의 표시와 프린터 출력에 대하여 선택한다.
㉲ 그리드 참조의 표시와 프린터 출력에 대하여 선택한다.
㉳ ANSI 그리드 참조를 선택한다.

(5) Design Template의 Hierarchy 탭 설정하기

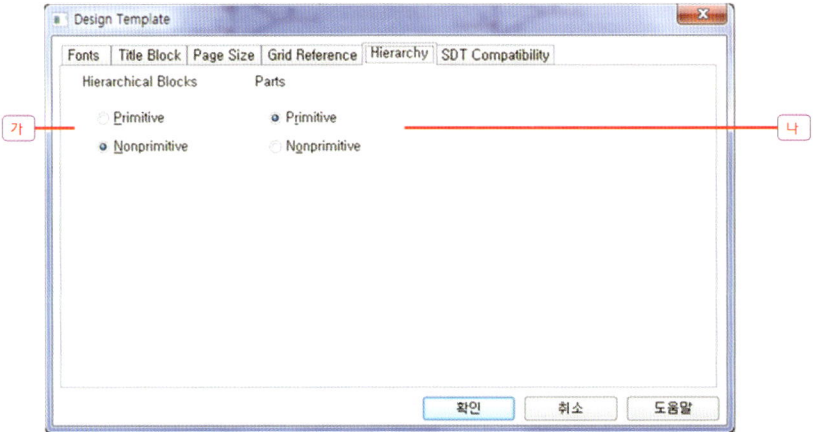

㉮ 계층구조 블록의 Primitive 또는 Nonprimitive를 설정한다.
㉯ 부품들의 Primitive 또는 Nonprimitive를 설정한다.

(6) Design Template의 SDT Compatibility 탭 설정하기

DOS용 회로설계 툴(SDT)과의 호환성을 위하여 부품 필드의 매핑 속성을 설정한다.

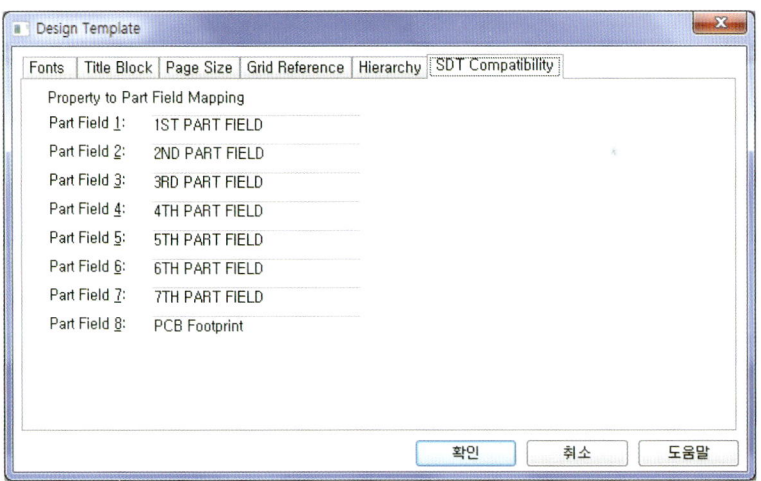

3) 자동 백업(Autobackup)의 설정

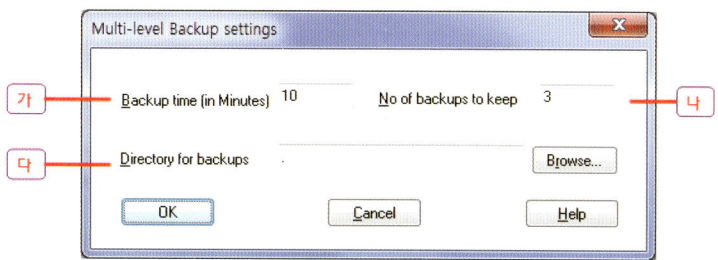

㉮ 자동 백업 파일의 저장시간 간격을 설정한다.
㉯ 자동 백업 파일의 수를 설정한다.
㉰ 자동 백업 파일의 저장경로를 설정한다.

4) Schematic Page Properties 설정하기

(1) Schematic Page Properties의 Page Size 탭 설정하기

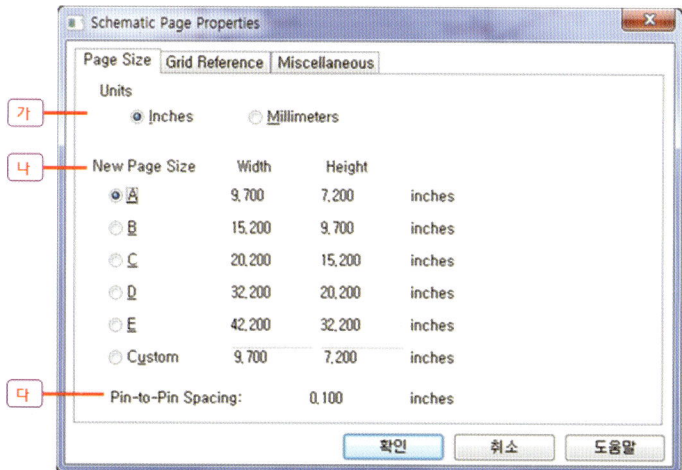

㉮ 회로도면 페이지의 단위(인치 또는 밀리미터)를 선택한다.
㉯ 회로도면 페이지의 규격을 선택하거나, 사용자 정의한다.
㉰ 핀과 핀 사이의 간격을 나타낸다.

(2) Schematic Page Properties의 Page Size 탭 설정하기

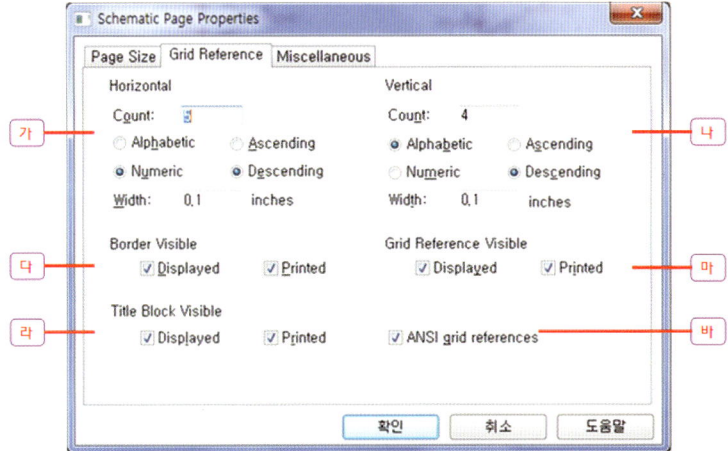

㉮ 그리드 참조의 수평축에 대한 설정(계수단위와 숫자, 영문자의 올림차순 또는 내림차순과 폭)을 한다.
㉯ 그리드 참조의 수직축에 대한 설정(계수단위와 숫자, 영문자의 올림차순 또는 내림차순과 폭)을 한다.
㉰ 보더(Border)의 표시와 프린터 출력에 대하여 선택한다.
㉱ 타이틀 블록의 표시와 프린터 출력에 대하여 선택한다.
㉲ 그리드 참조의 표시와 프린터 출력에 대하여 선택한다.
㉳ ANSI 그리드 참조를 선택한다.

(3) Schematic Page Properties의 Miscellaneous 탭 설정하기

스키매틱 페이지의 속성(생성일자와 시간, 수정일자와 시간 및 페이지 번호)을 나타낸다.

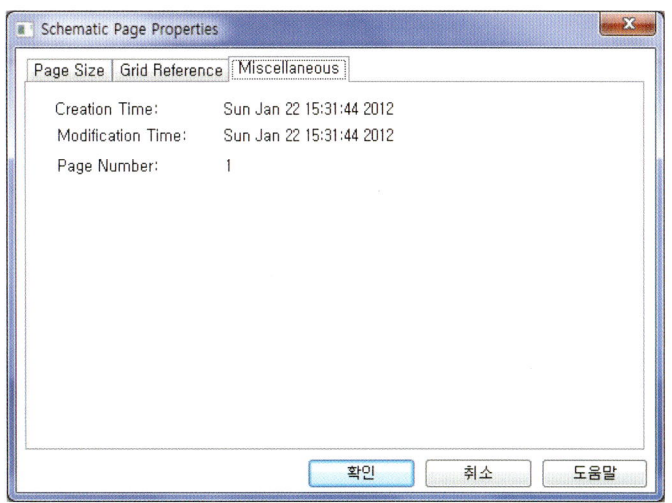

1-8 OrCAD 캡쳐의 설계 흐름(Flow)

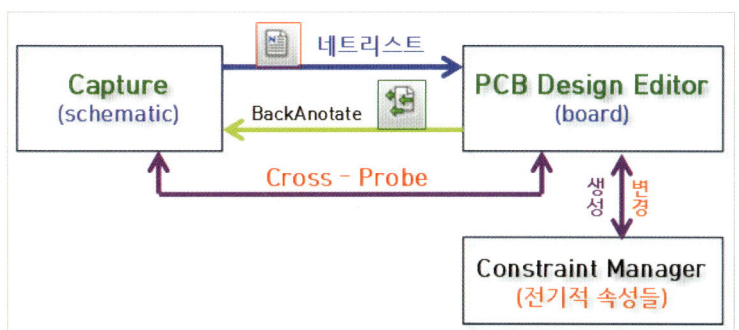

[OrCAD의 설계 흐름]

1) 회로도면의 설계(Schematic Design)

① 설계할 회로도면이 저장될 폴더와 파일의 이름(프로젝트의 이름 : *.OPJ, 회로도면의 이름 : *.DSN)을 정의한다.

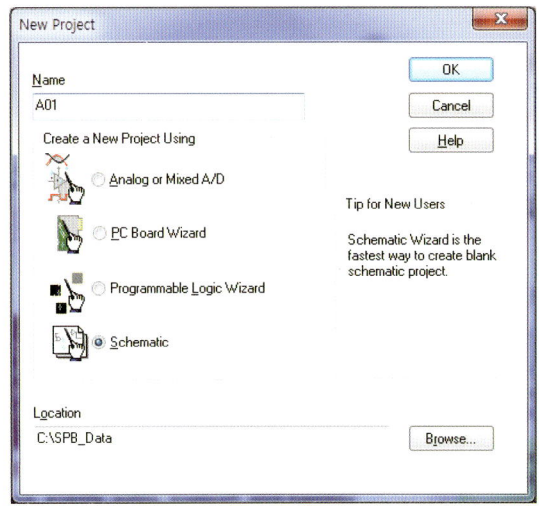

② 회로도면의 설계에 적용할 라이브러리(*.LIB)를 등록하거나 알지 못할 경우 찾기 기능을 이용한다.

③ 회로도면의 설계에 적용될 환경을 설정하도록 한다.

④ 도구 팔레트에서 부품의 배치를 위한 아이콘(▩), POWER 기호의 배치를 위한 아이콘(￦), GND 기호의 배치를 위한 아이콘(▼)을 이용하여 부품과 전원기호들을 배치한다.

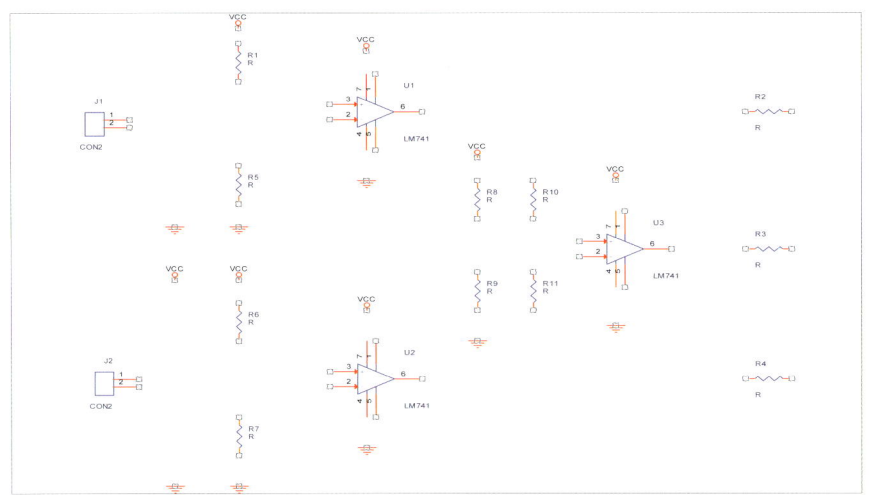

⑤ 툴 팔레트에서 Place Wire 아이콘( ) 또는 W 키 등을 이용하여 배선한다.

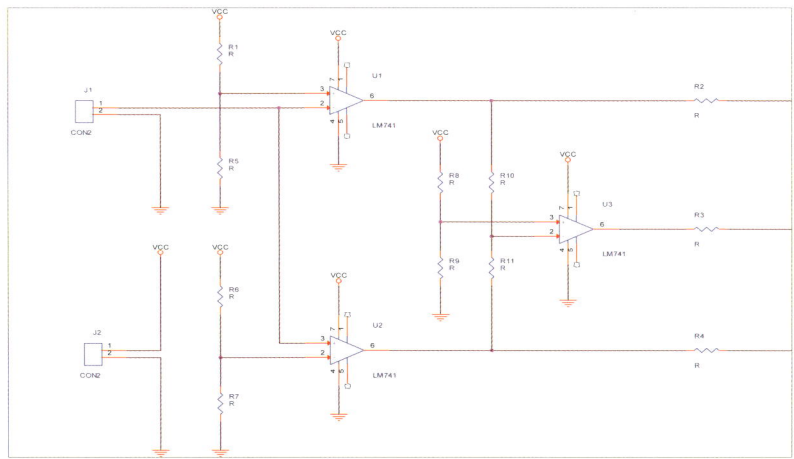

2) 부품의 참조번호 갱신하기(Annotate : Update Part Reference)

① Annotate 아이콘( )을 선택하면, Annotate 창이 나타난다.

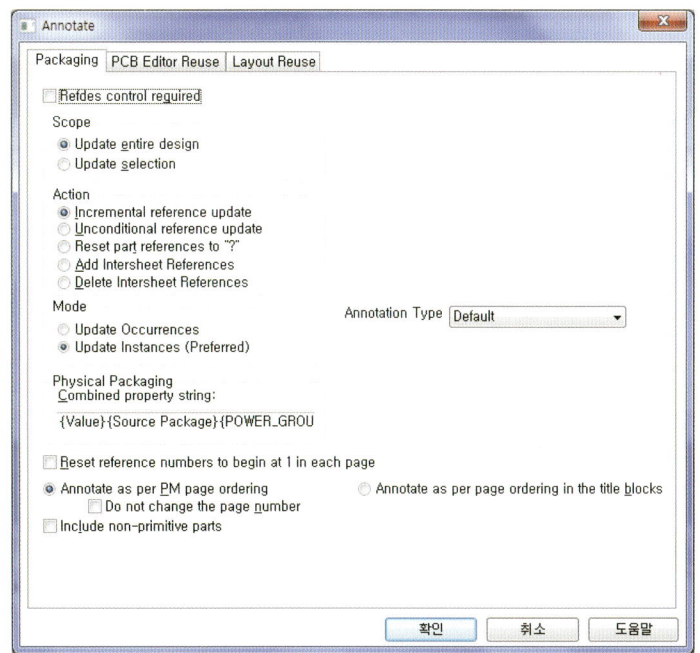

② Action 상자에서 **Reset Part Reference to "?"**을 선택한 후 [확인] 버튼을 선택하면, 그림과 같은 메시지 창이 나타난다.

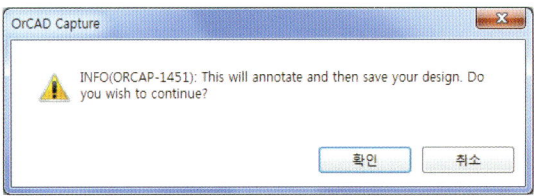

③ 메시지 창의 [확인] 버튼을 누르면, 도면의 부품 참조번호가 모두 "?"로 바뀐다.
④ Action 상자의 Incremental reference update를 선택한 후에 [확인] 버튼을 선택하면, 도면의 부품 참조번호가 새로 부여된다.

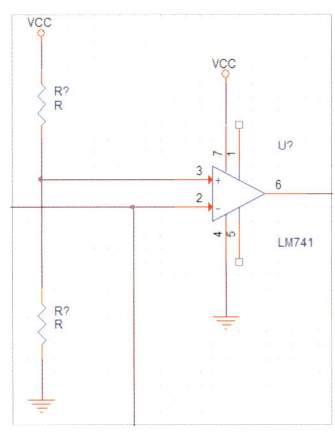

[참조번호의 초기화]

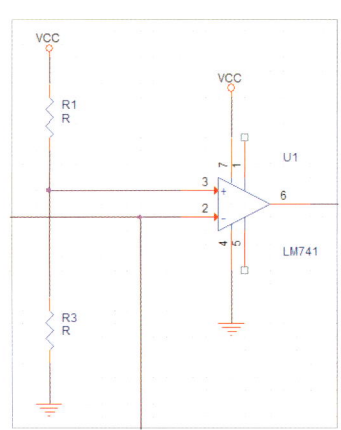

[자동 참조번호의 부여]

3) 설계규칙 검사(Design Rules Check :) 실행하기

① Project Manager 아이콘( )을 선택하여 설계 관리자 창에서 설계도면의 이름이나 페이지를 선택하여 유틸리티 도구 아이콘들을 활성화한다.
② Design Rules Check 아이콘( )을 선택하면, 설계규칙 검사(DRC) 창이 나타난다.

③ 특정한 검사 또는 특정한 검사 결과를 보기 위해서는 Report 상자에서 선택한다.
④ 메모장이나 워드패드로 실행 결과를 미리 보기 위하여 Report 상자의 View Output을 체크한다. 모든 실행 결과는 세션 로그 창에 기록된다.
⑤ Report File 상자에는 DRC 실행 결과 파일의 경로와 파일 이름이 기본적으로 설정되며, 파일 경로와 파일 이름은 기본적으로 설계 파일의 경로와 파일 이름(확장자는 drc)과 같다.

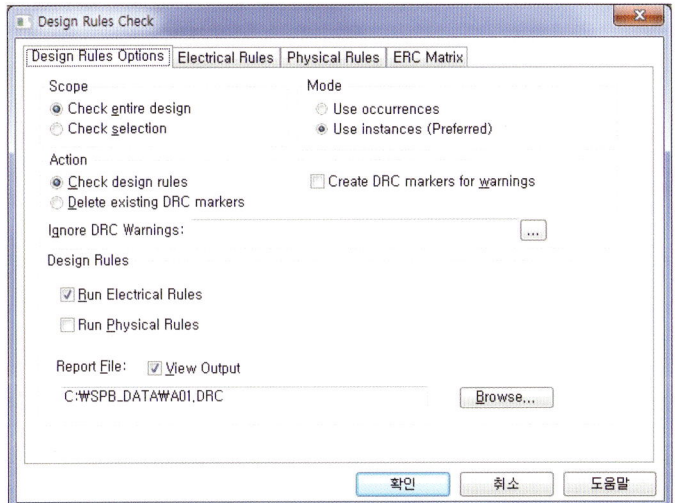

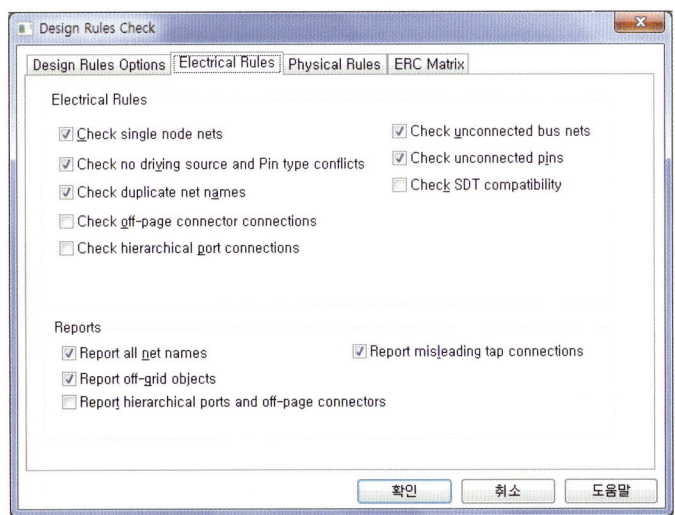

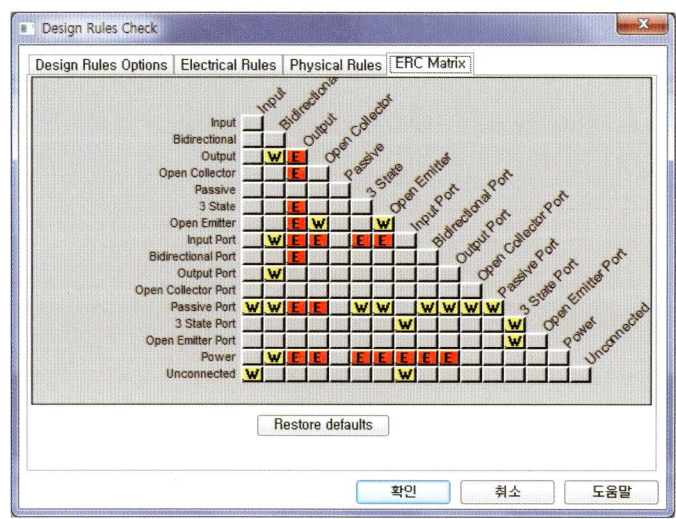

⑥ 확인 버튼을 선택하면, 검사 항목과 에러가 기록되는 실행 결과 파일이 열린다.

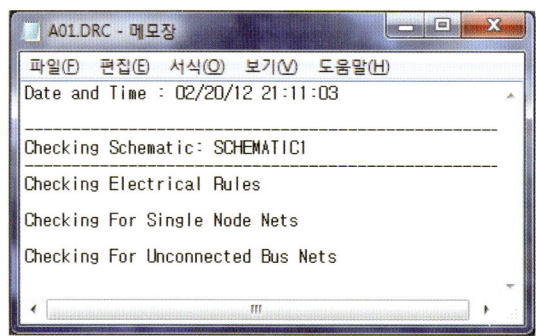

4) 부품의 속성 갱신하기

(1) 부품의 값(Value) 정의하기

① 부품 이름을 더블클릭하면, Display Properties 창이 열린다.
② Value 상자에 부품 값(예 : "10K")을 입력한 후에 OK 버튼을 선택한다.

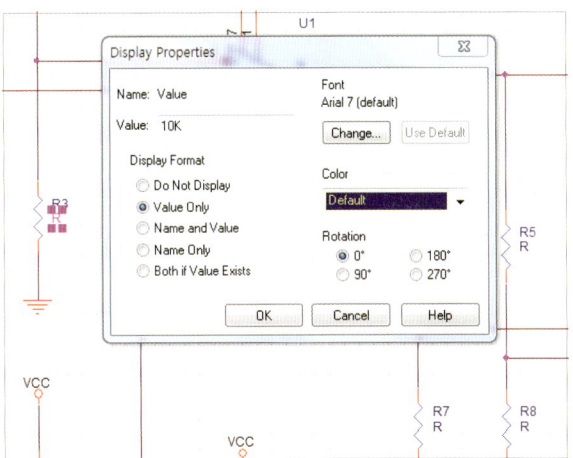

(2) 스프레드시트에서 모든 부품의 속성(Properties)을 텍스트로 부여하기

① 메뉴의 Edit – Select All을 선택하거나, 키보드의 Ctrl 키를 누른 상태에서 A 키를 누른다.

② RMB – Edit Properties…를 선택하면, Property Editor 스프레드시트 창이 나타난다.

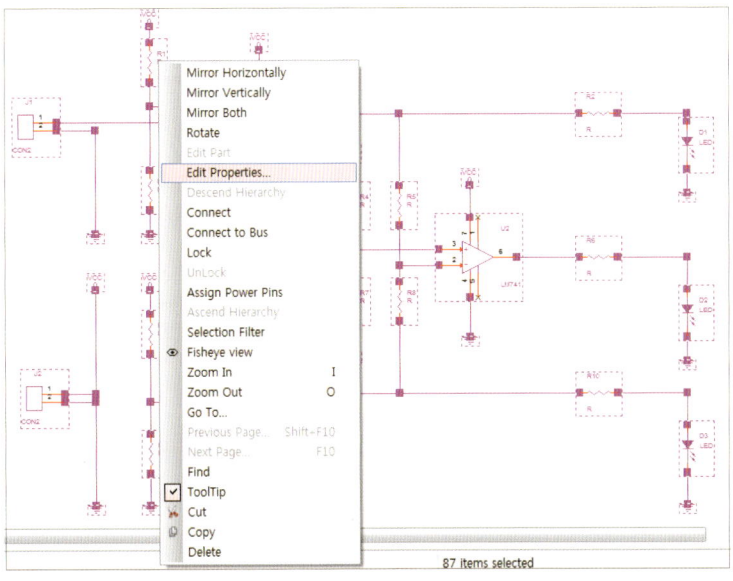

③ Property Editor 스프레드시트 창에서 Parts 탭을 선택하여, Value 셀의 값을 클릭하고 BackSpace 또는 Del 키로 지운 후에, 새로운 값을 입력한다.

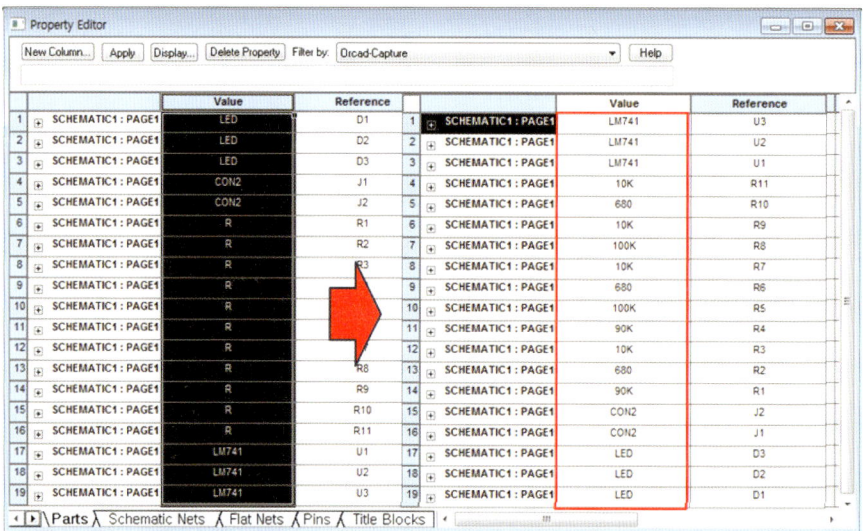

④ Property Editor 창 제목 줄의 닫기(X) 버튼을 선택한다.

(3) 부품의 풋프린트(PCB Footprint)/Alt Symbol 지정하기

PCB Footprint 항목의 값이 기본으로 PCB 설계에 이용되는 Footprint이며, ALT_SYMBOL 항목은 부품의 지정된 Footprint 외에 추가로 이용할 수 있는 Footprint 타입이다.

① 직접 입력방법

  ㉠ Project Manager 창에서 **A01.dsn**을 선택한 후 RMB – Edit Object Properties를 선택한다. 또는 설계 창에서 모든 부품을 선택하고, RMB – Properties…를 선택한다.

  ㉡ 속성 창이 열리면 항목 중 ALT_SYMBOLS와 PCB Footprint에 값을 입력한다.

REF	D1~D3	U1	J1, J2	R1
PCB Footprint	CAP196	DIP18_3	CON2	RES400
ALT_SYMBOLS		SOIC8		

ⓒ 동일한 경우는 엑셀과 같이 상위의 하나를 드래그하여 사용한다.

PCB Footprint
DIP8_3

PCB Footprint
DIP8_3
DIP8_3
DIP8_3

ⓓ ⓑ에서 ⓒ의 과정을 반복하여 모든 부품의 풋프린트 값을 입력하고 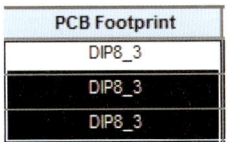 버튼을 누른다.

		Reference	Designator	PCB Footprint
1	SCHEMATIC1 : PAGE1	U3		DIP8_3
2	SCHEMATIC1 : PAGE1	U2		DIP8_3
3	SCHEMATIC1 : PAGE1	U1		DIP8_3
4	SCHEMATIC1 : PAGE1	R11		RES400
5	SCHEMATIC1 : PAGE1	R10		RES400
6	SCHEMATIC1 : PAGE1	R9		RES400
7	SCHEMATIC1 : PAGE1	R8		RES400
8	SCHEMATIC1 : PAGE1	R7		RES400
9	SCHEMATIC1 : PAGE1	R6		RES400
10	SCHEMATIC1 : PAGE1	R5		RES400
11	SCHEMATIC1 : PAGE1	R4		RES400
12	SCHEMATIC1 : PAGE1	R3		RES400
13	SCHEMATIC1 : PAGE1	R2		RES400
14	SCHEMATIC1 : PAGE1	R1		RES400
15	SCHEMATIC1 : PAGE1	J2		CON2
16	SCHEMATIC1 : PAGE1	J1		CON2
17	SCHEMATIC1 : PAGE1	D3		CAP196
18	SCHEMATIC1 : PAGE1	D2		CAP196
19	SCHEMATIC1 : PAGE1	D1		CAP196

② UPD 파일을 이용하는 방법

　㉠ Project Manager 창에서 **A01.dsn**을 선택한 후 메뉴의 Tools - Bill of Materials를 선택한다. 또는 Bill of Materials( ) 아이콘을 선택한다.

　㉡ Bill of Materials 창이 뜨면 하단의 Report 부분에서 View Output 항목에 체크를 한다.

　㉢ 확장자 BOM을 **UPD**로 수정한 후 [OK] 버튼을 선택한다.

　㉣ Report 창이 뜨면 아래와 같이 수정한다.

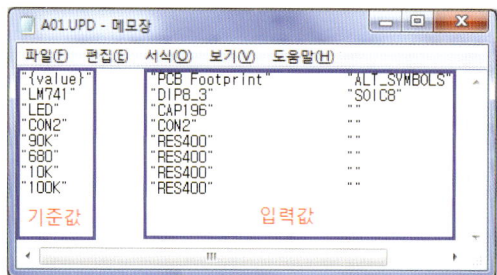

　㉤ **A01.dsn**을 선택한 후 메뉴의 Tools - Update Properties를 선택한다.

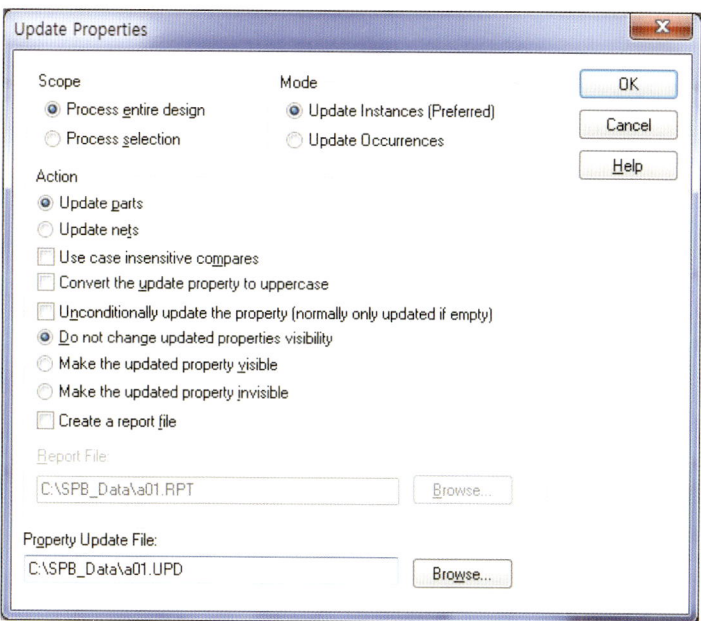

ⓑ 하단의 Update File에 작성한 UPD 파일을 입력한다.

ⓢ OK 버튼을 선택하면 정의된 Value 값을 기준으로 풋프린트 값들이 정의된다.

(4) ROOM 설정하기

① ROOM 속성 설정 시 PCB에서 부품 배치 시 쉽고 빠르게 적용이 가능하다.
② Main 도면을 연다.
③ RMB - Selection Filter를 선택한다.

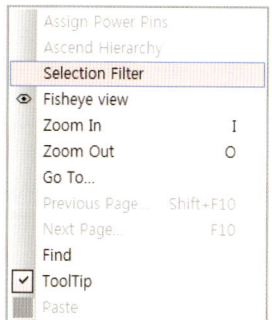

④ 창이 뜨면 하단의 **Clear All**을 선택한 후 **Parts**만 체크한다.

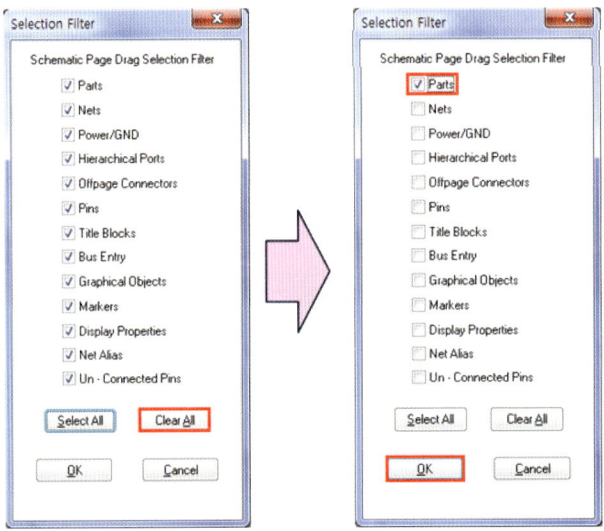

⑤ [OK] 버튼을 선택한 후 LED D1~D3을 드래그하여 선택한다.
⑥ RMB - Edit Properties를 선택한다.
⑦ ROOM 항목에 **LED**를 입력한다.

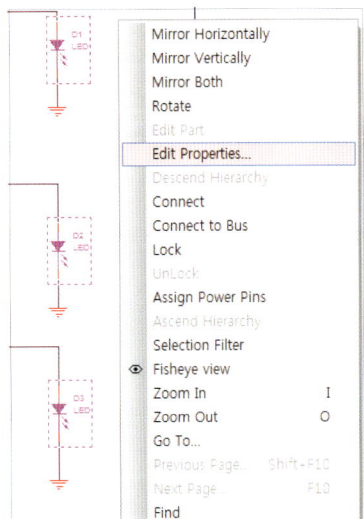

(5) Differential Pair 설정하기

👉 PCB Editor에서 추가적으로 설정 가능

① Differential Pair는 배선 시 동시에 배선되며 길이 및 배선 간격이 동일하게 설정된다.
② **DIGITAL_CLOCK.dsn**을 선택한 후 메뉴의 Tools – Create Differential Pair를 선택한다.

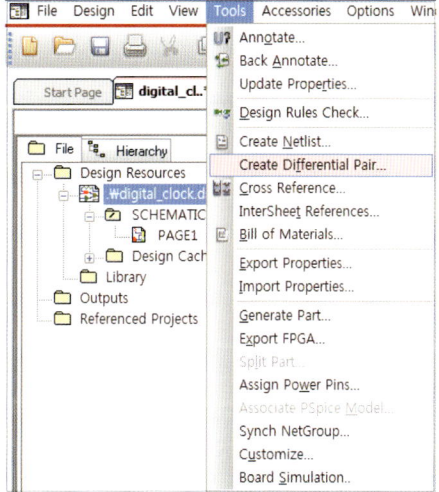

③ C5와 C6을 오른쪽 창으로 넘긴다.
④ Diff Pair Name에 **Crystal**을 기입 후 Create 버튼을 선택한다.

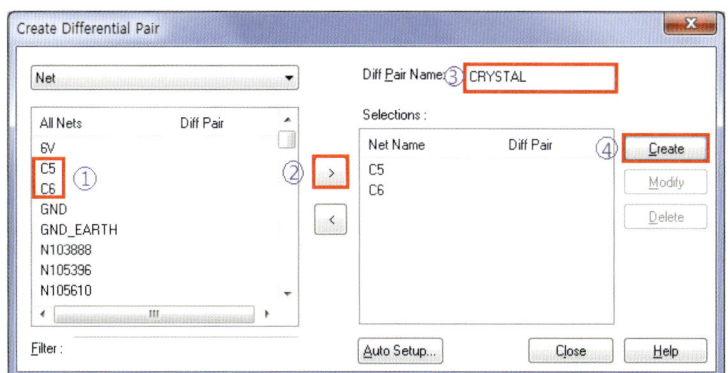

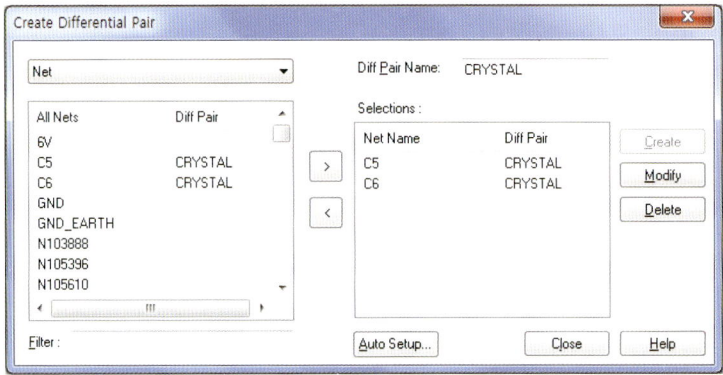

5) 네트리스트 생성하기(Create Netlist :)

회로 설계를 하는 중요한 목적으로서, 회로도에 구성되어 있는 부품 간의 선 연결정보를 생성하는 것이 Netlist file이다.

캡쳐의 네트정보가 변경될 때 자동으로 레이아웃에서 감지하여 설계 중인 보드상에서 네트 또는 부품을 추가한다.

① Project Manager 아이콘( )을 선택하여, 설계 관리자 창에서 **파일명.DSN. SCHEMATIC1, PAGE1** 중에 하나를 선택하여 유틸리티 도구 아이콘들을 활성화한다.

② 메뉴의 Tools - Create Netlist( )를 클릭하면, Create Netlist 창이 나타난다.

③ Create Netlist 창에서 **Create or Update PCB Editor Board(Netrev)**를 체크하고, **Open Board in OrCAD PCB Editor**를 체크한다.

제1장 캡쳐를 이용한 회로도면의 설계

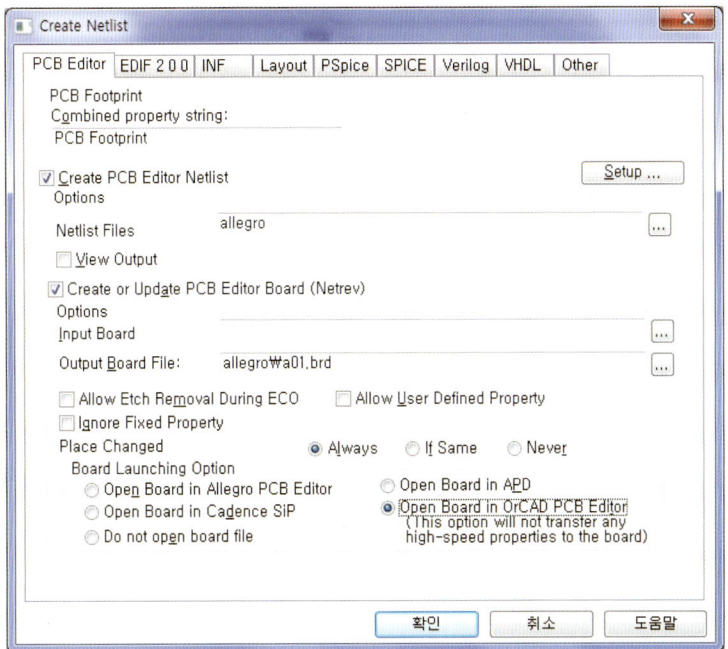

④ ![확인] 버튼을 누르면 Netlist 생성 및 OrCAD PCB Editor로 정보를 전송한다.

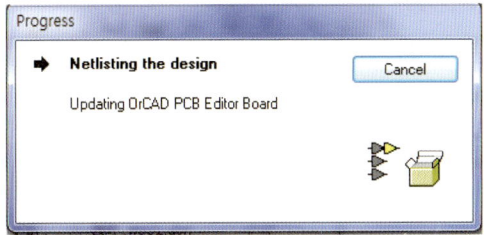

⑤ 오류 없이 네트리스트가 생성되면 pstxnet.dat, pstxprt.dat, pstchip.dat 파일이 생성된다.

pstxnet.dat	부품 간의 네트(net) 연결 등의 관련 정보를 갖는 파일
pstxprt.dat	부품의 관련 정보를 갖는 파일
pstchip.dat	부품의 풋프린트(Footprint) 등의 관련 정보를 갖는 파일

제1편 OrCAD 16.6의 기초

⑥ 네트리스트가 정상적으로 생성되면 PCB Editor가 실행되고 네트리스트와 풋프린트 데이터를 넘겨와 보드파일(**A01.brd**)이 생성되며, 캡처의 모든 프로젝트를 저장하게 된다.

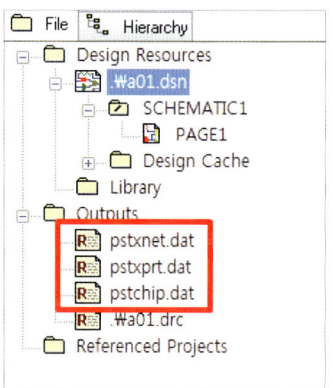

Chapter 02 PCB Editor를 이용한 PDB 설계

2-1 PCB Editor 시작하기

① Netlist를 생성할 때 자동 실행된다.
② 혹은 시작 → 모든 프로그램 → Cadence → PCB Editor를 실행한다. 또는 바탕화면의 OrCAD PCB Editor 아이콘()을 더블클릭한다.

1) PCB Editor 화면 구성

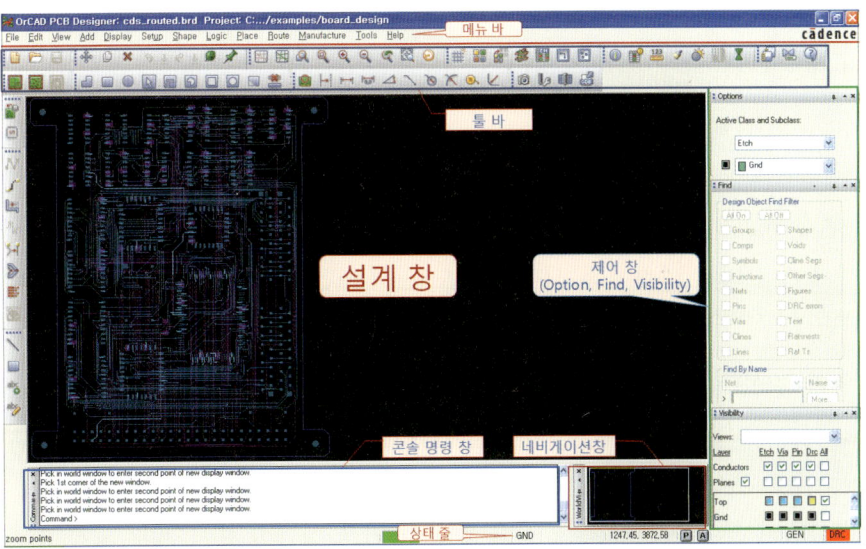

PCB Editor 프로그램의 기본 화면은 크게 설계 창(Design Window), 제어 패널(Control Panel), 콘솔 명령 창(Command Window), 내비게이션 창(Navigation Window) 등으로 구성된다.

① 메뉴 바(Menu Bar)

메뉴 바는 타이틀 바의 아래에 위치하며, Allegro PCB Editor는 두 가지 메뉴 세트로 구성된다.

일반적인 디자인 작업을 위한 레이아웃 모드, 그리고 기호의 생성과 변경(수정)을 위한 심벌 모드로 이루어지고, 이 메뉴의 집합은 서로 다르며, 프로젝트의 기초로서 작업을 진행한다.

풀다운 메뉴에는 디자인을 창조하고 수정하기 위한 명령들을 갖고 있으며, 단축키를 이용하여 일부 명령을 사용할 수 있다. 또한 중요한 조합의 명령은 오른쪽의 풀다운 메뉴들에 나타난다. 예를 들면, 파일을 선택하여 열기 위해서는 메뉴 바에서 Open을 선택하거나 Ctrl+O를 누른다.

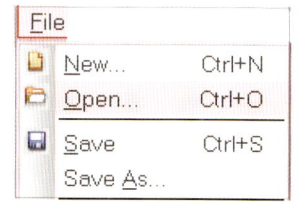

② 설계 윈도우(Design Window)

설계 윈도우(작업화면)는 PCB 설계를 작성하는 부분으로 검정색(Default 값)의 배경색을 변경하려면 Color 명령(**Display - Color / Visibility... - Group : **Display의 Background를 변경)을 사용한다.

③ 도구 모음(Menu Bar)

Menu Bar의 풀다운 메뉴는 설계의 작성, 수정에 필요한 모든 명령을 제공하며, 사용 가능한 Menu 명령은 실행 중인 작업(Layout, Symbol, Shape 등)에 따라 다르고, 또한 단축키에 의해 명령어를 실행할 수도 있다. 각 단축키는 풀다운 메뉴의 우측에 표시된다.

④ 아이콘 리본(Icone Ribbons)

Allegro/APD 아이콘 리본은 일반적으로 Allegro/APD 명령을 빠르게 적용할 수 있는 아이콘들로 구성되며, 아이콘의 기능을 확인하려면 Mouse Button을 누르지 않고 커서를 아이콘상으로 이동하면 아이콘에 대한 짧은 제목이 표시된다. 설계 요구에 맞추어 아이콘을 커스터마이즈할 수도 있다.(**View** - **Custormization** - **Tool bar**...)
⑤ 제어 창(Control Panel Windows)

디자인 창 오른쪽에 위치하며, Options(작업옵션)/Find(개체 선택 Filter)/Visibility (디자인 창 색상 및 표시)로 구성되어 있다. 작업 디자인 영역을 최대화하기 위해 Control Panel은 숨김 형태로 구성되어 있으며, 또는 창을 고정하여 사용할 수 있다. Control Panel의 제어는 마우스 포인터를 이용하여 표시할 수 있으며, 마우스가 가까이 다가가면 나타나고 멀어지면 사라진다. 제어 창을 닫기 위해서는 X를 클릭하며, 창을 확장하기 위해서는 ▽를 클릭하며, 창을 되돌리기 위해서는 핀을 클릭한다.

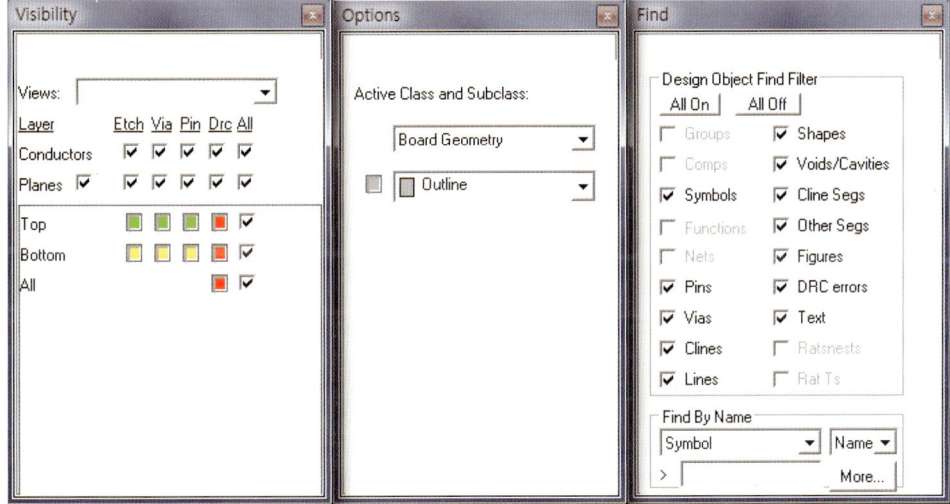

㉠ Visibility Control Panel Windows
현재 작업 화면에 PCB의 각 레이어에 대한 디스플레이와 컬러를 설정한다.

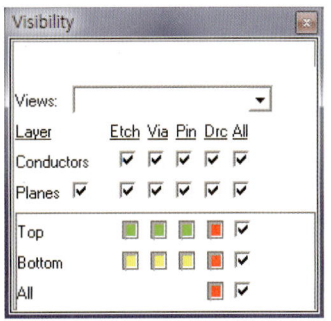

ⓛ Find Control Panel Windows

설계에서 개체의 선택을 위한 필터로서 **All On**의 선택 시에는 모든 개체가 선택되고, **All Off**의 선택 시에는 모든 개체의 선택이 해제되며, 개별 개체의 선택을 위해서는 해당 개체를 체크하면 된다.

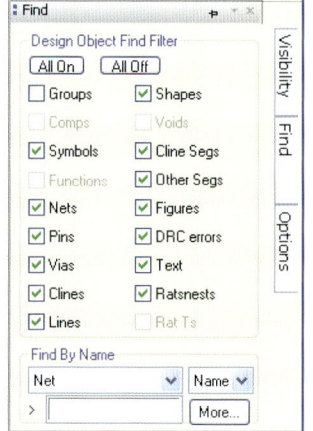

ⓒ Options Control Panel Windows

명령에 따른 속성이 Options 창에 나타나며, 속성을 지정할 수 있다.

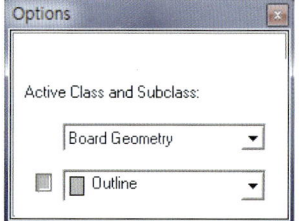

⑥ 콘솔 명령 창(Consol Command Windows)

메시지 및 명령에 대한 출력이 표시되며 Allegro PCB Editor의 명령을 입력하는 명령어 행이다.

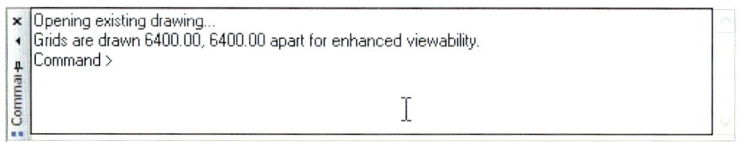

⑦ 내비게이션 창(Worldview Windows)

내비게이션 창은 보드 외곽선과 현재 확대된 보드 부분, 선택된 개체를 보여주고, 사용자는 패닝 및 확대 명령을 빠르고 편리하게 액세스할 수 있다.

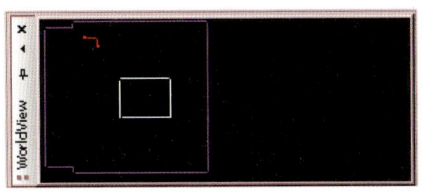 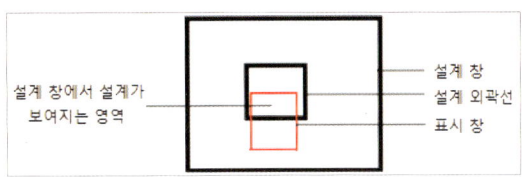

⑧ 상태 줄(Status Line)

설계를 하는 도중에 현재 마우스의 포인터 위치와 동작상태 등을 살펴볼 수 있는 기능을 제공하며, 또한 설계도면에서의 좌표값을 확인할 수 있는 기능을 제공하는 곳이다.

2) 마우스의 기능

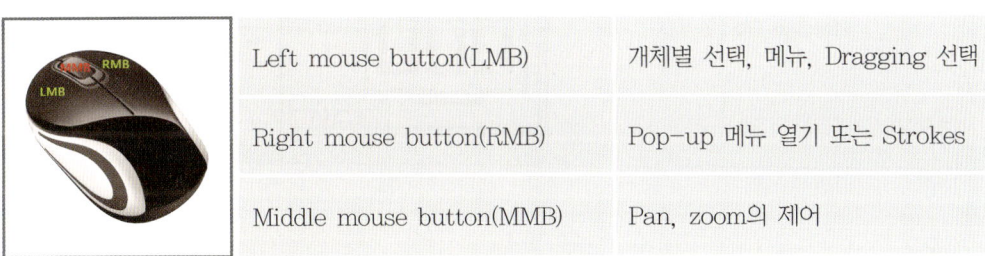

3) PCB Editor의 설계 파일

기호(심벌 : Symbol)	확장자	기호(심벌 : Symbol)	확장자
Package	.psm	Shape	.ssm
Mechanical	.bsm	Flash	.fsm
Format	.osm		

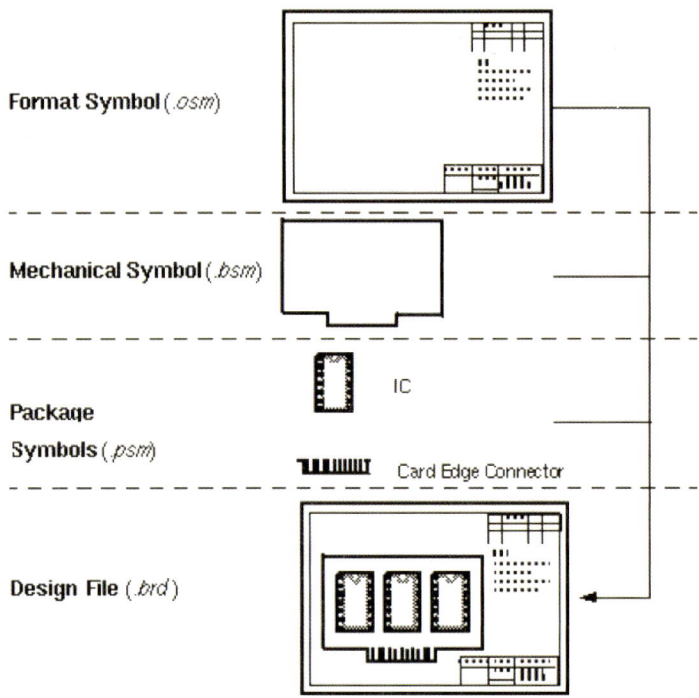

2-2 툴 바(Tool Bar)의 기능

메뉴의 기능 중에서 자주 사용하는 명령이나 주요 기능들을 사용이 용이하도록 아이콘을 클릭하면 기능의 수행이 이루어지게 된다. 전기적 속성의 객체와 그래픽 속성의 객체로 구분되며, 비활성화 상태(흐려짐)가 되면 사용할 수 없고 활성화 상태(컬러)가 되어야 사용이 가능하다.

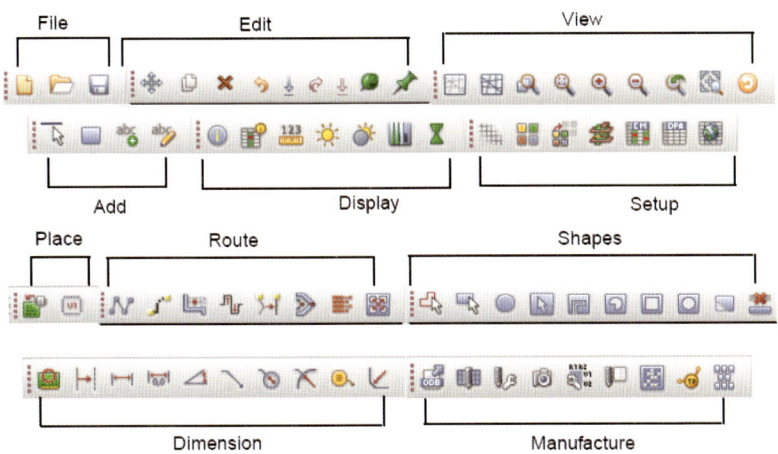

① File Tool bars

아이콘	명령	설명
	New	새로운 설계(작업)를 시작한다.
	Open	기존 설계(작업)를 연다.
	Save	현재의 설계(작업)를 저장한다.

② Edit Tool bars

아이콘	명령	설명
	Move	개체를 이동시킬 수 있다.
	Copy	개체를 원하는 형태로 복사할 수 있다.
	Delete	선택된 개체를 지울 수 있다.
	Undo	현재 작업을 취소한다.
	Redo	Undo된 작업을 다시 실행한다.
	Fix	개체에 고정속성을 준다.
	Unfix	고정속성이 설정된 개체의 Fix 속성을 해제시켜 준다.

③ View Tool bars

아이콘	명령	설명
	Unrats All	모든 Ratsnest를 숨겨준다.
	Rats All	모든 Ratsnest를 보여준다.
	Zoom Points	클릭하고 확대할 영역을 지정한다.
	Zoom Fit (F2)	보드 전체 크기를 작업창에 보여준다.
	Zoom In (F11)	화면을 확대한다.
	Zoom Out (F12)	화면을 축소한다.

아이콘	명 령	설 명
	Zoom Previous (Shift + F11)	이전 크기로 설정한다.
	Zoom Selection	드래그하여 그린 부분만큼 확대를 한다.
	Redraw (F5)	화면을 다시 그린다.

④ Setup Tool bars

아이콘	명 령	설 명
	Grid Toggle (F10)	편집 창의 Grid를 On/Off 할 수 있다.
	Color192 (Ctrl + F5)	Color 설정을 할 수 있다.
	Shadow Toggle	Shadow 모드를 On/Off 할 수 있다.
	Xsection	적층(Stackup) 구조를 편집할 수 있다.
	Cmgr	Constraints Manager 창을 활용할 수 있다.
	Keepin Router	Router Keepin 영역을 생성한다.
	Keepin Package	Package Keepin 영역을 생성한다.

⑤ Display Tool bars

아이콘	명령	설명
	Show Element (F4)	구성요소의 속성을 볼 수 있다.
	Cns Show	선택된 개체의 Constraints 속성을 볼 수 있다.
	Show Measure (Shift + F4)	지정한 지점의 길이 측정을 할 수 있다.
	Assign Color	색상을 정의한다.
	Dehilight	하이라이트 속성을 제거할 수 있다.
	Hilight Sov	선택된 개체를 하이라이트시켜 볼 수 있다.
	Waive Drc	DRC Marker를 제거한다.

⑥ Misc Tool bars

아이콘	명령	설명
	Reports	다양한 보고서(Reports)를 생성할 수 있다.
	Drc Update	설계규칙 검사(DRC)를 갱신(업데이트)한다.
	Help (F1)	도움말을 볼 수 있다.

⑦ App Mode Tool bars

아이콘	명 령	설 명
	General Edit	일반 편집모드(Place, Route, Copy, Move 등)로 실행한다.
	Placement Edit	배치 모드(Place, Move 등)로 실행한다.
	Etch Edit	Etch 편집모드(Sliding, Delay tuning, Smoothing Cline 등)로 실행한다.
	Signal Integrity	SI 편집모드(Slide, Move 등)로 실행한다.

⑧ Shape Tool bars

아이콘	명 령	설 명
	Shape Add	Shape(Copper)를 새로 생성한다.
	Shape Add Rect	사각형 모양의 Shape(Copper)를 생성한다.
	Shape Add Circle	원 모양의 Shape(Copper)를 생성한다.
	Shape Select	Shape(Copper)를 선택할 수 있다.
	Shape Void Element	Positive Shape에서 Pin, Via에 자동으로 Void를 생성한다.
	Shape Void Polygon	다각형 모양의 Void(Anti-Copper)를 만들 수 있다.
	Shape Void Rectangle	사각형 모양의 Void(Anti-Copper)를 만들 수 있다.

아이콘	명령	설명
	Shape Void Circle	원 모양의 Void(Anti-Copper)를 만들 수 있다.
	Shape Edit Boundary	기존 Shape의 경계를 수정할 수 있다.
	Island_Delete	불필요한 Shape(Copper)를 제거할 수 있다.

⑨ Dimension Tool bars

아이콘	명령	설명
	Create Detail	디자인에서 선택한 영역을 설정 비율에 따라 생성해 준다.
	Linefont	Line의 속성(Dot, Solid, Phantom 등)을 설정한다.
	Dimension Linear	선택한 지점의 길이를 표시해 준다.
	Dimension Datum	선택한 개체의 Datum에 대한 Dimension을 표시해 준다.
	Dimension Angular	다른 Segment 간 Dimension을 표시해 준다.
	Leader Only	Leader만 표시해 준다.
	Leader Diameter	직경 Leader를 표시해 준다.
	Leader Radial	곡선에 대한 Leader를 표시해 준다.
	Leader Balloon	풍선 모양의 Leader를 표시해 준다.
	Leader Chamfer	Chamfer된 부분의 Leader를 표시해 준다.

⑩ Manufacture Tool bars

아이콘	명령	설명
	Artwork	Gerber 파일을 생성할 수 있다.
	Ncdrill Param	Drill 파일의 생성을 위한 파라미터를 설정할 수 있다.
	Ncdrill Legend	Drill 파일의 범례(차트)를 생성할 수 있다.
	Odb_Out	Allegro Board 파일을 Odb 파일로 Export할 수 있다.

⑪ Place Tool bars

아이콘	명령	설명
	Place Manual	부품배치 상자에서 부품을 수동 선택해서 배치할 수 있다.
	Place Manual-H	부품배치 상자를 숨길 수 있다.

⑫ Route Tool bars

아이콘	명령	설명
	Net Schedule	Net에 대해 connect들의 방향에 대한 작업 스케줄(PCB Design L에서는 사용할 수 없음)
	Add Connect (F3)	핀 간 라우팅을 새로 그릴 수 있다.

아이콘	명 령	설 명
	Slide (Shift + F3)	기존 라우팅된 Etch를 슬라이드시킬 수 있다.
	Delay Tune	배선의 길이를 맞출 때 사용한다.
	Custom Smooth	곡선이나 꺾인 Etch를 직선으로 바꿀 수 있다.
	Vertex (Shift + F9)	기존 Etch에 꼭짓점을 추가해 수정할 수 있다.
	Create Fanout	SMD용 소자의 핀에 대해 Fanout을 생성한다.
	Spread Between Voids	빈 영역에 흩어져 그리도록 한다.

⑬ Add Tool bars

아이콘	명 령	설 명
	Add Line	Non-Etch 라인을 추가할 수 있다.
	Add Rect	Non-Etch 사각형을 그릴 수 있다.
	Add Text	텍스트를 입력할 수 있다.
	Text Edit	입력된 텍스트를 수정할 수 있다.

2-3 Stroke의 기능

키보드의 Ctrl 키를 누른 상태에서 마우스 오른쪽 버튼으로 지정된 모양을 그려 명령을 실행시키는 것이 스트로크 명령(default.strokes)으로 기본적으로 제공하는 스트로크 명령 대신에 사용자 자신의 스트로크 파일을 Stroke Editor(Tools - Utilities - Stroke Editor)를 이용하여 생성할 수 있으며 Allegro PCB에서의 strokefile 명령을 이용하여 자신이 만들어 놓은 스트로크를 정의하여 사용할 수 있다.

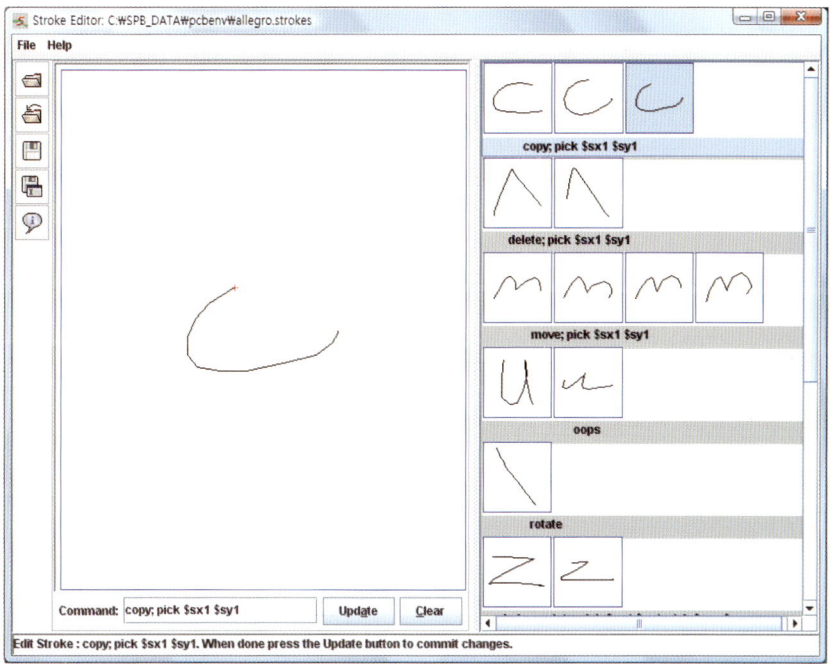

1) Stroke의 생성 및 수정

① 메뉴의 Tools - Utilities - Stroke Editor를 선택한다.

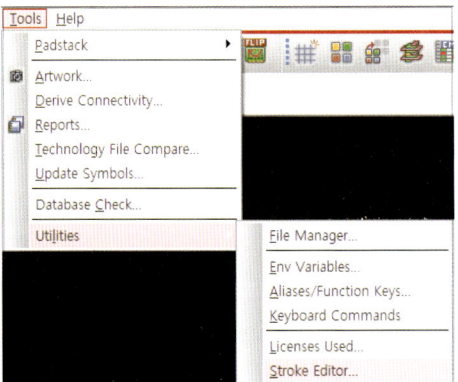

② 빈 화면에 사용할 모양을 그린다.

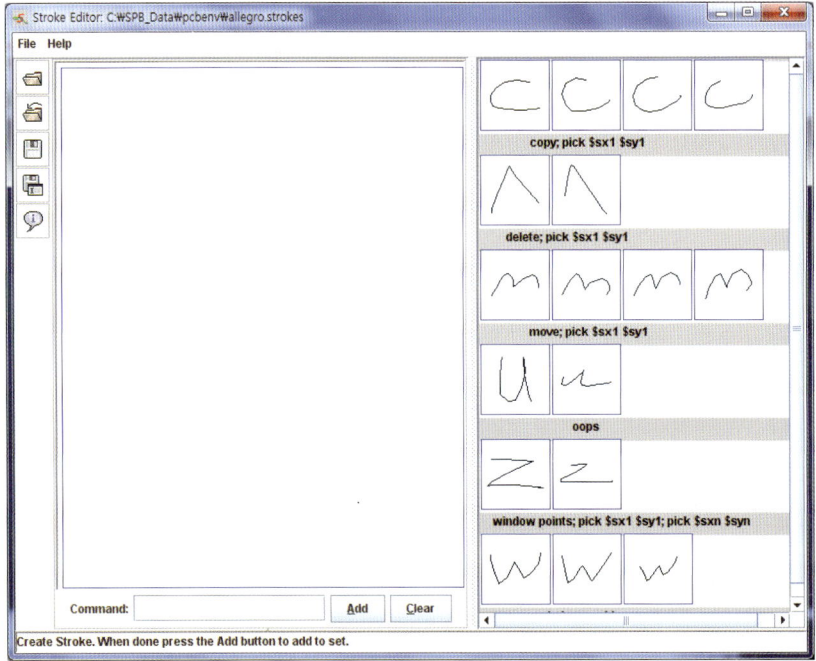

③ 하단에 명령어를 입력한다.

2-4 PCB Editor의 환경 설정

메뉴의 Setup – Design Parameters를 선택하거나 Toolbar의 Prmed()아이콘을 클릭하여 Design Parameter Editor 창을 열 수 있다.

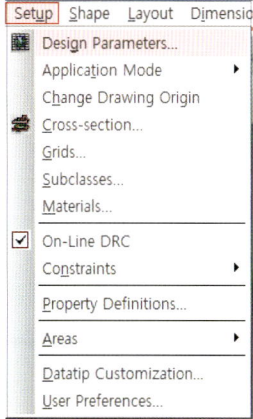

(1) Display 탭

Display 탭에서는 작업 창에 표시되는 정보들을 설정할 수 있다.

Display 설정 창에서는 화면에 나타나는 정보들의 크기와 핀에 관련된 정보를 설정한다.

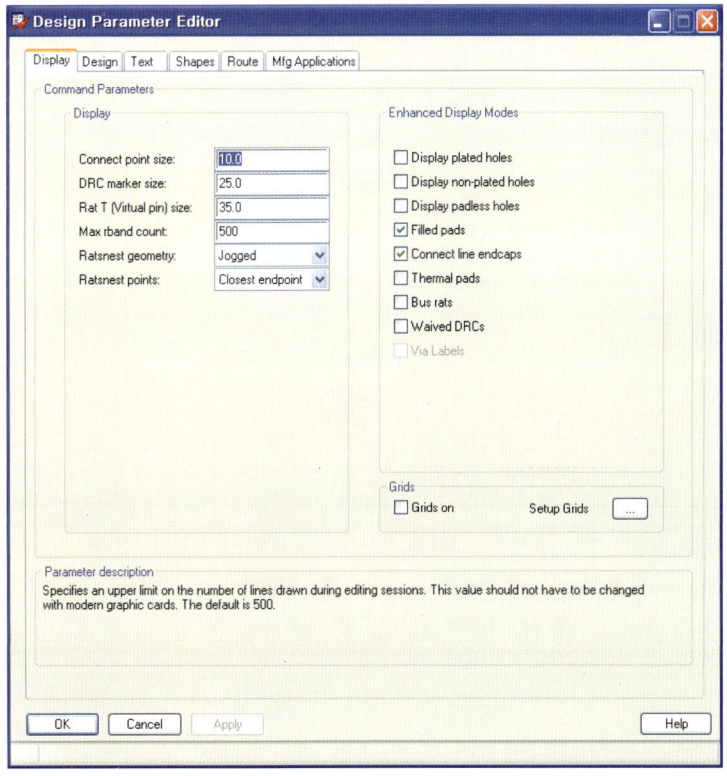

(1) Display

- Connect point size : 사용자 지정 연결 포인트의 크기를 설정한다.
- DRC marker size : DRC marker 크기를 설정한다.
- Rat T(Virtual pin) size : Net 스케줄 설정에서 Ratsnest T 분기점의 크기를 설정한다.
- Max rband count : 화면에 출력되는 Ratsnest선의 수를 제한한다.
- Ratsnest geometry : Ratsnest 디스플레이 설정(Jogged, Straight)

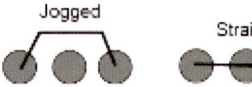

- Ratsnest point : Ratsnest의 표시 방법을 설정, Etch나 Pad를 적용하여 Ratsnest를 생성하는 방법(Closest endpoint)과 핀과 핀으로 연결하는 방법(Pin to Pin)이 있다.

(2) Enhanced Display Modes

- Display plated holes : 도금된 드릴 홀을 표시한다.

Plated/Non-plated Holes

- Display non-plated holes : 도금되지 않은 드릴 홀을 표시한다.
- Display padless holes : Pad가 없는 드릴 홀을 표시한다.
- Filled pads : Pad를 색으로 채워 표시한다.

Filled/Unfilled

- Connect line endcaps : Cline의 꺾인 부분을 Round 형태로 표시한다.
- Thermal pads : Negative Artwork 시 Thermal relief를 표시한다.
- Bus lats : 동일한 BUS_NAME 속성이 부여된 네트를 버스 형태로 병합 표시한다.
- Waived DRCs : Waived DRC error를 표시한다.
- Via Labels : via가 적용된 레이어에 대한 표시를 한다.

(3) Grids

- Grids on : Grids On을 체크☑하면 설정된 Grids대로 점들이 나타나게 된다.
  Setup Grids [...]
  - Non-Etch : 전기적 속성이 없는 부분(Drawing Format 등에 대한 속성)에 대한 Grid 간격에 대하여 설정한다.
  - All Etch : 전기적 속성이 있는 부분(Etch, Package 등에 대한 속성)에 대한 Grid 간격에 대하여 설정한다.

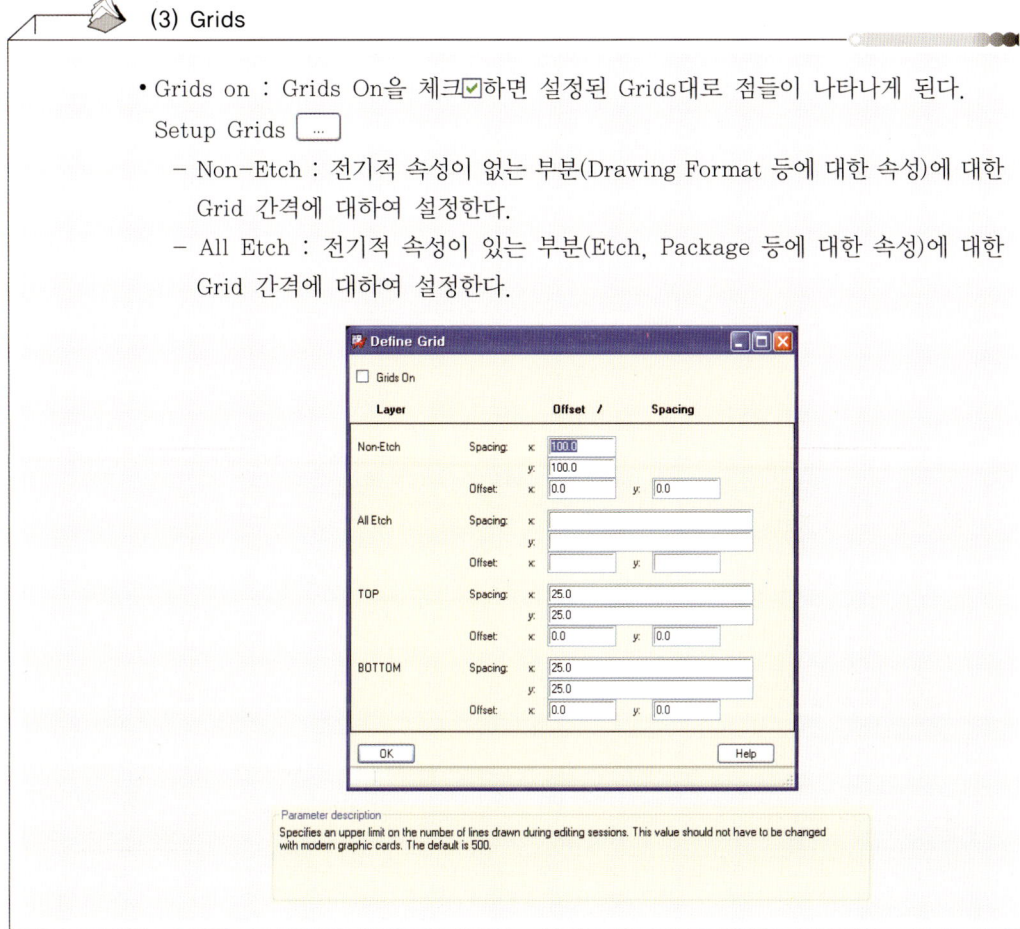

(2) Design 탭

설계할 보드의 크기(size), 단위, 절대좌표값 등을 설정한다.

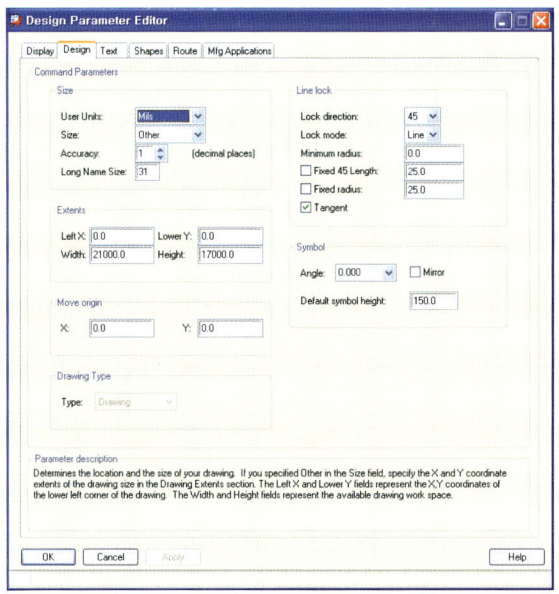

(1) Size

- User Units : 설계할 보드에 적용할 단위를 설정하며, 설정 가능한 단위는 밀(Mils), 인치(Inch), 마이크론(Microns), 밀리미터(Millimeter), 센티미터(Centimeter)이며, 오른쪽 스크롤 바를 눌러 원하는 단위를 선택한다.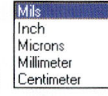
- Size : 설계할 보드의 크기를 설정하며, 오른쪽 스크롤 바를 눌러 원하는 보드의 크기를 선택한다.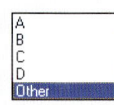

보드의 단위	크기(단위 : mil)	보드의 단위	크기(단위 : mm)
A	11000 × 8500	A1	840 × 594
B	17000 × 11000	A2	594 × 420
C	22000 × 17000	A3	420 × 297
D	34000 × 22000	A4	297 × 210
Other	사용자 정의	Other	사용자 정의

- Accuracy : 소수점 이하의 자리 수를 설정한다.(decimal places)
- Long Name Size : PCB Editor에서 이용하는 심벌 등의 이름 길이를 설정한다.

(2) Line lock

- Lock direction : 배선 방향을 설정하는 것으로, off, 45, 90의 세 가지 중에서 선택한다.
- Lock mode : 배선 방식(형식), 배선의 꺾임을 설정한다.

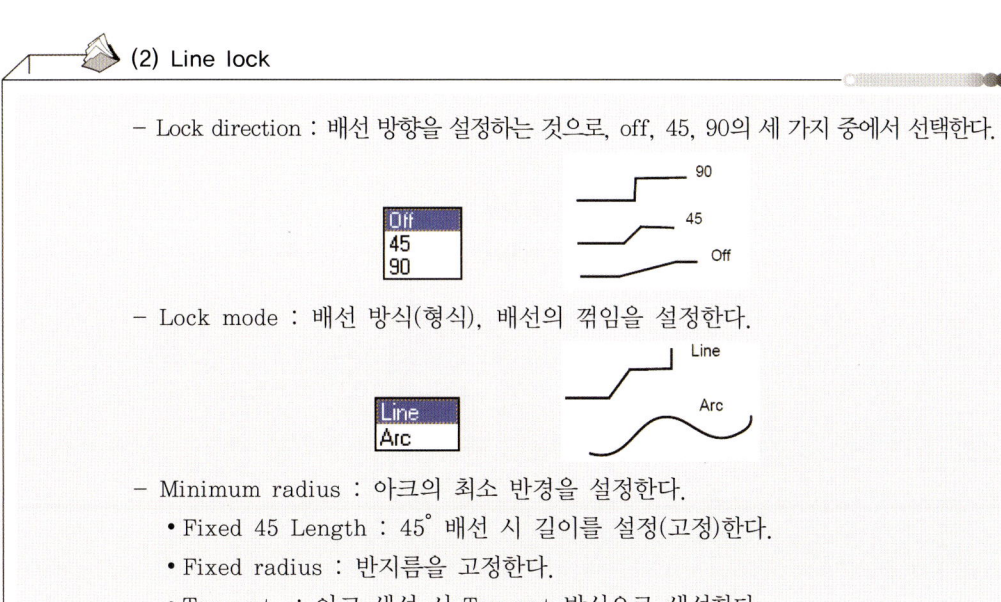

- Minimum radius : 아크의 최소 반경을 설정한다.
  - Fixed 45 Length : 45° 배선 시 길이를 설정(고정)한다.
  - Fixed radius : 반지름을 고정한다.
  - Tangent : 아크 생성 시 Tangent 방식으로 생성한다.

(3) Extents

설계 창(화면)의 절대좌표 값을 설정한다.
- Left X : 설계 창의 좌측 좌표
- Lower Y : 설계 창의 하단 좌표

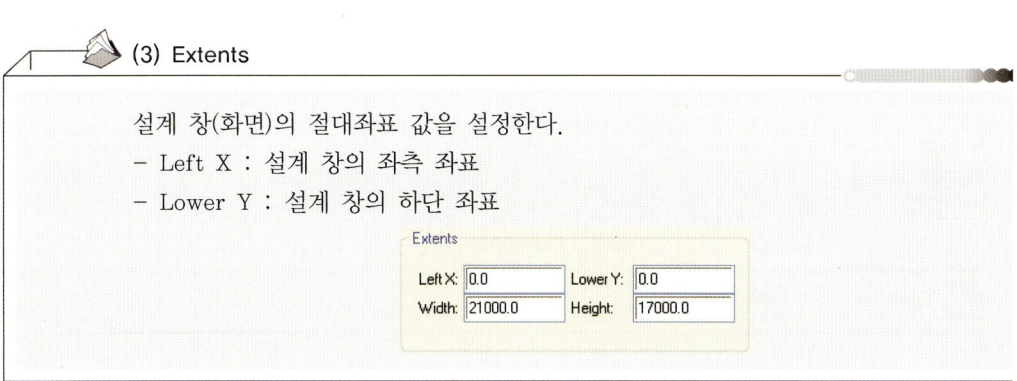

(4) Move origin

원점(기준점)을 이동한다.

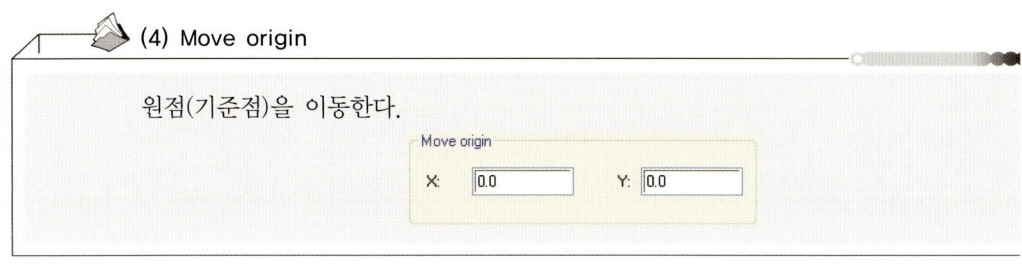

(5) Symbol

부품 배치 시 배치 각도와 배치면 등을 설정한다.
- Angle : 부품 배치 각도를 설정한다.

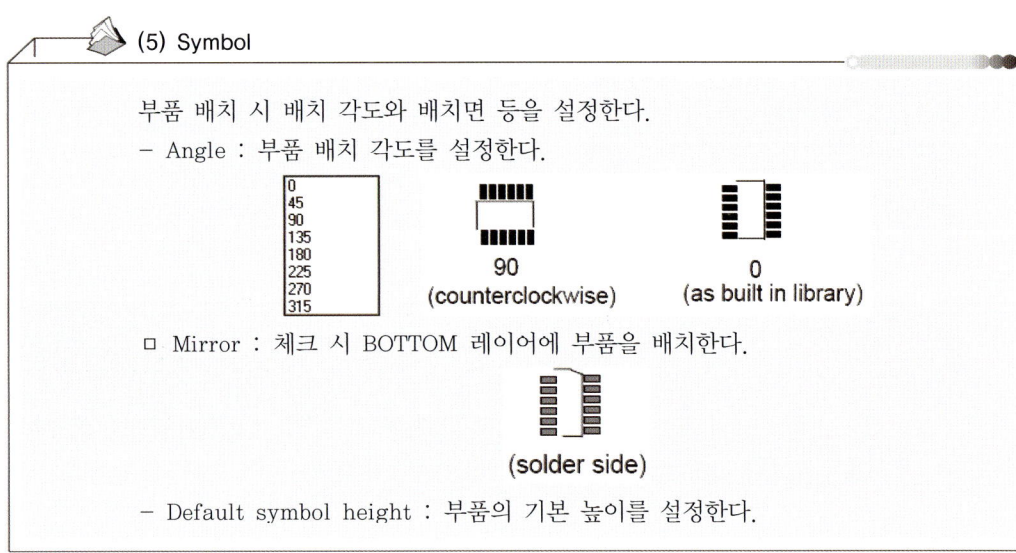

□ Mirror : 체크 시 BOTTOM 레이어에 부품을 배치한다.

- Default symbol height : 부품의 기본 높이를 설정한다.

(6) Drawing Type

제도(도면)의 유형을 설정한다.

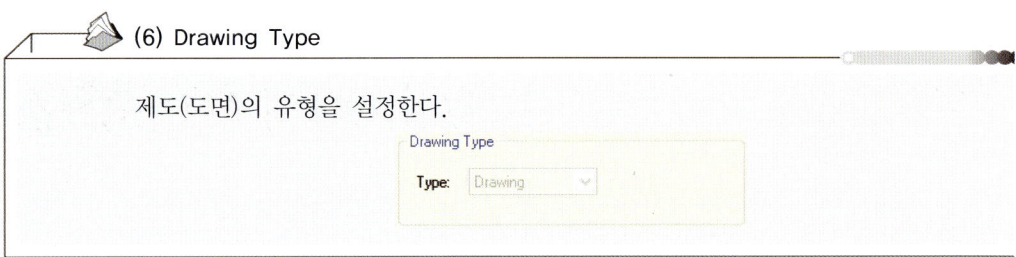

(7) Parameter description

설정 창 내의 마우스가 가까이 접근하는 항목의 설명을 알려준다.

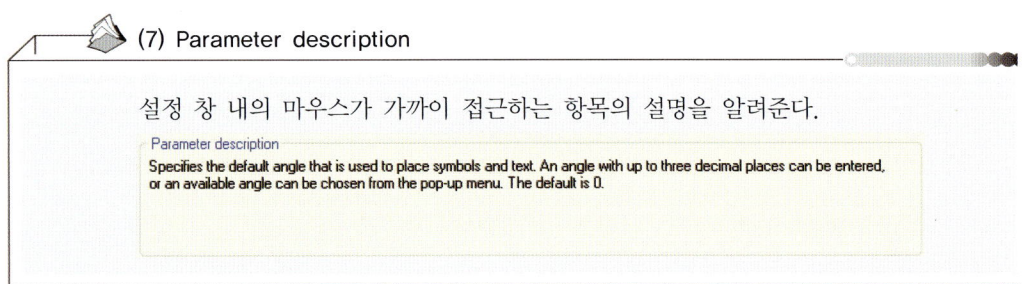

(3) Text

Text 탭은 문자의 크기에 관련된 사항을 설정한다.

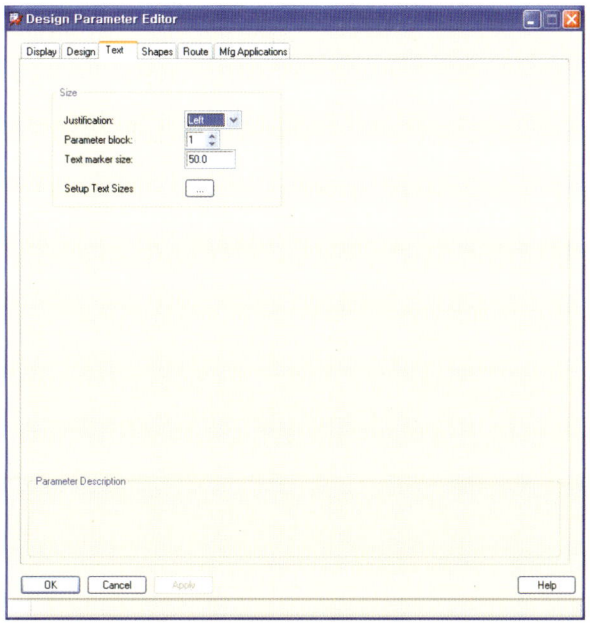

(1) Size

- Justification : 문자 정렬 방식을 설정한다. (왼쪽, 중앙, 오른쪽)
- Parameter block : Text Block의 크기를 설정한다.
- Text marker size : Text marker의 크기를 설정한다.
- Setup Text Sizes : Text Sizes(문자의 폭, 글자의 크기, 줄 간격)를 설정한다. Set up Text Sizes를 클릭하여 1~16까지의 Text block에 대한 값들을 볼 수 있으며 글자의 폭(Width), 글자의 크기(Height), 글자의 높이(Line Space), 글자의 두께 (Photo Width), 글자의 간격(Char Space)을 입력하여 원하는 설정을 할 수 있다.

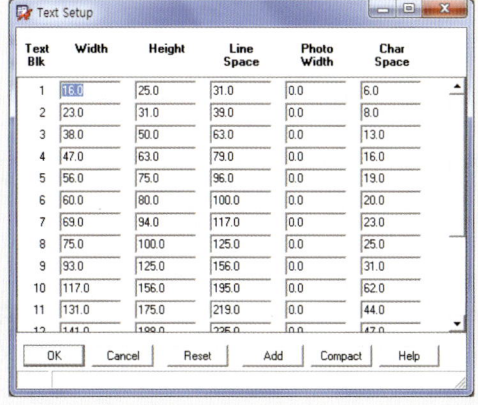

(4) Shapes

Shape 탭은 Dynamic Shape와 Static Shape 및 Split Plane에 대한 설정을 할 수 있다.

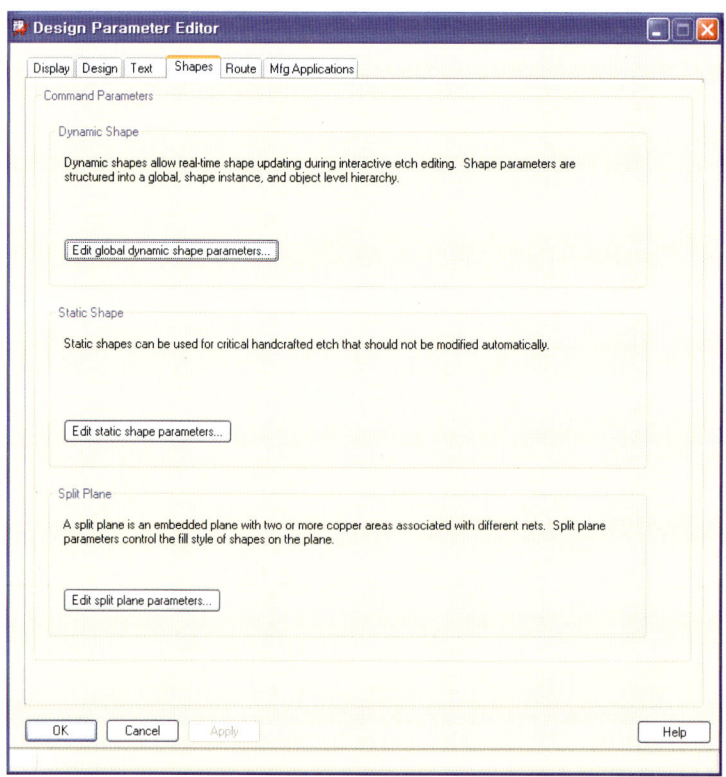

(1) Dynamic shape

DRC 환경에 맞추어 자동으로 Shape(Copper)의 생성에 관한 설정을 한다.

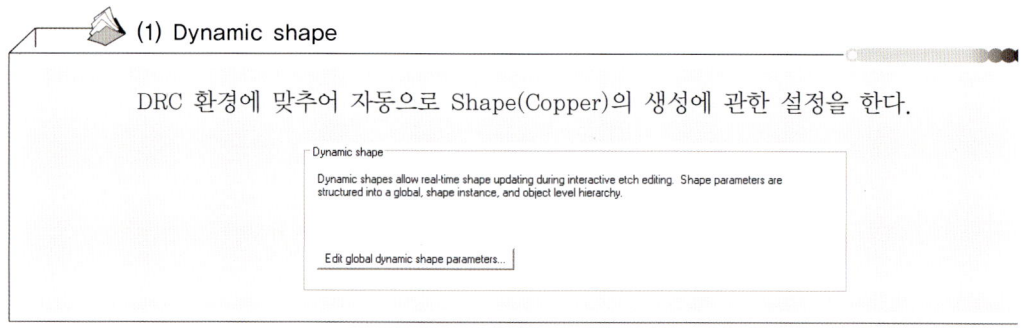

(2) Static Shape

수동으로 Shape(Copper)의 생성에 관한 설정을 한다.

(3) Split plane

Shape(Copper)의 분할 배치에 대한 설정을 한다.

Shape fill

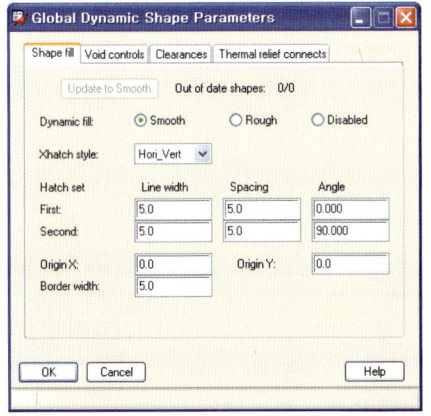

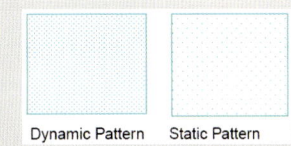

Dynamic Pattern   Static Pattern

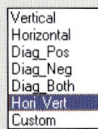

- Out of date shapes: Dynamic shape 기능이 꺼진 상태에서 생성한 Shape의 수
- Dynamic fill : 동적인 영역을 채우는 방식을 설정한다.
- Xhatch style : 면을 채우는 방식을 설정한다. 평행선의 음영, 교차된 평행선의 style을 설정한다.
- Hatch set : 면을 채우는 방법에 대한 설정을 한다.
- Origin X, Y : X, Y의 기준점 좌표를 설정한다.
- Border width : 테두리(가장자리)의 폭을 설정한다.

Void controls

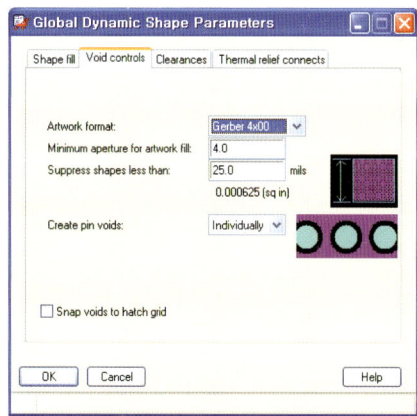

- Artwork format : 아트워크의 형식을 선택한다.

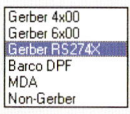

- Minimum aperture for artwork fill : 아트워크 필름의 어퍼쳐 최소 사이즈를 설정한다.
- Suppress shapes less then : 설정한 값보다 작은 Shape의 생성을 억제한다.
- Create pin voids : 일렬의 핀에 대한 Shape 형태를 선택한다.

Individually 형태   In-line 형태

• Snap voids hatch grid : Shape를 적용 시 Grid에 설정에 따라 작성한다.

Clearances

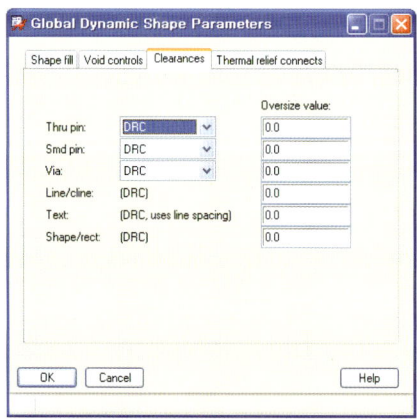

• Thru pin : 스루홀과 Shape 사이의 이격거리를 설정한다. Constraint Manager(DRC) 설정 또는 Pad의 생성 시에서 설정한 값에 대하여 설정한다.

• Smd pin : 표면 실장형 부품의 Pin과 Shape 사이의 이격거리를 설정한다.
• Via : 비아와 Shape 사이의 이격거리를 설정한다.
• Line/cline : 배선과 Shape 사이의 이격거리를 설정한다.
• Text : 글자과 Shape 사이의 이격거리를 설정한다.
• Shape/rect : Shape와 Shape 사이의 이격거리를 설정한다.

Thermal relief connects

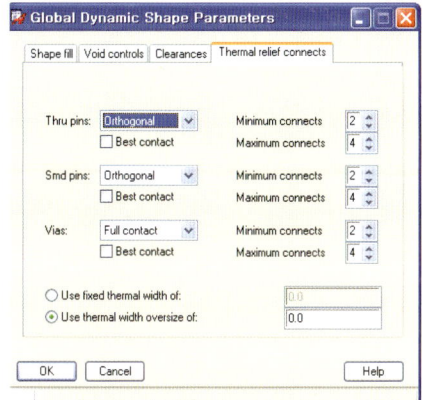

- Thru pins : Thru pin에 대한 단열판의 생성모양을 설정한다.

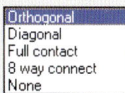

- Best contact : 체크 시 Orthogonal과 Diagonal을 최적으로 연결한다.
  Minimum connects : 생성되는 단열판의 최소 개수를 설정한다.
  Maximum connects : 생성되는 단열판의 최대 개수를 설정한다.
- Smd pins : smd pin에 대한 단열판 생성 모양을 설정한다.
- Vias : via에 대한 단열판의 생성 모양을 설정한다.
- Use fixed thermal width of : 단열판 생성 시 DRC에서 설정한 값을 무시하고 고정된 단열판의 두께를 설정한다.
- Use thermal width oversize of : DRC에서 설정된 값보다 단열판 두께의 확대 폭을 설정한다.

 Clearances

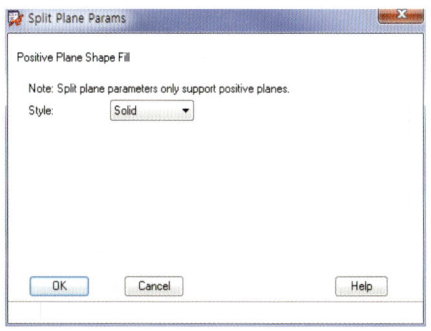

- Edit split parameters
  Split plane의 Fill style에 대해 설정한다.

Clearances

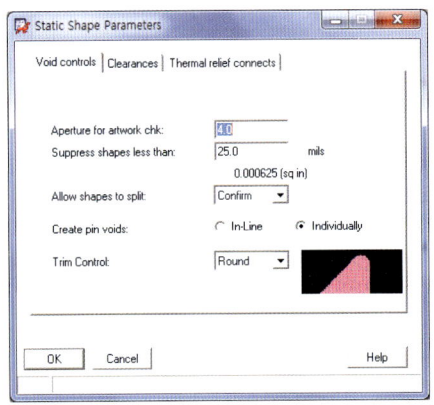

- Edit static shape parameters
  Static Shape에 대한 Clearance 및 Thermal relief 등에 대하여 설정한다.

(5) Route

Route 탭에서는 배선 및 배선 수정 등에 대해 설정한다. 각 폴더를 선택하여 관련된 속성들을 설정할 수 있다.

Add Connect

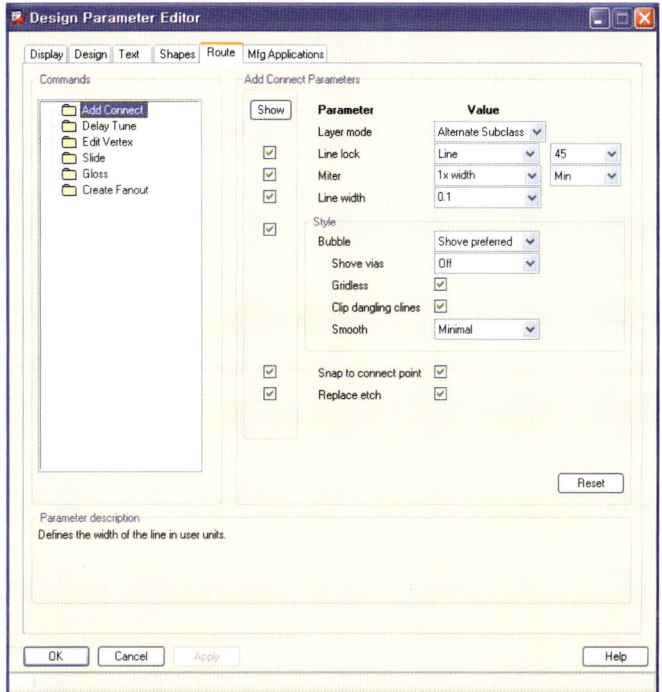

Show의 Check box에 체크 여부에 따라 Control Panel에 해당 내용이 나타나게 되며, 배선과 관련된 설정을 하거나 초기화한다.
- 배선의 형태(Line lock)

- 배선의 두께(Line width)
- 배선의 방법(Bubble)

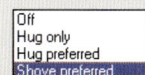

- Grid를 무시하고 배선(Gridless) : 배선의 Segment를 설정(smooth)한다.

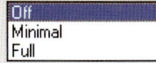

- 배선의 연결 지점을 맞춘다.(Snap to connect point)
- 기존의 배선을 재배선 시 기존의 배선은 삭제한다.(Replace etch)

Delay Tune

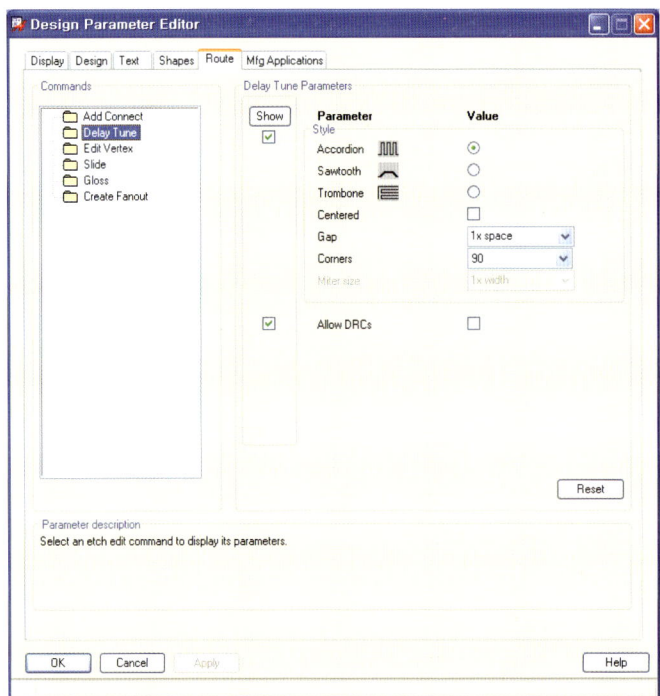

Delay Tune의 관련 설정을 하거나 초기화 한다.
- Delay Tune 형태(Style)를 설정한다.

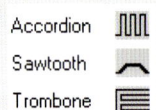

- Delay Tune의 간격(Gap)을 설정한다.
- Delay Tune의 코너 각도(Corner Angel)를 설정한다.

Edit Vertex

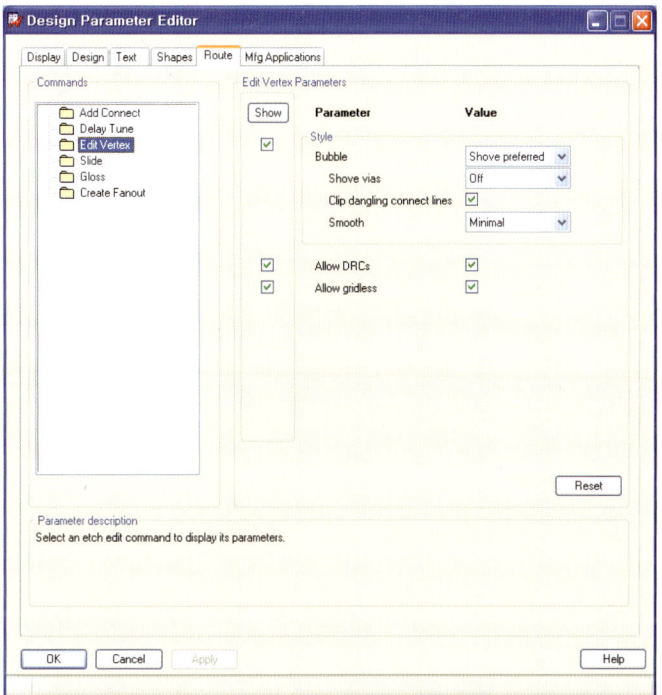

배선 시 꼭지점에 대한 속성을 설정하거나 초기화한다.

Slide

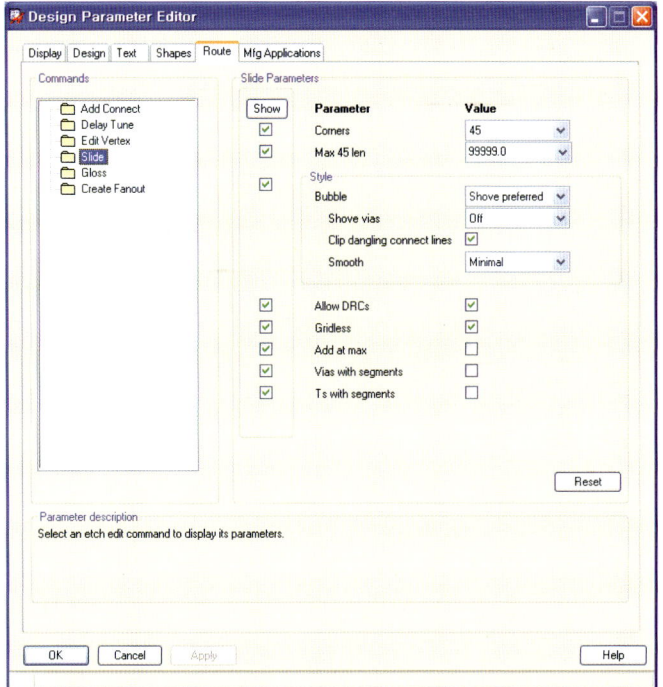

배선의 수정에 관련된 속성을 설정하거나 초기화한다.
- 45° 배선의 최대 길이를 설정한다.(Max 45 len)
- 수정 시 생성되는 45° 배선의 길이를 최대치에 맞춰 생성한다.(Add at max)
- 비아의 위치도 같이 수정한다.(Vias with segments)
- T형태의 배선 부분의 위치를 수정한다.(Ts with segments)

Gloss

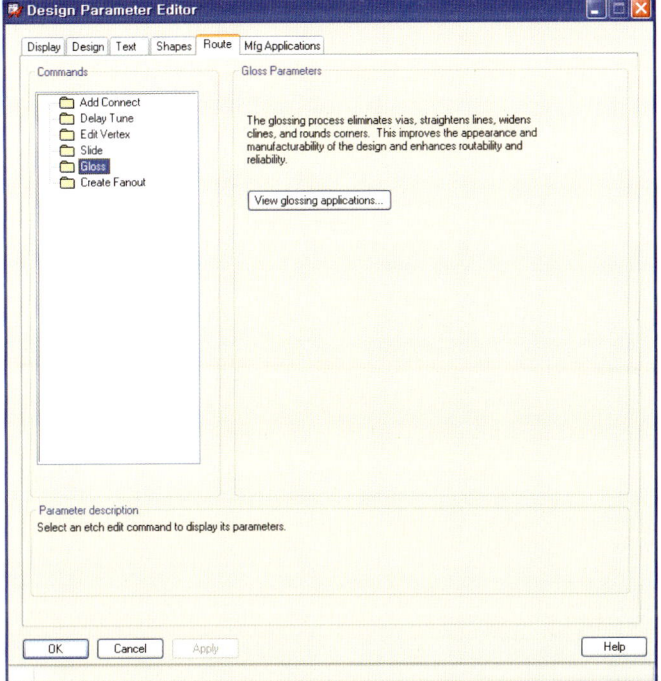

배선의 Gloss 설정값에 대하여 설정할 수 있다.

Line Smoothing

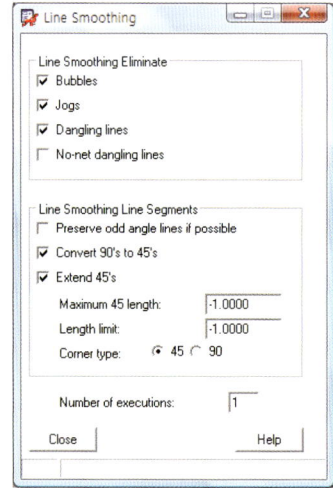

`View glossing applications...` 버튼을 클릭하면 다음과 같이 Line Smoothing 창이 활성화된다.

Line Smoothing eliminated : 배선을 정리한다.
- Bubbles : 배선 길이를 최소화한다.
- Jogs : 45° 배선 개체를 최소화한다.
- Dangling Lines : 연결이 안 된 배선을 삭제한다.
- No Net Dangling Lines : 불필요한 배선을 삭제한다.

   Line Smoothing Line Segments : 부분 배선을 정리한다.
- Preserve odd angle lines if possible : 특이한 각도(45°와 90°를 제외한)의 배선을 유지한다.
- Convert 90's to 45's : 배선을 90°와 45°로 변경한다.
- Extend 45's : 45° 배선에 대하여 수정한다.
   - Maximum 45 length : 최대 45° 배선의 길이를 설정한다.
   - Length limit : 길이를 제한한다.
   - Coner type : ◎ 45   ○ 90
   - Number of Executions : 수행 횟수를 설정한다.

Create Fanout

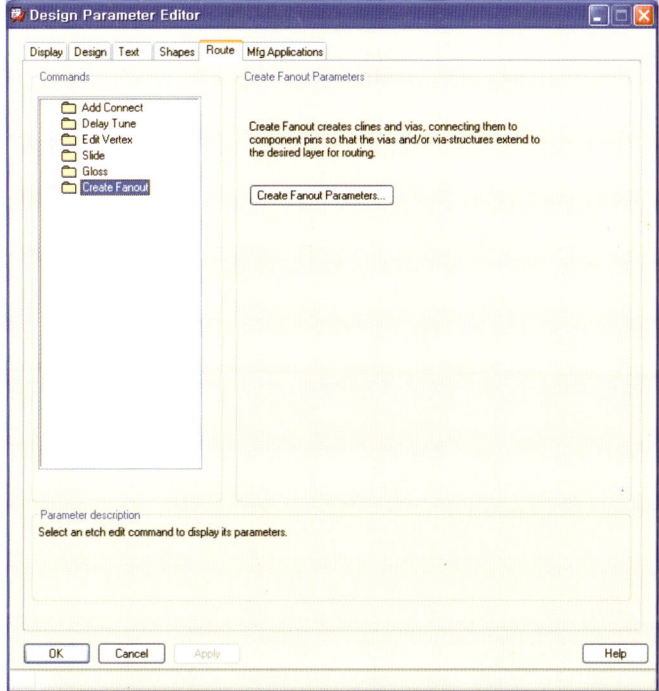

SMD 부품 사용 시 패드에서 Via의 트랙을 밀어내어 다른 층에 배선이 가능하도록 하는 Fanout 생성에 관련된 속성을 설정한다.

📑 Create Fanout…

 를 클릭하면 Create Fanout Parameters 창이 활성화된다.

- Include Unassigned Pins : 배선을 하지 않는 핀도 포함한다.
- Include All Same Net Pins : 같은 네트를 가진 핀도 포함한다.
◎ Via Structure : 비아의 생성
   - Symbol : 비아를 선택한다.
   - Rotation : 배치 시 각도를 설정한다.
- Mirror : End 설정의 레이어에 배치한다.
◎ Via
   - Via Direction : 비아의 생성 방향을 설정한다.

```
Via In Pad
BGA Quadrant Style
North
South
East
West
NE
NW
SE
SW
Inward
Outward
In/Out
```

- Override Line Width
   - Pin-Via Space : 핀과 비아의 간격을 설정한다.
   - Min Channel Space : 팬아웃으로 생성된 비아 사이의 거리를 산정한다.
- Curve : 비아의 생성 방향을 설정한다.
   - Curve Radius : 비아의 생성 각도를 설정한다.

(6) Mfg Applications

Mfg(Manufacturing) Applications 탭에서는 Test point 생성 및 Thieving[1] 생성과 치수 기입 등에 필요한 속성들을 설정한다.

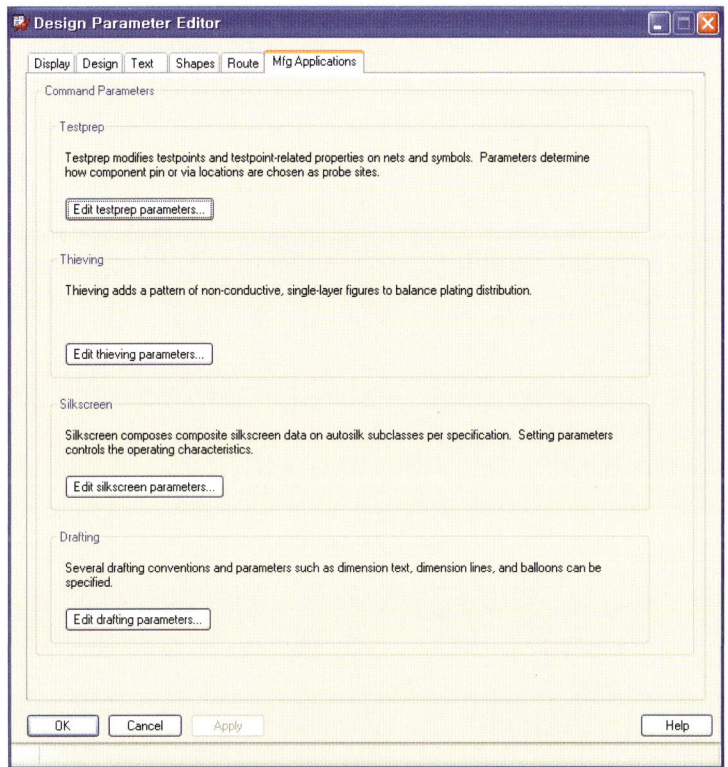

---

1) PCB가 그려진 후에 비전동성의 패턴을 추가

📋 Create Fanout...

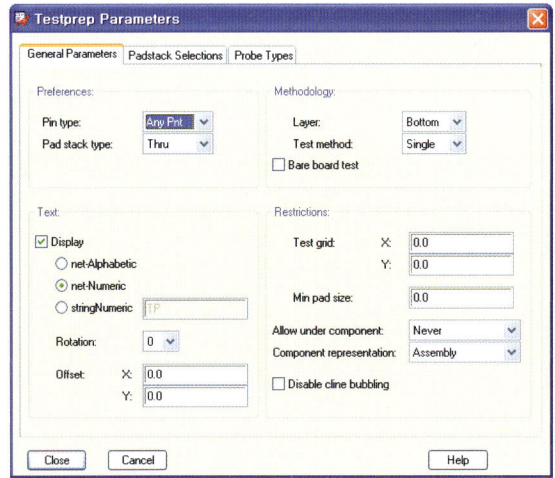

Testprep 글 상자에 있는 [Edit testprep parameters...]를 클릭하면 Testprep Parameters 창이 활성화된다.
Preferences : 테스트 포인트의 핀을 설정한다.
- Pin Type : 핀 타입을 설정한다.
- Pad stack type : Pad 형태를 설정한다.
  Methodology : 테스트 포인트의 배치 방법을 설정한다.
- Layer : 배치 레이어를 설정한다.
- Test method : 배치 위치를 설정한다.
▫ Bare board test : 빈 기판 테스트
  Text : 테스트 포인트의 레이블을 설정한다.
▫ Display : 표시 여부
  ○ net-Alphabetic : 네트-알파벳 순으로 표시한다.
  ○ net-Numberic : 네트-숫자 순으로 표시한다.
  ○ stringNumberic : 지정 이름과 숫자 순으로 표시한다.
- Rotation : 글자의 배치 방향을 설정한다.
- Offset : 글자의 배치 위치를 설정한다.
  Restrictions : 테스트 포인트의 제한사항
- Test grid : 테스트 포인트에 대한 그리드를 설정한다.
- Min pad size : 최소 Pad의 크기를 설정한다.
- Allow under component : 배치 레이어를 설정한다.
- Component representation : 배치 위치를 설정한다.
▫ Disable cline bubbling : 배선의 허용 여부를 설정한다.

Padstack Selections

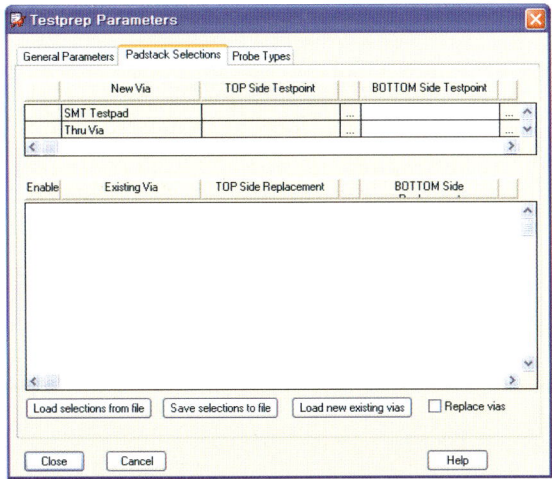

테스트 포인트의 Padstack을 설정할 수 있다.
표면 실장형 형태의 테스트 포인트와 스루홀 형태의 테스트 포인트를 생성할 수 있으면 TOP 레이어와 BOTTOM 레이어에 따라 설정할 수 있다.

Probe Types

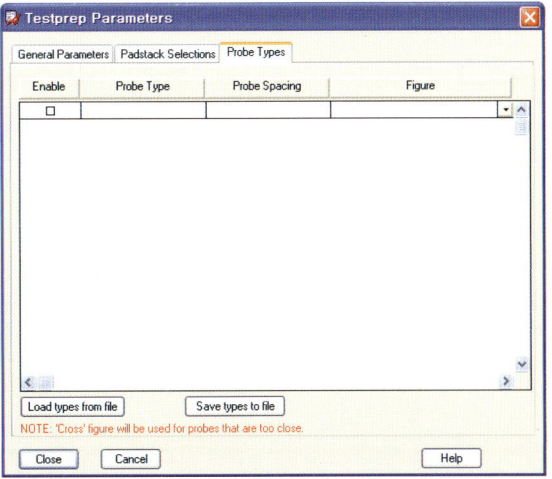

테스트 포인트의 간격 등을 설정 관리할 수 있다.

Thieving Para...

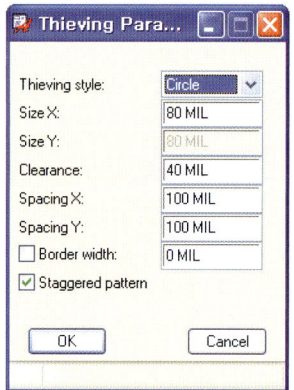

Thieving 글 상자에 있는 [Edit thieving parameters...]를 클릭하면 Thieving Parameters 창이 활성화된다. 빈 공간에 비도전성의 패턴 생성을 목적으로 한다.
- Thieving style : Thieving의 형태를 선택한다.
- Size X : Thieving의 X축의 크기를 설정한다.
- Size Y : Thieving의 Y축의 크기를 설정한다.
- Clearance : Thieving의 이격거리를 설정한다.
- Spacing X : Thieving의 X축 간격을 설정한다.
- Spacing Y : Thieving의 Y축 간격을 설정한다.
▫ Border width : Thieving 구역의 외곽 두께를 설정한다.
▫ Staggered pattern : 지그재그 배치를 설정한다.

Auto Silkscreen

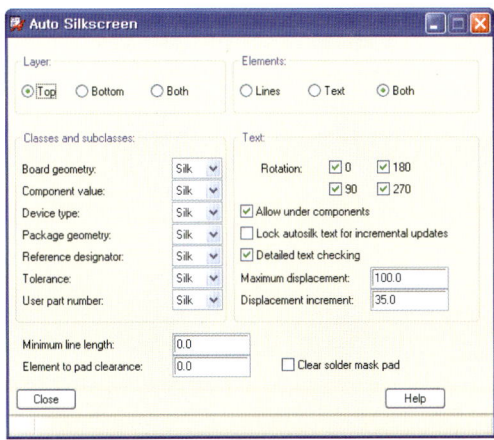

Silkscreen 글 상자에 있는 Edit silkscreen parameters...를 클릭하면 Auto Silkscreen 창이 활성화된다.
Layer : 실크 스크린을 배치할 위치를 설정한다.
Elements : 실크 스크린의 개체를 선택한다.
Classes and subclasses : 실크 스크린을 배치시킬 개체를 선택한다.
- Board geometry : 보드와 관련된 개체
- Component value : 부품의 값
- Device type : 부품의 타입
- Package geometry : 부품을 구성하고 있는 개체
- Reference designator : 참조값과 관련된 개체
- Tolerance : 부품의 오차값
- User part number : 사용자 부품번호
  Text : 글자의 배치에 대한 설정
- Rotation : 글자의 방향
▫ Allow under components : 글자를 부품의 아래에 배치한다.
▫ Lock autosilk text for incremental updates : autosilk 작업 동안 글자(AUTOSILK 속성)를 움직이지 않도록 한다.
▫ Detaild text checking : 글자를 검색한다.
  - Maximum displacement : Pad와 교차를 방지하기 위한 거리를 설정한다.
  - Displacement increment : 글자의 이동 시 사용할 수 있는 거리를 증가하여 설정한다.
  - Minimum line length : 선의 두께를 설정한다.
  - Element to pad clearance : Pad에서의 간격을 설정한다.

Drafting

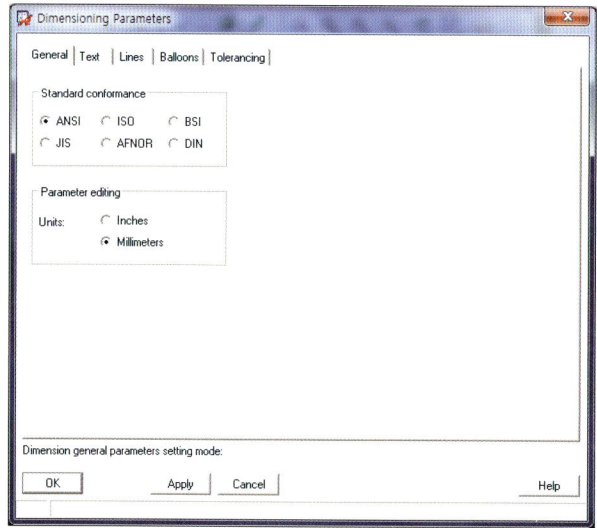

Drafting 글 상자에 있는 [Edit drafting parameters...]를 클릭하면 Dimensioning parameters 창이 활성화 된다.

Standard conformance : 규격에 대하여 설정한다.
- ANSI : 미국표준규격
- ISO : 국제표준규격
- BSI : 영국국제규격
- JIS : 일본공업규격
- AFNOR : 프랑스표준협회
- DIN : 독일공업규격

Parameter editing : 단위에 대하여 설정한다.
- Units : 단위의 종류(인치, 밀리미터)

2-5 Board 작성하기

(1) Board Mechanical Symbol 생성하기

① 메뉴의 File – New를 선택하면 아래와 같이 New Drawing 창이 실행된다.

② 위 그림과 같이 Drawing Type을 Mechanical symbol로 설정한 후 Drawing Name에 board 또는 원하는 파일명을 입력한다.

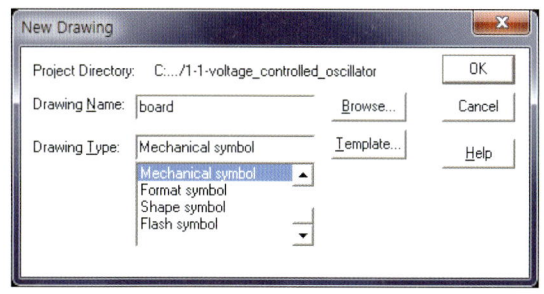

③ 저장 경로는  버튼을 클릭하여 원하는 경로에 폴더를 선택한 후 OK 버튼을 클릭한다.

④ 설계화면 창이 열리면 메뉴의 바에서 Setup – Design Parameters를 선택하여 다음 그림과 같이 Design Tab에서 설계 단위, 설계 창의 Size, Origin 등을 설정한다.

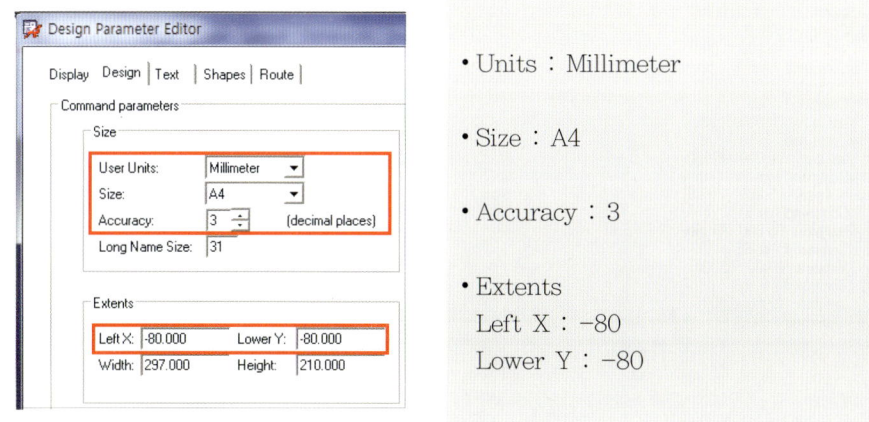

- Units : Millimeter
- Size : A4
- Accuracy : 3
- Extents
  Left X : −80
  Lower Y : −80

⑤ 기본 환경 설정을 마친 후 Board Outline 작성을 위해 메뉴의 Add – Line을 선택하거나 Line( ) 아이콘을 클릭한다.

⑥ 명령어를 선택하면 설계 창 오른쪽에 있는 Control Panel의 Option 창이 아래 그림과 같이 바뀌게 된다.

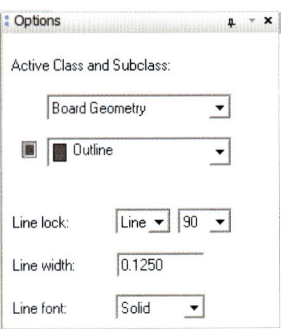

- Active Class and Subclass
  : Board Geometry/Outline
  (활성 영역 지정 및 하위 분류 지정)
- Line lock : 90(선 꺾임 지정)
- Line width : 0.125(선 두께 지정)
- Line font : Solid 지정

⑦ 위 그림과 같이 Active Class 및 Subclass 부분의 속성을 Board Geometry / Outline 으로 설정하고 선의 두께를 지정(**0.125**)한 후 Command 창에 아래 좌표를 차례대로 입력하여 Outline을 작성한다.

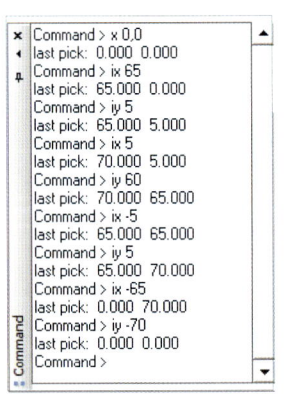

x 0, 0 [Enter↵]
ix 65 [Enter↵]
iy 5 [Enter↵]
ix 5 [Enter↵]
iy 60 [Enter↵]
ix −5 [Enter↵]
iy 5 [Enter↵]
ix −65 [Enter↵]
iy −70 [Enter↵]

※ x 명령어는 절대좌표를 의미하며 ix와 iy는 상대 좌표를 의미한다.

⑧ RMB - Done(F6)을 선택하여 Outline 작성을 완료한다.

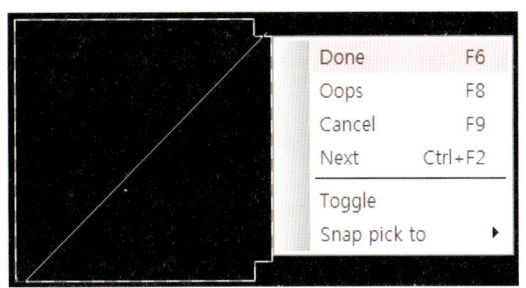

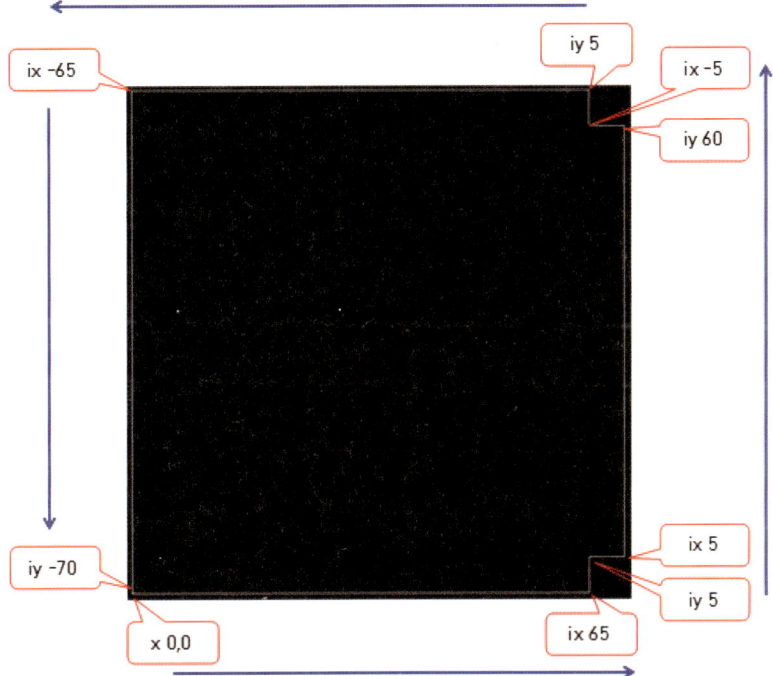

(2) 기구 홀 배치하기

① 메뉴의 Layout - Pins를 선택하거나 Toolbar의 Pin( ) 아이콘을 클릭한다.

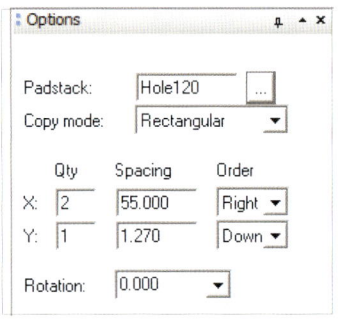

- Padstack : Hole120(padstack의 종류 선택)
- Copy mode : Rectangular
- Qty : 2(padstack의 수량 지정)
- Spacing : padstack 사이의 이격거리(55mm)
- Order : 다음 순서 방향 지정(Right)

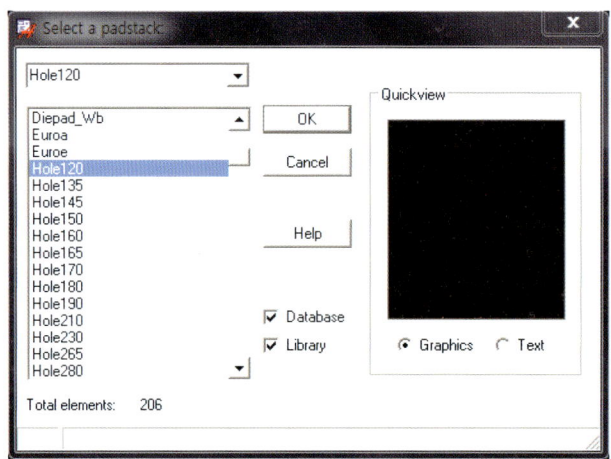

② 위의 그림과 같이 Options 부분을 지정해주고 마우스 커서를 설계 화면 창으로 향하면 커서에 기구 홀이 붙어 있는 것을 볼 수 있다.

③ Command 창에 좌표를 직접 입력하여 배치 또는 원하는 위치에 클릭하여 배치할 수 있다.

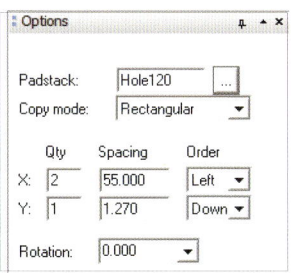

- Padstack : Hole120(padstack의 종류 선택)
- Copy mode : Rectangular
- Qty : 2(padstack의 수량 지정)
- Spacing : padstack 사이의 이격거리(55mm)
- Order : 다음 순서 방향 지정(Left)

④ 위의 좌표들을 차례대로 Command 창에 입력한 뒤 RMB – Done(F6)을 클릭하여 기구 홀 배치를 완료한다.

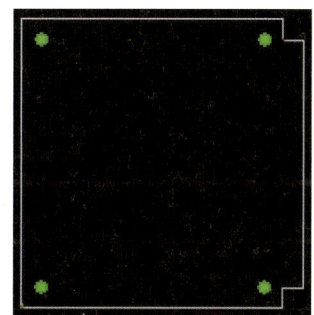

(3) Outline Chamfer/Fillet 기능 이용하기

Chamfer 또는 Fillet 기능을 이용하여 모서리 부분의 모양을 바꿀 수 있다.

① 메뉴의 Dimension – Chamfer를 선택하면 오른쪽의 control panel Option 창이 다음 그림과 같이 바뀌는 것을 볼 수 있다.

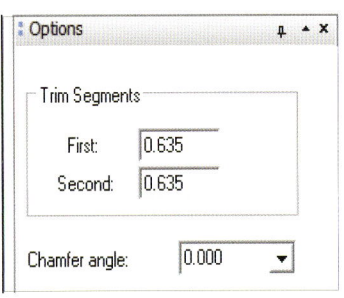

- Trim Segment
  - First : Vertex의 위치를 이동시키기 위한 첫 번째 Segment의 길이 값이다.
  - Second : Vertex의 위치를 이동시키기 위한 두 번째 Segment의 길이 값이다.
- Chamfer angle : 첫 번째 또는 두 번째 Segment 길이에 따라 Angle 값을 지정한다.

② 첫 번째 방법으로 각각의 Segment의 교차지점으로부터 Chamfer endpoint의 거리를 설정한 후 각각의 Segment를 선택한다. 만약 이 방법을 사용한다면, Chamfer angle 의 각도는 0으로 설정되어야 한다.

Outline 모서리를 마우스로 드래그하거나 각각의 Segments를 클릭하면 설정된 값에 따라 깎여지게 된다.

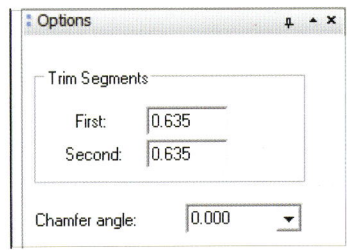 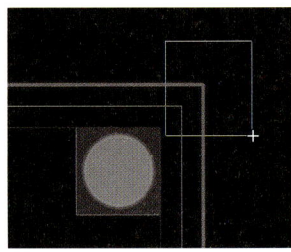 

③ 두 번째 방법은 특정한 Chamfer의 거리를 설정한다.

만약 이 방법을 사용한다면 Segments 중 하나의 거리만 설정하고 또 다른 Segment 는 0으로 입력한 후, Chamfer angle의 각도를 설정한다.

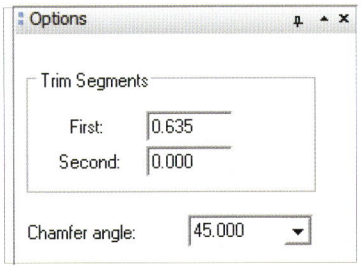 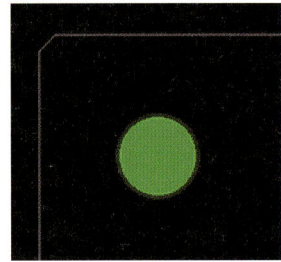

④ 만약 둥근 모양의 Corner로 할 경우 같은 메뉴의 Dimension - Fillet을 선택하여 Control Panel Option에서 **Radius** 값을 설정하여 같은 방법으로 작성할 수 있다.

⑤ 위와 같이 Board Outline 모서리 작업을 완료한 후 Dimension을 작성하도록 한다.

(4) Dimension의 작성

설계 디자인의 Dimension을 위하여 사용 가능한 여러 가지 Option 항목들이 있으며, Main Menu의 Dimension Option에는 관련된 모든 Dimension 명령을 포함하고 있으며, Parameters Option은 사용자가 필요로 하는 Dimension의 세부적인 설정을 할 수 있다.

모든 Dimension들은 Board Geometry class에 Dimension Subclass로 설정된다.

① 치수 기입 전 Linear Dimensioning의 설정을 위하여, 메뉴의 Dimension - Dimension Environment를 선택한다.

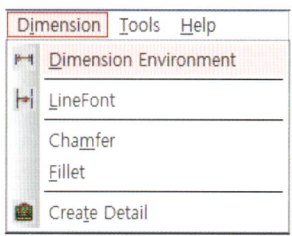

② 설계 창의 바탕에서 RMB - Parameters를 선택하면 Dimensioning Parameters 창이 활성화된다.

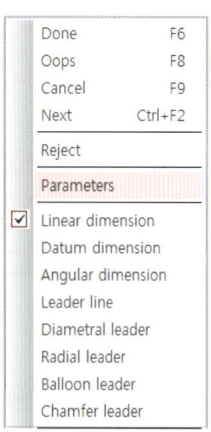

③ Text 탭에서 기본적으로 치수 기입의 Text block을 설정하고 Dimension의 Units를 설정한다.

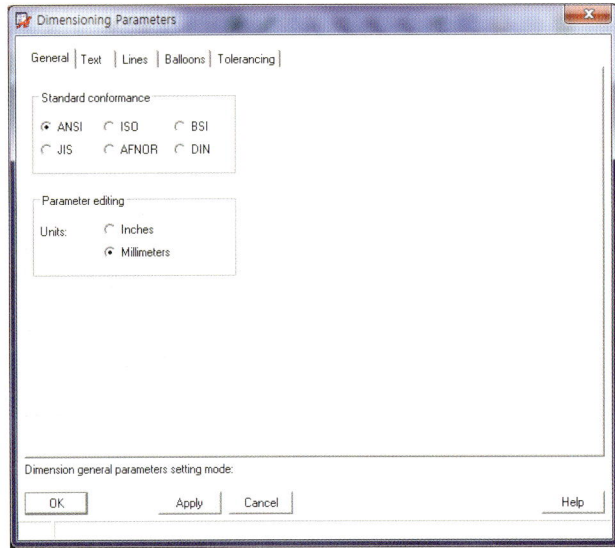

만약 하나의 치수를 함께 표시할 경우 을 클릭한 후 다른 Unit을 설정하여 두 종류의 치수를 기입할 수 있다.

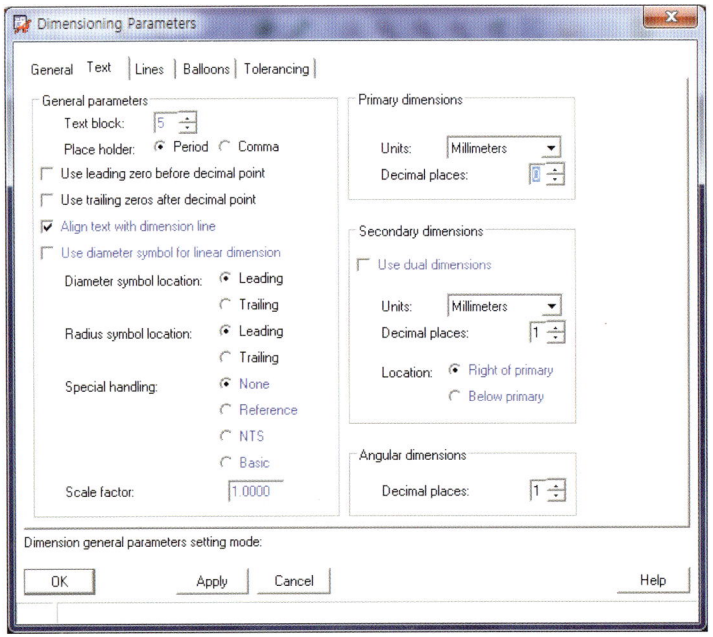

④ Parameter 설정 후 Toolbar에서 Dimension Edit( ) 아이콘을 클릭한다.
⑤ Chamfer를 하지 않은 Line의 경우 Segment를 클릭하면 바로 치수가 나타나며, Chamfer가 있는 경우에는 각각의 Segments를 클릭하여 치수를 기입한다.

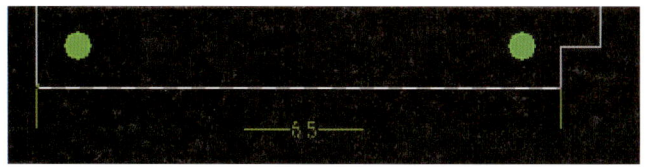

[Dimension을 원하는 위치에 클릭]

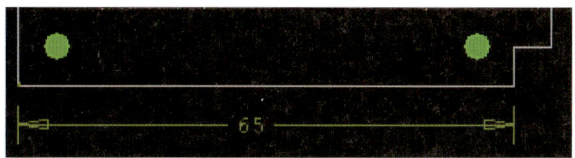

[Dimension 배치 완료]

⑥ 위와 같은 방법으로 오른쪽 그림과 같이 치수의 기입을 완료한다.

⑦ 모든 Dimension 작성 후 메뉴의 File – Save를 선택하여 Board Mechanical symbol 생성을 완료한다.

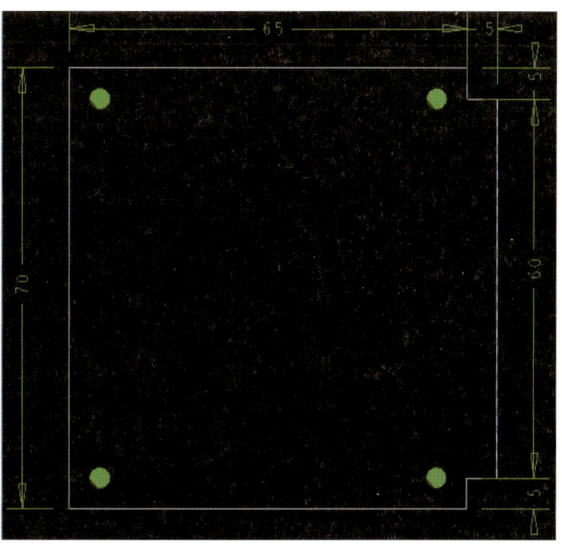

(5) Board Outline 메뉴를 이용한 설계

Board Outline 메뉴를 이용하여 Board를 설계하도록 한다.

① OrCAD PCB Editor를 실행한다. 메뉴의 File - New - Project를 선택한 후 아래 그림과 같이 새로운 Board를 시작한다.

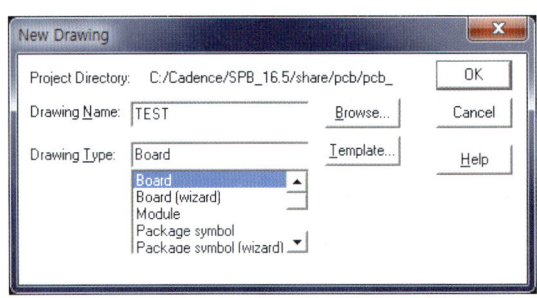
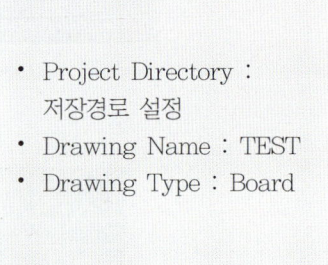

- Project Directory : 저장경로 설정
- Drawing Name : TEST
- Drawing Type : Board

② 설계화면 창이 열린 후 메뉴의 Setup - Outlines - Board Outline...을 선택하면 Board Outline 창이 열린다.

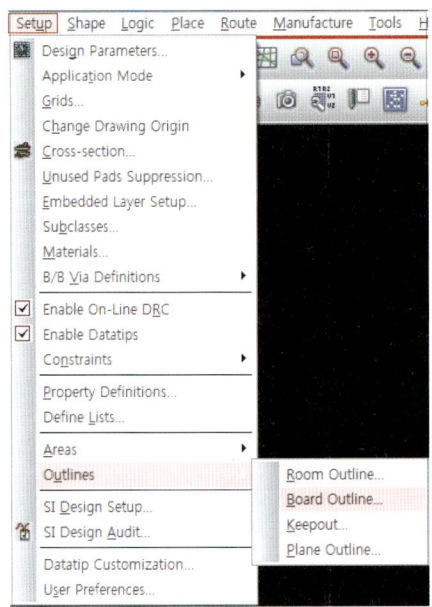

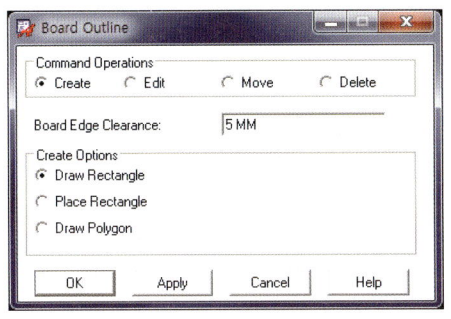

- Command Operations : Board Outline의 생성, 편집, 이동, 삭제에 대한 명령
- Board Edge Clearance : Board Outline과 Package 및 Route Keepin 영역 설정
- Draw Rectangle : Board Outline을 사각형 모양으로 자유롭게 생성
- Placed Rectangle : 지정한 치수(높이, 폭)에 따라 사각형 모양으로 생성
- Draw Polygon : Board Outline을 다각형 모양으로 자유롭게 생성

③ Board Outline 창의 Create Clearance를 다음 그림과 같이 Place Rectangle을 선택한 후 가로(Wdt:)와 세로(Hgt:) Size를 입력한다.

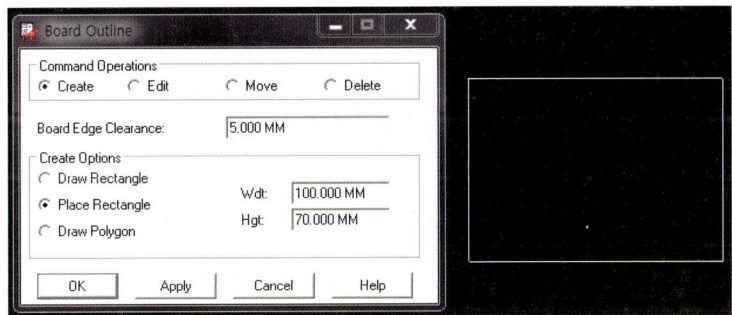

④ 커서에 입력한 Outline이 붙어 있는 것을 확인할 수 있으며, 원점에 배치하기 위해 Command 창에 아래 그림과 같이 좌표 [**x 0, 0** Enter⏎]를 입력한다.

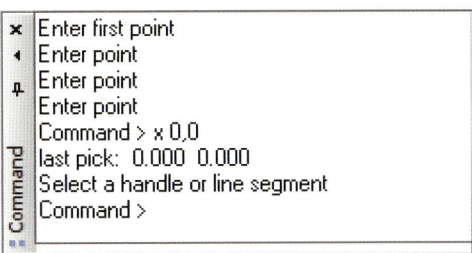

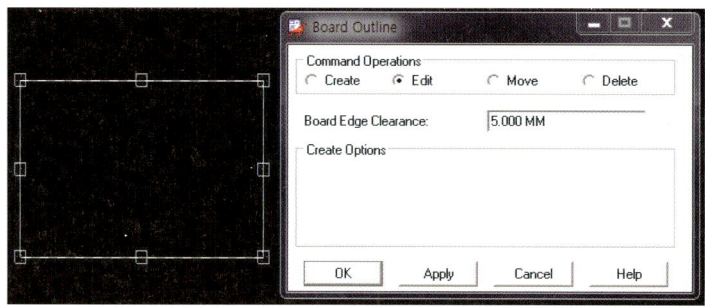

⑤ [OK] 버튼을 클릭하면 다음 그림과 같이 Outline이 생성되며, Board Edge Clearance에 입력된 값에 따라 Route keepin과 Package keepin이 다음 그림과 같이 함께 생성된다.

⑥ Board Edge Clearance 값을 설정하여 원하는 크기의 Route keepin과 Package keepin을 생성할 수 있으며, 또는 Route keepin과 Package keepin을 삭제 후 다른 방법으로 Route keepin과 Package keepin area를 작성할 수 있다.

(6) Area 작성하기

① Route keepin과 Package keepin Area의 재작성 방법

㉠ Route keepin과 Package keepin Area를 다시 작성하기 위해 먼저 Delete(✖) 아이콘을 선택한다.

㉡ 그림과 같이 삭제할 Package keepin을 클릭한 후 빈 공간에 한 번 더 클릭하여 삭제한다. 같은 방법으로 Route keepin area도 삭제한다.

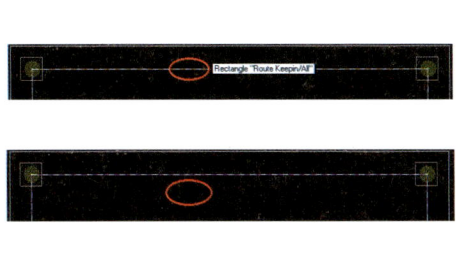

ⓒ Board outline만 남기고 모두 삭제한다.

ⓔ Route keepin 영역을 작성하기 위해 메뉴의 Setup – Areas – Route keepin을 선택한다.

ⓜ Control Panel의 Option 창에서 Active Class and Subclass 부분이 **Route keepin / All**로 설정되어 있는 것을 확인한다.

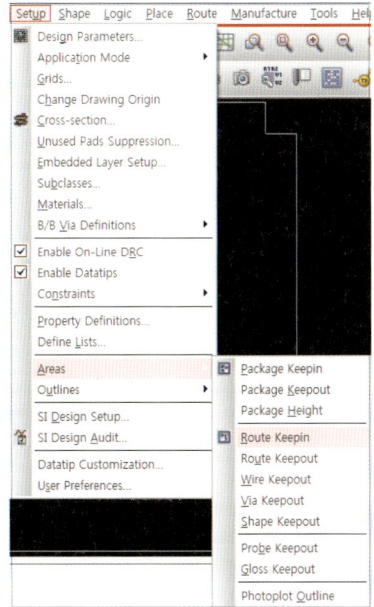
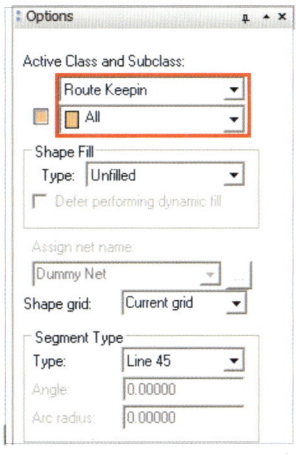

ㅂ Command 창에 아래 그림과 같이 좌표 [x 5, 5] Enter┙ / [x 95,5] Enter┙ / [x 95, 65] Enter┙ / [x 5, 65] Enter┙ / [x 5,5] Enter┙를 입력한다.

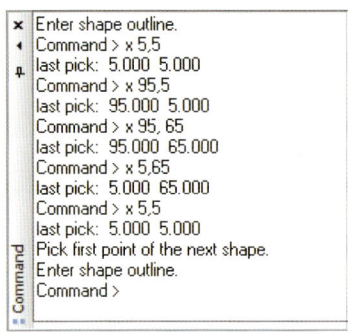 

ⓢ 좌표 입력 후 RMB – Done(F6)을 선택하여 Route Keepin Area 작성을 완료한다.
ⓞ Route Keepin Area 작성과 같은 방법으로 Package Keepin Area도 작성한다. 메뉴의 Setup – Areas – Package keepin을 선택하여 작성한다.

② Z-Copy를 이용한 방법

다른 방법으로 좀 더 쉽게 작성을 하기 위해 Z-Copy 기능을 이용하여 Area를 작성한다.

㉠ 메뉴의 Edit – Z – Copy를 선택한다.
㉡ Control Panel의 Options 창에서 Copy to Class / Subclass 부분을 **Package Keepin / All**로 설정하고, Size는 **Contract(축소) / Offset : 10**을 입력한다.

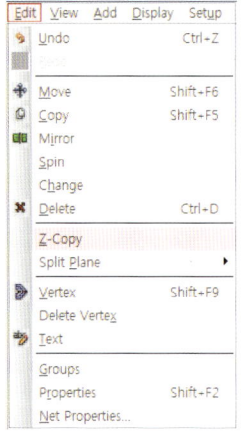 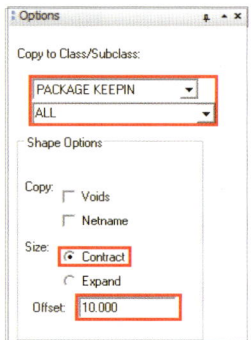

ㄷ 설정 후 Outline을 클릭한다.

Outline에서 5mm 축소 복사된 Package Keepin 영역을 작성할 수 있다.

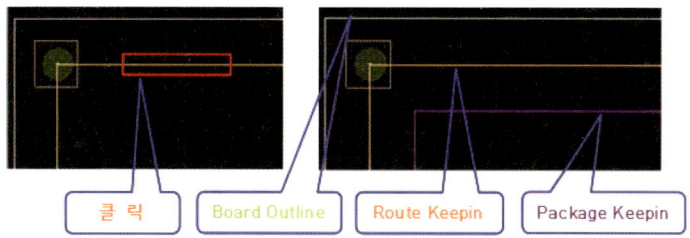

(7) 기구 홀 배치하기

Board 작성 후 기구 홀 배치를 한다.

① 기구 홀의 배치를 위해 메뉴의 Place - Manually를 선택한다. 다음 그림과 같이 Placement 창이 열리며, Advanced Settings 탭에서 List construction 글 상자의 **Library**를 선택하고 Symbols and Module difinitions 글 상자에 있는 AutoNext의 **Disable**을 선택한다.

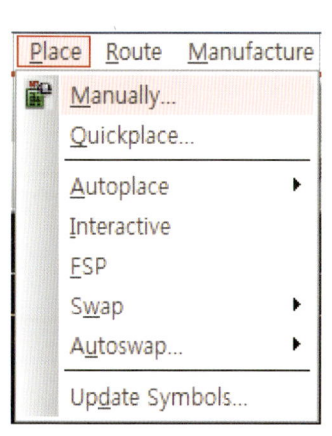
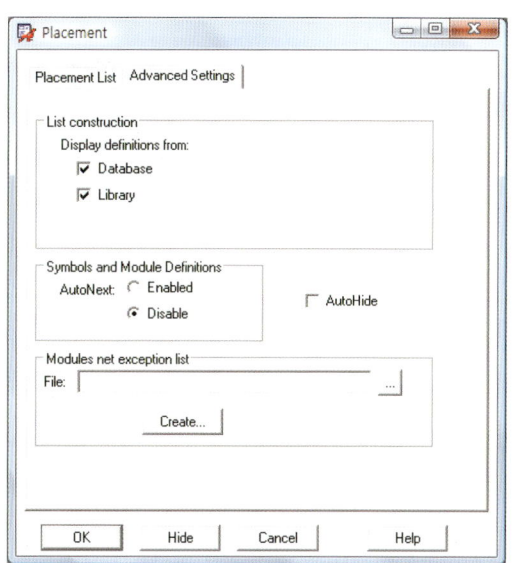

② 다시 Placement List 탭을 선택한다. Mechanical symbols를 선택하여 **MTG125**를 클릭하고  버튼을 클릭하게 되면 커서의 끝에 선택된 MTG125 Symbol이 붙어 있는 것을 확인할 수 있다.

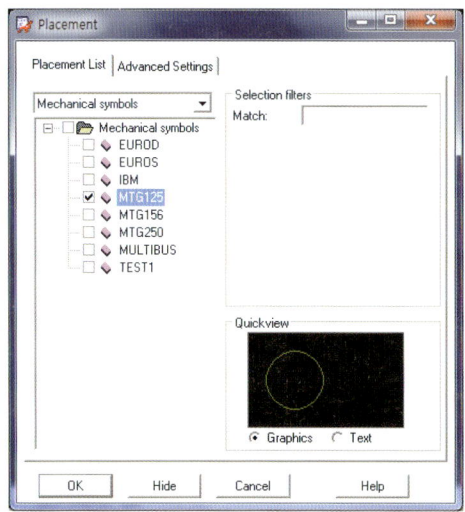

③ Placement 창을 띄운 상태에서 Command 창에 좌표 [x 5, 5]를 입력하면 다음 그림과 같이 기구 홀이 배치된다.

④ 같은 방법으로 Command 창에 아래 좌표를 입력하여 나머지 3곳에 기구 홀을 배치한다.
  좌표 [x 95, 5 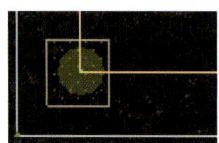**]**
  좌표 [x 95, 65 Enter↵**]**
  좌표 [x 5, 65 Enter↵**]**

⑤ 입력이 완료되면 F6 키를 클릭하여 기구 홀 배치를 완료한다.

2-6 Constraints 설정

Constraint란 Board 설계 시 제약사항을 말하는데, 패턴 두께 및 Spacing 등을 설정할 수 있는 메뉴로 4가지 형태의 Design Rule을 제공하며 다음과 같다.

- Physical Constraints : Line width와 layer의 제한으로 Net의 Physical 구성의 제약조건을 설정한다.
- Spacing Constraints : Lines, Pads, Vias와 Copper areas 간의 Clearances 설정으로 다른 Net들 위에 있는 Object들 사이의 spacing과 같은 제약조건을 설정한다.
- Same Net Spacing Constraints : 같은 Net의 Lines, Pads, Vias와 Copper areas 간의 Clearances 설정으로 같은 Net들 위에 있는 Object들 사이의 spacing과 같은 제약조건을 설정한다.
- Electrical Constraints : Performance의 특성, Entire Net에 대하여 Electrical한 Behavior 와 Performance 등의 제약조건을 설정한다.
- Design Constraints : Package 간 DRC 검사의 Setting 또는 Unsetting. Negative Plane 에서 Islands Plan의 제약조건. Soldermask에 대한 제약조건을 설정한다.

① 메뉴의 Setup – Constraints – Constraint Manager를 선택하거나 Toolbar(▦)

아이콘을 클릭한다.

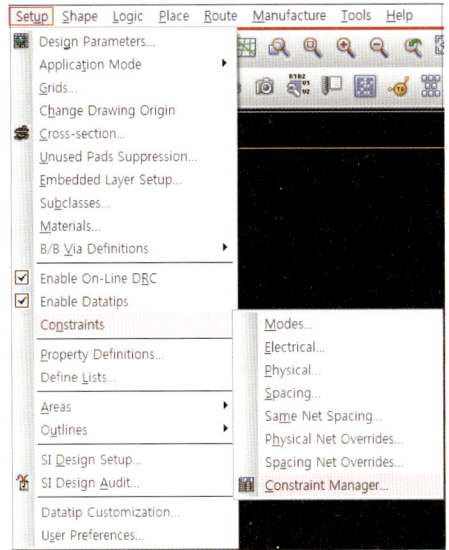

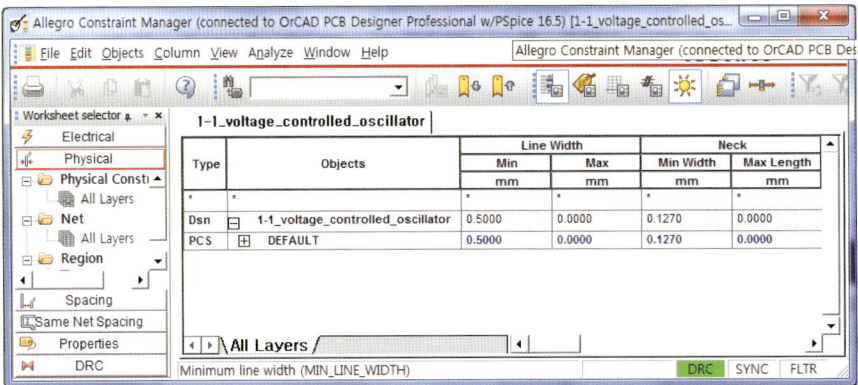

(1) Physical

Physical에서는 Line의 두께 및 Neck mode 사용 시 최소 Line 두께 및 최대 길이 Via를 선택할 수 있다.

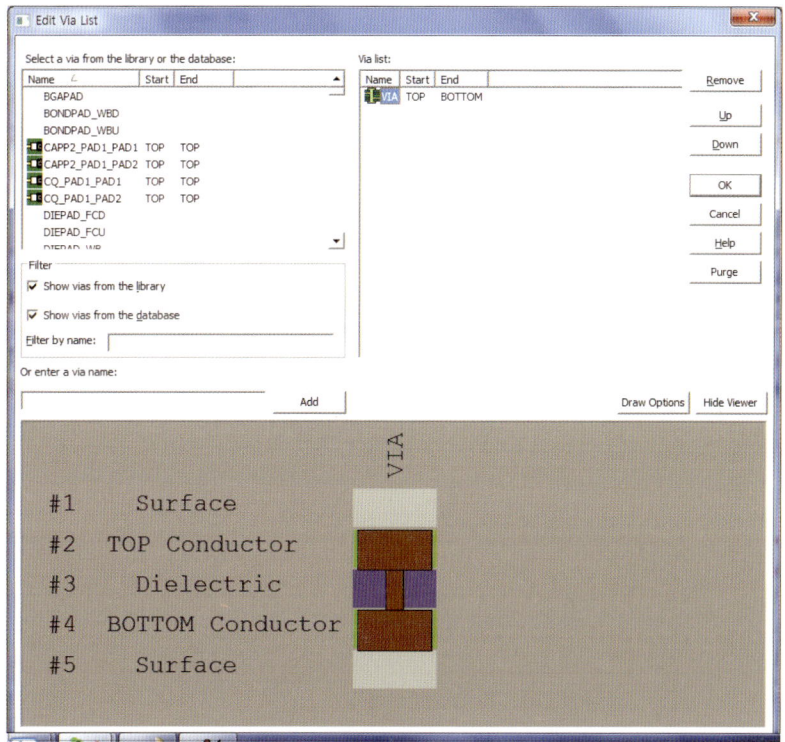

① Via padstacks 설정

VIA 부분을 더블클릭하여 Edit via list 창의 list에서 원하는 padstack 크기를 갖는 Via를 선택한 후 OK 버튼을 클릭한다.

② Physical의 설정

㉠ 전기적 속성을 가진 패턴 두께 및 Via 등을 설정한다.

[단위 : mm]	Line Width		Neck	
	Min	Max	Min Width	Max Length
일반선	0.5	0	0.25	5
VCC	1	0	0.75	5
GND	1	0	0.75	5

ⓛ 만약 설계조건이 위의 표와 같다고 가정하면 표를 참고하여 다음 그림과 같이 설정한다.

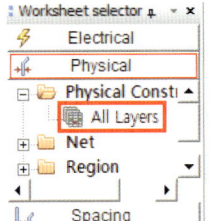

ⓒ 중요 Net, 또는 전원 Line 등 기본 Line 두께와 차이가 있는 경우 아래 Net의 All Layers를 선택하여 아래 그림과 같이 설정한다.

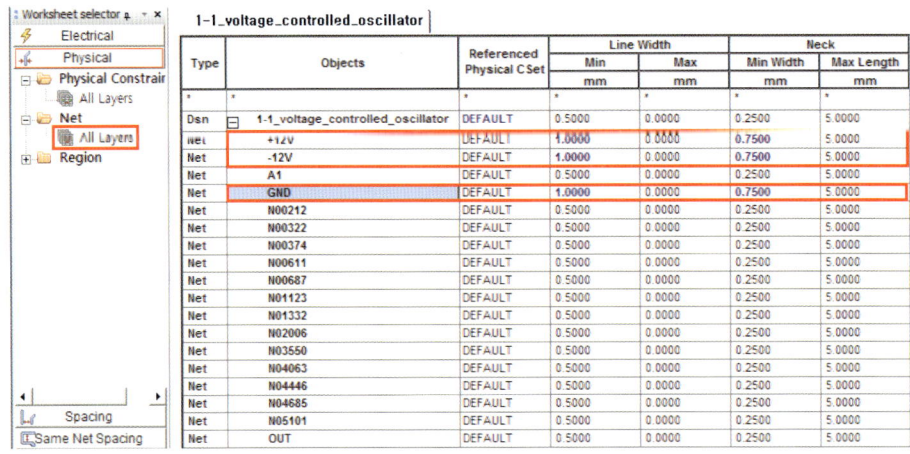

(2) Spacing

각 Layer 내의 아이템별 Spacing을 설정한다.

① 왼쪽 하단의 Spacing을 선택하여 Spacing Constraint Set의 All Layers를 선택한다.

② 다음 표를 참고하여 Line Layer를 클릭 후 Spacing을 설정한다.

Layer	Line To			[단위 : mm]
	Line	Thru Pin	Thru Via	Shape
Line	0.254	0.254	0.254	0.5

③ 다음 표를 참고하여 Pin Layer를 클릭 후 Spacing을 설정한다.

Layer	Thru Pin To			[단위 : mm]
	Line	Thru Pin	Thru Via	Shape
Pins	0.254	0.254	0.254	0.5

④ 다음 표를 참고하여 Via Layer를 클릭 후 Spacing을 설정한다.

Layer	Thru Via To			[단위 : mm]
	Line	Thru Pin	Thru Via	Shape
Via	0.254	0.254	0.254	0.5

⑤ 다음 표를 참고하여 Shape Layer를 클릭 후 Spacing을 설정한다.

Layer	Shape To			[단위 : mm]
	Line	Thru Pin	Thru Via	Shape
Shape	0.5	0.5	0.5	0.5

(3) Same Net Spacing

각 Layer 내의 아이템별 Same Net Spacing을 설정한다.

① 왼쪽 하단의 Same Net Spacing을 선택하여 Same Net Spacing Constraint Set의 All Layers를 선택한다.

② 다음 표를 참고하여 Line Layer를 클릭 후 Spacing을 설정한다.

Layer	Line To			[단위 : mm]
	Line	Thru Pin	Thru Via	Shape
Line	0.254	0.254	0.254	0.5

③ 다음 표를 참고하여 Pin Layer를 클릭 후 Spacing을 설정한다.

Layer	Thru Pin To			[단위 : mm]
	Line	Thru Pin	Thru Via	Shape
Pins	0.254	0.254	0.254	0.5

④ 다음 표를 참고하여 Via Layer를 클릭 후 Spacing을 설정한다.

Layer	Thru Via To			[단위 : mm]
	Line	Thru Pin	Thru Via	Shape
Via	0.254	0.254	0.254	0.5

⑤ 다음 표를 참고하여 Shape Layer를 클릭 후 Spacing을 설정한다.

Layer	Shape To			[단위 : mm]
	Line	Thru Pin	Thru Via	Shape
Shape	0.5	0.5	0.5	0.5

2-7 부품 배치

부품 배치는 메뉴의 Place 항목에서 선택할 수 있으며, 수동배치, 자동배치, 심벌 업데이트 기능을 이용할 수 있다.

> **Tip**
> - Manual : 배치 명령들은 개별 또는 Group에 의하여 Component들을 선택하도록 사용되고, 대화식으로 부품들의 위치를 결정한다.

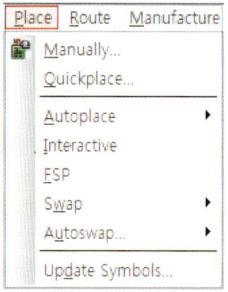 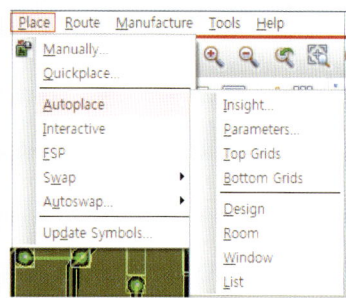

> - Quickplace : 명령은 Board Outline 밖으로 자동으로 Placement하거나 Room 내부에 부품들을 배치할 때 사용하는 기능이다.
> - Autoswap : Package 내부 및 서로 다른 Package들 사이에서 Gate 및 Pin을 교환하여 사용하는 기능이다.

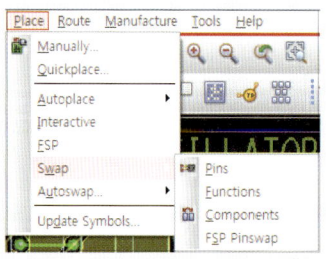 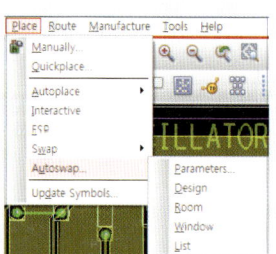

> - Update Symbols : 사용자의 디자인을 갱신하기 위하여 새로운 Library data로 Update한다.

1) 수동배치(Manually)

메뉴의 Place – Manually를 선택하여 Placement 창을 연다.

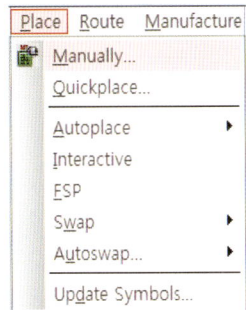

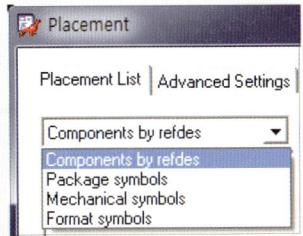
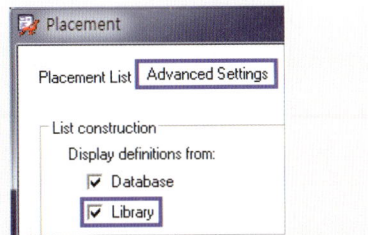

- Components by refdes : 한 개 또는 그 이상의 Reference designator를 선택하여 배치할 수 있으며, Capture에서 Netlist 생성 시 설정된 부품들로 구성되어 있다.
- Package Symbols : Refdes(Reference designator)를 가지고 있지 않은 Database 또는 Library상의 Package Symbol들을 나타낸다.
- Mechanical Symbols : 비전기적인 요소들로 구성되어 있으며, 보드의 기구 홀 작성에 필요한 symbol 등이 있다.
- Format Symbols : Design에 Format Symbol들을 나타낸다.

(1) 부품 배치의 방법 예

① 오른쪽 그림과 같이 **Q1**을 체크한 후 Placement List 창이 띄워진 상태에서 다음 그림과 같이 마우스 우측 버튼의 팝업 메뉴에서 Rotate 기능을 사용하여 회전할 수 있으며 Options에서 Angle을 설정할 수 있다.

② 여러 부품을 체크한 경우에는 미리보기는 하나만 나타나지만 작업 창에 클릭하는 대로 체크된 개수만큼 순서대로 마우스에 따라 다니면서

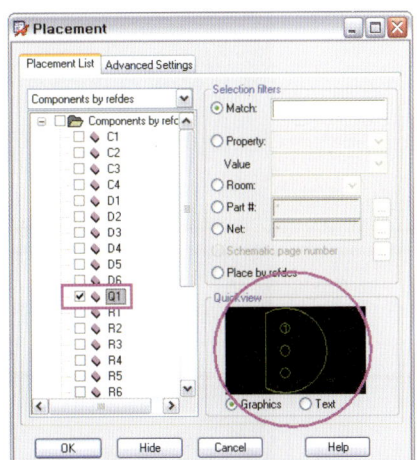

배치가 가능하다.

부품 배치 전 이동 중에는 **Rotate**를 통해 회전이 가능하며 클릭하여 배치가 완료된 경우에는 Spin 명령을 활용해야 회전이 가능하다.

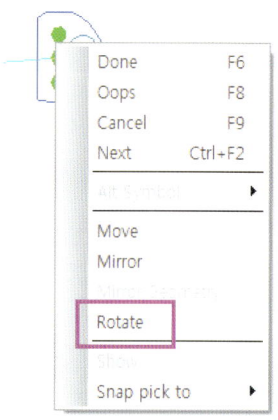 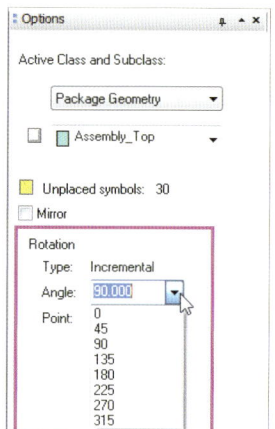

③ 이와 같은 방법으로 모든 부품을 Board Outline 안쪽으로 적절히 배치한다.

(2) 부품 배치의 예

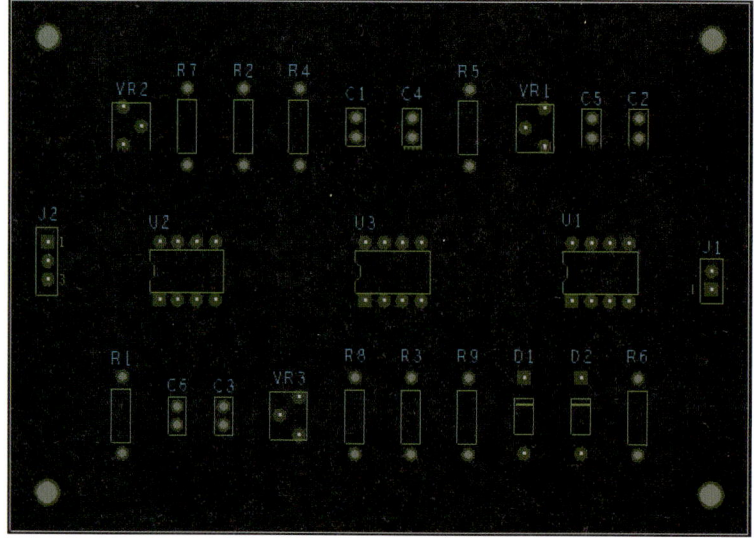

2) 자동배치(Quickplace)

① 메뉴의 Place – Quickplace를 선택하여 Quickplace 창을 연다.

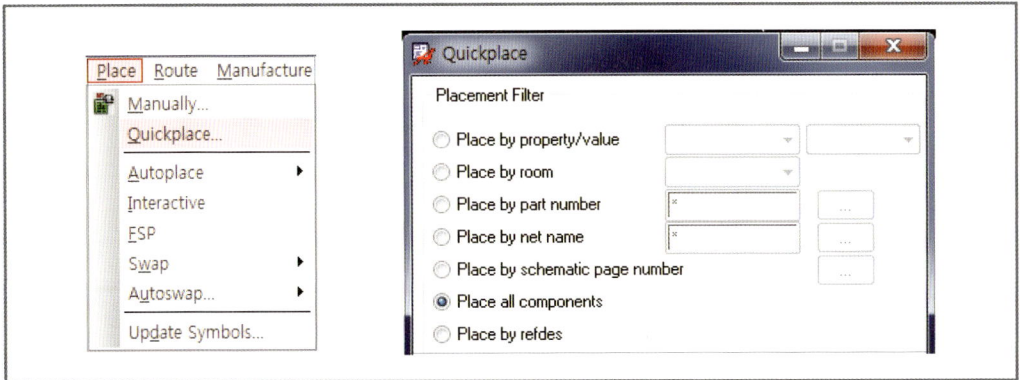

- Place by property/value : Component 속성과 Value에 의하여 부품을 배치한다.
- Place by room : Single Room 또는 모든 Room에 부품을 동시에 배치한다.
- Place by part number : Part Number에 의해 Group화시켜 Board Outline 주위에 Component를 배치한다.
- Place by net name : 공통의 Net 이름을 가진 component를 배치한다.
 (다중 전압을 가진 Split Place Board의 부품을 배치 시 유용하게 사용됨)
- Place by schematic page number : DE HDL(Only) 회로도를 사용하는 경우에만 Page에 의한 Component를 배치한다.
- Place all components : 아직 배치되지 않은 모든 부품을 배치한다.
- Place by refdes : 배치 시 사용자는 IC, IO, Discrete의 Filter들을 사용하여 각각 또는 3가지를 조합하여 지정할 수 있다.

(1) 부품 배치의 방법 예

① Edge에서 Top, Right, Bottom, Left 중 원하는 부분을 선택한 후 Place 버튼을 누르면 선택했던 부분의 아웃라인 외곽에 모든 부품이 자동으로 정렬되며 부품을 아웃라인 안쪽으로 적절히 배치해 준다.

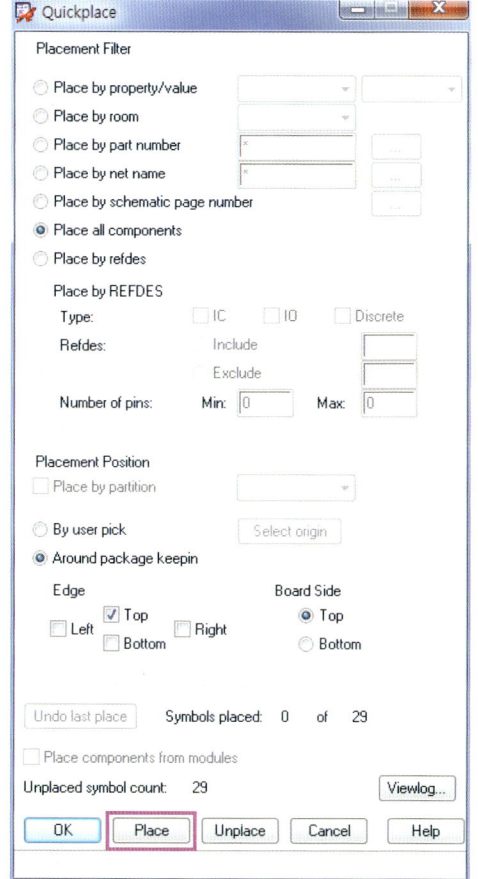

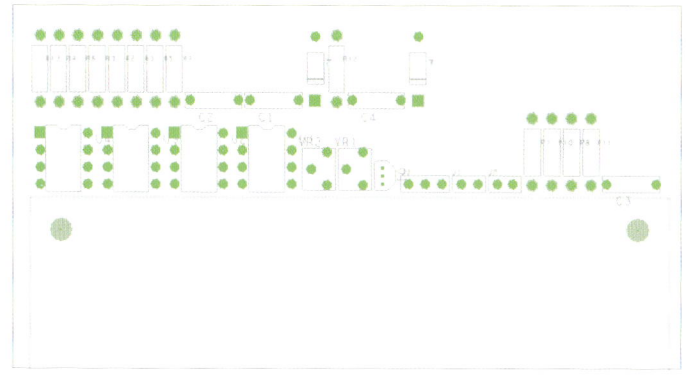

2-8 배선 및 설계 검사

Board에 부품을 적절히 배치한 다음 단계가 배선과정이며 이를 라우팅이라고 한다. 이 과정은 PCB 디자인에 있어서 가장 중요한 과정으로 부품을 배치하게 되면 가상선이 생기게 되는데 부품의 핀 사이에 가상선으로 나타내며 이러한 연결된 정보를 표시하는 가상선을 ratsnest라고 한다. 수동 배선과 배선의 정리 방법에는 5가지가 있으며 다음과 같다.

아이콘	명령	설명
	Add Connect (F3)	Pin들 사이에 전기적인 접속을 만들기 위한 배선 명령으로 핀 간 라우팅을 새로 그릴 수 있는 기능
	Slide (Shift + F3)	기존의 배선(Trace)들을 Slide하여 이동시키는 배선 편집 기능
	Delay Tune	배선의 길이를 맞출 때 사용하며, 완전하게 연결된 Net들이 Delay Constraint 조건을 만족하지 못하였을 경우, Etch를 추가하거나 제거하면 Delay 조건을 충족하도록 Tuning하는 기능(PCB Design L에서는 사용할 수 없음)
	Custom Smooth	곡선이나 꺾인 Etch를 직선으로 바꿀 수 있다. 대화식으로 배선(수동 배선) 된 Trace들에 대하여 Smooth 또는 Gloss(매끈하게 정리)하는 기능
	Vertex (Shift + F9)	기존 배선들(Etch)의 꼭짓점을 수정(추가하거나 삭제)할 수 있는 기능

1) 수동 배선

메뉴의 Route – Connect를 선택하면 Control Pannel 창이 다음 그림과 같이 바뀌게 된다.

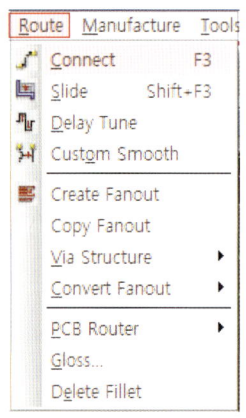
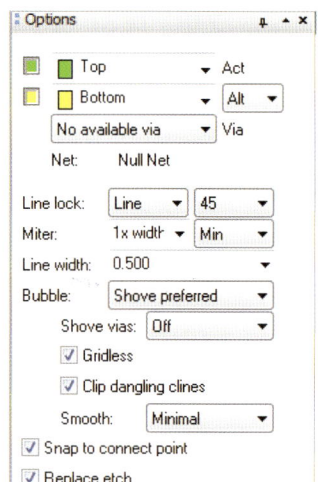

- Act와 Alt : Active와 Alternate Subclass 필드들은 현재 어느 Layer에 작업을 할 것인지 결정한다. 만약 Add Connect 명령어 수행 중 RMB 메뉴의의 Swap을 선택하거나 Via를 추가하면 Active와 Alternate Layer는 서로 바뀌게 된다.
- Line Lock : Line 또는 Arc 및 Angle을 설정한다.
- Miter : Miter Size에 대한 값을 정의한다. 확실한 Length 또는 Miter Value를 설정하여야 한다.
- Line Width : 설계 배선 폭 설정으로 Constraint에서 Physical Rule에 적용되어 있는 신호배선 및 전원 배선의 값으로 자동으로 바뀌며 사용자가 직접 값을 입력할 수도 있다.
- Bubble : Bubble 필드는 다음 3가지 Option 항목을 제공한다.
  - Off : Route 시 커서를 선택한 x와 y의 지점을 무조건적으로 하여 배선하는 것을 말하며, 이 옵션은 DRC error를 무시하며 Routing하므로 주의해야 한다.
  - Hug only 및 Hug Preferred : 기존의 Etch 객체들 주위를 감싸며 Routing된다.
  - Shove Preferred : Spacing을 위반하지 않는 범위에서 다른 Cline을 밀어내며 Routing한다.

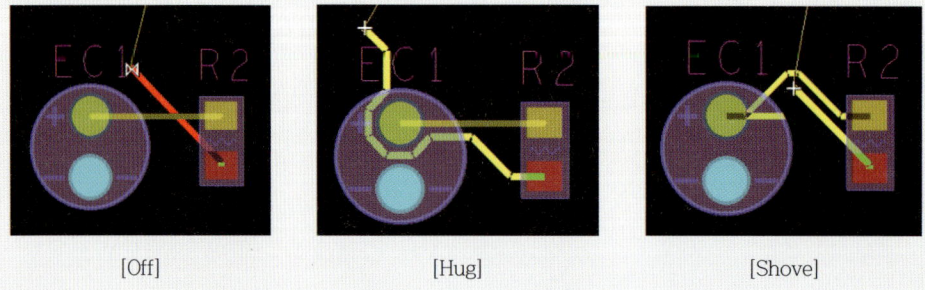

[Off]　　　　　　　　　　　[Hug]　　　　　　　　　　　[Shove]

- Gridless : 추가된 Etch에 Routing Grid로 Snap을 줄 것인지 아닌지를 결정한다. Gridless는 단지 Hug Preferred 또는 Shove Preferred 모드에서만 사용할 수 있다.

- Smooth : 배선을 진행함에 있어서 자동적으로 Routing을 평행하게 할 것인지에 대한 내용이며 아래의 3가지 Option 항목을 제공한다.
  - Off : 이 기능은 사용 금지를 말하며, 현재 Route에 의해 영향을 받는 기존의 Etch는 결국 바람직하지 않은 Angle이나 Bubble로 끝날 수 있다.
  - Minimal : 짧은 Segment만이 약간 무시되어 작업된다.
  - Full : Custom Smooth 명령과 같이 더 많은 Segment들이 무시되어 작업된다.
- Snap to connect point : 배선 중 Grid가 맞지 않아도 Pin에 배선이 연결되도록 설정한다.
- Replace Etch : 체크 시 기존 배선을 삭제하지 않고 새로 배선하면 기존 배선은 자동으로 갱신되어 삭제된다.

(1) 배선 방법의 예

① 기본 배선 방법은 메뉴의 Route - Connect를 선택 후 다음 그림의 순서와 같이 Pin을 클릭 후 가상선에 따라 마우스를 Drag한 후 연결된 Pin을 클릭하여 배선한다.

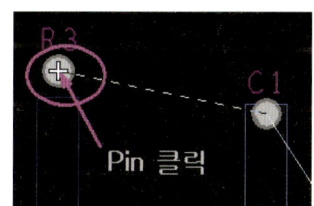 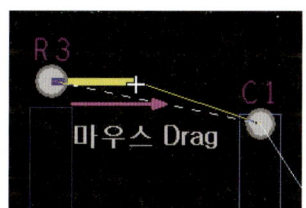 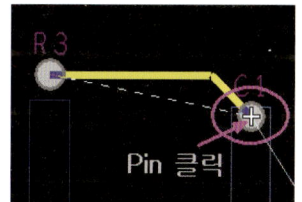

② Layer 변경 방법은 다음과 같이 배선 작업 시 RMB - Swap Layers를 선택하여 변경하여도 되며, 또는 키보드의 +, - 키를 이용하여 변경한다.

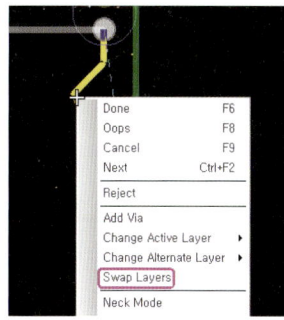 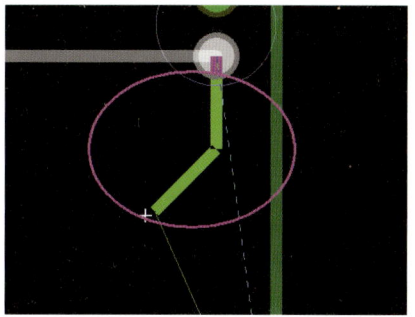

③ 배선 작업 시 Via 추가는 RMB - Add Via를 선택하여 다음 그림과 같이 Via를 생성할 수 있다.

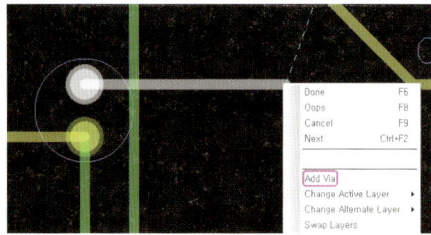 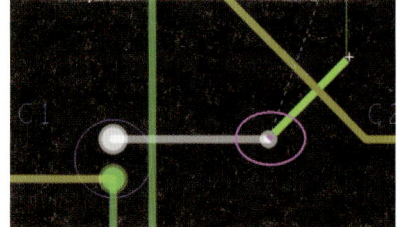

④ 이와 같은 방법으로 배선 작업을 다음 그림과 같이 완료한다.

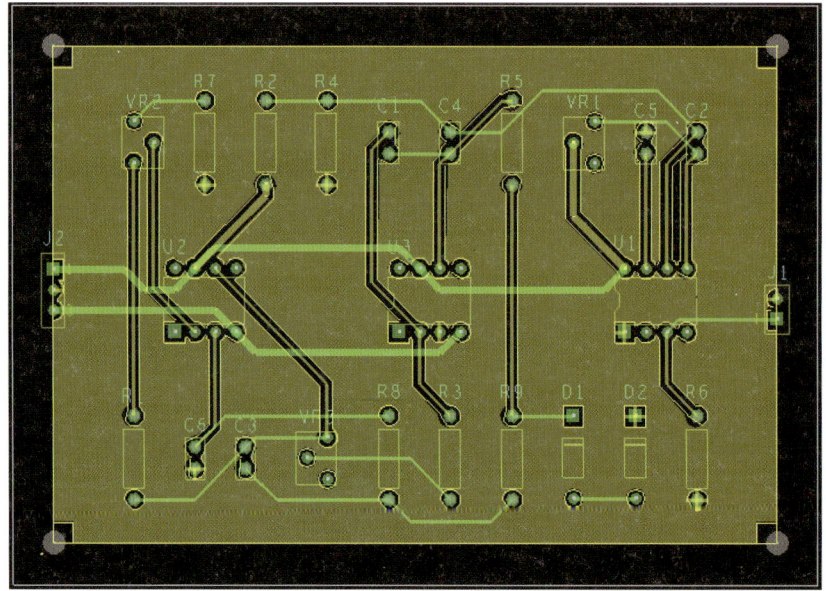

2) 자동 배선

① 메뉴의 Route - Route Automatic을 선택한다.
② 다음 그림과 같이 Option을 설정할 수 있는 창이 열리며, 추가적으로 Routing Passes, Smart Router, Selections Tab들도 Setting할 수 있다.

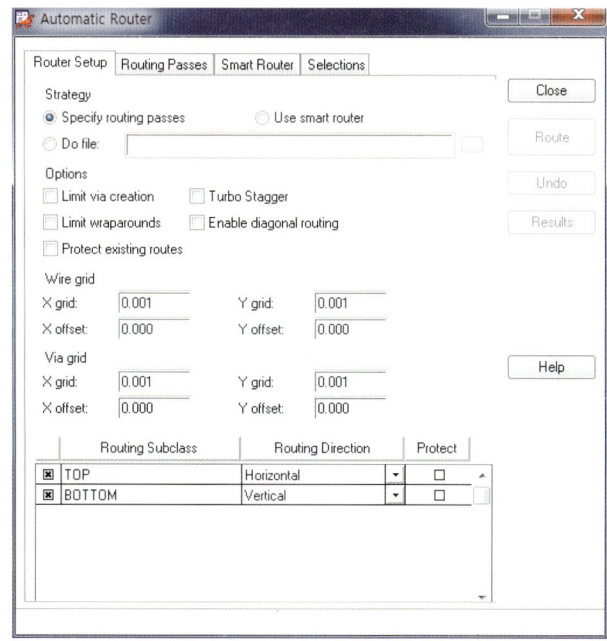

- Strategy : 작업 방법 설정
- Limit via creation : Route 시 비아 생성 제한
- Turbo Stagger : Pin 또는 Via 주변의 배선을 허용
- Limit wraparounds : Route 시 Pin을 둘러싸는 형태의 배선 제한
- Enable diagonal routing : 45도 배선을 허용
- Protect existing routes : 기존의 배선을 보호

③ 설정이 끝난 후 Route 버튼을 클릭하여 Routing을 실행한다.

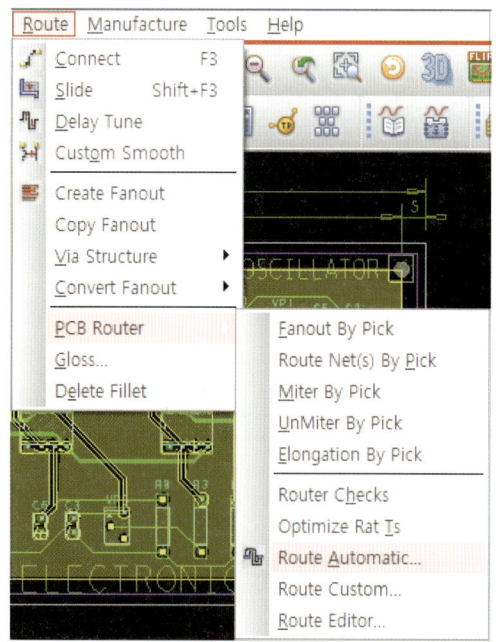

3) Copper Pour의 작성

(1) 카퍼(Copper Pour)의 설정

카퍼 설정은 메뉴의 Shape - Rectangular(■)를 이용하며, 카퍼를 적용한 Layer와 카퍼에 적용할 Net 속성을 Control Panel의 Options 탭에서 설정할 수 있다.

① 메뉴의 Shape - Rectangular(■)을 선택한다.

② Control Panel의 Options 탭에서 Active Class and Subclass는 **Etch/Bottom**을 선택한다.

③ Assign net name의 [...] 아이콘을 선택하여 **gnd**를 선택한다.

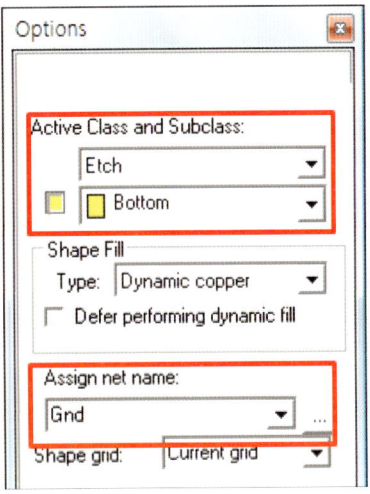 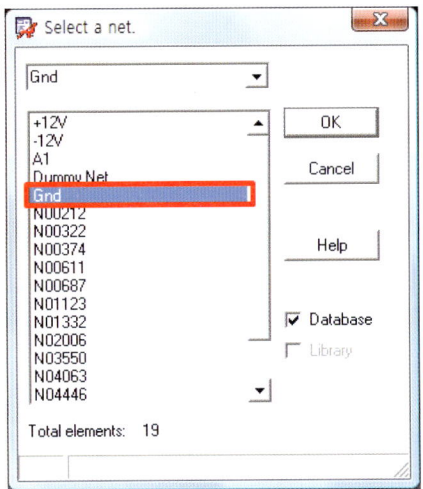

④ Command 창에 다음과 같이 입력한다.

　x 5 5 [Enter↵]

　x 95 65 [Enter↵]

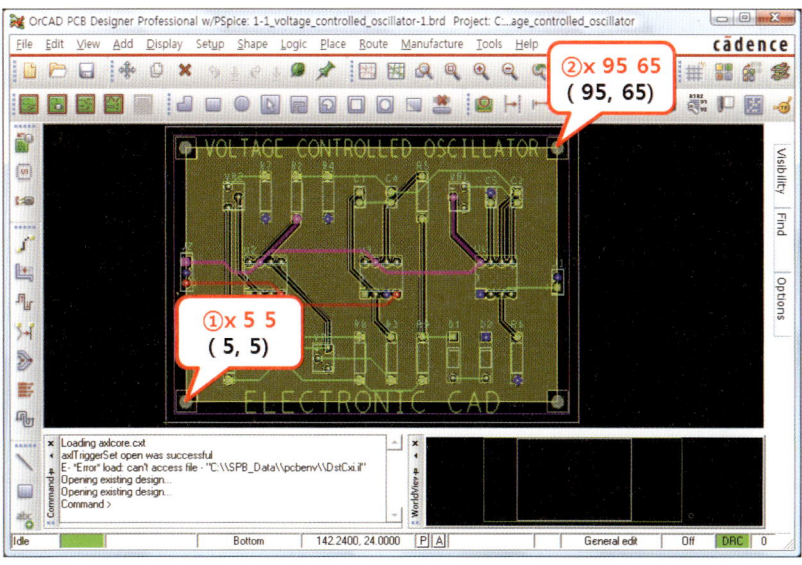

⑤ BOTTOM layer에 카퍼 설정이 완료되었으면, RMB - Done(F6)을 선택한다.

(2) Plane의 설정

① Thermal Pad Display의 설정

㉠ 메뉴의 Setup - Design Parameters를 선택한다.
㉡ Display 탭의 Enhanced display modes…에서
Filled pads, Thermal pads를 체크한다.

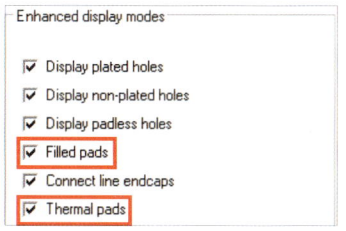

㉢ [OK] 버튼을 선택하여 Design Parameters를 닫는다.
㉣ 메뉴의 Display - Color / Visibility를 선택한다.

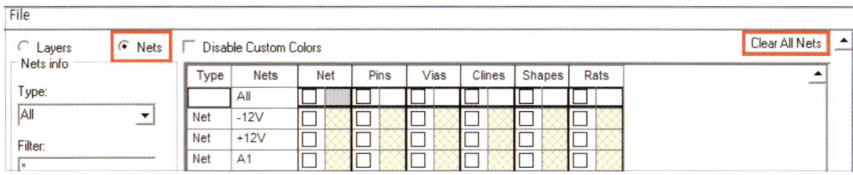

ⓜ 그림과 같이 Nets를 선택하고 상단 오른쪽의 **Clear all nets**를 클릭한다.

ⓗ [OK] 버튼을 클릭한다.

② GND Plane의 편집

㉠ Visibility 탭에서 GND만 보이게 설정한다.

㉡ 메뉴의 Shape – Global Dynamic Parameters를 선택한다.

㉢ Dynamic fill에 Smooth를 선택하고 **Update to Smooth**를 클릭한다.

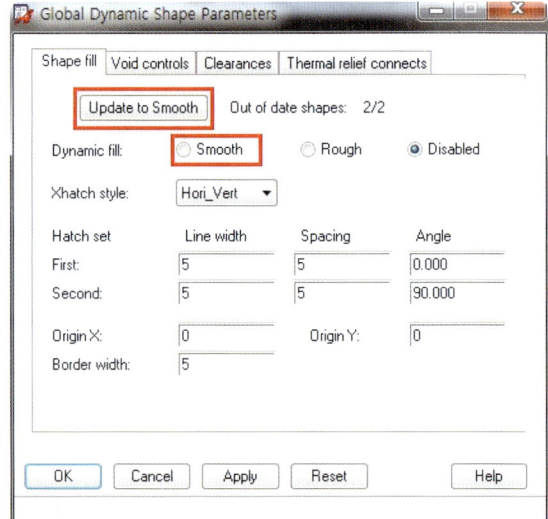

㉣ Void controls 탭을 선택한다.

㉤ Artwork format으로 **Gerber RS274X**를 선택한다.

ⓗ Create pin void를 **In-line**으로 변경하고 Distance between pins를 100으로 설정한다.

㉦ Thermal relief connects 탭에서 Thru pins의 설정을 **Diagonal**로 변경한다.

ⓞ [OK] 버튼을 선택한다.

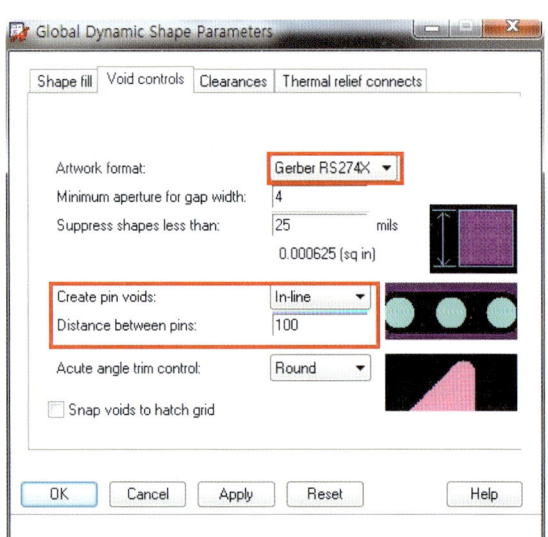

　※ Use thermal width oversize of 항목에 값을 설정하면 Constraint Manager – Physical 설정을 무시하고 일괄적으로 Spoke Width를 결정하게 된다.

제2장 PCB Editor를 이용한 PCB 설계

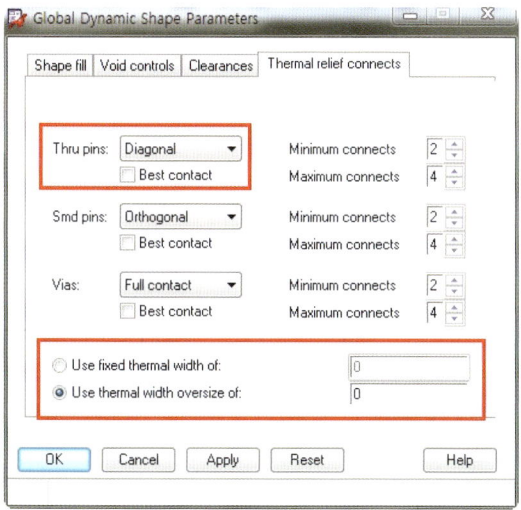
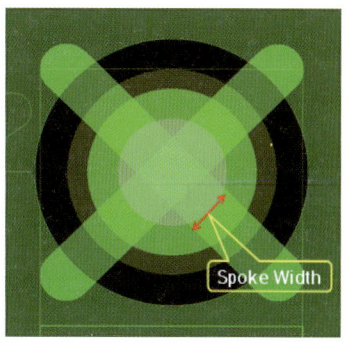

③ 이격 거리(clearances)의 설정
DRC 이격 거리 설정(Constraint Manager의 Spacing과 Same Net Spacing 설정)값보다 증가하여 DRC 이격 거리를 설정하는 단계이다.

㉠ 메뉴의 Shape-Global Dynamic Parameters를 선택한다.

㉡ Clearances 탭을 선택한다.

㉢ Thru pin 항목이 DRC 설정으로 되어있는지 확인한다.

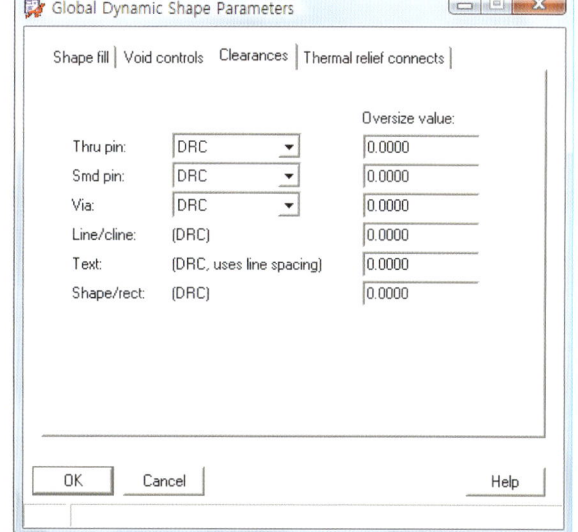

④ Isolated Shape 제거

Status 창에서 Isolated shapes가 존재할 경우 Delete Islands를 선택하여 제거한다.

㉠ DRC 검사에서 Isolated shapes가 존재할 경우 메뉴의 shape - Delete Island를 선택한다. 또는 Island_Delete( ) 아이콘을 클릭한다.

제1편 OrCAD 16.6의 기초 **159**

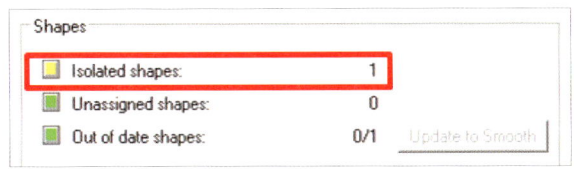

ⓛ Control Panel의 Options 탭에서 Process layer에 **Bottom**을 선택한 후 **Delete all on layer** 버튼을 클릭한다.

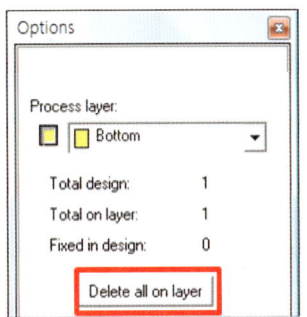

Process layer : 현재 레이어
Total design : 전체 Island 수
Total on layer : 현재 레이어에 있는 Island
Delete all on layer : 모든 Island 제거

ⓒ Isolated shape를 삭제하였으면, RMB - Done(F6)을 선택한다.

ⓓ DRC 검사를 재실행하여 Status 창에 모든 항목이 초록색 사각형(■)이 되었는지 확인한다.

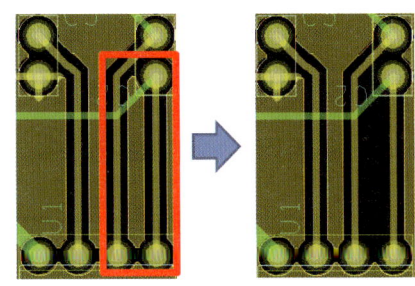

⑤ Copper void Option

ⓐ Copper의 일부를 제거하는 기능으로 메뉴의 Shape - Manual Void - Polygon / Rectangular ....을 선택한다. 또는 아이콘을 클릭한다.

ⓑ Board에 적용된 Shape에 제거할 영역을 그려준다.

ⓒ RMB - Complete를 선택한 후 추가 제거할 영역을 그린다.

ⓓ 완료가 되면 RMB -Done을 선택한다.

ⓔ 그려진 void를 이동 복사 지우고자 할 때는 Shape - Manual Void - Delete / Move

/ Copy를 선택한다.

(3) Split Planes

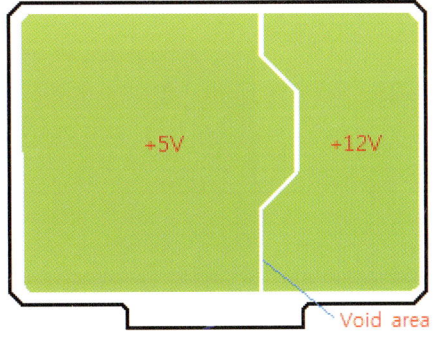

① Split Plane 방법

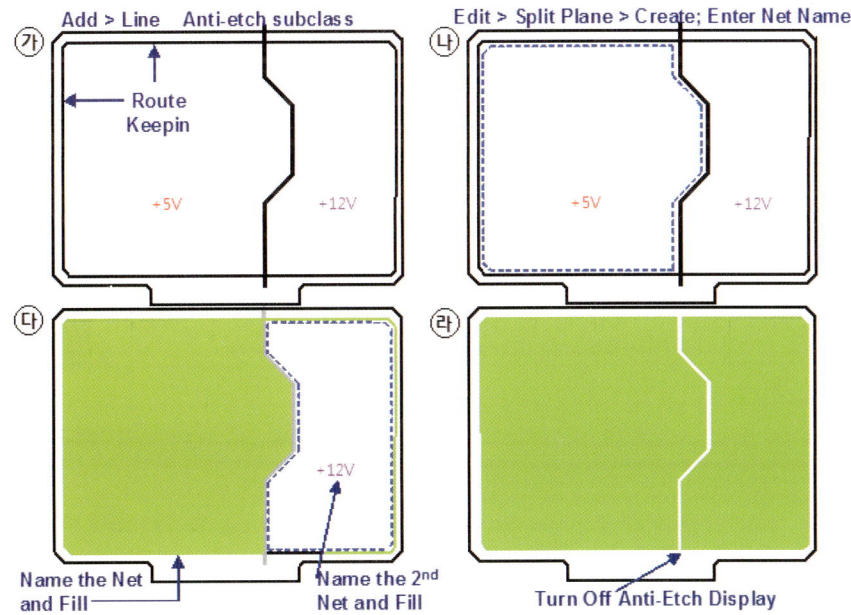

㉠ 메뉴의 Add – Line을 선택 후 Class와 subclass를 Anti Etch에 Plane을 선택한 후 분리하고자 하는 Plane의 구분선을 그려준다. 이때 주의할 점은 Route Keepin 영역의 끝점까지 그려야 한다.(Anti Etch 라인이 보이지 않으면 Color의 Conductor class의 Anti Etch를 On시켜 준다).

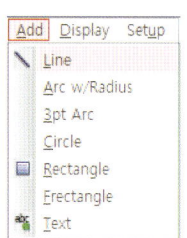

㉡ 메뉴의 Edit – Split Plane – Create를 선택한다.

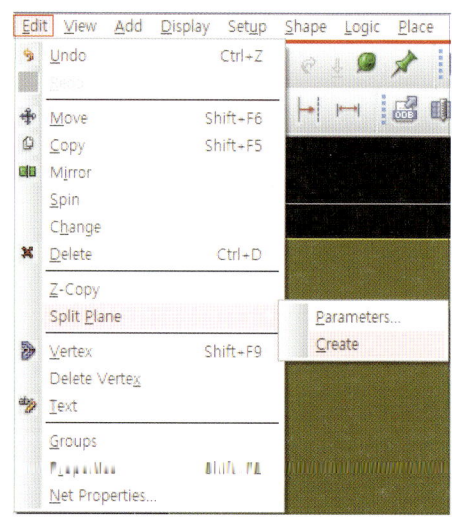

㉢ Create Split Plane 폼이 나타나면 split 할 layer를 선택한 다음 Create 버튼을 선택한다. 그러면 분리되는 영역이 활성화되면서 Net을 선택 후 OK 버튼을 선택하면 다음의 분리 영역이 나타난다.

㉣ OK 버튼을 선택하면 split plane이 완료된다.(여러 영역으로 분리 가능하다.) 이후 Anti Etch 라인은 놔두거나 삭제해도 무방하며 Color를 off시켜도 무방하다.

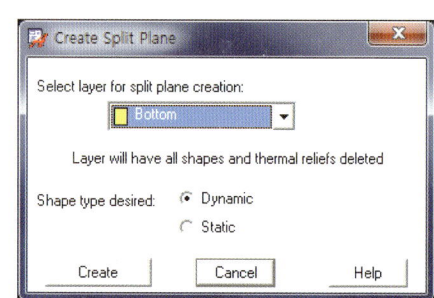

4) 설계 검사(Status)

배선이 완료되고 난 후 Status 항목에서 설계 검사 작업을 실행한다.

① 메뉴의 Display – Status를 선택하면 Status 창이 뜨게 된다.
② Status 부분의 8개 항목에 녹색 불이 들어오게 되면 DRC 조건에 맞게 배선이 모두 완료된 것이며 Error가 있을 때에는 노란 불 또는 빨간 불이 들어오게 된다.

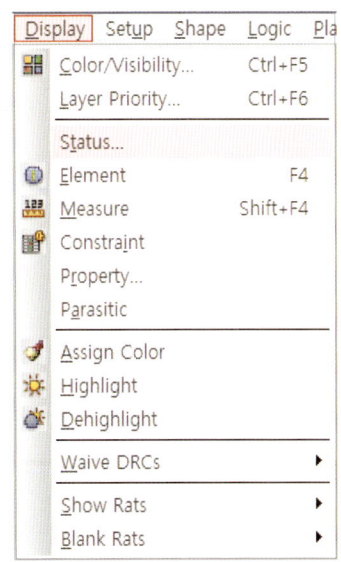

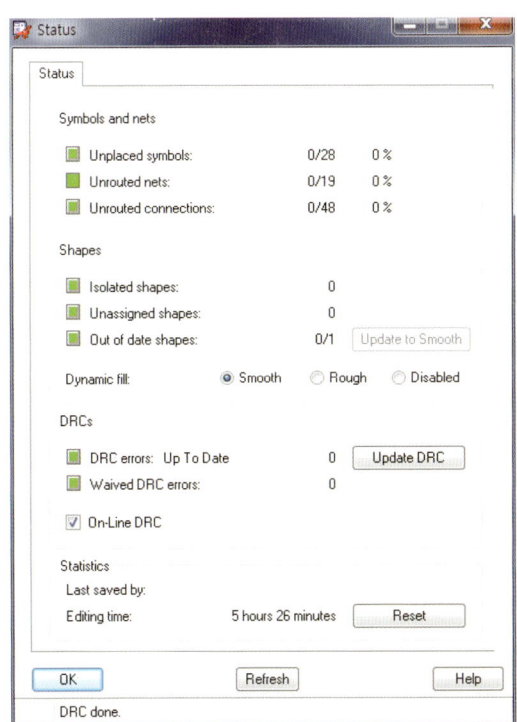

- Symbols and nets : 부품과 배선에 대한 오류 체크 기능
  - Unplaced symbols : 배치되지 않은 부품의 개수
  - Unrouted nets : 배선되지 않은 net의 개수
  - Unrouted connections : 배선되지 않은 연결선의 수
- Shapes : Shapes 부분에 대한 오류 체크 기능
  - Isolated shapes : 연결되지 않은 동박, 즉 동박 찌꺼기 부분의 개수
  - Unassigned shapes : 네트에 연결되지 않은 shapes의 수
  - Out of date shapes : 유효기간이 지난 shapes 영역(수정 시 shapes 영역이 바로 적용되지 않아 생기는 부분. Update to Smooth를 클릭하여 Update한다.)
- DRCs : Design Rule check 기능
  - DRC errors : DRC 오류가 생긴 부분(배선 수정 시 나타나는 부분. Update DRC를 클릭하여 Update한다.)
  - Waived DRC errors : 강제로 DRC Error를 해체시킨 수

2-9 후처리 과정(Gerber File 생성)

PCB 설계의 마지막 과정으로 설계된 작업의 내용을 Gerber Film으로 출력하는 데 필요한 정보를 추출하는 과정이다.

1) Artwork Control setting

① 메뉴의 Manufacture – Artwork를 선택하면 Artwork Control 창이 나타난다.

② 창이 열리면서 알림 창 하나가 더 나타나게 되는데 이는 Gerber Format 형식이 맞지 않아 설정을 바꾸라는 경고 창이므로  버튼을 클릭한 후 기본 설정을 해준다.

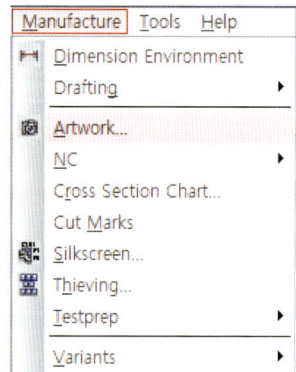

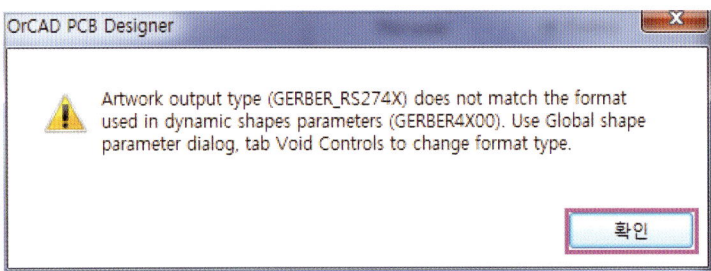

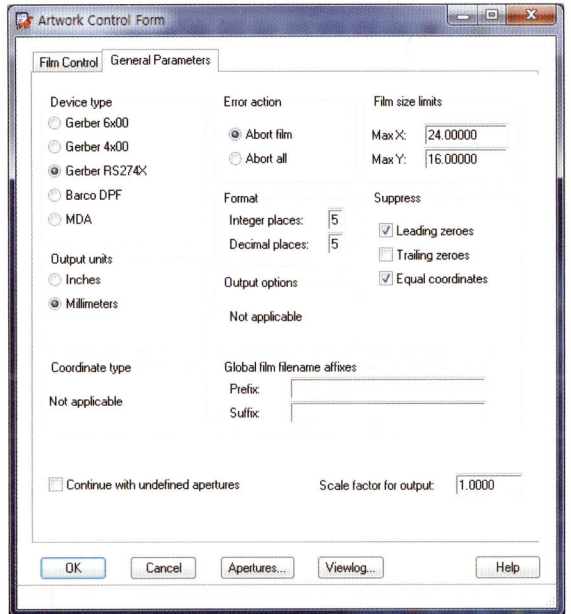

- Device type : PCB Editor에서 지원되는 5가지의 Photo plotter Model Type을 설정할 수 있고, 선택된 Device Type에 따라 Parameter Form의 기본 설정이 달라진다.
- Error action : Artwork File 생성 중 정의되지 않은 Aperture 등의 error가 발견되었을 때 Artwork의 동작을 설정한다.
- Film size limits : Photo plotter로 사용하는 Film 치수를 설정하며, Parameter로 설정된 값보다 큰 치수의 Plotter의 Film이 사용된다.
- Output units : Inches, Millimeters로 출력 단위를 설정한다.
- Format : 출력 좌표 필드에서 정수의 자리수와 소수점의 자리수를 설정한다.
- Output options : 보조 options Parameter들을 정의한다.
 (Gerber RS274X, MDA 또는 Barco DPF devide들은 적용할 수 없다.)
- Suppress : PCB Editor에서 Gerber data file 내에서 Leading zeroes, Trailing zeroes, Equal

coordinates에 대해 설정한다. Leading과 Trailing zeroes 둘 다 Suppress할 수 없으며, Equal coordinates를 선택하면 Gerber data file의 양을 줄일 수 있다.
- Coordinate type : Photoplot의 좌표들이 Design의 원점으로부터 좌표의 Type을 설정한다.
- Continue with undefined apertures : Padstack에서 Flash Aperture를 위한 정의를 찾을 수 없을 때 Check하게 되며, 이 항목은 Gerber RS274X, MDA, Barco DPF의 Raster format의 전용으로 사용된다.
- Scale Factor for Output : Artwork File의 모든 Entrie는 수직 및 수평 방향으로 Scale을 변하게 한다. Film Control Tab을 클릭하게 되면 Artwork File들에 포함될 Class와 Subclass들을 정의할 수 있는 창이 구성되며, Film Control Record들은 PCB Editor Design file 내부에 저장된다. Cross-Section에서 정의한 Layer는 기본적으로 생성되어 있다.

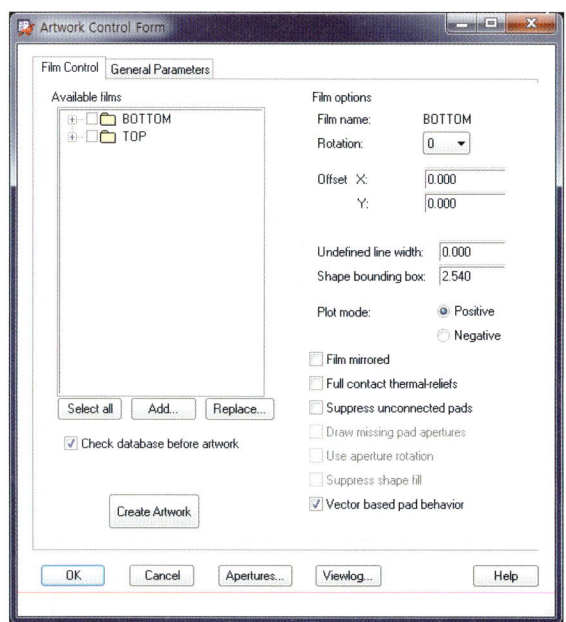

- Film name : Available films를 선택할 경우 해당 이름을 표시한다.
- Rotation : Plot된 Film image 회전을 설정한다.
- Offset X/Y : Photo plot의 좌표의 위치를 Shift 한다.
- Undefined line width : Zero width를 가지고 있는 임의의 Line에 대하여 Photoplot될 때 width를 설정해 준다.
- Shape bounding box : Negative Film에 적용되며, 넓은 Border를 설정하기 위해 Negative Shape 주위에 Outline을 추가한다.
- Plot mode : Photoplot의 Positive/Negative를 설정한다.

③ Artwork Control Form에서 Artwork File을 생성할 준비를 끝낸 후 특정 Artwork file을 생성할 경우 각각의 Check Box를 선택할 수 있으며, 모든 Artwork file을 생성할 경우 Select all 버튼을 클릭하여 모두 선택할 수 있다.

④ 선택이 완료되면 Create Artwork 버튼을 클릭하여 Film을 생성하며, 생성된 Artwork File들은 *.art의 확장자로 저장되고, Photoplot.log 파일에는 각각의 Artwork file의 log들이 기록된다.

2) Drill Legend의 작성

Drill Legend를 작성하기 이전에 먼저 Drill Customization에 들어가서 드릴 홀에 대한 심벌 생성을 먼저 해준다.

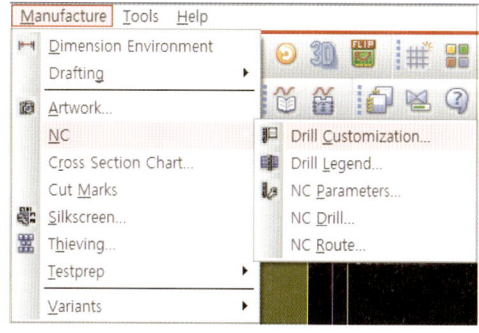

① 메뉴의 Manufacture – NC – Drill Customization 또는 Ncdrill Customization( ) 아이콘을 클릭한다.

② Drill Customization 창이 뜬 후 하단 중앙의 **Auto generate symbols**을 클릭하면 자동으로 Symbol Figure를 생성한다.

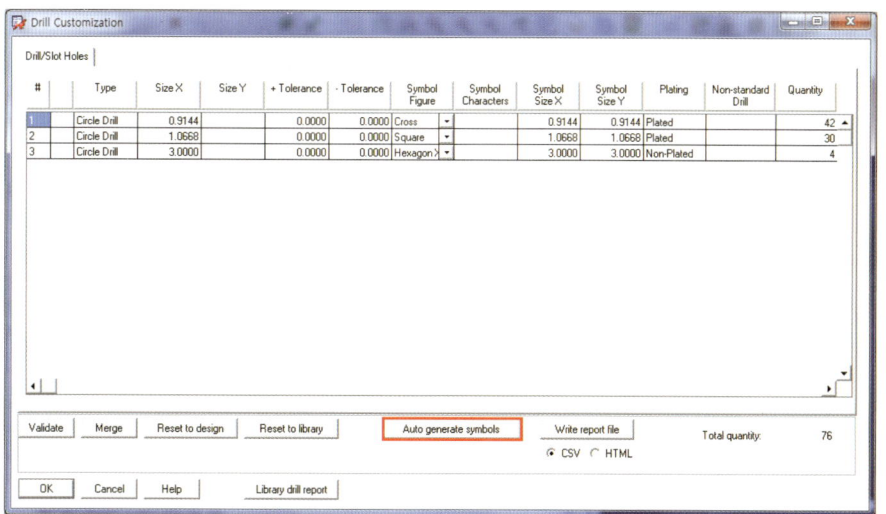

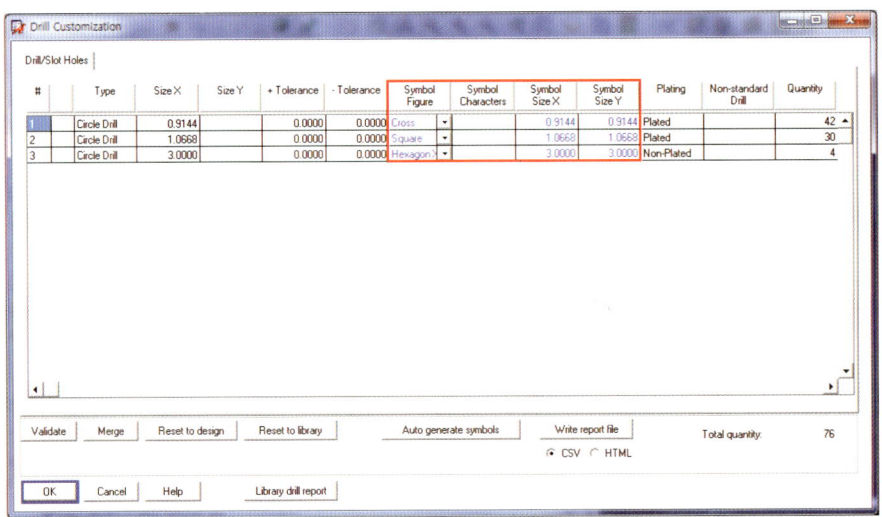

③ 위의 그림처럼 Auto generate symbols 이 생성되는 것을 확인할 수 있다.

④ 메뉴의 Manufacture – NC – Drill Legend를 클릭한다.

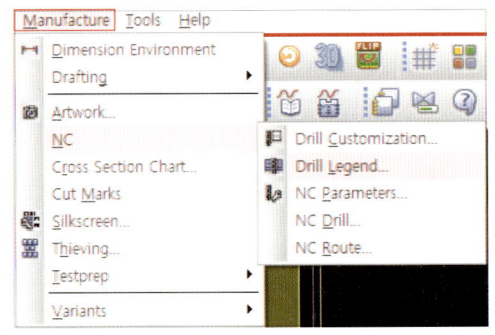

⑤ 창이 열리면 기본적으로 설정되어 있는 값으로 하여도 무방하며, 설계자가 임의로 DRILL CHART로부터 Legend Title을 변경할 수 있다.

⑥ 설정 완료 후 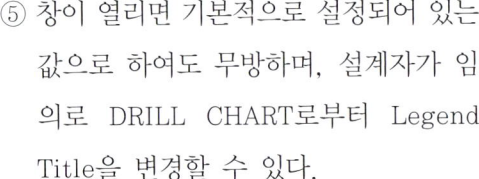 버튼을 클릭하면 커서에 직사각형의 Legend가 붙어 있는 것을 확인할 수 있으며, Board 위 또는 아래쪽에 적절히 선택하여 배치한다.

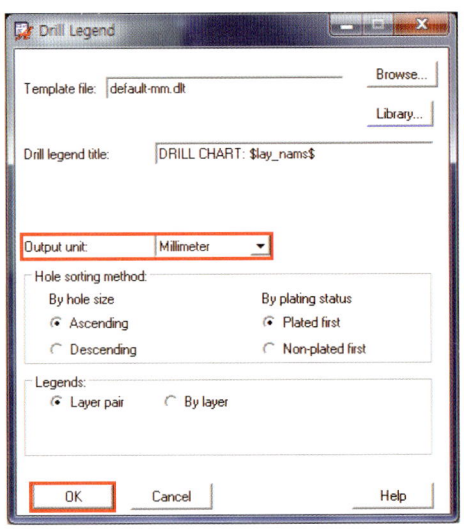

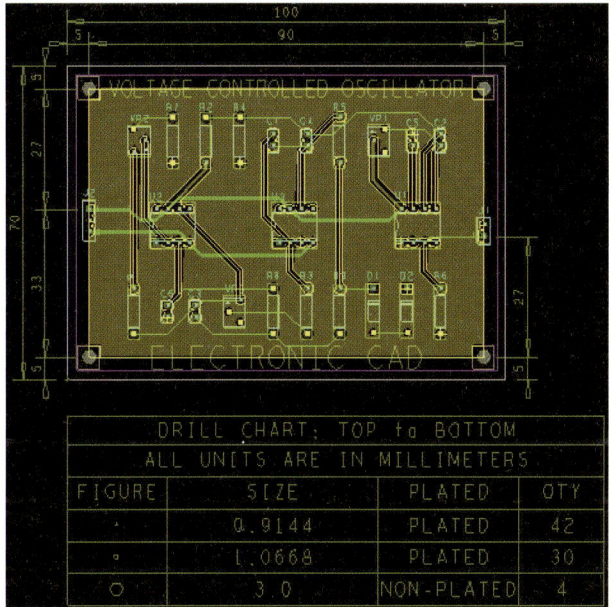

3) Artwork Files(거버 데이터) 생성

설계 완료된 PCB Board의 Photo plotting을 위해 Artwork File을 생성해야 한다.

① 메뉴의 Manufacture – Artwork를 선택한다.
② Artwork Control Form에서 General Parameters 탭을 선택한다. 이 탭에서는 Plotter Type, Film Size, Manufacturing Data의 Format을 지정할 수 있다.

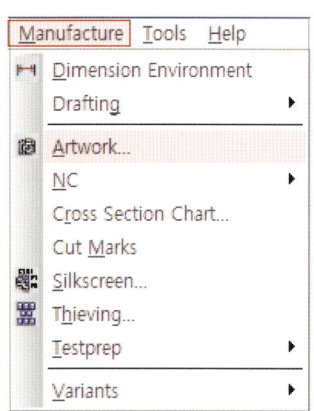

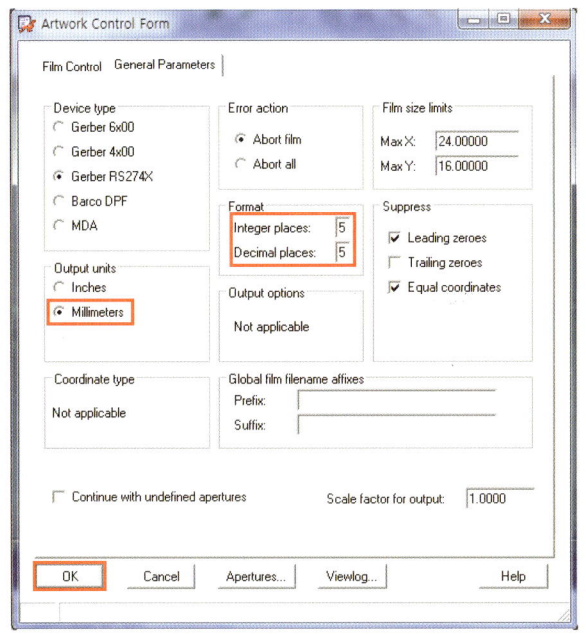

③ 설정 완료 후 생성하고자 하는 Layer의 Artwork Film을 생성하기 위해 Film Control 탭을 선택한다. 기본적으로 Top과 Bottom layer에 대한 Film이 생성되어 있는 것을 확인할 수 있다.

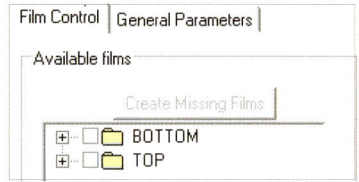

④ 다음과 같이 Silkscreen_Top, Soldermask_Top 등 새로운 Film을 생성한다. (Artwork Control Form 창을 닫지 않은 상태에서 다음 작업들을 진행한다.)

(1) Silkscreen_Top

① Artwork Control Form 창을 띄워 놓은 상태에서 메뉴의 Display – Color/Visibility를 클릭한다. 오른쪽 상단의 **Off**를 클릭하여 모든 Class 및 Subclass를 보이지 않도록 설정한다.(Apply 버튼을 클릭하여 확인 가능하다.)

② Board Geometry의 Subclasses에서 **Dimension, Outline, Silkscreen_Top**을 체크하고, Package Geometry의 Subclasses에서 **Silkscreen_Top**을 체크한다. 그리고 Components의 Subclasses에서 RefDes 부분의 **Silkscreen_Top**을 체크한다.

③ Color Setting 후 Display하기 위해 Apply 버튼을 클릭한다.

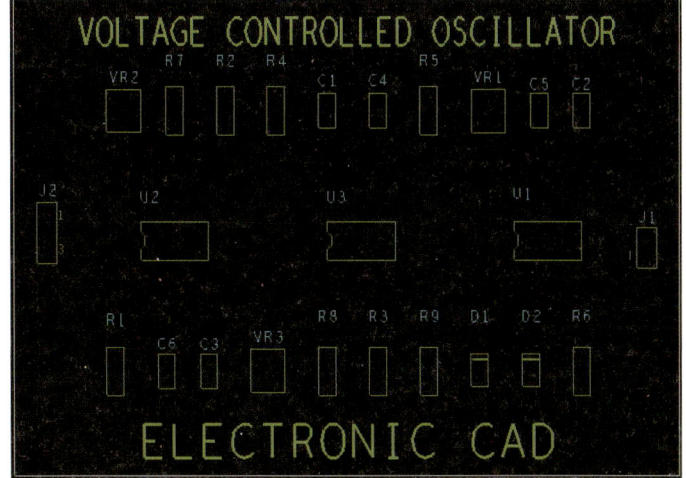

④ Artwork Control Form의 Film Control 탭에서 Available films 부분의 TOP Film을 클릭한 후 RMB – Add를 선택한다.

⑤ 추가할 Film명 [**SST(Silkscreen_Top)**]를 기입 후 OK 버튼을 선택한다.

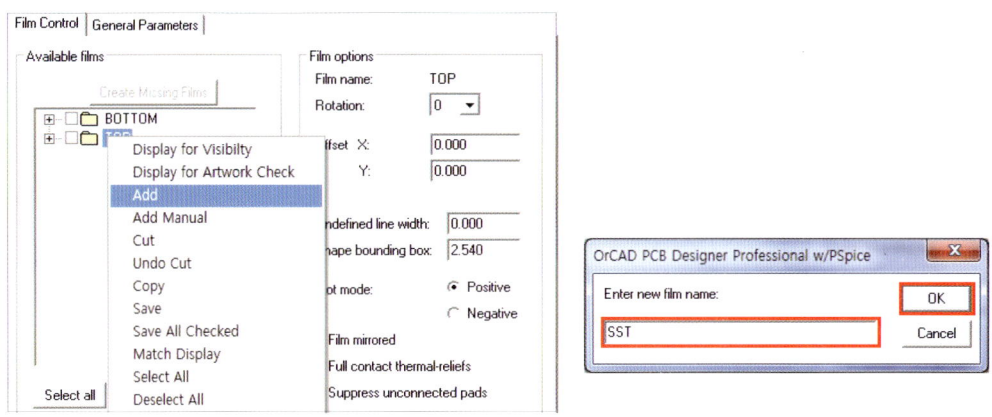

⑥ 다음 그림과 같이 Silkscreen_Top Film이 추가된 것을 확인할 수 있으며, ⊞를 클릭하여 선택 항목들을 볼 수 있다. 그리고 Line 두께가 설정되지 않은 Line이 있을 경우 Film 출력이 되지 않으므로 Film options에서 **Undefined line width** 부분에 **0.2mm**를 입력한다.

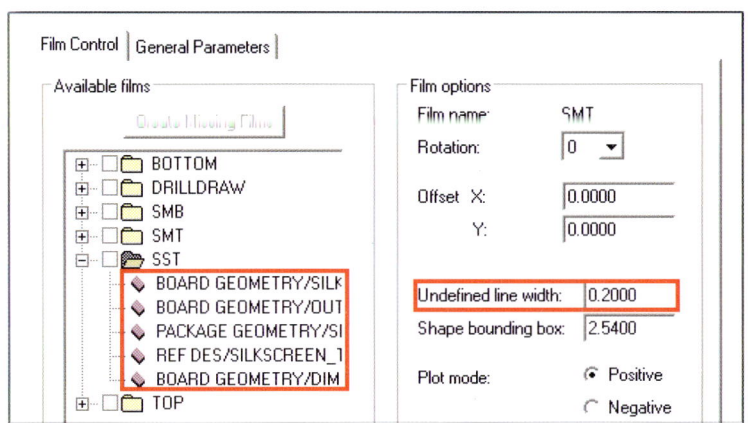

(2) Soldermask_Top

① 메뉴의 Display – Color / Visibility를 클릭한다. 오른쪽 상단의 **Off**를 클릭하여 모든 Class 및 Subclass를 보이지 않도록 설정한다. (Apply 버튼을 클릭하여 확인 가능하다.)

② **Stack-Up**의 Pin과 Via의 **Soldermask_Top**을 체크한다.(**Board Grometry/Outline**도 함께 체크한다.)

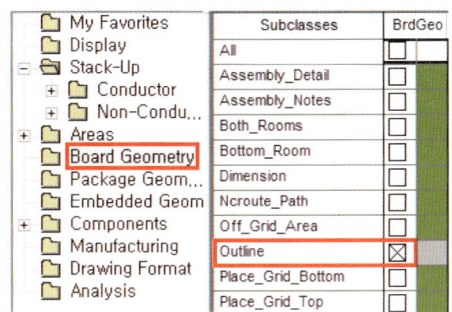 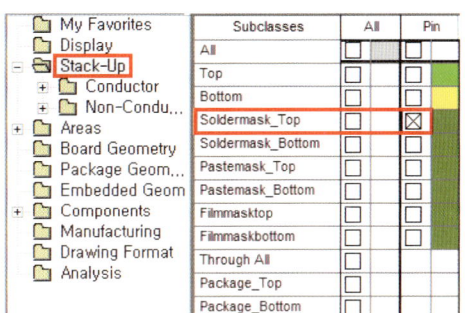

③ Color Setting 후 Display하기 위해 Apply 버튼을 클릭한다.

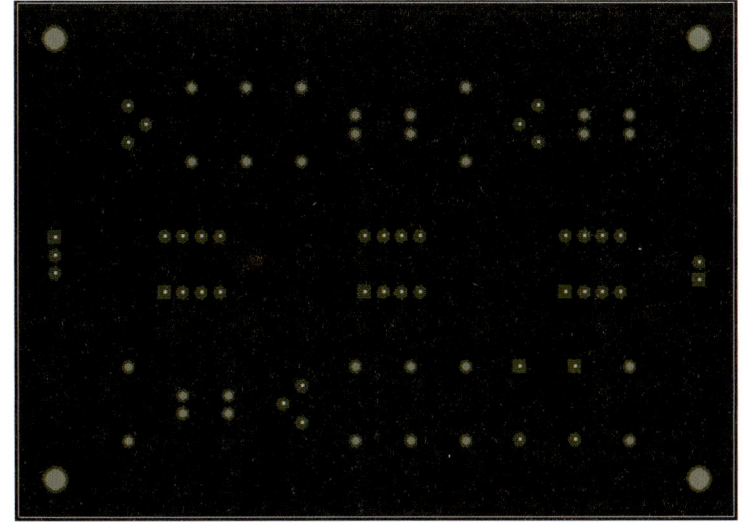

④ Artwork Control Form의 Film Control 탭에서 Available films 부분의 TOP Film을 클릭한 후 RMB - Add를 선택한다.

⑤ 추가할 Film명 [**SMT**](Soldermask Top)를 기입 후 `OK` 버튼을 선택한다.

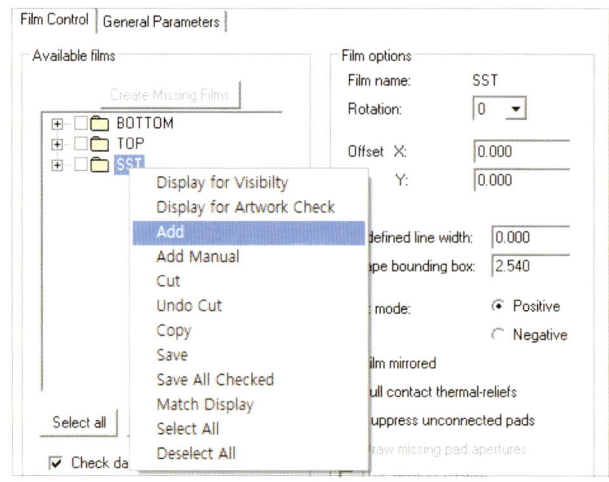

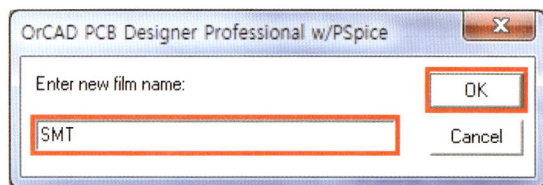

⑥ 다음 그림과 같이 Soldermask_Top Film이 추가된 것을 확인할 수 있으며, ⊞를 클릭하여 설정한 세부 항목들을 볼 수 있다.

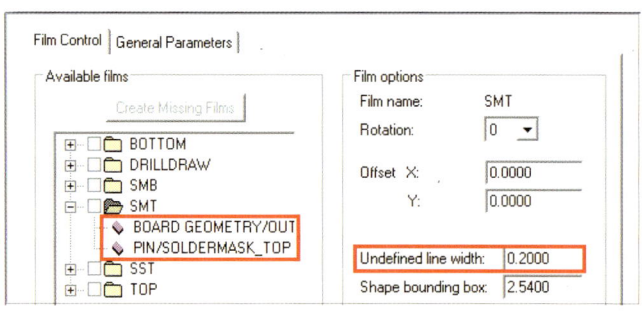

(3) Soldermask_bot

① 메뉴의 Display - Color/Visibility를 클릭한다. 오른쪽 상단의 **Off**를 클릭하여 모든 Class 및 Subclass를 보이지 않도록 설정한다. (Apply) 버튼을 클릭하여 확인 가능하다.)

② **Stack-Up**의 Pin과 Via의 **Soldermask_bottom**을 체크한다.(Board Grometry / Outline 도 함께 체크한다.)

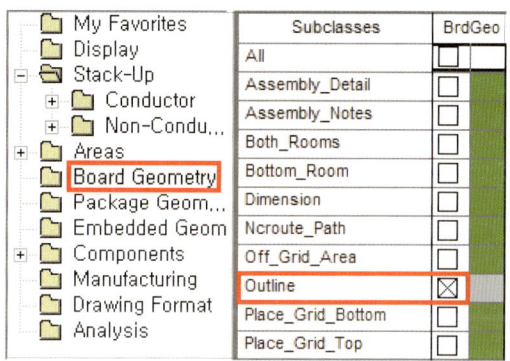

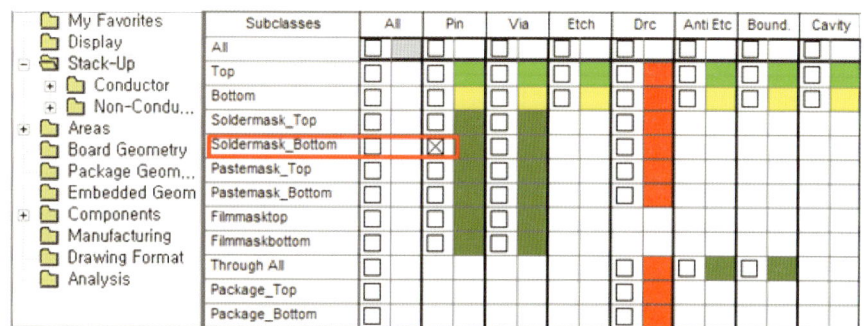

③ Color Setting 후 Display하기 위해 Apply 버튼을 클릭한다.

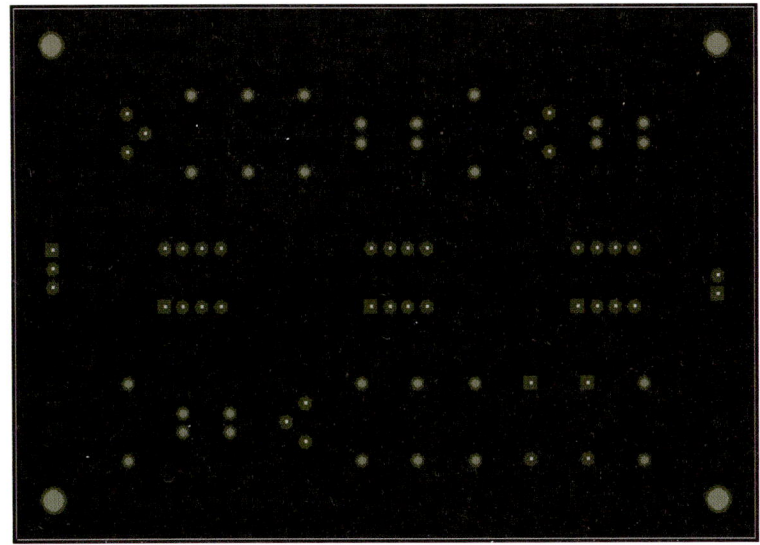

④ Artwork Control Form의 Film Control 탭에서 Available films 부분의 soldermask_Top Film을 클릭한 후 RMB – Add를 선택한다.

⑤ 추가할 Film명 [**Soldermask_bottom**]을 기입 후 OK 버튼을 선택한다.

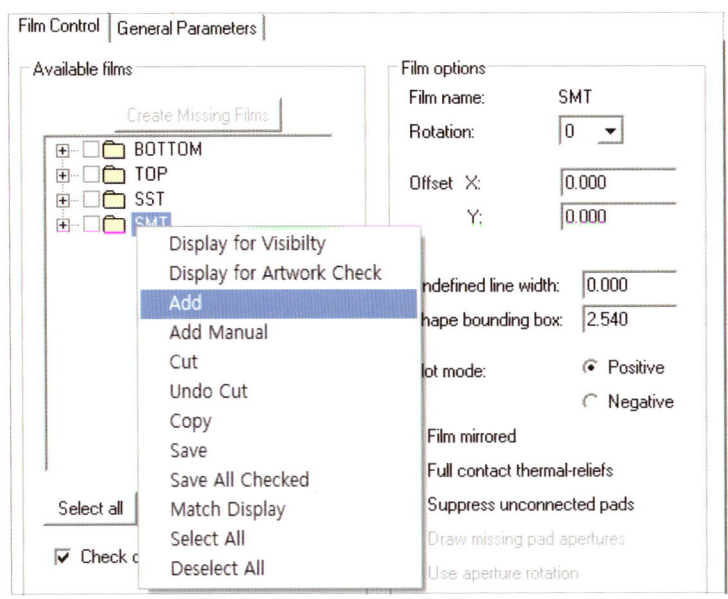

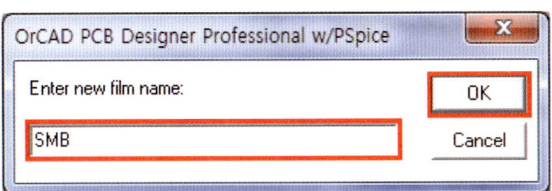

⑥ 다음 그림과 같이 Soldermask_bottom Film이 추가된 것을 확인할 수 있으며, ⊞를 클릭하여 설정한 세부 항목들을 볼 수 있다.

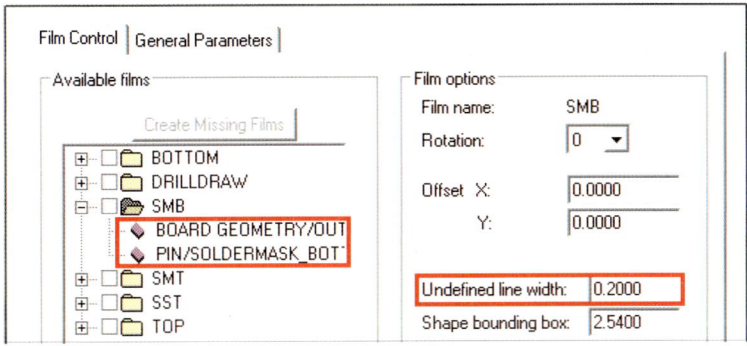

(4) Drill_draw

① 메뉴의 Display - Color / Visibility를 클릭한다. 오른쪽 상단의 **Off**를 클릭하여 모든 Class 및 Subclass를 보이지 않도록 설정한다. (Apply) 버튼을 클릭하여 확인 가능하다.)

② Board Geometry의 Subclasses에서 **Outline**과 **Dimension**을 체크하고, Manufacturing Subclasses에서 **NClegend-1-2**를 선택한다.

③ Color Setting 후 Display하기 위해 [Apply] 버튼을 클릭한다.

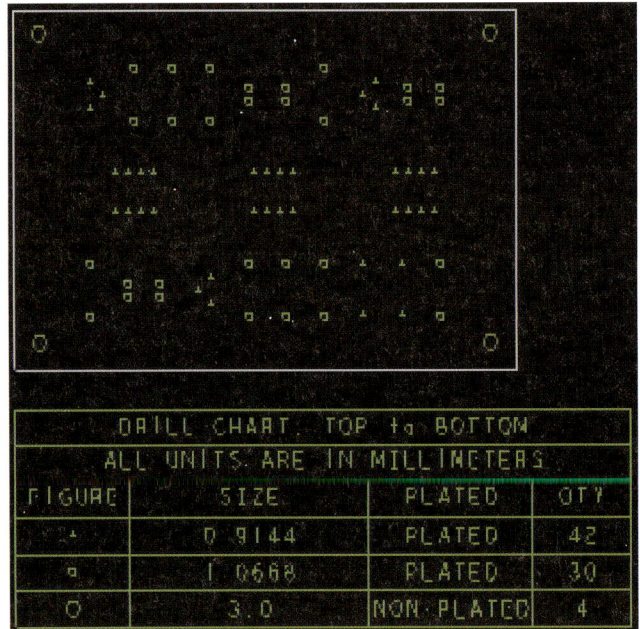

④ Artwork Control Form의 Film Control 탭에서 Available films 부분의 soldermask_bottom Film을 클릭한 후 RMB - Add를 선택한다.

⑤ 추가할 Film명 [Drill_draw]를 기입 후 [OK] 버튼을 선택한다.

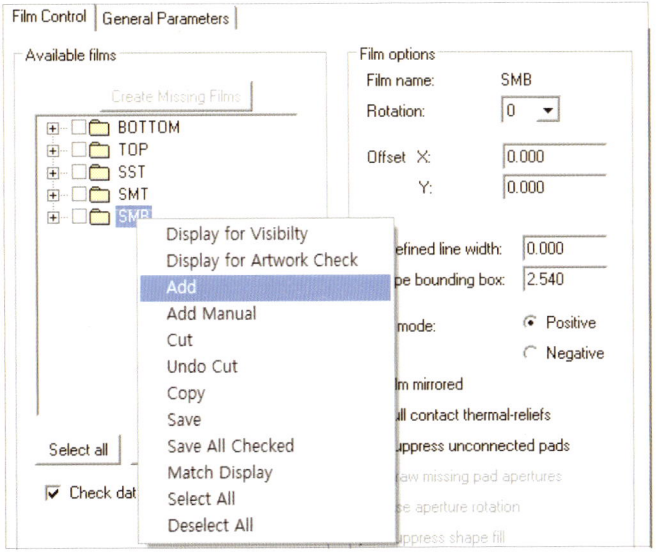

⑥ 다음 그림과 같이 Drill_draw Film이 추가된 것을 확인할 수 있으며, ⊞를 클릭하여 설정한 세부 항목들을 볼 수 있다. Film options에서 **Undefined line width** 부분에 **0.2mm**를 입력한다.

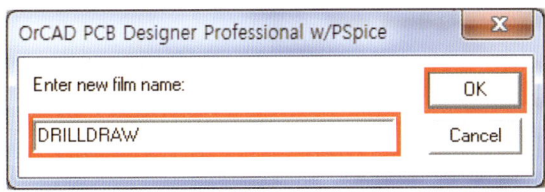

(5) Gerber Film의 생성

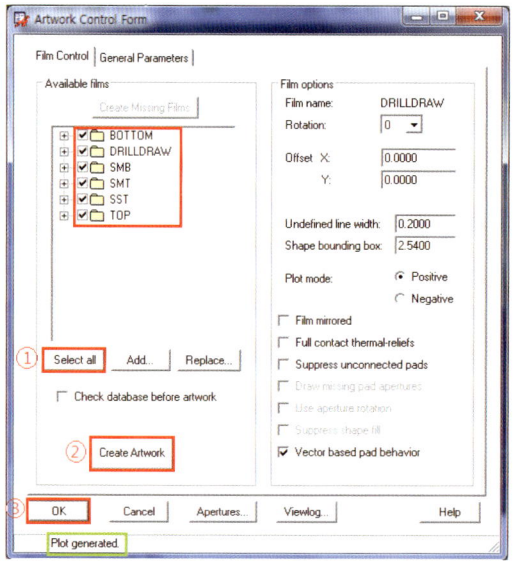
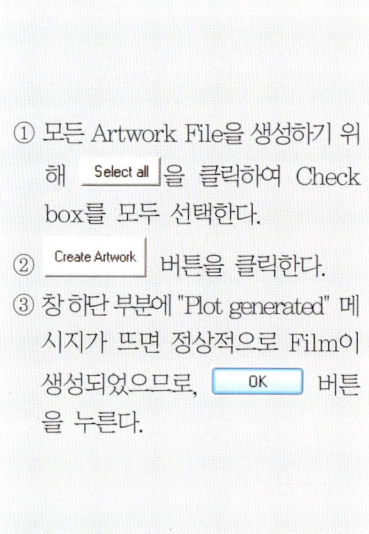

① 모든 Artwork File을 생성하기 위해 Select all 을 클릭하여 Check box를 모두 선택한다.
② Create Artwork 버튼을 클릭한다.
③ 창 하단 부분에 "Plot generated" 메시지가 뜨면 정상적으로 Film이 생성되었으므로, OK 버튼을 누른다.

4) NC Drill Data의 생성

Manufacturing 과정 중 Hole을 뚫기 위해 Dill File을 생성하도록 한다.
① Drill 좌표 Data에 대한 Parameter를 설정하기 위해 메뉴의 Manufacture – NC – NC Parameters를 선택한다.

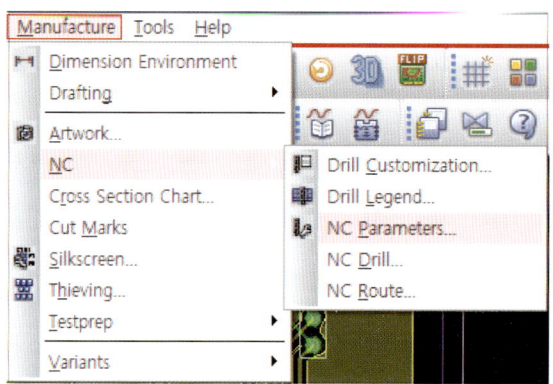

제2장 PCB Editor를 이용한 PCB 설계

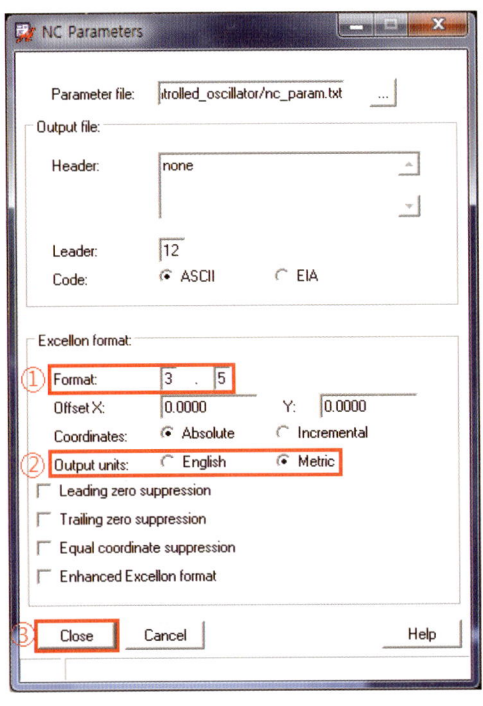
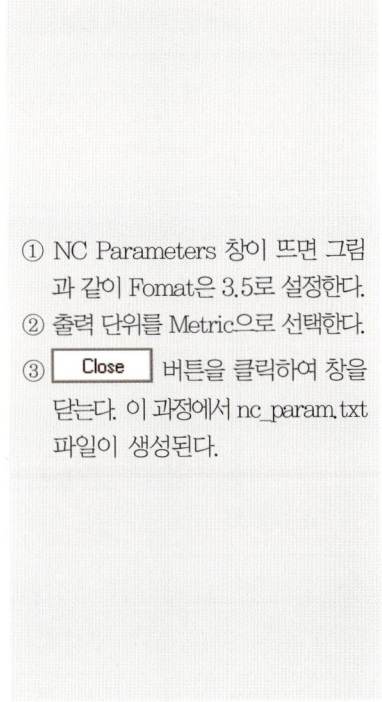

① NC Parameters 창이 뜨면 그림과 같이 Fomat은 3.5로 설정한다.
② 출력 단위를 Metric으로 선택한다.
③ Close 버튼을 클릭하여 창을 닫는다. 이 과정에서 nc_param.txt 파일이 생성된다.

② 메뉴의 Manufacture – NC – NC Drill을 선택한다.

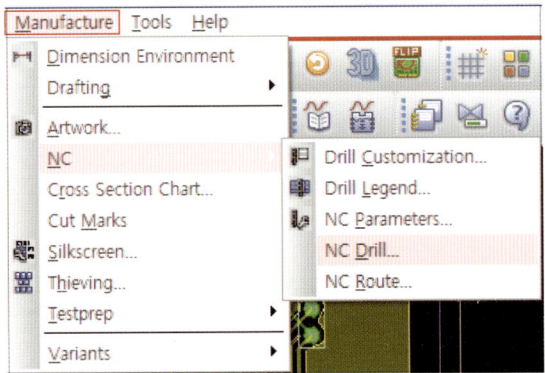

③ NC Drill File을 생성할 수 있는 창이 뜨면 기본적으로 설정되어 있는 값으로 하여도 무방하며, 설계에 따라 Option들을 적절히 체크한다.

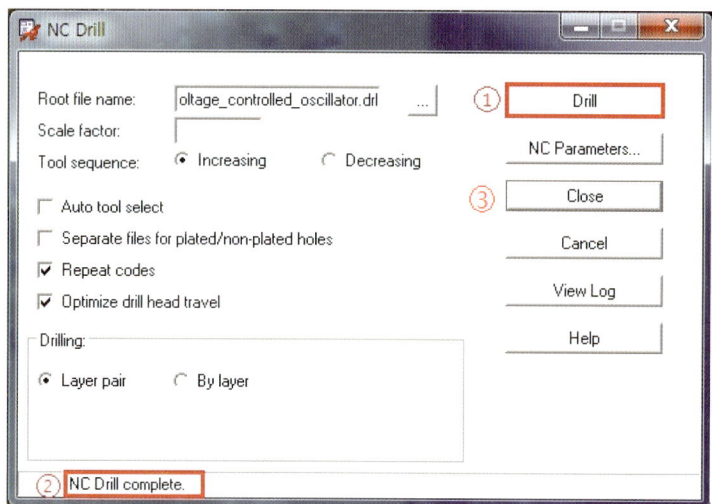

④ ![Drill] 버튼을 클릭하여 Data를 생성한다.

⑤ 창 하단에 Data가 생성됨을 알리는 "NC Drill Complete" 메시지가 나타난다.

⑥ ![Close] 버튼을 클릭하여 NC Drill 창을 닫는다.

생성된 Artwork Film 및 NC Drill data는 설계 시 설정한 폴더에 [*.art], [*.drl] File 로 저장된 것을 확인할 수 있다.

PART 2

전자CAD기능사 실기 풀이

실기 풀이

과제 1. 회로 설계

1) Capture의 실행

(1) Project 시작하기

① 회로도의 설계를 시작하기 위해 OrCAD Capture를 실행하기 위하여 윈도우 시작에서 Cadence-OrCAD Capture를 클릭하거나 바탕화면에서 OrCAD Capture 아이콘 ()을 클릭하면 OrCAD Capture가 실행된다.

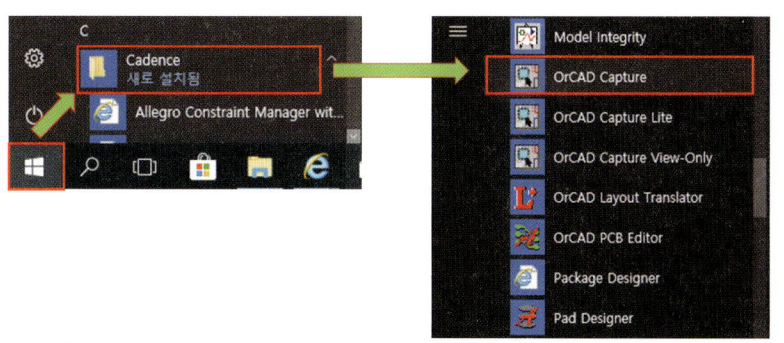

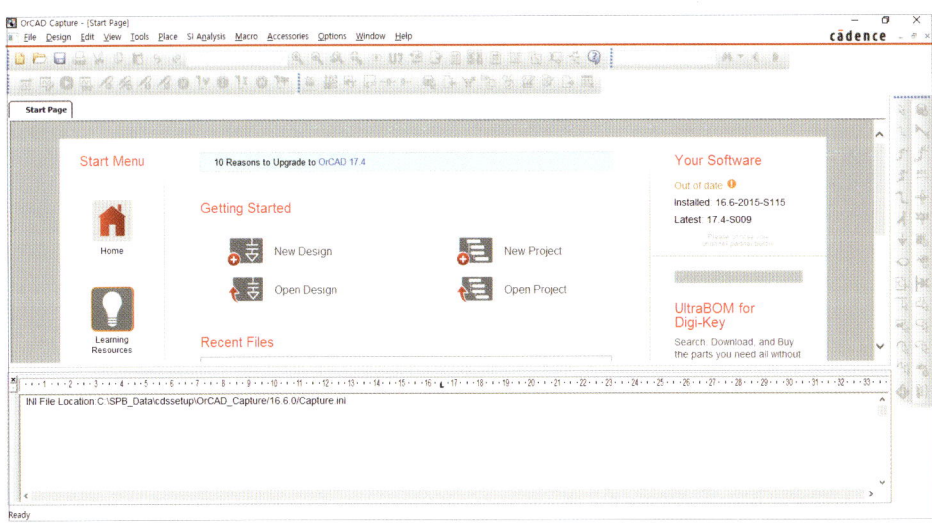

② 새로운 프로젝트를 시작하기 위해 Create Document 아이콘(, Ctrl+N)을 누르거나 FIle 메뉴의 New에서 Project(File-New-Project)를 클릭하면 New Project 대화상자가 나타난다.

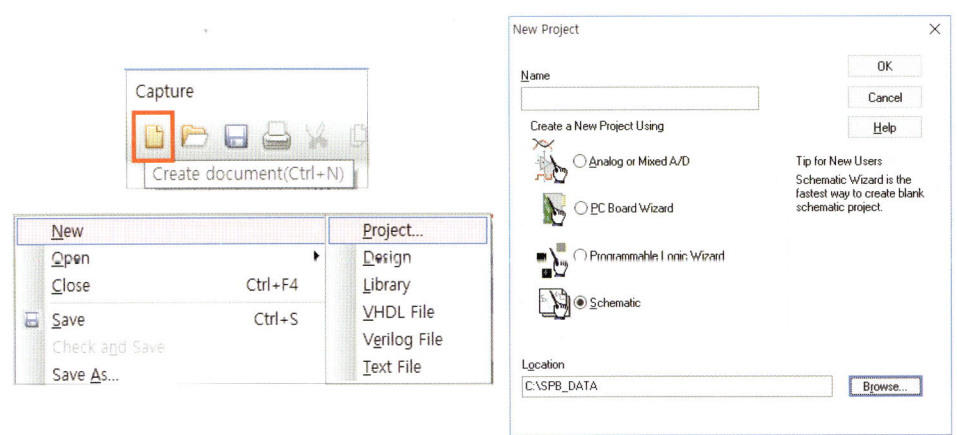

요구사항

다. 수험자의 회로설계 작업 파일폴더 및 파일명은 자신의 비번호로 설정하여 아래의 요구사항에 준하여 회로를 설계합니다.

③ Name 칸은 설계에 사용하는 설계도면의 이름을 지정하는 창으로 영문, 숫자, UnderBar(_), hyphen(-)으로 작성하되 프로젝트명 또는 자신의 비번호를 파일명으로 입력한다.

(예 : A00으로 작성)

👆 한글이나 그 외 특수문자(!, @, &, *, …) 그리고 빈칸은 사용을 금지한다.

④ Project Type에서 회로도면을 설계하기 위하여 Schematic(⊙ Schematic)을 체크한다.
⑤ Location 칸에 설계 파일을 저장할 경로를 지정하는 창으로써, 영문, 숫자, Under Bar(_), hyphen(-)으로 작성하되 자신의 비번호를 저장경로명으로 입력한다.

(예 : C:₩A00으로 작성)

㉠ New Project 창의 Location 항목에 있는 [Browse...] 버튼을 클릭하면 Select Directory 창이 나타난다.

㉡ Select Directory 창에서 작업 폴더를 선택하여 [Create Dir...] 버튼을 클릭한다.

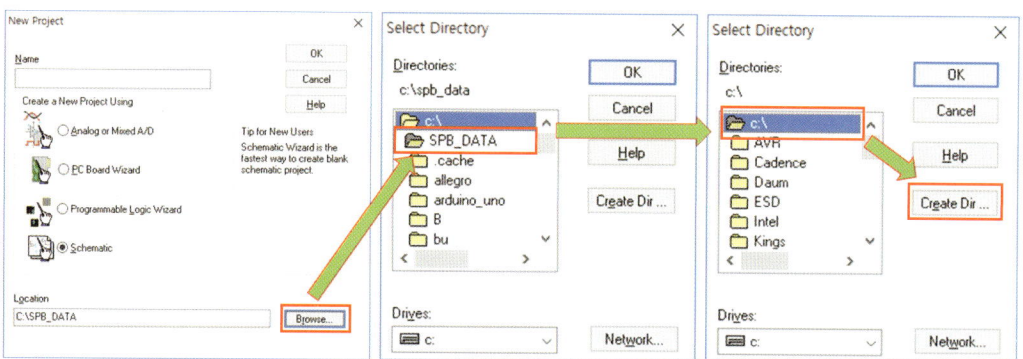

㉢ Create Directory 창의 Name 칸에 A00(폴더명)을 입력한 후 [OK] 버튼을 누른다.

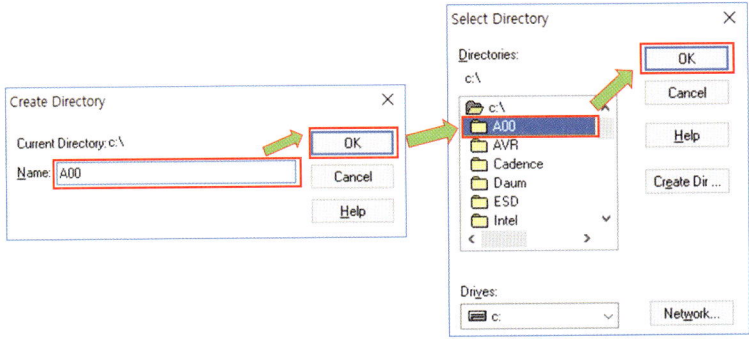

ㄹ Select Directory 창에서 생성한 폴더(A00)를 클릭하여 선택하고 [OK] 버튼을 누른다.

ㅁ New Project 창의 Location 칸의 경로가 사용자가 생성한 폴더(C:₩A00)로 변경된다.

ㅂ New Project 창의 Name 칸에 설계파일(A00)명을 입력하고 [OK] 버튼을 누른다.

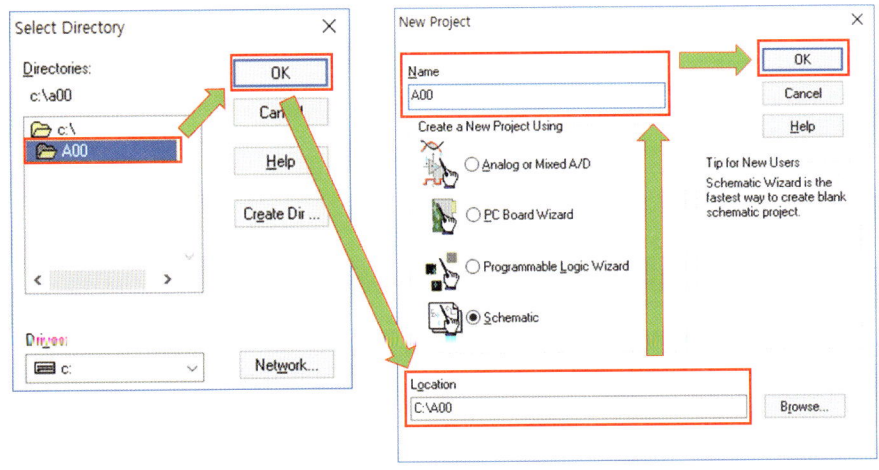

2) 환경설정

 요구사항

1) Page size는 A4(297mm×210mm)로 균형 있게 작성합니다.

(1) Schematic Page Properties 설정

Schematic Page Properties 메뉴를 이용하여 현재 설계 회로도에 대한 설정을 할 수 있다.

① Options 메뉴에서 Schematic Page Properties를 클릭한다.

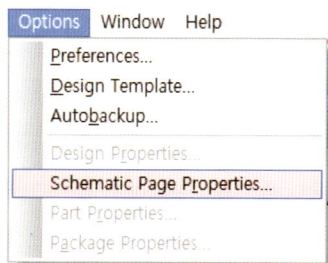

② Page Size 탭에서 Millimeters(Units)와 A4(Page Size)를 선택한 뒤 [확인] 버튼을 클릭한다.

③ Page 환경설정이 끝난 뒤 회로도면 설계 창의 오른쪽 하단에 있는 Title Block의 Size 부분이 A4로 설정되어 있는지 확인한다.(Capture는 인치 단위계의 A 사이즈로 기본 설정되어 있다.)

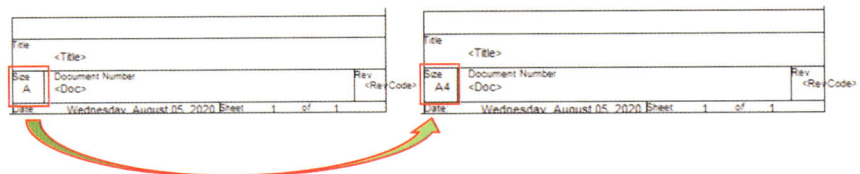

3) 타이틀 블록(Title block)의 작성

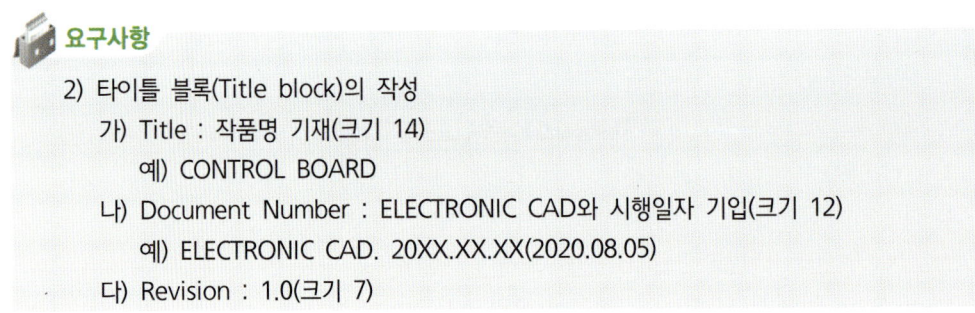

(1) Title 작성

① 설계 창의 오른쪽 하단에 Title Block의 〈Title〉을 더블클릭하거나 〈Title〉을 선택한 뒤 마우스 오른쪽 버튼을 클릭하여 팝업메뉴에서 Edit Properties를 클릭하면 Display Properties 창이 나타난다.

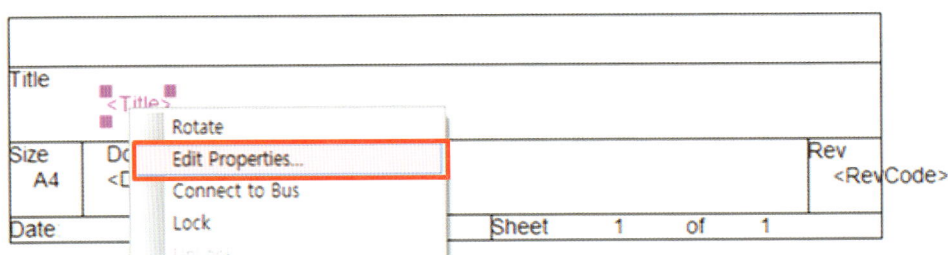

② Display Properties 창의 Value 칸에 문제에서 주어진 문자(CONTROL BOARD)를 입력한다.

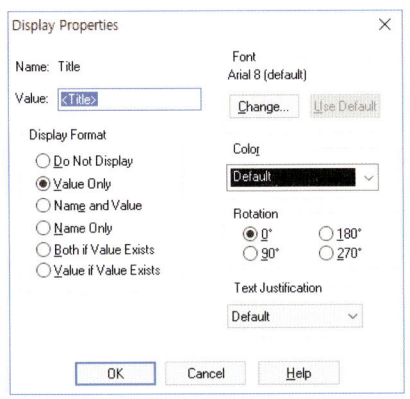 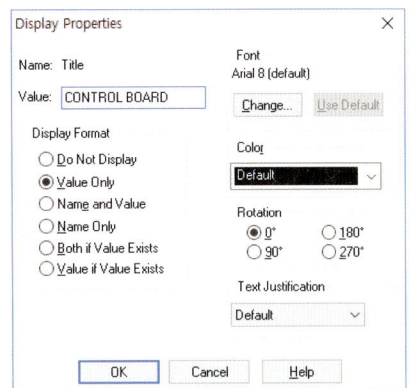

③ Display Properties 창의 Font 크기를 변경하기 위해 [Change...] 버튼을 클릭한 후 글꼴 창에서 크기(Size)를 14로 선택한 후에 [확인] 버튼을 클릭한다.

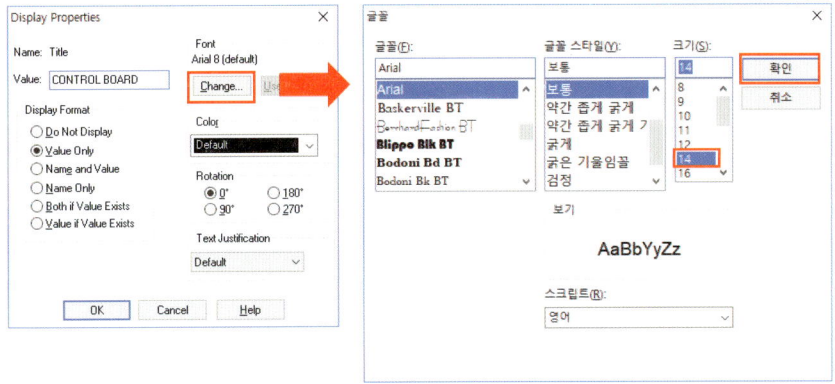

④ Display Properties 창의 [OK] 버튼을 눌러 〈Title〉에 작품명 입력을 완료한다.

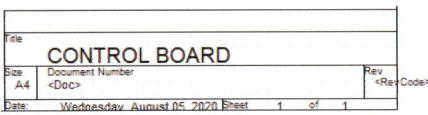

(2) Document 작성

① 설계 창의 오른쪽 하단에 Title Block의 〈Doc〉을 더블클릭하거나 〈Doc〉을 한 뒤

마우스 오른쪽 버튼을 클릭하여 팝업메뉴에서 Edit Properties를 클릭하면 Display Properties 창이 나타난다.

② Display Properties 창의 Value 칸에 ELECTRIC CAD. 2020.08.05(시행일자 기록)를 입력한다.

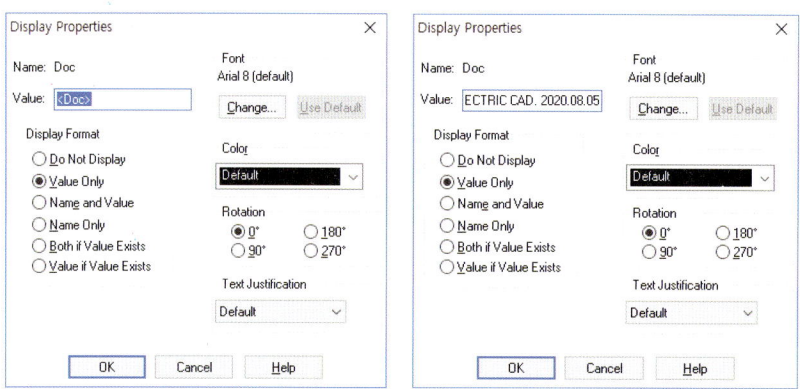

③ Font의 크기를 변경하기 위하여 [Change...] 버튼을 클릭 후 글꼴 창에서 크기(Size)를 12로 선택하고 [확인] 버튼을 클릭한다.

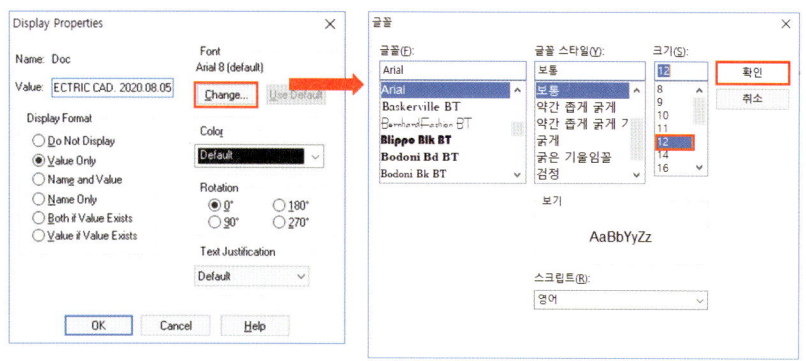

④ Display Properties 창의 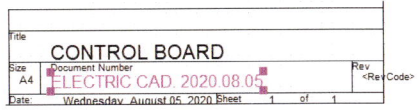 버튼을 눌러 〈Doc〉에 ELECTRIC CAD와 시행 일자의 입력을 완료한다.

(3) RevCode의 작성

① 설계 창의 오른쪽 하단에 Title Block의 〈RevCode〉을 더블클릭하거나 〈Doc〉을 선택한 후 마우스 오른쪽 버튼을 클릭하여 팝업메뉴에서 Edit Properties를 클릭하면 Display Properties 창이 나타난다.

② 〈Title〉과 〈Doc〉의 입력과 같은 방법으로 〈RevCode〉는 1.0을 입력하고 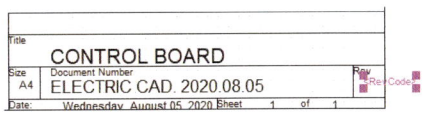 버튼을 누른다.

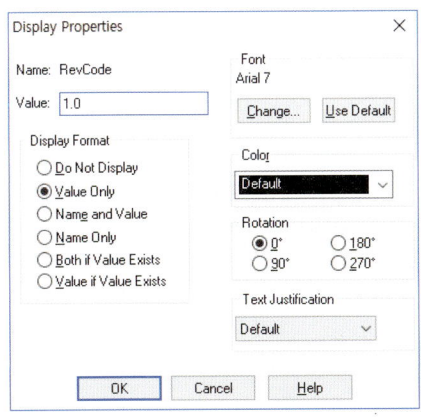

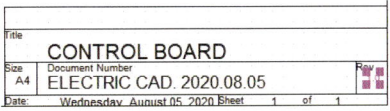

③ 아래의 그림과 같이 Title Block의 설정을 완료한다.

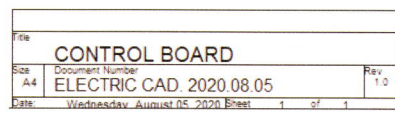

4) 부품 배치

(1) Library 추가

> 🗂 **요구사항**
> 나. 지급된 소프트웨어에 있는 라이브러리를 사용하며, 그 외 필요한 라이브러리는 본인이 생성합니다.
> 7) 새로운 부품(part) 작성 시 라이브러리의 이름은 자신의 비번호로 명명하고, 반드시 생성한 라이브러리 안에 저장합니다.

① 설계 창에서 키보드의 P 키를 누르거나 드로우 툴바에서 Place Part 아이콘()을 누르거나 Place 메뉴에서 Part(P)를 클릭하면 Place Part 창이 나타난다.

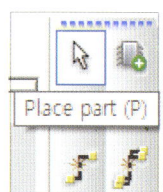 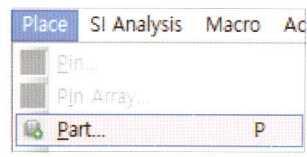 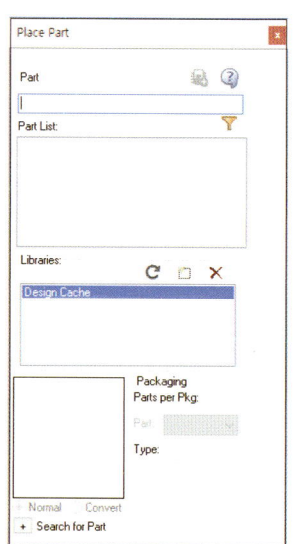

② Place Part 창의 초기 상태에서는 설정된 라이브러리가 없으므로 Libraries 항목의 AddLibrary 아이콘(□)을 클릭하여 라이브러리를 추가하도록 한다. 또는 기존에 라이브러리가 등록되어 있는 경우에는 Libraries 항목의 Remove Library 아이콘(☒)을 클릭하여 초기화한 후에 등록한다.

③ Browse File 창에서 Amplifier.olb 클릭 후 Shift 키를 누른 상태에서 Transistor.olb를 클릭하거나 또는 Ctrl+A를 눌러 Library를 모두 선택한다.
(라이브러리의 경로 : C:₩Cadence₩SPB_16.6₩tools₩capture₩library)

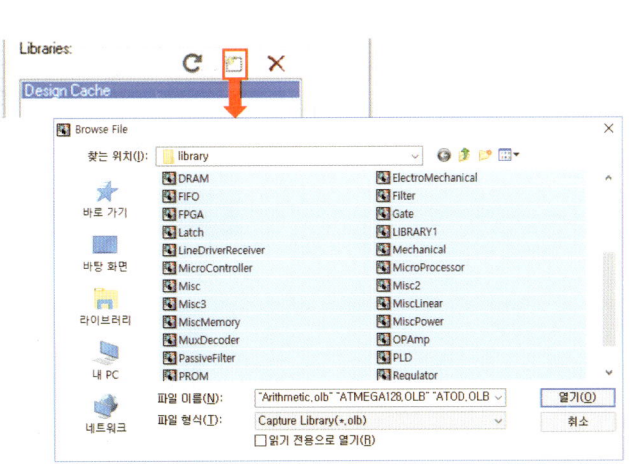
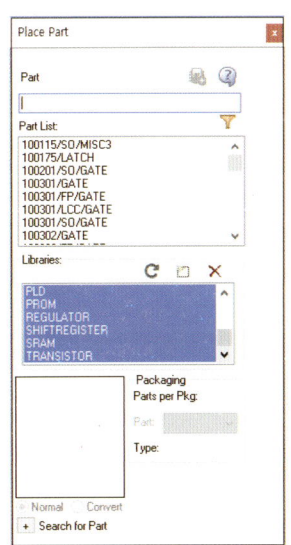

(2) 부품 검색 및 제작

Part Name	Part Reference	Part Symbol	PCB Footprint
ATMEGA8 (.OLB 파일 집적생성)	U1	Atmega8	TQFP32
ADM101E (.OLB 파일 집적생성)	U3	ADM101E	SOIC10(심벌생성)
LM7805 (REGULATOR.OLB)	U5	LM7805	TO220AB
R (DISCRETE.OLB)	R1~R10	R1 1K	SMR0805
CAP NP (DISCRETE.OLB)	C1~C13	C1 22pF	SMC0805

Part Name	Part Reference	Part Symbol	PCB Footprint
CAP POL (DISCRETE.OLB)	C14, C15	+C14 220uF/16V	D55(심벌생성)
LED (DISCRETE.OLB)	LED1 ~LED5	D1 LED	SMD080512
LM2902 (OPAMP.OLB)	U4A, U4B, U4C	U4A LM2902	SOIC14
HEADER 10 (CONNECTOR.OLB)	J1	J1 HEADER 10	WALCON100_TM2OES_W325 10(HEADER10:심벌생성)
CRYSTAL (DISCRETE.OLB)	Y1	Y1 CRYSTAL	16MHz(심벌생성)

(3) 부품 배치하기

 요구사항

5) 지정하지 않은 설계조건은 일반적인 설계규칙(KS 규격 등)을 적용하여 설계하며, 설계 규칙 검사항목은 기본값을 사용합니다.<부품을 화면 전체에 균형 있게 안배하여 배치한다.>

① 부품 배치

㉠ 설계 창에서 키보드의 P 키를 누르거나 드로우 툴바에서 아이콘( )을 누르거나 Place 메뉴에서 Part(P)를 클릭하면 Place Part 창이 나타난다.

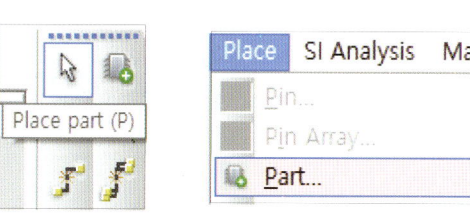
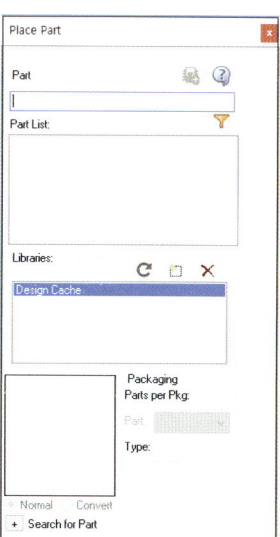

㉡ Place Part 창이 나타나면 Libraries 항목의 모든 라이브러리 전체를 드래그하거나 또는 Library 하나를 클릭 후 Ctrl+A 키를 눌러 전체를 선택한다.

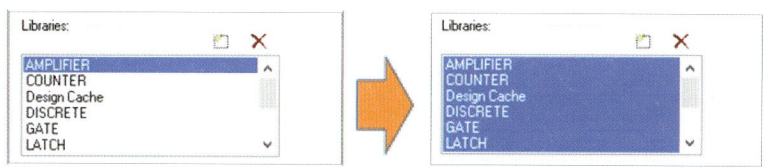

ⓒ Part 대화상자에 Part 이름을 입력한 뒤 Part List에서 원하는 Part를 선택한 후에 Enter↲ 키를 누르거나 부품을 더블클릭한다.

ⓔ Part를 선택하여 마우스 커서로 원하는 위치에 클릭하고, Part를 회로도에 배치한다.

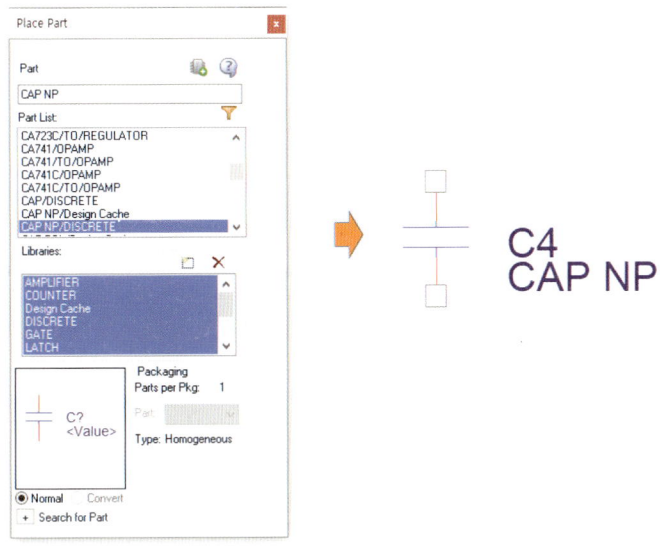

ⓜ 같은 부품을 계속 배치하고자 할 때는 원하는 위치로 이동 후 클릭하면 배치가 된다.

ⓗ 부품 배치가 완료되면 Esc 키를 누르거나 마우스 오른쪽 버튼을 클릭하여 팝업메뉴에서 EndMode를 눌러 부품 배치를 종료한다.

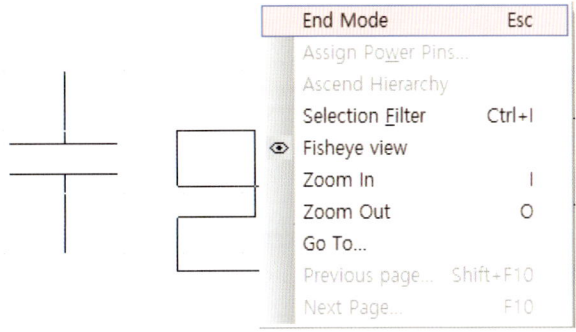

(4) 부품 속성 수정

① 참조번호(Part Reference)의 수정
  ㉠ 부품의 Part Reference(참조번호)를 더블클릭한다.
  ㉡ Display Properties 창에서 Value에 변경할 참조번호를 입력한다.
  ㉢ OK 버튼을 클릭하여 변경된 참조번호를 적용한다. 이때 주의할 점은 부품의 Value 부분에 Part Reference를 입력하지 않도록 한다.

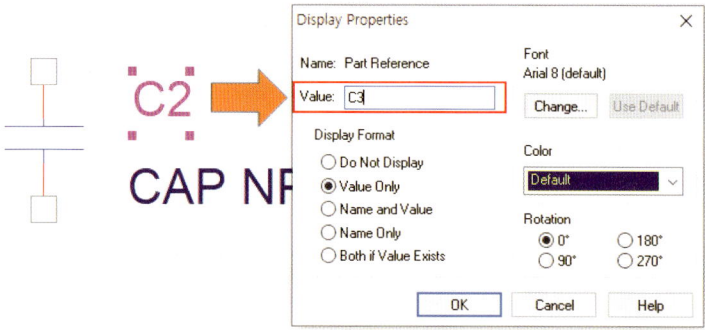

② 부품값의 수정
  ㉠ 부품의 Value를 더블클릭하여 Display Properties 창에서 Value에 변경할 부품값을 입력한다.
  ㉡ OK 버튼을 클릭하여 변경된 부품값을 적용한다.

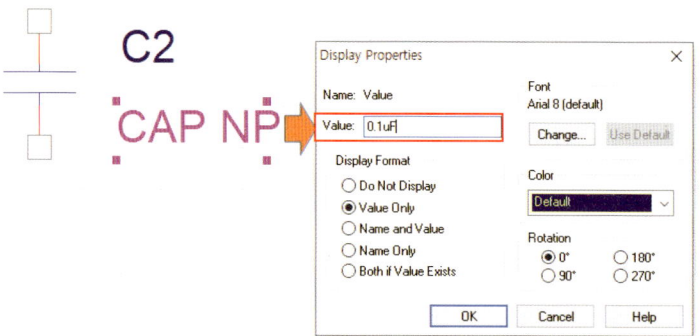

③ 참조번호의 밑줄 삭제

    ㉠ 참조번호에 밑줄이 있는 부품을 선택하고 마우스 오른쪽 버튼을 클릭하여 팝업메뉴에서 User Assigned Reference - Unset을 클릭한다. 이때 인쇄 시 밑줄은 출력되지 않는다.

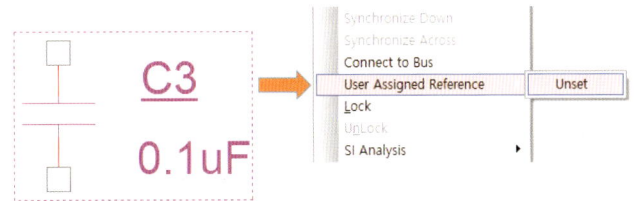

(5) 부품 수정하기

① U4 - LM2902

    ㉠ Place Part 창에서 LM2902를 검색하여 회로도면에 배치한다.

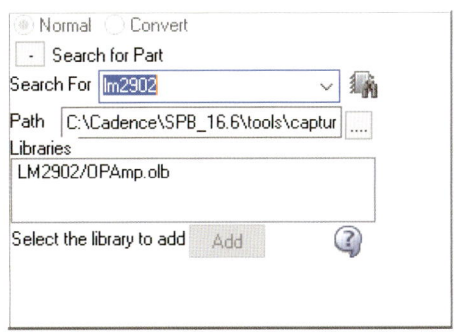

    ㉡ 편집하고자 하는 LM2902 심벌을 선택한 상태에서 마우스 오른쪽 버튼을 클릭하여 팝업메뉴에서 Edit Part를 클릭하여 부품 편집 창으로 이동한다.

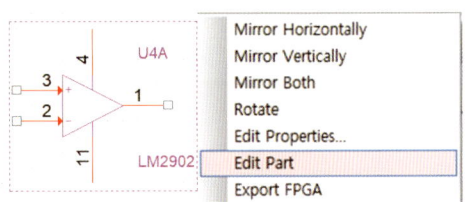

ⓒ 부품 편집 창에서 4번 핀의 선을 선택하여 누른 상태에서 11번 핀의 위치로 이동하고 11번 핀을 같은 방법으로 4번의 위치로 이동시킨다.

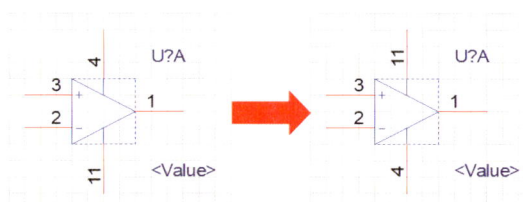

ⓔ File 메뉴에서 Close-Update All 버튼을 클릭 후 저장한다. 또는 부품 편집 창을 종료하면 저장 메시지 창이 나타나면 Update Current 또는 Update All을 누른다.

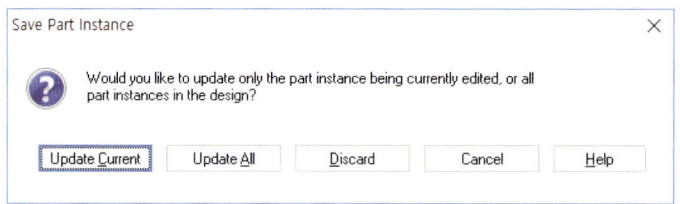

ⓜ 편집이 완료된 LM2902 심벌을 문제지에 주어진 형태로 바꾸기 위하여 선택한 상태에서 Ⓥ키를 누르거나 마우스 오른쪽 버튼을 클릭하여 팝업메뉴에서 Mirrer Vertically를 눌러 상하 반전시킨다.

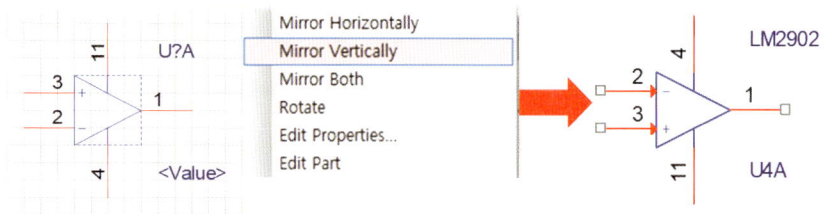

② U5 − LM7805C/TO220

㉠ Place Part 창에서 LM7805C/TO220을 검색하여 회로도면에 배치한다.

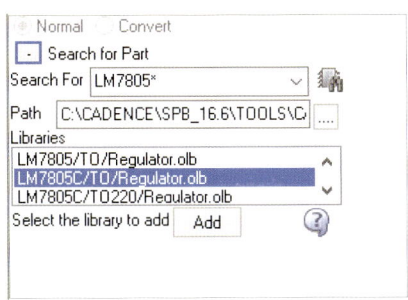

ⓒ LM7805C/TO220을 선택 후 마우스 오른쪽 버튼을 클릭하여 팝업메뉴에서 Edit Part를 클릭한다.

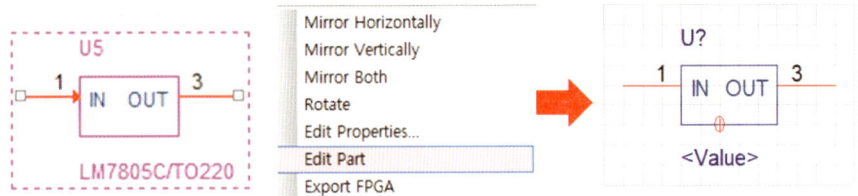

ⓒ Edit Part 창에서 LM7805C/TO220의 하단에 있는 Zero length 핀을 선택 후 마우스 오른쪽 버튼을 클릭하여 팝업메뉴에서 Edit Properties를 선택하거나 핀을 더블클릭한다.

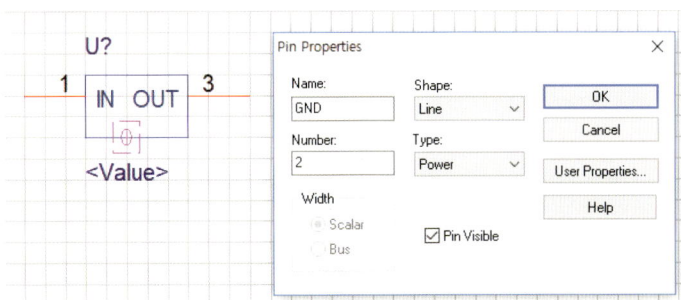

ⓔ Pin Properties 창에서 Shape는 Line, Pin Visible을 체크한 다음 OK 버튼을 클릭한다.

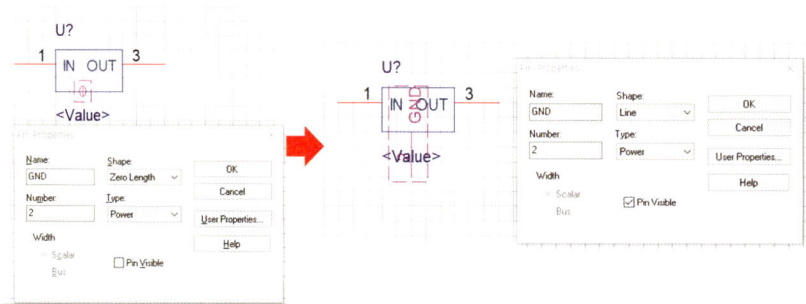

ⓜ File 메뉴에서 Close를 누르거나 부품 편집 창을 종료하면 이때 저장 메시지 창이 나타나면 Update Current 또는 Update All 버튼을 눌러 저장한다.

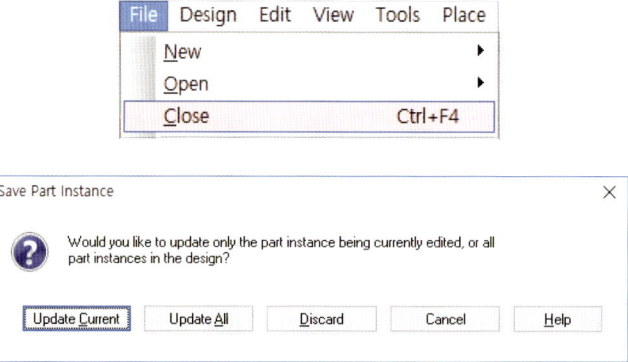

ⓗ Undo Warning 경고 창이 나타나면 종료(X) 버튼을 누른다.

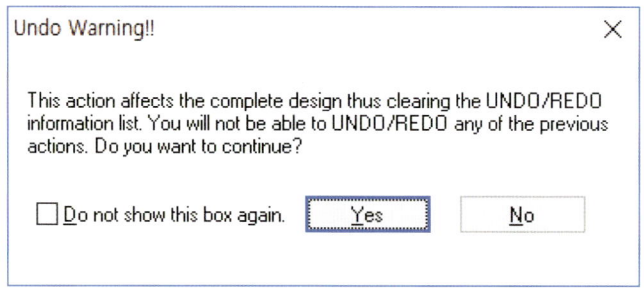

(6) 부품 생성하기

요구사항

나. 지급된 소프트웨어에 있는 라이브러리를 사용하며, 그 외 필요한 라이브러리는 본인이 생성합니다.
7) 새로운 부품(part) 작성 시 라이브러리의 이름은 자신의 비번호로 명명하고, 반드시 생성한 라이브러리 안에 저장합니다.

기본 제공되는 라이브러리에 없는 부품들은 사용자가 새로운 Part를 생성하여야 한다.
① U1 - ATMEGA8
  ㉠ File 메뉴에서 New - Library를 클릭하여 새로운 라이브러리를 생성한다.

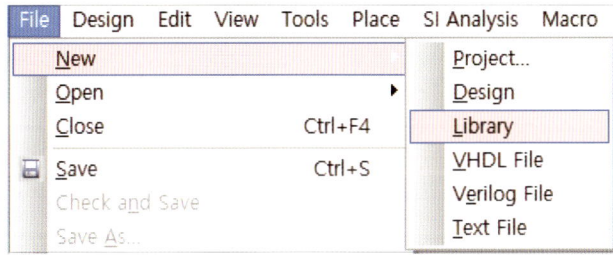

  ㉡ Add to Project 창에서 New Project를 선택하고 버튼을 누른다.

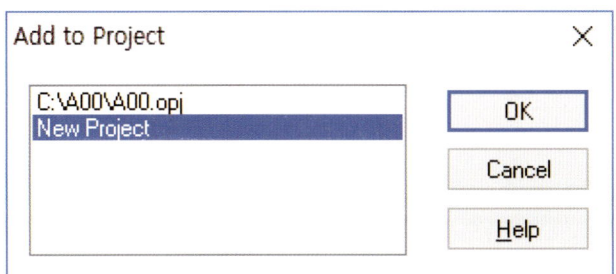

  ㉢ Library의 Library1.olb(파일명)을 선택 후 마우스 오른쪽 버튼을 클릭하여 팝업메뉴에서 New Part를 클릭하여 새로운 Part를 생성한다.

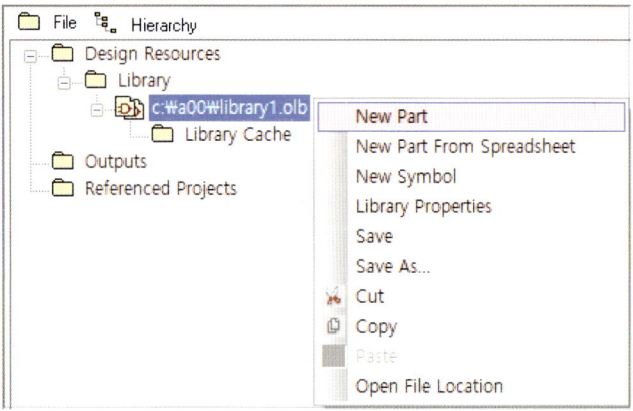

ㄹ New Part Properties 창에서 Name은 Atmega8(Part Reference Prefix는 U)을 입력 후 [OK] 버튼을 클릭한다.

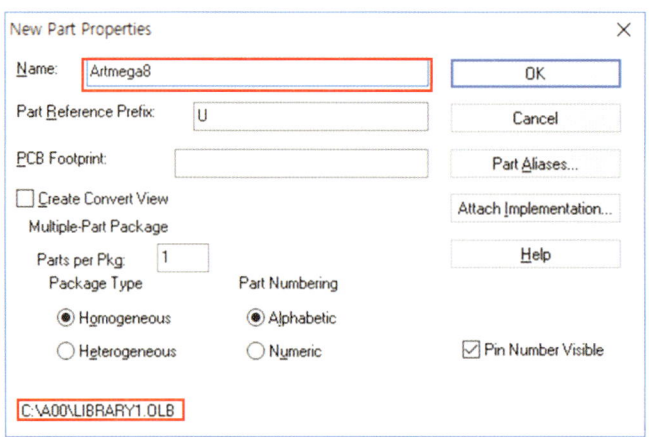

ㅁ 부품의 몸체를 그리기 위한 영역의 점선 사각형을 선택한 상태에서 드래그하여 가로 14칸, 세로 22칸으로 크기를 변경한다. 이때 Options 메뉴의 Preferences에서 Grid Display 탭의 Part and Symbol Grid 항목에 Grid style을 Line으로 변경하면 확인이 용이하다.

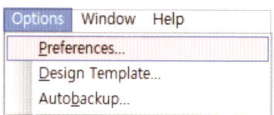

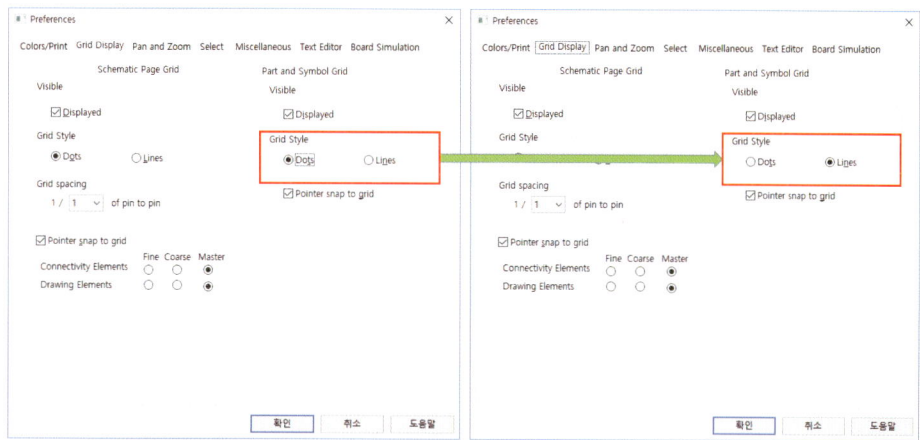

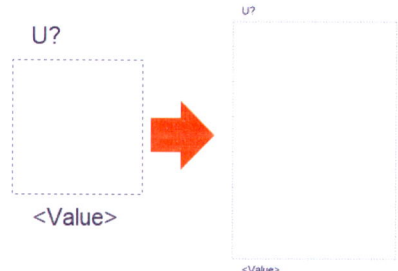

ⓑ 드로우 툴바에서 Place Rectangle 아이콘(▣)을 클릭하거나 Place 메뉴에서 Rectangle을 클릭하여 부품의 점선 영역 위에 실선의 외곽선을 그린다.

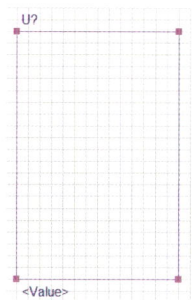 

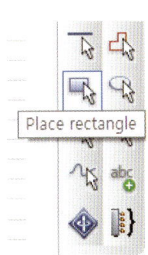
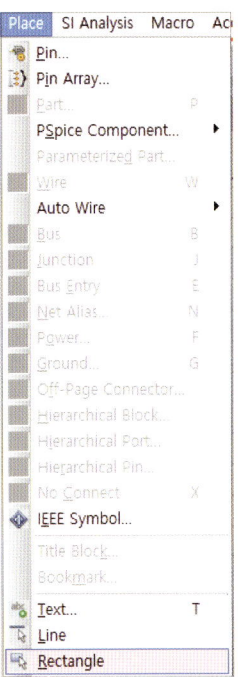

(ㅅ) 드로우 툴바에서 Place pin Array 아이콘(▦)을 클릭하거나 Place 메뉴에서 Pin Array를 클릭하고, Place pin Array 창에 아래와 같이 설정 후 Symbol의 왼쪽에 배치한다.

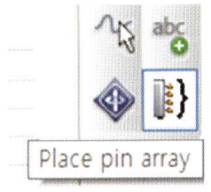
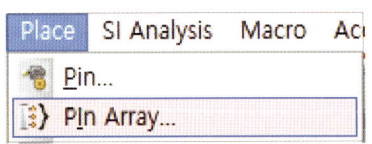

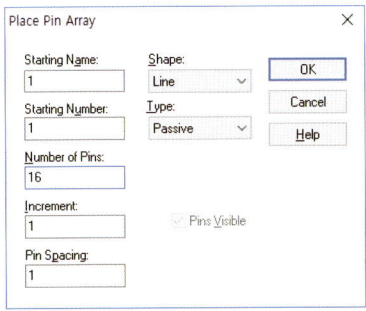

Starting Name	1	Shape	Line
Starting Number	1	Type	Passive
Number of Pins	16	Pin Visible	체크
Increment	1		
Pin Spacing	1		

ⓞ 마우스의 핀들이 자동으로 17번부터 32번까지 증가되는 데 이를 Symbol의 오른쪽으로 이동하여 1번 핀의 대칭 위치에 마우스를 클릭하여 나머지 핀들을 배치하고 키보드의 Esc 키를 눌러 핀의 배치를 종료한다.

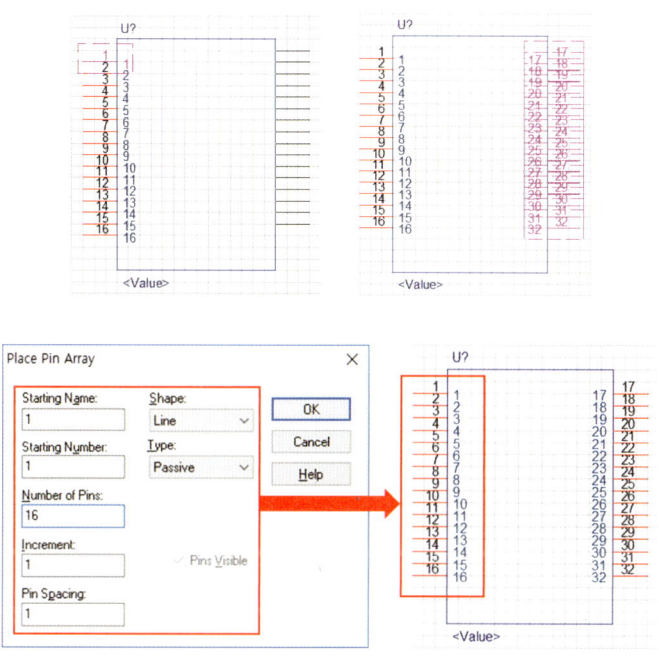

ⓩ 도면에 주어진 위치에 핀을 위치시키기 위하여 핀 클릭한 상태에서 마우스로 드래그하여 핀의 위치를 다음의 그림과 같이 수정한다. 이때 선을 선택하여야 하며, 텍스트를 선택하게 되면 텍스트의 위치만 변경되므로 주의하도록 한다.

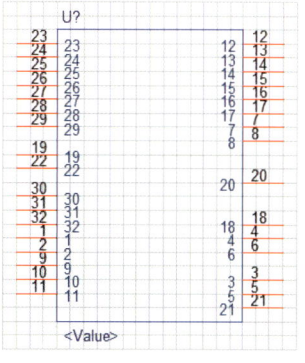

ⓨ 부품 몸체의 왼쪽의 핀들을 마우스로 드래그하여 선택하고 마우스 오른쪽 버튼을 클릭하여 팝업메뉴에서 Edit Properties를 클릭하고, 핀 이름을 수정한다.(Browse Spreadsheet 창의 Name 칸에 데이터 시트(Datasheet)를 참고하여 해당 핀들의

이름을 수정한다.)

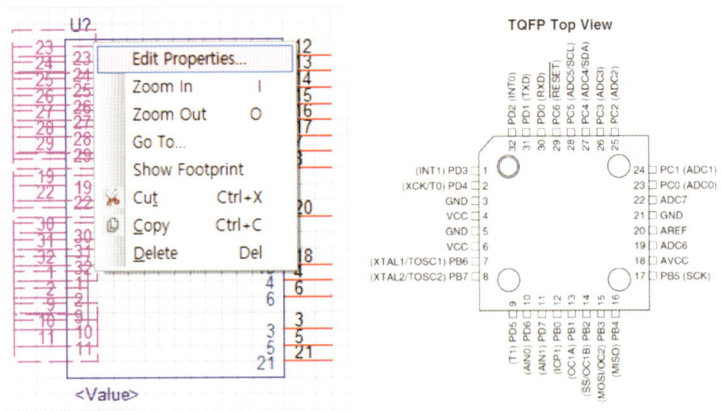

㉢ 해당 핀들을 아래의 표와 같이 수정한 뒤 [OK] 버튼을 클릭한다.

핀 번호 (Pin Number)	핀 이름 (Pin Name)	핀 번호 (Pin Number)	핀 이름 (Pin Name)
23	PC0(ADC0)	12	PB0
24	PC1(ADC1)	13	PB1
25	PC2(ADC2)	14	PB2
26	PC3(ADC3)	15	PB3
27	PC4(ADC4/SDA)	16	PB4
28	PC5(ADC5/SCL)	17	PB5
29	PC6($\overline{RESET}$)	7	PB6
19	ADC6	8	PB7
22	ADC7	20	AREF
30	PD0(RXD)	18	AVCC
31	PD1(TXD)	4	VCC
32	PD2(INT0)	6	VCC
1	PD3(INT1)	3	GND
2	PD4(XCK/T0)	5	GND
9	PD5(T1)	21	GND
10	PD6(AIN0)		
11	PD7(T2)		

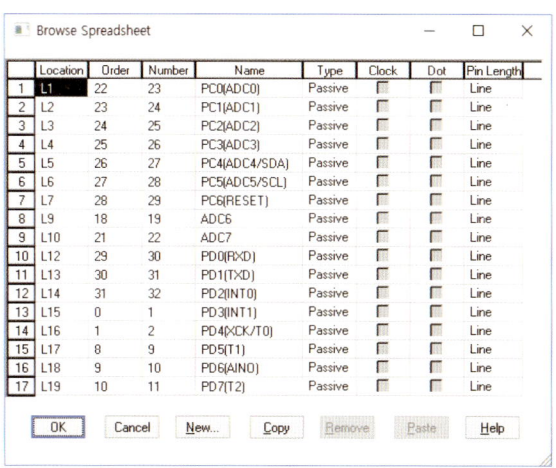

ⓔ 핀의 이름 수정을 완료하고 전원 핀(VCC, GND, AVCC, AREF)의 Pin Type을 Power로 변경하고 OK 버튼을 클릭한다.

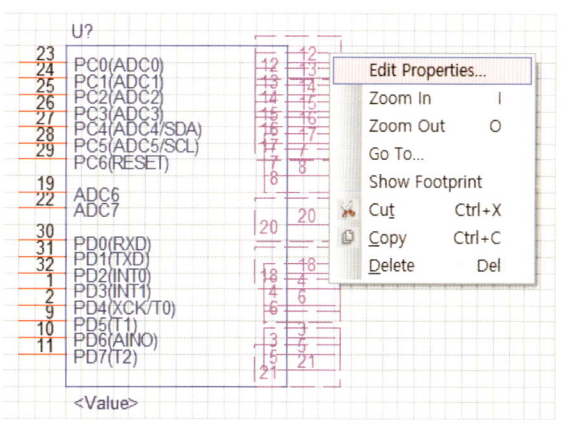

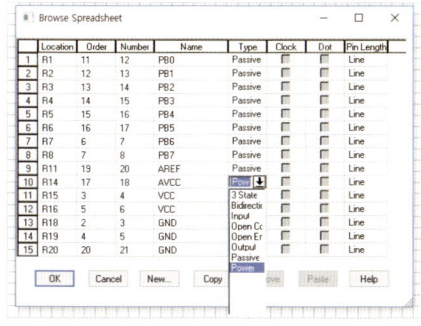
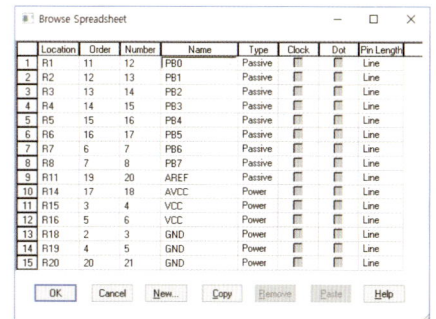

ⓟ 회로설계에서 요구되는 Atmega8의 심벌의 생성을 완료하면 Library 관리자 부분의 Library1.olb 안에 Atmega8이 생성된 것을 확인할 수 있다.

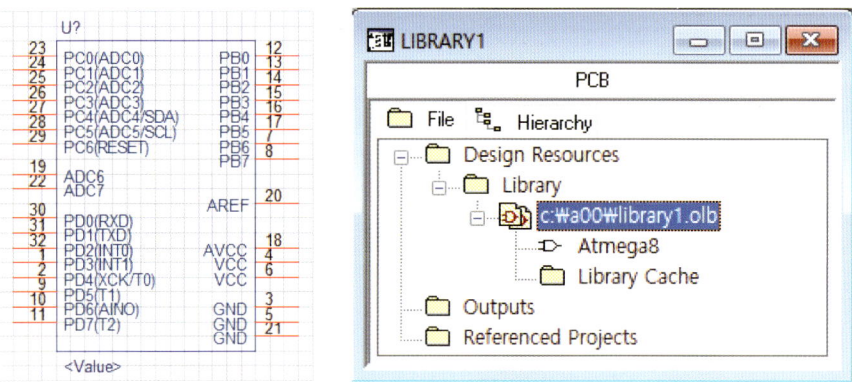

② ADM101E 심벌 생성하기

㉠ 프로젝트 관리자 창의 Library에서 Library1.olb(파일명)을 선택 후 마우스 오른쪽 버튼을 클릭하여 팝업메뉴에서 New Part를 클릭하여 새로운 Part를 생성한다.

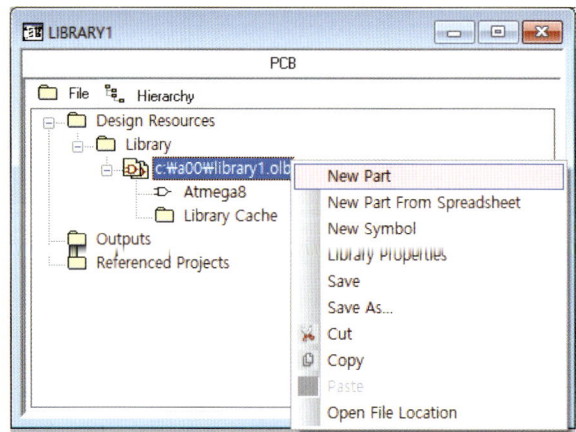

㉡ New Part Properties 창에서 Name은 ADM101E(Part Reference Prefix는 U)를 입력 후 OK 버튼을 클릭한다.

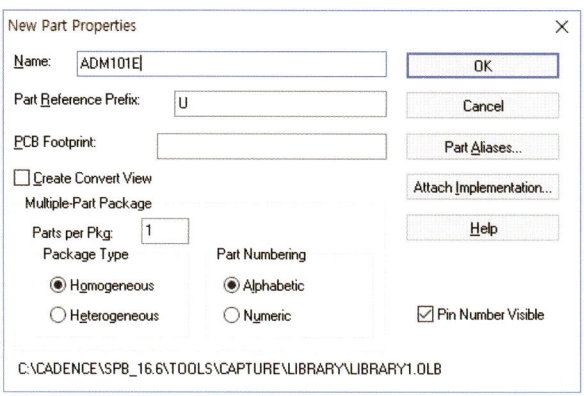

ⓒ 부품의 몸체를 그리기 위한 영역의 점선 사각형을 선택한 상태에서 드래그하여 가로 7칸, 세로 10칸으로 크기를 변경하고 드로우 툴바에서 Place Rectangle 아이콘(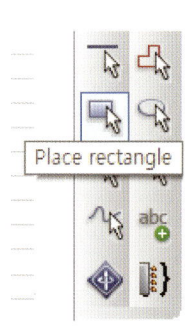)을 선택하거나 Place 메뉴에서 Rectangle을 선택하여 부품의 몸체 영역에 사각형의 실선 몸체를 그린다.

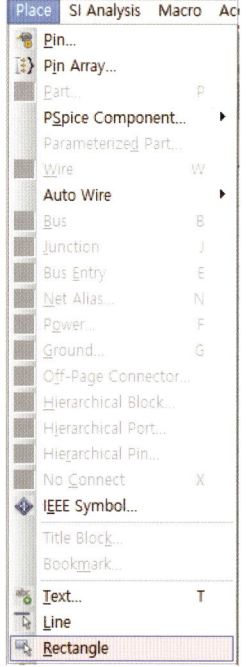
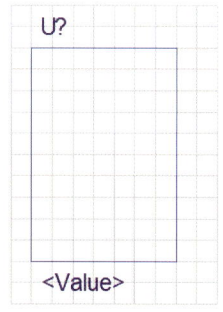

㉣ 드로우 툴바에서 Place Pin Array 아이콘(　)을 누르거나 Place 메뉴에서 Pin Array을 눌러 Place Pin Array 창에서 그림과 같이 설정하고 　OK　 버튼을 눌러 핀들을 부품의 몸체에 배치한다.

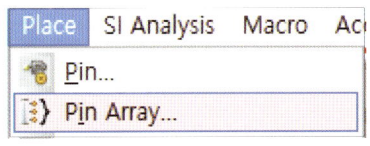
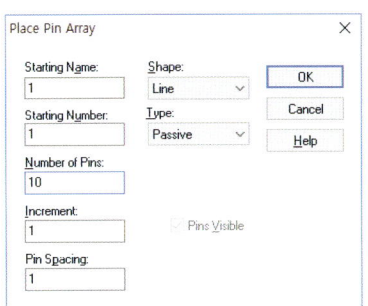
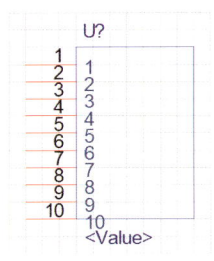

㉤ 배치된 10개의 핀을 마우스로 드래드 선택 후에 마우스 오른쪽 버튼을 클릭하여 팝업메뉴에서 Edit Properties를 누르면 Browse Spreadsheet 창이 활성화된다.

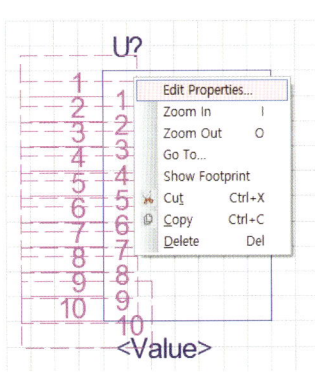
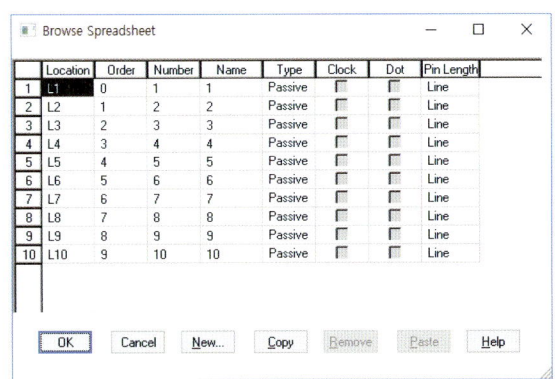

㉥ Browse Spreadsheet 창의 Name 칸에 주어진 표와 같이 이름을 입력하고 VCC와 GND, V- 핀의 속성을 Passive에서 Power로 변경하고 　OK　 버튼을 눌러 저장

한다.

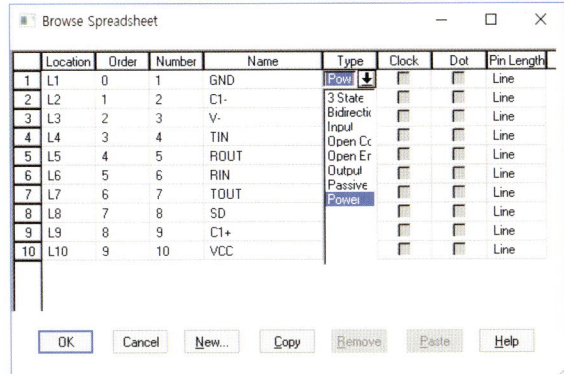

Pin Name	Pin Number	Pin Type
C1+	9	Passive
C1−	2	Passive
TIN	4	Passive
ROUT	5	Passive
V−	3	Power
VCC	10	Power
GND	1	Power
TOUT	7	Passive
RIN	6	Passive
SD	8	Passive

㈇ 오른쪽 그림의 심벌과 같은 위치로 핀을 이동한 후에 부품 편집 및 수정 창을 닫기하여 심벌을 저장한다.

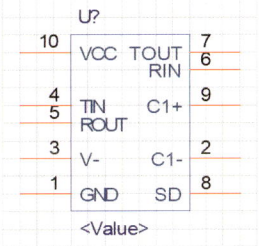

◎ 회로설계에서 요구되는 ADM101E 심벌의 생성을 완료하면 Library 관리자 부분의 Library1.olb 안에 ADM101E가 생성된 것을 확인할 수 있다.

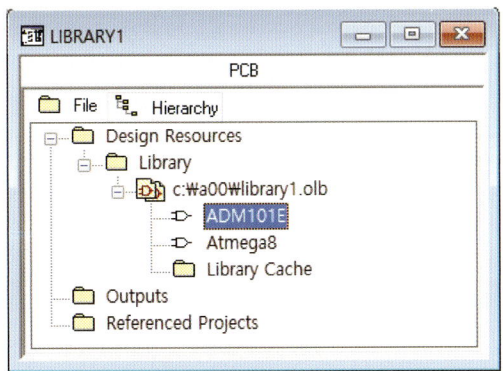

③ MIC811 심벌 생성하기

㉠ 프로젝트 관리자 창의 Library의 Library1.olb(파일명)을 선택 후 마우스 오른쪽 버튼을 클릭하여 팝업메뉴에서 New Part를 클릭하여 새로운 부품(MIC811)을 생성한다.

㉡ New Part Properties 창에서 Name은 MIC811(Part Reference Prefix는 U)를 입력 후 OK 버튼을 클릭한다.

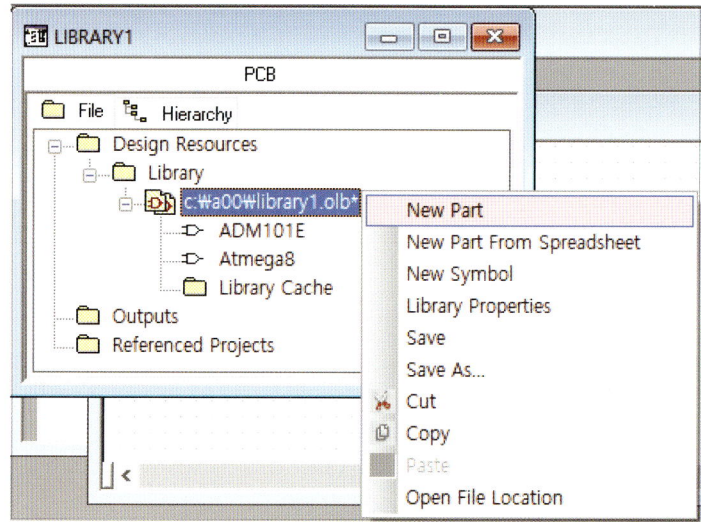

ㄷ 부품의 몸체를 그리기 위한 영역의 점선 사각형을 선택한 상태에서 드래그하여 가로 7칸, 세로 5칸으로 크기를 변경하고 드로우 툴바에서 Place Rectangle 아이콘(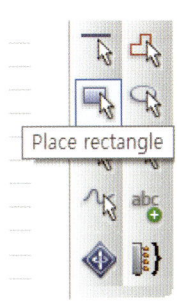)을 선택하거나 Place 메뉴에서 Rectangle을 선택하여 부품의 몸체 영역에 사각형의 실선 몸체를 그린다.

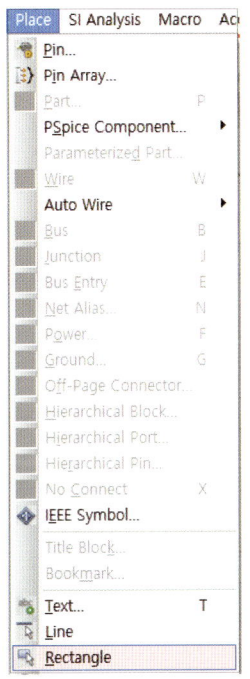
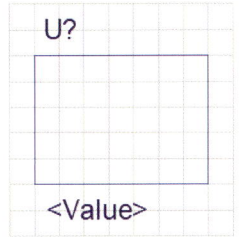

ㄹ 드로우 툴바에서 Place Pin Array 아이콘(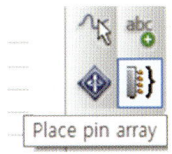)을 누르거나 Place 메뉴에서 Pin Array을 눌러 Place Pin Array 창에서 그림과 같이 설정하고 OK 버튼을 눌러 핀들을 부품의 몸체에 배치한다.

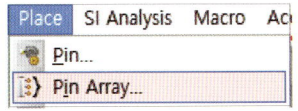

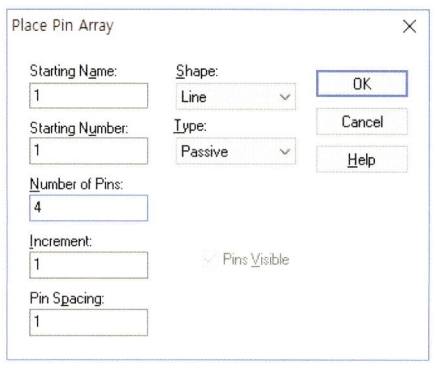
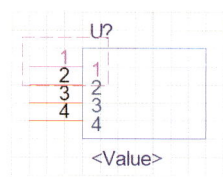

ⓜ 배치된 핀을 더블클릭하거나 마우스로 선택 후에 마우스 오른쪽 버튼을 클릭하여 팝업메뉴에서 Edit Properties를 눌러 Pin Properties 창에서 각 핀의 이름을 입력한다. 2번 핀과 3번 핀과 같이 핀의 이름의 경우에는 아래의 그림과 같이 입력한다. ($\overline{RESET}$의 경우에는 R\E\S\E\T\와 같이 입력한다.)

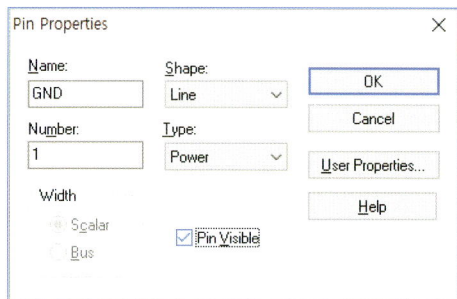
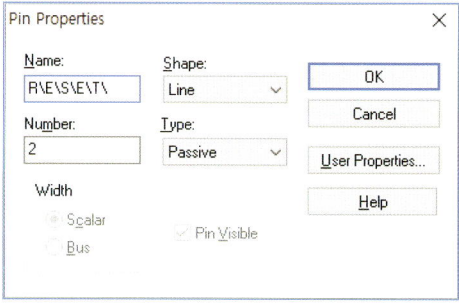

ⓑ 전원과 GND 속성의 핀들은 Type 칸의 오른쪽 기호를 눌러 POWER를 선택하고 Pin Visible을 체크하고 OK 버튼을 누르면 속성의 정의가 완료된다.

Pin Name	Pin Number	Pin Type
GND	1	Power
$\overline{RESET}$	2	Passive
$\overline{MR}$	3	Passive
VCC	4	Power

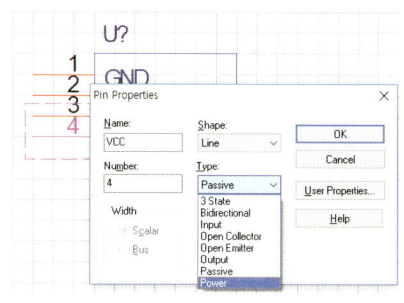

ⓈⓂ 아래의 심벌과 같은 위치로 핀을 이동한 후에 부품 편집 및 수정 창을 닫기 하여 심벌을 저장한다.

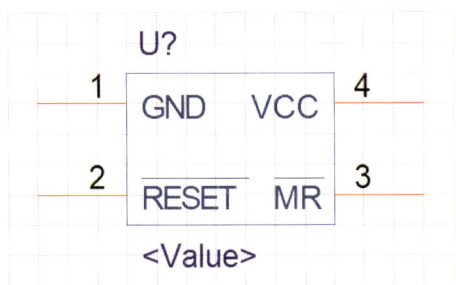

ⓄⓂ 회로 설계에서 요구되는 MIC811 심벌의 생성을 완료하면 Library 관리자 부분의 Library1.olb 안에 MIC811이 생성된 것을 확인할 수 있다.

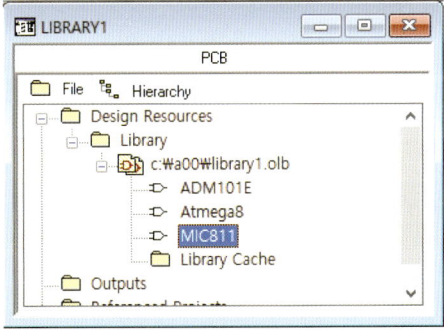

④ 사용자 라이브러리(Library1.olb)의 등록
  ㉠ Library1.olb 라이브러리 파일에 생성된 부품을 현재의 회로설계에 적용하기 위하여 설계 창에서 P 키를 누르거나 드로우 툴바의 Place Part 아이콘(🖼)을 선택한다. 또는 Place 메뉴에서 Part를 눌러 Place Part 창을 연다.

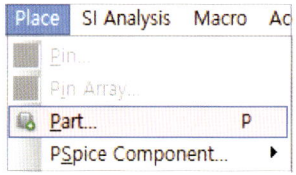 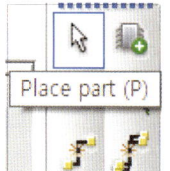 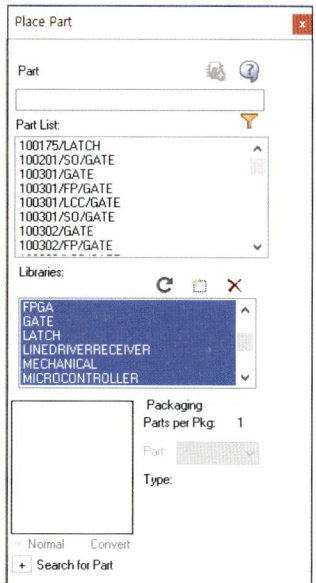

ⓛ Place Part 창의 Libraries 항에 Add Library 아이콘( )을 눌러 Browse File 창에서 Library1.olb 라이브러리 파일이 있는 폴더로 이동하여 Library1.olb 라이브러리 파일을 선택하고 [열기(O)] 버튼을 누르면 Libraries 항에 Library1.olb가 등록되어 사용 가능한 상태가 된다.

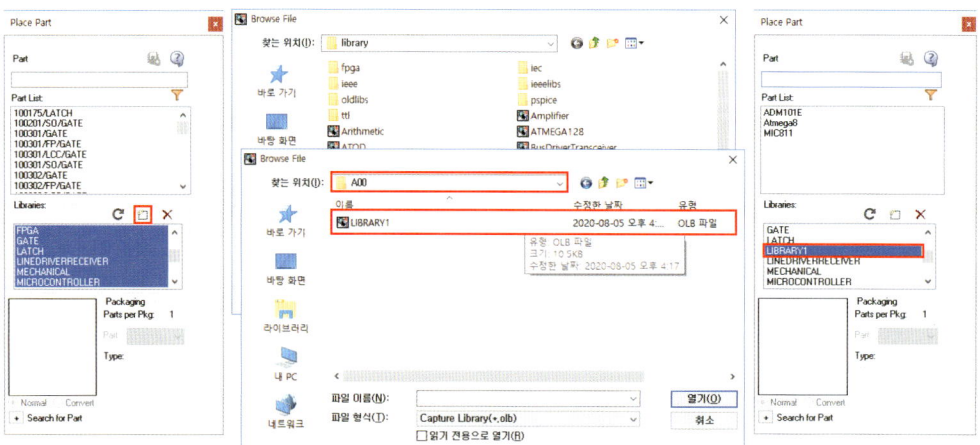

ⓒ Libraries 항의 Library1.olb 라이브러리을 선택하면 Part List 영역에 사용자가 생성한 부품들의 목록이 나타난다. 이 부품들을 선택하여 설계에 이용한다.

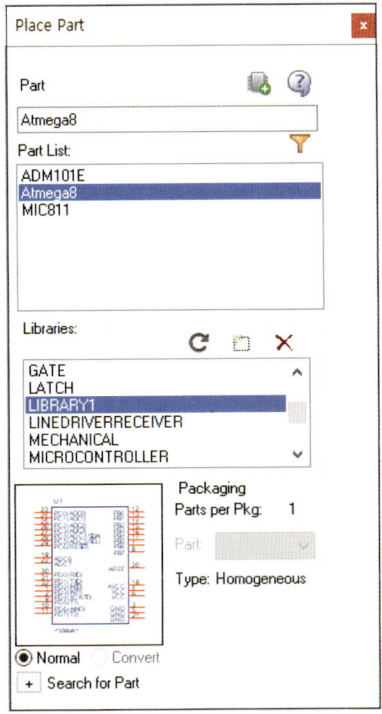

(7) Symbol 배치와 편집

① 동일한 설계 영역의 복사/붙여넣기

설계도면의 심벌 배치를 위해서는 동일한 도면 부분은 한 부분을 배치한 후에 부품의 참조번호와 Value 값의 텍스트 위치를 이동하고 이를 복사(Ctrl + C)하여 필요한 횟수를 붙여넣기(Ctrl + V)하여 배치한다.

㉠ R을 불러와 배치하고 LED를 불러와 두 핀을 붙인 뒤에 LED를 클릭하여 드래그하면 자동으로 선이 그려진다.

㉡ 저항과 LED 부품의 참조번호와 Value 값의 텍스트 위치를 보기 좋게 이동하여 배치한다.(가로형 배치의 경우는 참조번호와 Value 값의 위치는 가로로, 수직형

배치는 세로로 배치한다.)

ⓒ 저항과 LED 부분을 드래그하여 선택하고 이를 복사(Ctrl + C)하여 필요한 횟수 (2회)를 붙여넣기(Ctrl + V)하여 배치한다.

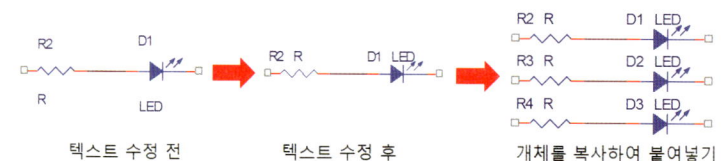

텍스트 수정 전　　　　텍스트 수정 후　　　　개체를 복사하여 붙여넣기

ⓐ 회로도면 중앙 부분의 LM2902를 이용한 회로부분을 설계하고 부품의 참조번호와 Value 값의 텍스트를 판독이 용이하도록 그림과 같이 정리한다.

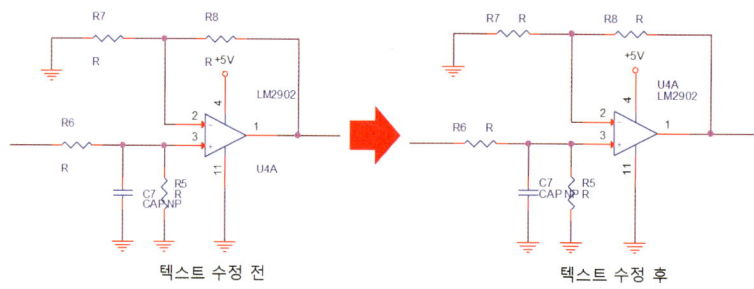

텍스트 수정 전　　　　　　　　텍스트 수정 후

ⓜ 복사하고자 하면 회로 부분을 드래그하여 선택이 되면 Ctrl + C 키를 누르거나 마우스 오른쪽 버튼을 클릭하여 팝업메뉴에서 Copy를 클릭한다.

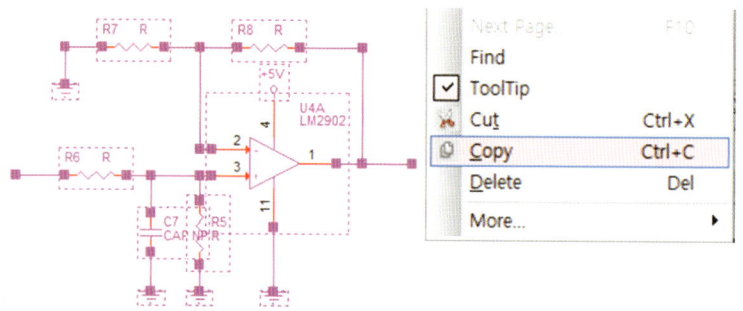

ⓑ 복사한 회로 부분을 왼쪽 부분과 오른쪽 부분에 다음의 그림과 같이 붙여넣기(Ctrl + V)를 한다.

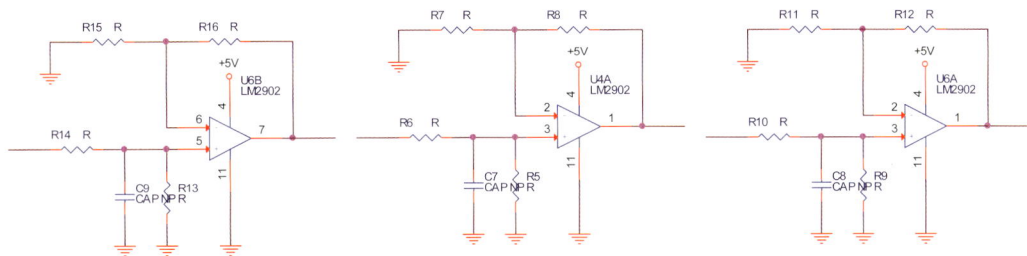

ⓐ 붙여넣기가 이루어진 왼쪽 부분의 회로는 다음의 그림과 같이 R15와 R16을 삭제하여 회로를 문제의 도면과 같이 수정한다.

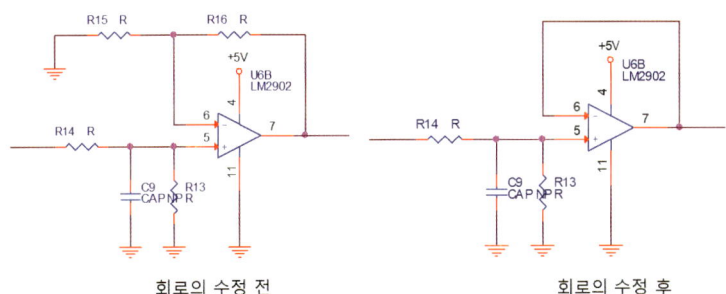

회로의 수정 전   회로의 수정 후

ⓞ 왼쪽 하단의 전원회로는 왼쪽과 오른쪽 부분이 같으므로 왼쪽 부분의 회로를 그린 후에 복사하고자 하는 회로 부분을 드래그하여 선택이 되면 Ctrl + C 키를 누르거나 마우스 오른쪽 버튼을 클릭하여 팝업메뉴에서 Copy를 클릭한다.

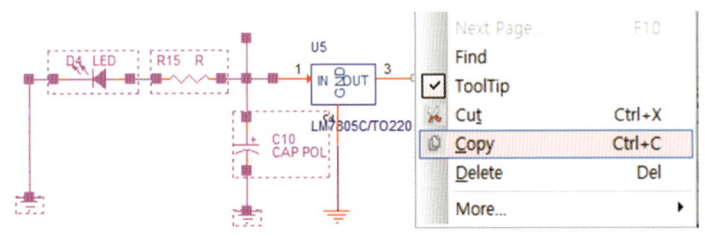

ㅈ 복사한 회로 부분을 왼쪽 부분과 오른쪽 부분에 다음의 그림과 같이 붙여넣기(Ctrl + V)를 한 후에 H 키를 누르거나 마우스 오른쪽 버튼을 클릭하여 팝업메뉴에서 Mirror Horizontally를 선택한다.

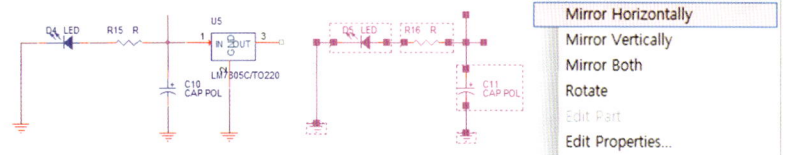

ㅊ 붙여넣기가 된 부분을 확인하면 참조번호와 Value 값의 텍스트가 반대이므로 각 개체를 선택 후에 H 키를 눌러 텍스트의 위치를 좌우 반전시켜 수정한다.

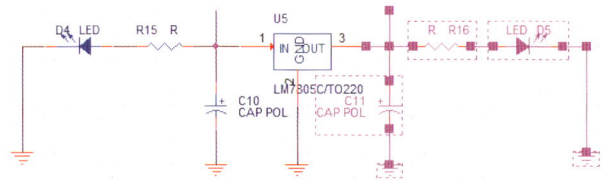

ㅋ 다음의 그림과 같이 전원회로의 설계가 완료된 상태를 확인한다.

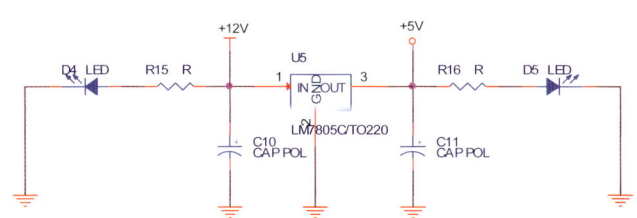

② Power 심벌의 배치

부품 배치가 완료된 상태에서 전압 및 접지(그라운드) 심벌을 배치한다.

ㄱ 전압 심벌(VCC)을 배치하기 위해서는 F 키를 누르거나 드로우 툴바에서 Place Power 아이콘( )을 클릭하거나 Place 메뉴에서 Power를 클릭한다.

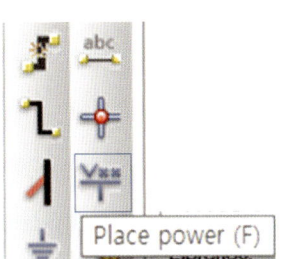 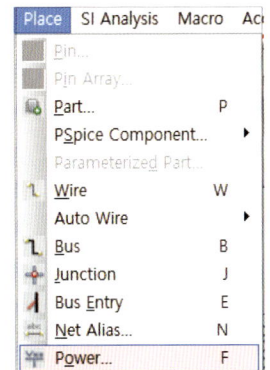

ⓛ Place Power 창에서 전압 Symbol(VCC)을 클릭하고 Name 입력란에 전압의 이름 (VCC)를 입력한다.

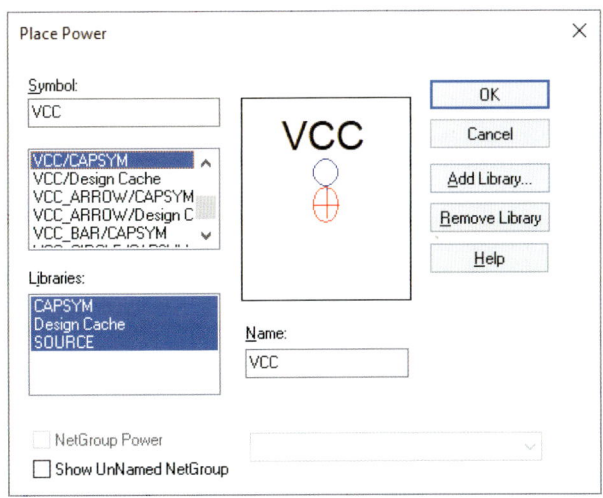

ⓒ OK 버튼을 클릭하고 전압 심벌(VCC)을 정해진 위치에 배치한다. 전압 심벌의 이름(VCC)을 더블클릭하여 Display Properties 창에서 아래의 그림과 같이 +5V 로 변경한 후에 OK 버튼을 클릭하면 전압 심벌의 이름이 변경된다.

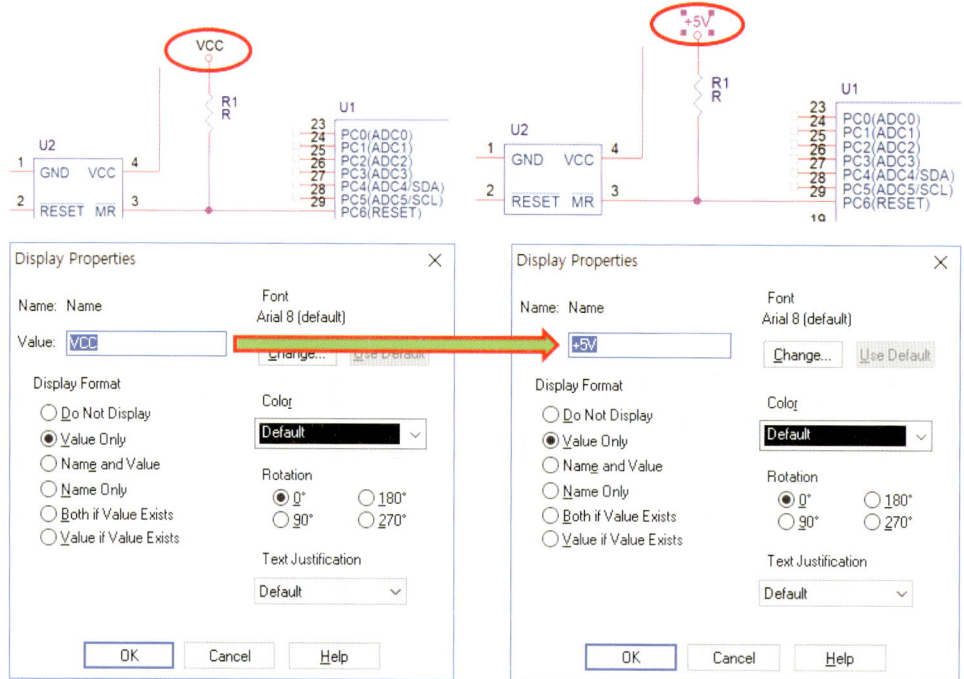

ㄹ) +5V의 심벌을 클릭하여 선택한 후에 [Ctrl] +[C] 키를 눌러 복사하여 +5V의 심벌을 [Ctrl] + [V] 키를 눌러 붙여넣기 하여 배치하고자 하는 위치에 모두 배치하도록 한다.

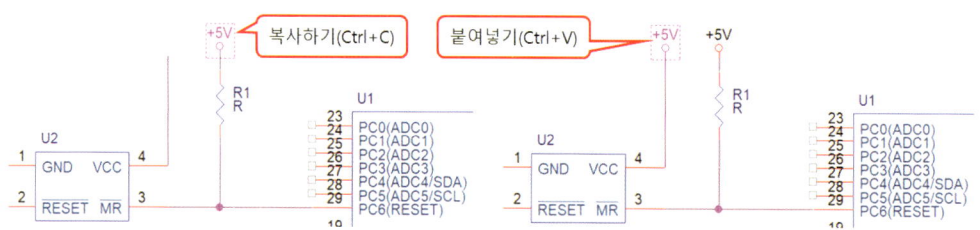

ㅁ) 전압 Symbol(+5V)의 배치가 끝났으면, 다른 전압 심벌(VCC)을 배치하기 위해서는 [F] 키를 누르거나 드로우 툴바에서 Place Power 아이콘(🔲)을 클릭하거나 Place 메뉴에서 Power를 클릭한다.

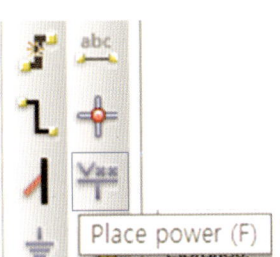 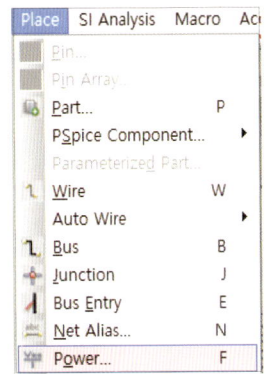

ⓗ Place Power 창에서 전압 symbol(VCC_ARROW)을 선택하여 배치한 후에 전압 심벌의 이름(VCC_ARROW)을 더블클릭하여 Display Properties 창에서 아래의 그림과 같이 +12V로 변경한 후에 OK 버튼을 클릭하면 전압 심벌의 이름이 변경된다.

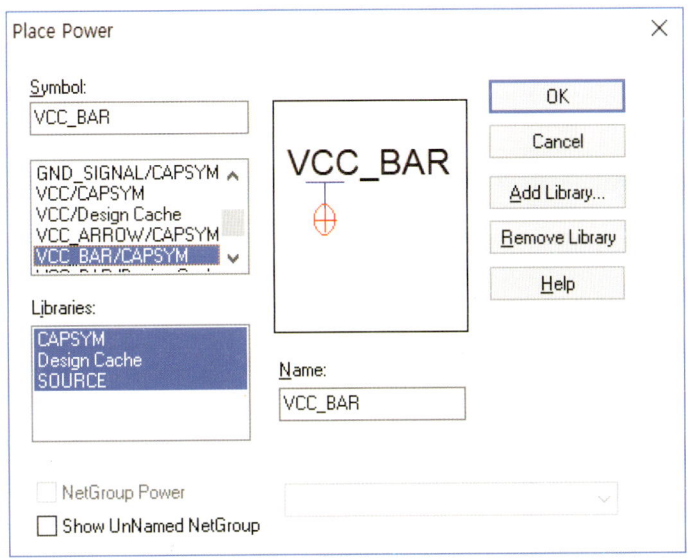

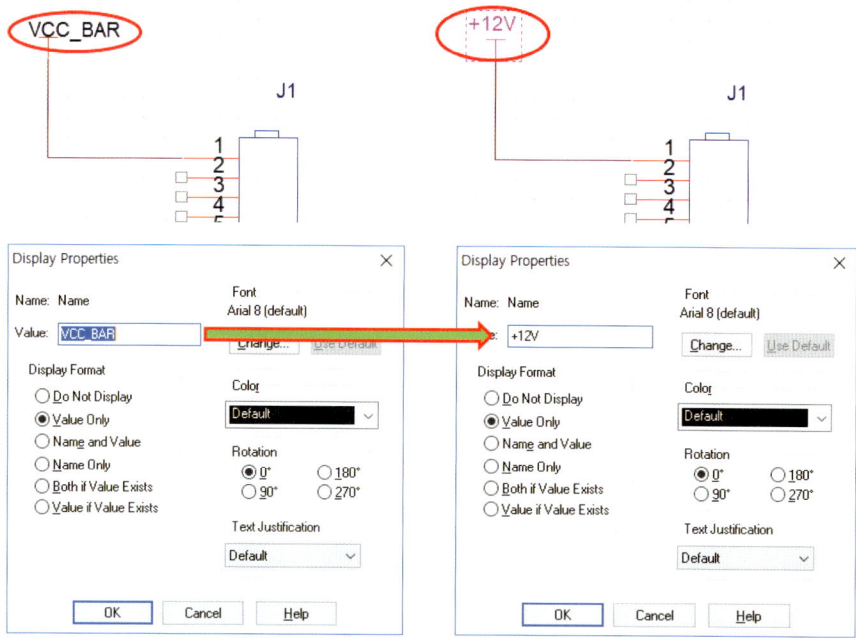

ⓢ ⓔ의 방법과 같이 +12V의 심벌을 배치할 곳에 모두 배치하도록 한다.

③ GND 심벌의 배치

㉠ 전압 Symbol의 배치가 끝났으면 그라운드 심벌을 배치하기 위해 Ⓖ 키를 누르거나 드로우 툴바에서 Place Ground 아이콘(　)을 클릭하거나 Place 메뉴에서 Ground를 클릭한다.

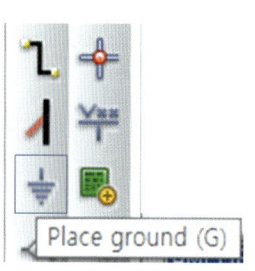

ⓛ Place Ground 창에서 심벌(GND)을 선택하고 ┌ OK ┐ 버튼을 클릭한다. 이때 GND 심벌 (⬇)과 GND_POWER 심벌(⬇)의 모양이 동일하여 혼용하여 사용하게 되면 네트의 이름이 상이하여(서로 달라) 결선이 이루어지지 않으니 주의하도록 한다.

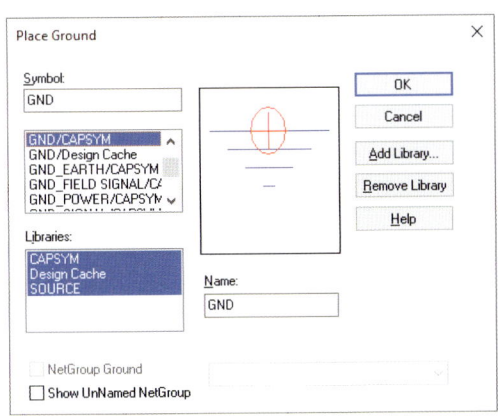

ⓒ 그라운드 Symbol(GND)을 정해진 위치에 모두 배치한다.

5) 배선작업

(1) 배선 연결하기

① 배선하기
  ㉠ 설계 창에서 Ⓦ 키를 누르거나 메뉴에서 드로우 툴바에서 Place Wire 아이콘(↳) 을 클릭하거나 Place 메뉴에서 Wire를 클릭한다.

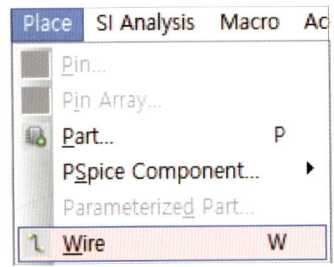 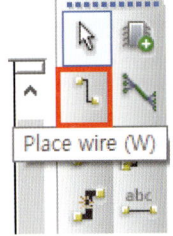

ⓒ 핀 끝의 사각형 모양을 클릭한 뒤 다른 핀 끝의 사각형 모양을 클릭하거나 핀 끝에서 연결된 배선을 클릭한다.

② 반복된 배선하기
 ㉠ 설계 창에서 W 키를 누르거나 메뉴에서 드로우 툴바에서 Place Wire 아이콘( )을 클릭하이거나 Place 메뉴에서 Wire를 클릭한다.

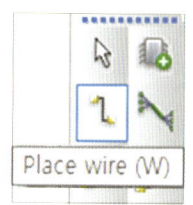 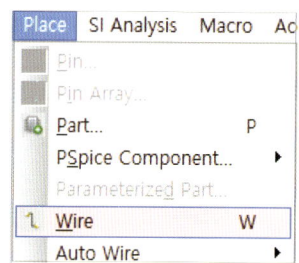

 ㉡ 핀 끝의 사각형 모양을 클릭한 뒤 다른 핀 끝의 사각형 모양을 클릭하거나 핀 끝에서 연결된 배선을 클릭한다.
 ㉢ 동일한 그리드 길이의 선을 그리기 위해서 F4 키를 반복해서 누르면 동일한 선이 그려진다.

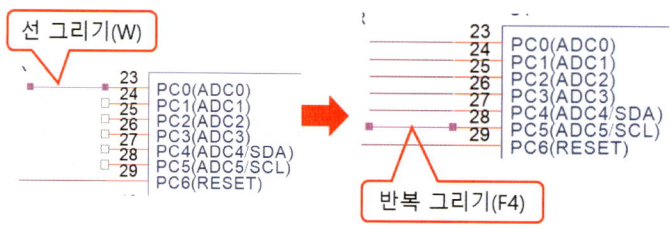

③ 접속점(Junction)의 표시 : 접속점(Junction)은 배선 시에 선(Wire)과 선(Wire) 사이의 결선 시에 자동 생성되나 선(Wire)을 교차하여 지나친 경우에는 수동으로 접속점(Junction)을 표시해 주어야 한다.

㉠ 설계 창에서 [J] 키를 누르거나 메뉴에서 드로우 툴바에서 Place Junction 아이콘 (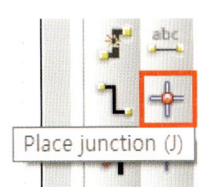)을 클릭하거나 Place 메뉴에서 Junction을 클릭한다.

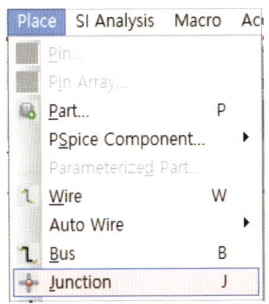

㉡ 접속점(Junction)을 표시해야 하는 부위를 클릭하면 접속점이 생성된다.

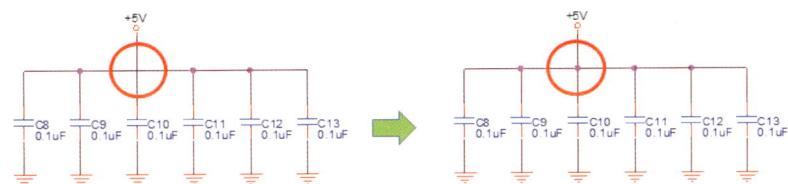

㉢ 오접속 등으로 접속점(Junction)을 삭제하여야 하는 경우는 삭제할 접속점을 재차 클릭하면 접속점이 삭제된다.

(2) No Connect(비접속) 처리하기

3) 사용하지 않는 부품 및 핀들은 설계규칙 검사 시 에러를 유발하지 않도록 처리합니다.

① 사용하지 않는 핀의 경우 설계 창에서 [X] 키를 누르거나 드로우 툴바의 No Connect

아이콘()을 클릭하여 처리한다.

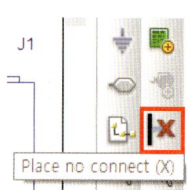

② No Connect() 명령이 실행되면 아래의 그림과 같이 마우스 커서가 커다란 X 모양으로 변경되며, 사용하지 않는 핀을 클릭하면 핀 끝에 작은 "x"로 처리가 된다.

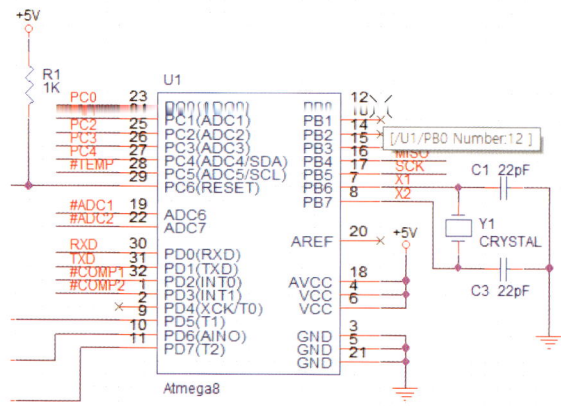

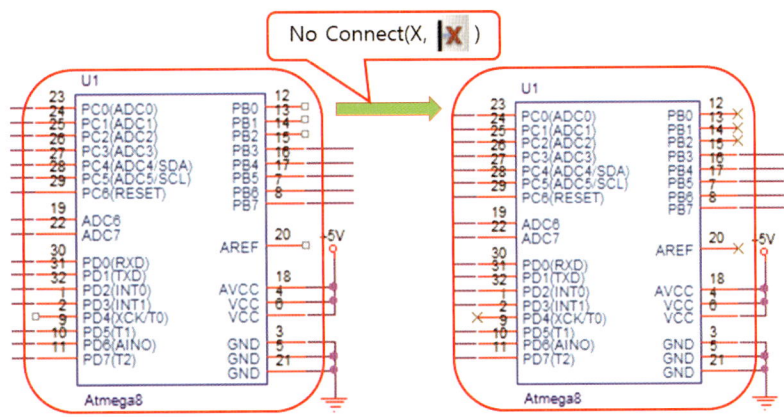

③ 사용하는 핀에 사용하지 않는 핀으로 처리를 하여 삭제하여야 하는 경우는 삭제할 핀의 X를 재차 클릭하면 삭제된다. 또는 배선을 연결하면 자동으로 삭제 상태가 된다.

(3) 지정된 네트명 기입하기

요구사항

4) 다음 지정된 네트의 이름을 정의하여 연결하거나, 지시사항에 따라 네트의 이름을 이용하여 연결합니다.(포트 활용 가능)

부품의 지정 핀	네트의 이름	부품의 지정 핀	네트의 이름
U1의 1번 연결부	#COMP2	U1의 27번 연결부	PC4
U1의 7번 연결부	X1	U1의 28번 연결부	#TEMP
U1의 8번 연결부	X2	U1의 30번 연결부	RXD
U1의 15번 연결부	MOSI	U1의 31번 연결부	TXD
U1의 16번 연결부	MISO	U1의 32번 연결부	#COMP1
U1의 17번 연결부	SCK	U2의 2번 연결부	RESET
U1의 19번 연결부, U4의 1번, 2번 연결부	#ADC1	U3의 4번 연결부	RXD
U1의 22번 연결부, U4의 7번, R6 연결부	#ADC2	U3의 5번 연결부	TXD
U1의 23번 연결부	PC0	U3의 6번 연결부	RX
U1의 24번 연결부	PC1	U3의 7번 연결부	TX
U1의 25번 연결부	PC2	U4의 8번, R8 연결부	#TEMP
U1의 26번 연결부	PC3	J2의 1번 연결부	PC0
R9의 좌측 연결부	ADC1	J2의 2번 연결부	PC1

부품의 지정 핀	네트의 이름	부품의 지정 핀	네트의 이름
R10의 좌측 연결부	ADC2	J2의 3번 연결부	PC2
R11의 좌측 연결부	TEMP	J2의 4번 연결부	PC3
J1의 2번 연결부	MOSI	J2의 5번 연결부	PC4
J1의 3번 연결부	MISO	J2의 6번 연결부	TEMP
J1의 4번 연결부	SCK	J2의 7번 연결부	ADC1
J1의 5번 연결부	RESET	J2의 8번 연결부	ADC2
J1의 9번 연결부	TX	J2의 9번 연결부	#COMP1
J1의 10번 연결부	RX	J2의 10번 연결부	#COMP2

① 네트에 정해진 이름을 부여하기 위하여 설계 창에서 N 키를 누르거나 드로우 툴바의 Place net alias 아이콘( )을 클릭하거나 Place 메뉴에서 Net Alias…를 클릭한다.

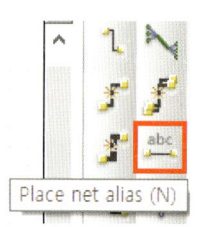
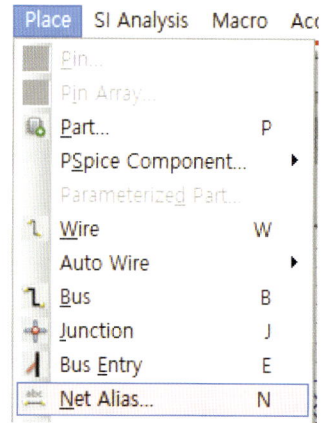

② Place Net Alias 창의 Name 칸에 네트 이름을 입력하고 주어진 네트 위에 위치시킨다. 이때 네트 이름이 배치가 안 되는 경우는 네트에서 이름의 위치가 벗어나 있기 때문이다.

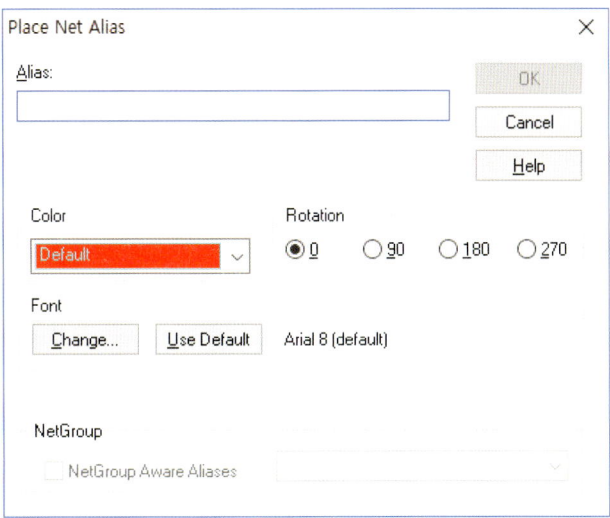

③ ②와 같은 방법으로 아래의 그림과 같이 주어진 네트의 이름을 모두 입력하여 배치하도록 한다.

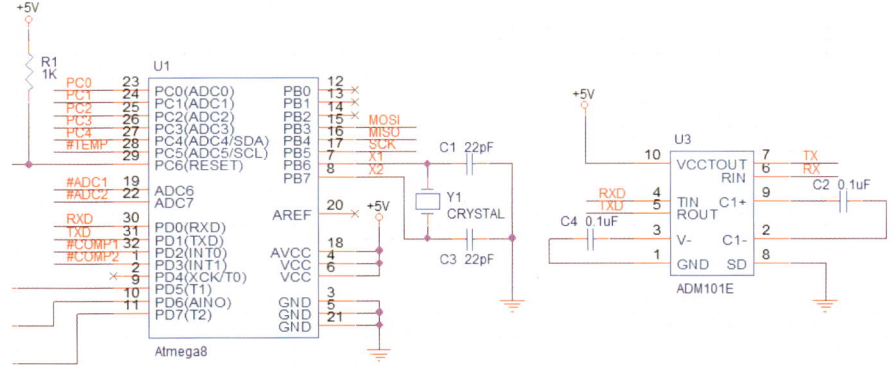

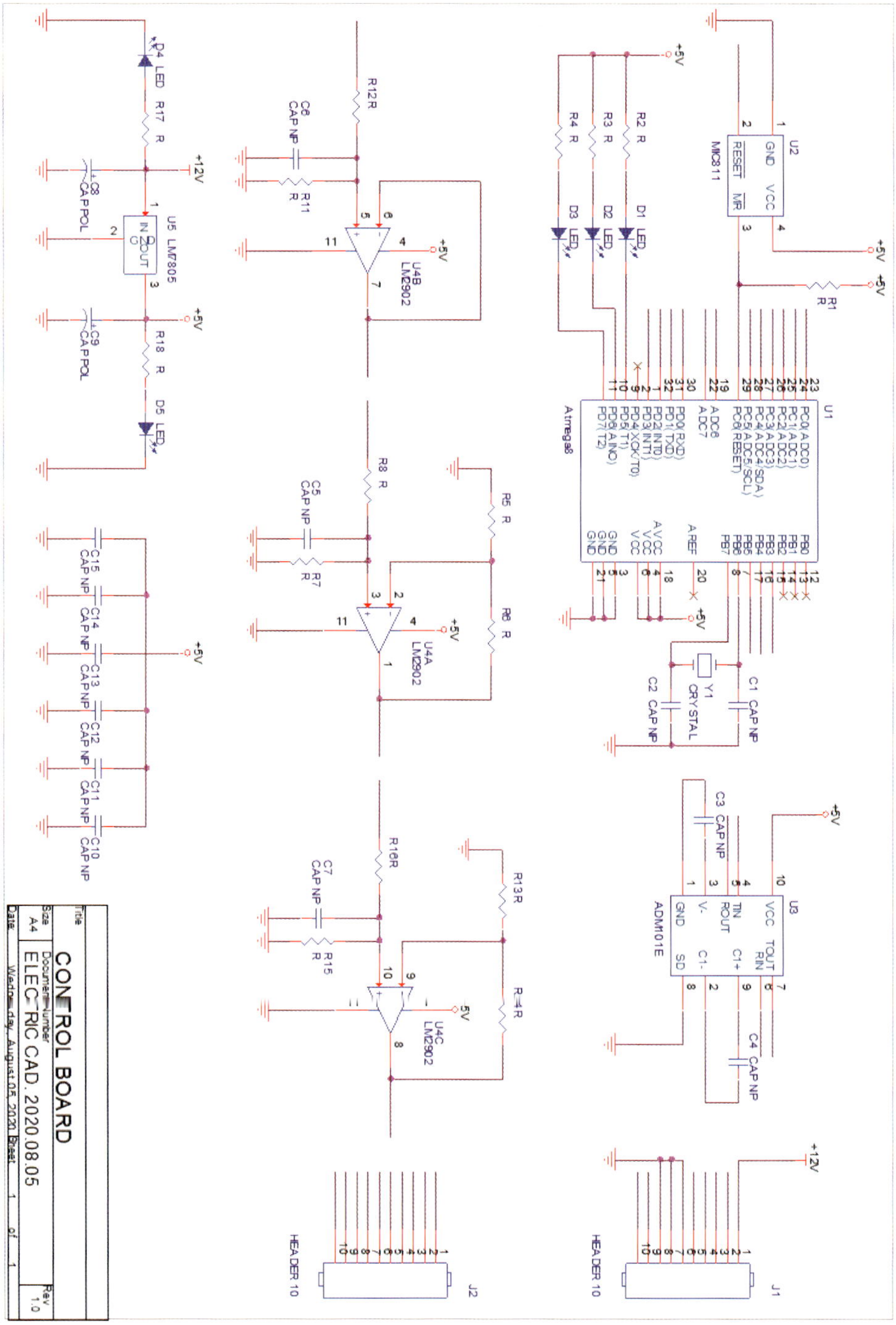

배선작업이 완료된 회로도

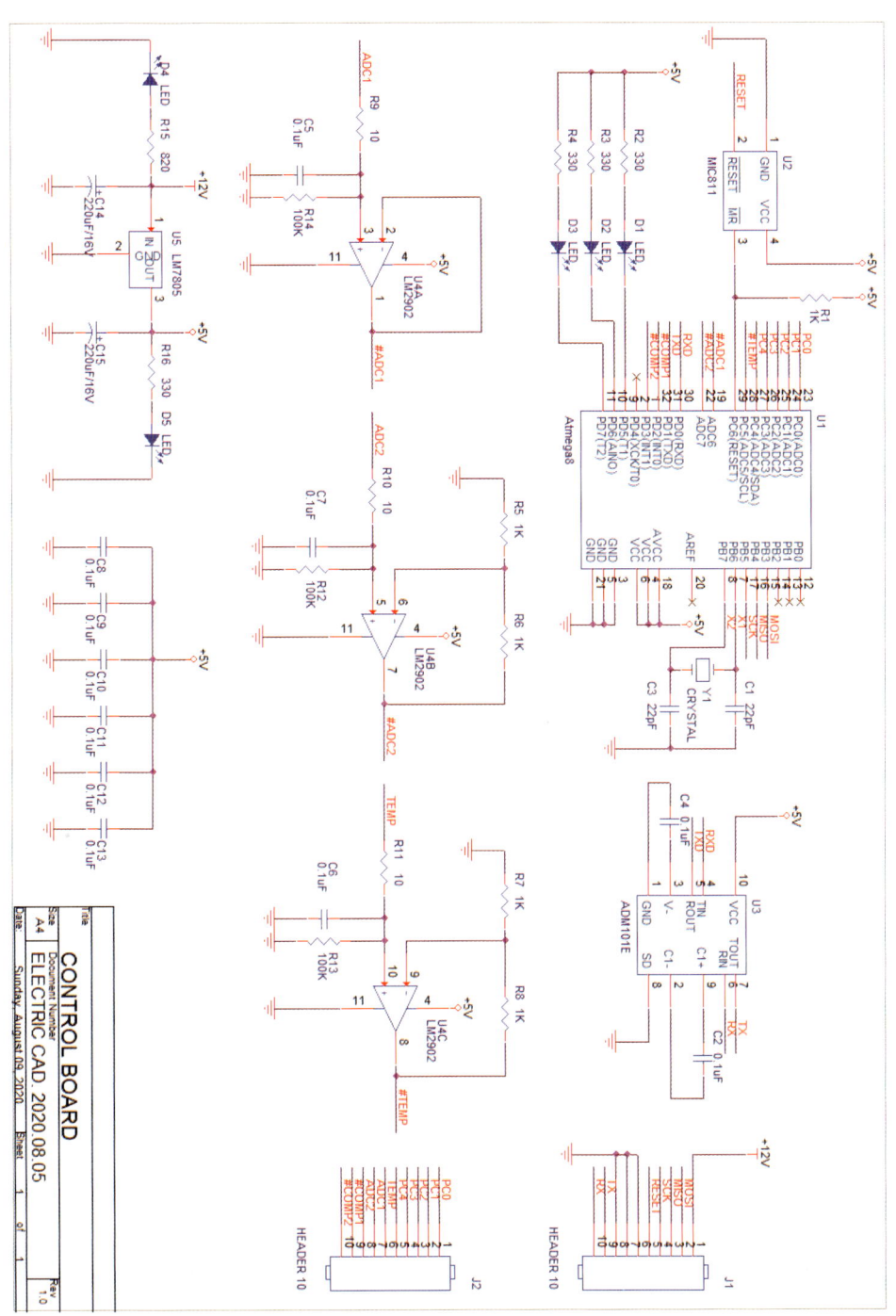

배선에 네트 이름 부여가 완료된 회로도

6) Footprint 작업

(1) PCB Footprint 확인

부품은 지급된 소프트웨어에서 제공하는 라이브러리를 이용하고, 그 외 부품은 제공된 데이터 시트를 참고하여 사용자가 부품을 생성하여야 한다.

① Library로 부품 찾기

㉠ 윈도우의 시작에서 Cadence-PCB Editor를 클릭하거나 바탕화면에서 PCB Editor 의 아이콘( )을 클릭하여 PCB Editor 실행 후 Place 메뉴에서 Component Manually( ) 를 클릭한다.

㉡ Placement 창에서 Advanced Settings 탭을 클릭 후 List construction 상자의 Library를 체크한다.

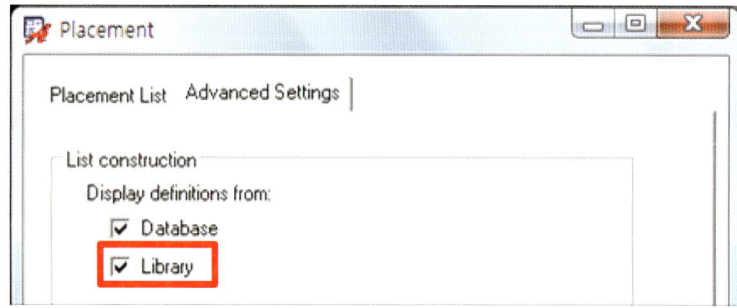

㉢ Placement 창의 Placement List 탭을 클릭 후 list box에서 Component by refdes 를 클릭한다.

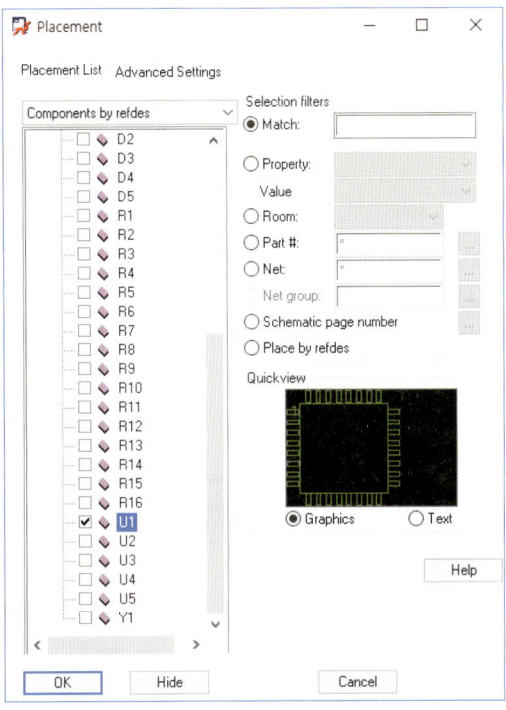

ㄹ 개별 부품을 PCB Editor 화면에 배치하여 Footprint를 확인하거나 개별 부품을 선택 체크하면 Quickview 창에서 부품의 Footprint 모양을 확인하도록 한다.

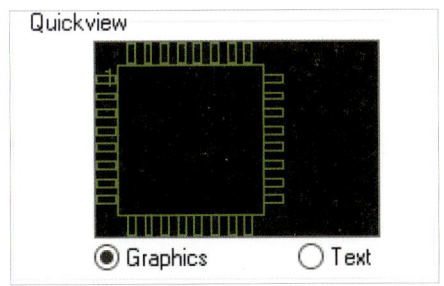
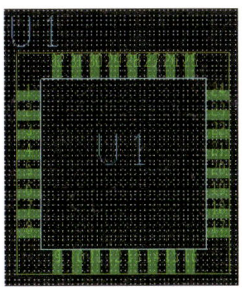

(2) PCB Footprint 생성하기

 요구사항

4) 부품의 생성
  가) 전자캐드 소프트웨어에서 제공하는 라이브러리를 사용하되 필요 시에는 부품을 작성하도록 하며, 부품의 생성 시 각 부품의 데이터에서 제공하는 규격에 맞게 작성합니다.
  나) 제공된 부품도를 참고하여 정확한 부품을 사용합니다.
  다) 풋 프린터(FootPrint) 작성 시 데이터 시트(Datasheet)를 참조하여 MIN ~ MAX 사이의 값으로 사용합니다.

① J1 – CON10(풋프린트 HEADER 10)의 PAD 배치 및 수정

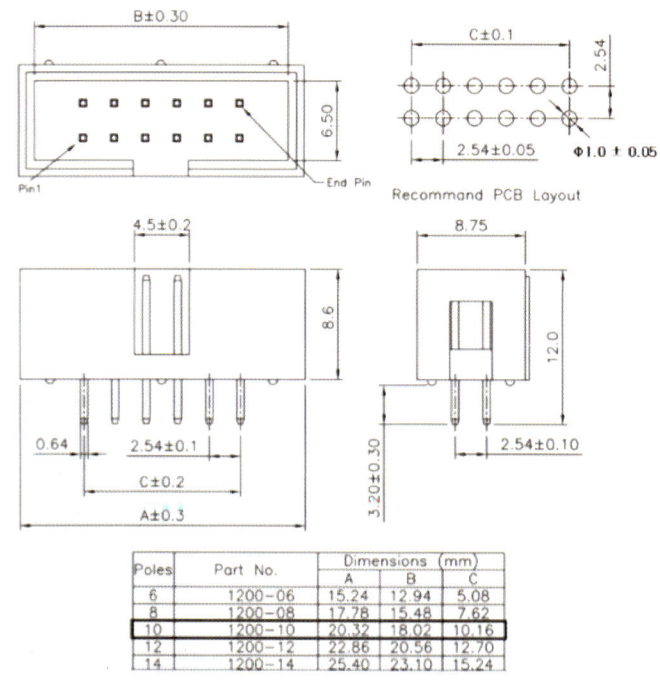

HEADER 10의 데이터 시트

㉠ 윈도우의 시작에서 Cadence – PCB Editor를 클릭하거나 바탕화면에서 PCB Editor의 아이콘(   )을 클릭하면 PCB Editor가 실행된다.

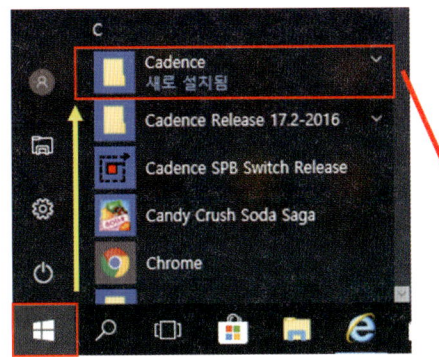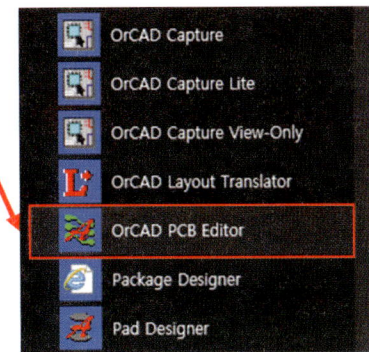

ⓛ OrCAD PCB Editor의 File 메뉴에서 New를 클릭하거나 File 툴바에서 New 아이콘(　)을 클릭하면 New Drawing 창이 나타난다.

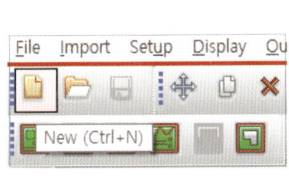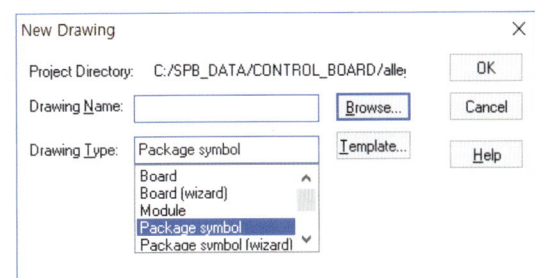

ⓒ New Drawing Name 칸 오른쪽의 Browse... 버튼을 클릭하여 현재 작업 폴더에 "Symbols"이라는 폴더를 생성하고 경로로 지정한다.

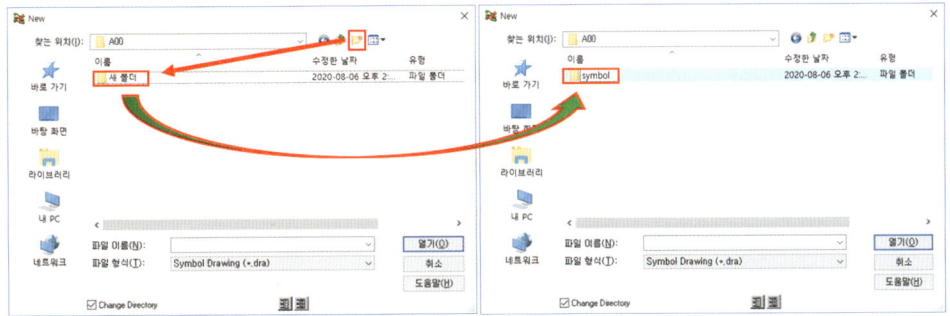

ㄹ 커넥터명(Header10)을 파일 이름에 입력 후에 커넥터 Symbol을 만들기 위하여 DrawingType에 Package symbol을 선택하고 OK 버튼을 클릭한다. 이때 작업경로 (C:₩SPB_Data)에 폴더명을 Symbols로 입력해야 직접 만든 라이브러리를 인식할 수 있다.

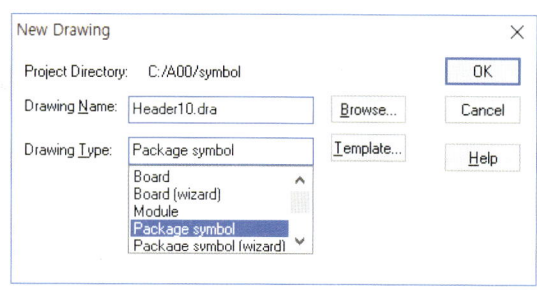

ㅁ Setup 메뉴에서 Design Parameter에서 Display 탭의 Grid on을 활성화시키거나 Setup 툴바에서 Grid Toggle 아이콘(■, F10)을 클릭하고, Design 탭에서 아래와 같이 설정하고 OK 버튼을 클릭한다.

 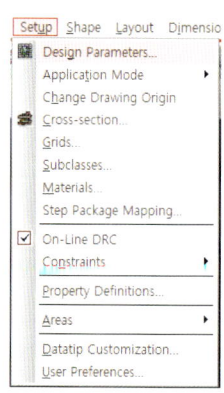

- Units : **Millimeter**
- Sheet Size : **A4**
- Accuracy : **2**
- Default : **Bottom Left**
- Left X : **-80**
- Lower Y : **-80**

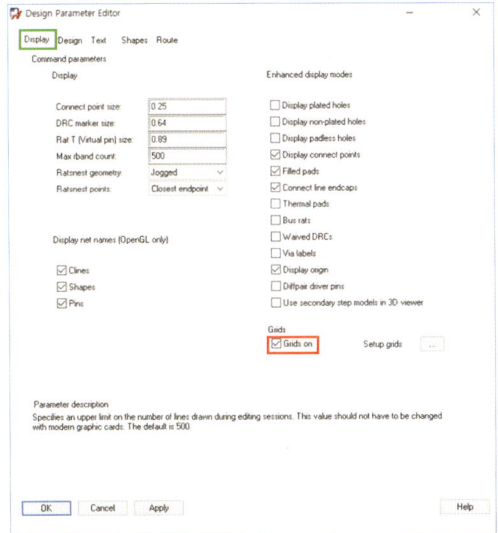
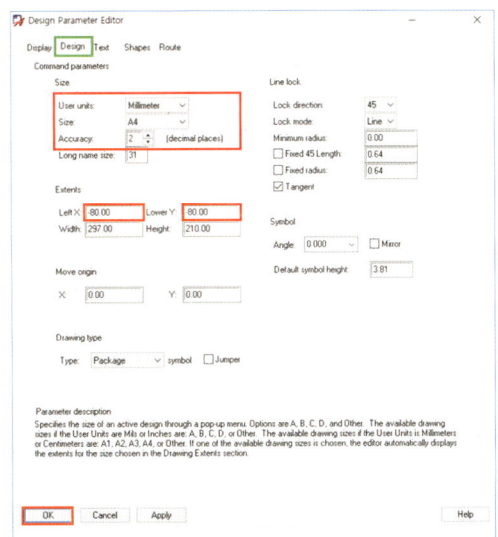

㉕ Display 툴바에서 Add Pin 아이콘( )을 누르거나 Layout 메뉴에서 Pins을 선택하여 Option 창이 활성화되면, Padstack의 Browse... 버튼을 클릭하고 "pad60cir36d"를 검색하여 선택 후 OK 버튼을 클릭한다.

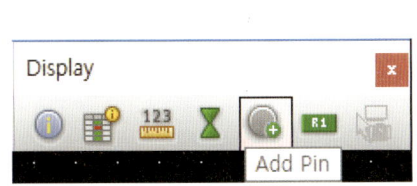
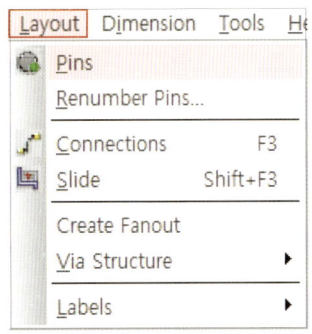

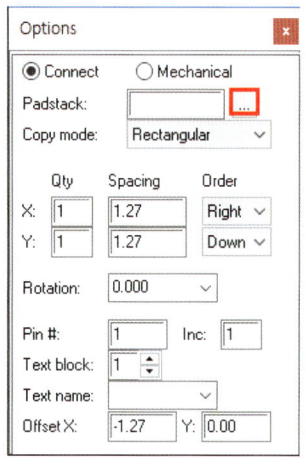
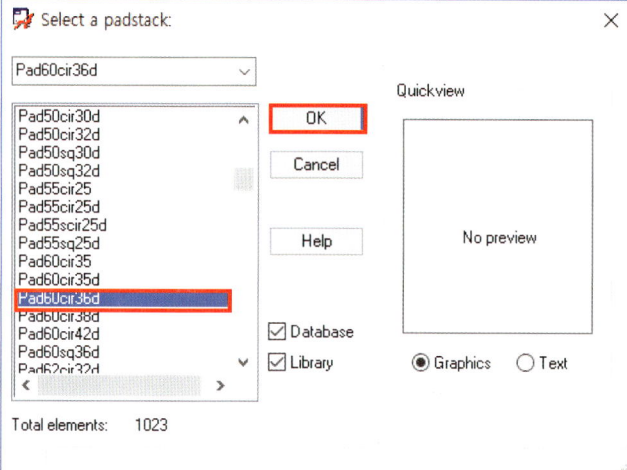

Ⓐ Options 창에서 아래와 같이 설정하여 핀을 배치하고 화면 하단의 Command 창에 "x 0 0"을 입력하고 Enter↵ 키를 누른다.

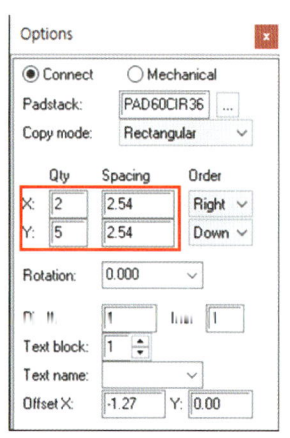

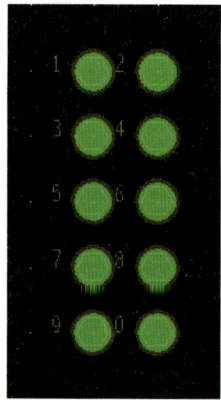

- Qty X값 (핀의 X축 개수) : 2
- Qty Y값 (핀의 Y축 개수) : 5
- Spacing (핀 간의 간격) : 2.54

ⓗ Tools 메뉴에서 Padstack – Modify Design Padstack을 클릭한다.

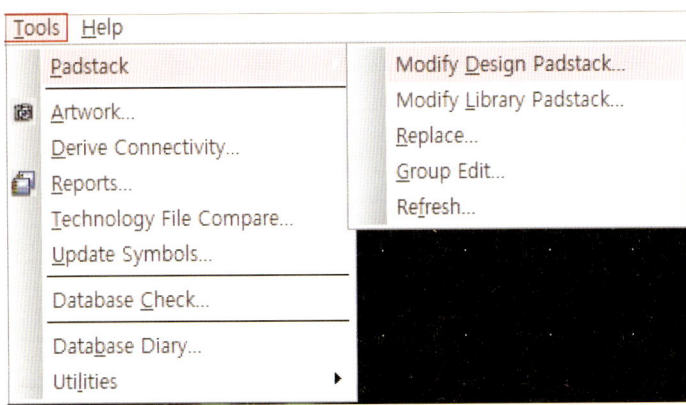

ⓘ Options 창에서 PAD60CIR36D를 선택하면 Name에 PAD60CIR36D가 입력되고 편집하기 위해 Edit 버튼을 클릭한다.

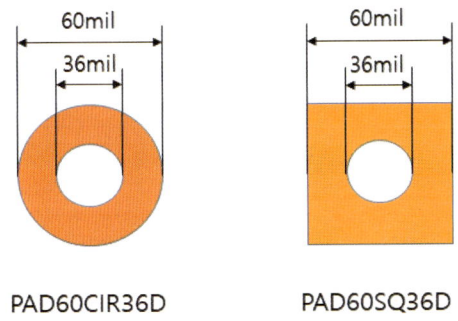

ⓙ Padstack Editor 창의 Drill 탭에서 Finished diameter 값을 1.00으로 수정하고, File 메뉴에서 Update to Design and Exit 클릭 후 마우스 오른쪽 버튼을 클릭하여 팝업메뉴에서 Done(F6)을 눌러 작업을 마친다.

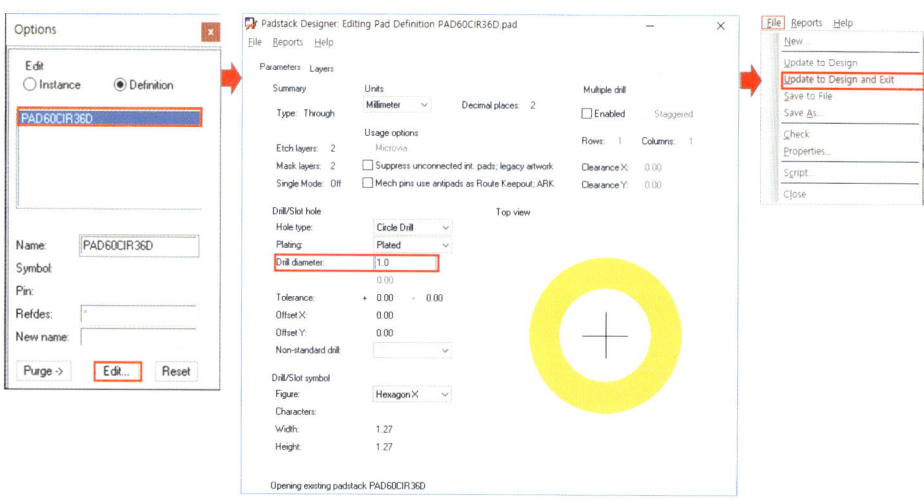

㉠ 사각형의 기준 핀으로 1번 핀을 변경하기 위해 Tools 메뉴에서 Padstack - Replace 메뉴를 클릭하고, Options 창에 다음과 같이 입력하고 Replace 버튼을 클릭한다.

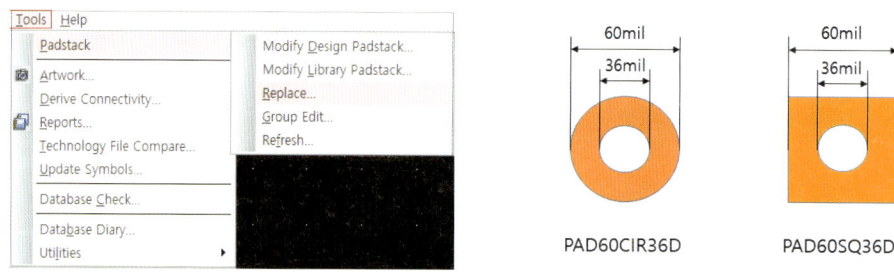

- Old : PAD60CIR36D
- New : PAD60SQ36D
- Pin#(s) : 1

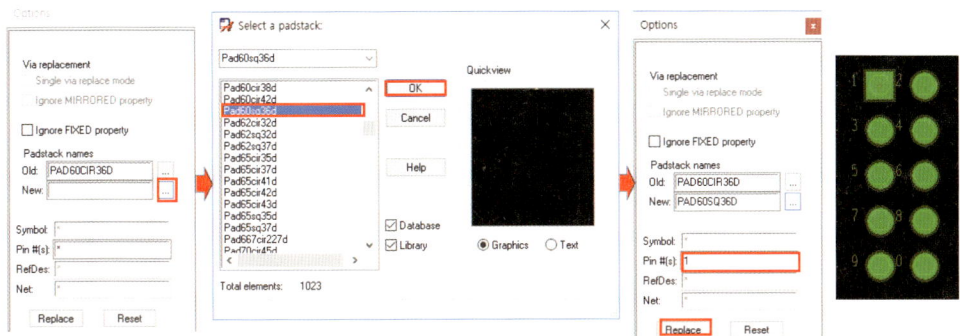

ⓔ Tools 메뉴에서 Padstack – Modify Design Padstack을 클릭한다.

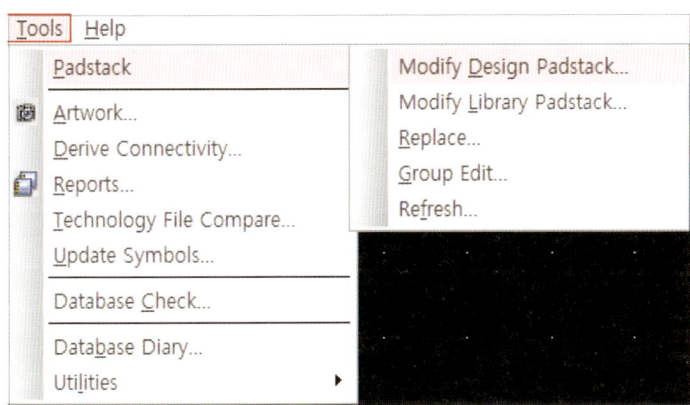

ⓕ Options 창에서 PAD60SQ36D를 선택하면 Name에 PAD60SQ36D가 입력되고 편집하기 위해 Edit 버튼을 클릭하고 Padstack Editor 창의 Drill 탭에서 Finished diameter 값을 1.00으로 수정하고, File 메뉴에서 Update to Design and Exit 클릭 후 마우스 오른쪽 버튼을 클릭하여 팝업메뉴에서 Done(F6)을 눌러 작업을 마친다.

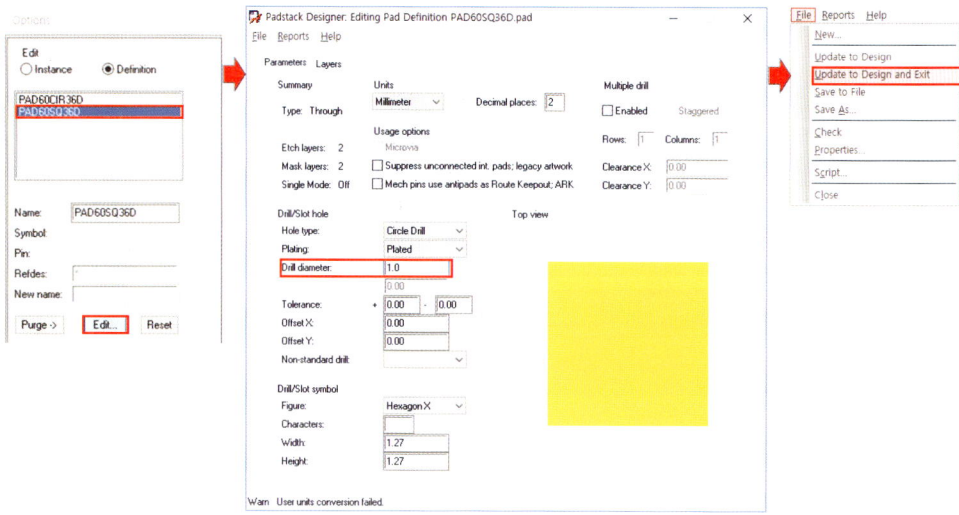

② J1-CON10(풋프린트 HEADER 10)의 Assembly_Top과 Silkscreen_Top 등의 설정
  ㉠ Add 툴바에서 Line 아이콘(▧)을 선택하거나 Add 메뉴에서 Line을 클릭하고, Options 창에 다음과 같이 설정한다.

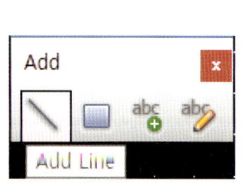 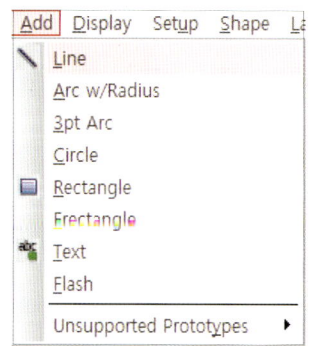 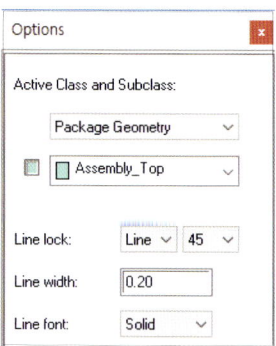

- Active Class and Subclass :
- Package Geometry / Assembly_Top
- Line width : 0.2

ⓛ 화면 하단의 Command 창에서 다음과 같은 순서로 입력하고 마우스 오른쪽 버튼을 클릭하여 팝업메뉴에서 Done(F6)을 눌러 작업을 마친다.

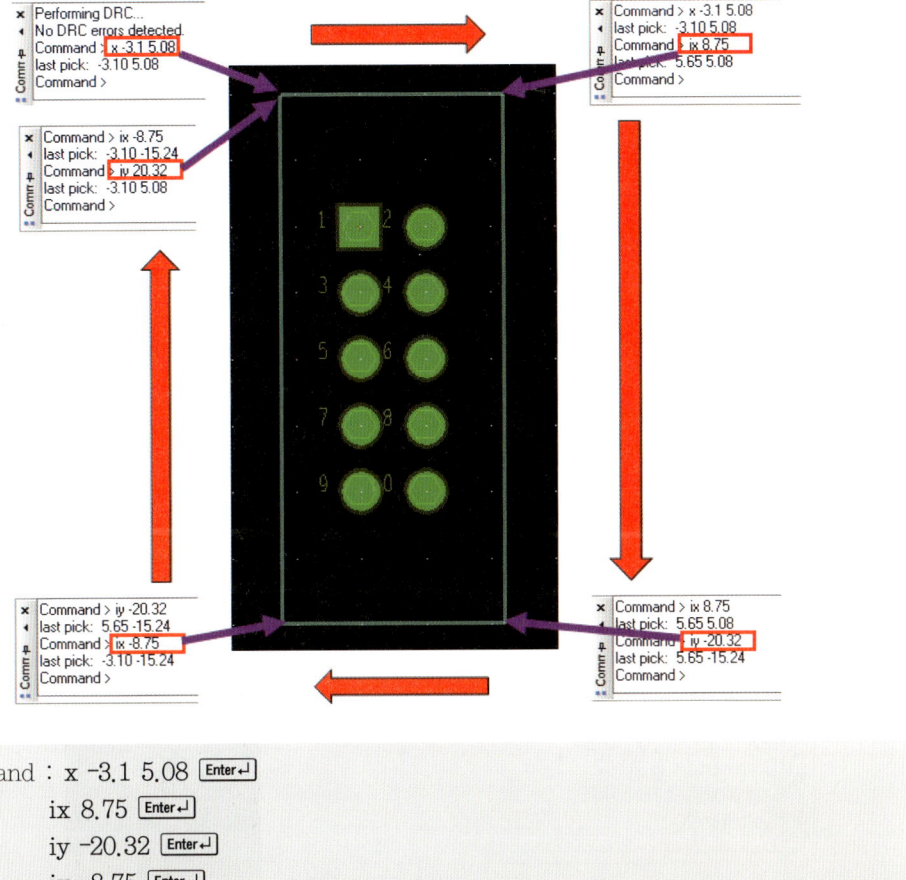

Command : x -3.1 5.08 [Enter↵]
　　　　　ix 8.75 [Enter↵]
　　　　　iy -20.32 [Enter↵]
　　　　　ix -8.75 [Enter↵]
　　　　　iy 20.32 [Enter↵]

ⓒ Add 툴바에서 Line 아이콘(＼)을 선택하거나 Add 메뉴에서 Line을 클릭하고, Options 창에서 다음과 같이 설정한다.

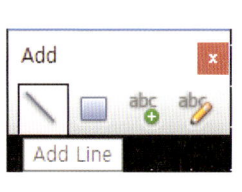
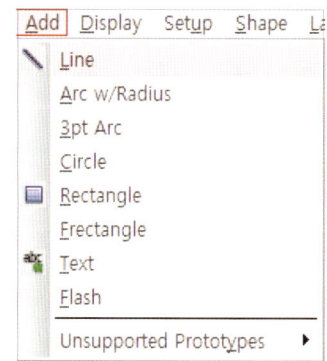
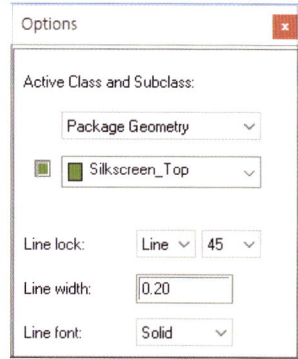

- Active Class and Subclass : **Package Geometry / Silkscreen_Top(외곽선 생성)**

ㄹ 화면 하단의 Command 창에서 다음과 같이 입력하여 외곽선을 생성하고 마우스 오른쪽 버튼을 클릭하여 팝업메뉴에서 Done(F6)을 눌러 작업을 마친다.

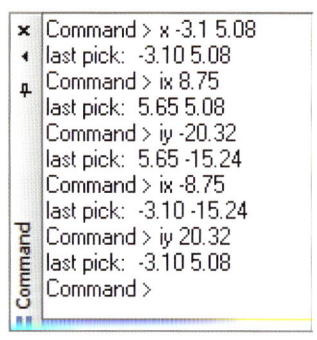
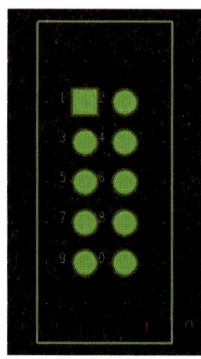

- Command : x -3.1 5.08 [Enter↵]
  ix 8.75 [Enter↵]
  iy -20.32 [Enter↵]
  ix -8.75 [Enter↵]
  iy 20.32 [Enter↵]

ㅁ 추가로 안쪽선을 그리기 위하여 Add 툴바에서 Line 아이콘(\)을 선택하거나

Add 메뉴에서 Line을 클릭하고, 화면 하단의 Command 창에 아래와 같이 입력하여 생성하고 마우스 오른쪽 버튼을 클릭하여 팝업메뉴에서 Done(F6)을 눌러 작업을 마친다.

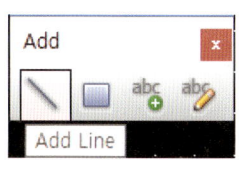 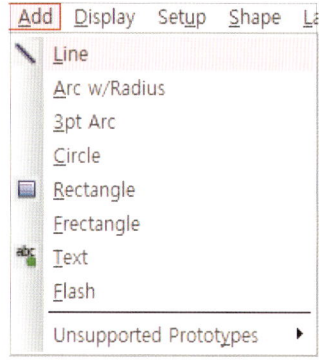 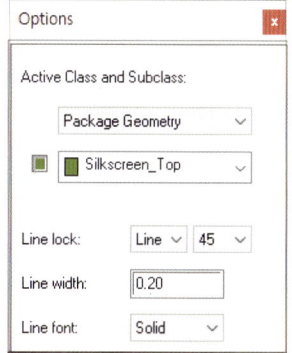

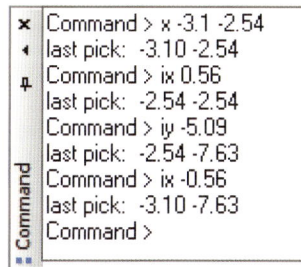 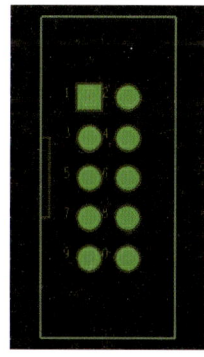

- Command : x -3.1 -2.54 [Enter↵]
  ix 0.56 [Enter↵]
  iy -5.09 [Enter↵]
  ix -0.56 [Enter↵]

ⓗ 심벌의 참조번호를 입력하기 위해서 Display 툴바에서 Label Refdes 아이콘(▣)을 선택하거나 Layout 메뉴에서 Labels - RefDes를 클릭하고, Options 창에 다음과 같이 설정한다.

 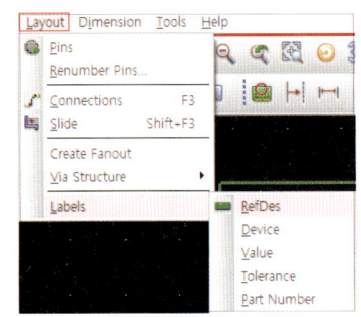 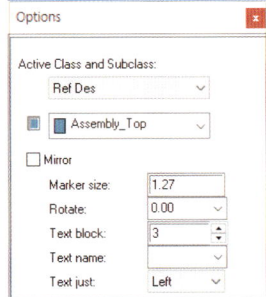

- Active Class and Subclass : RefDes / Assembly_Top
- Text block : 3

ⓢ 부품의 안쪽에 "J*"를 입력하여 배치하고, 마우스 오른쪽 버튼을 클릭하여 팝업메뉴에서 Done(F6)을 눌러 작업을 마친다. 이때 참조번호는 Assembly_Top과 Silkscreen_Top에 입력한다.

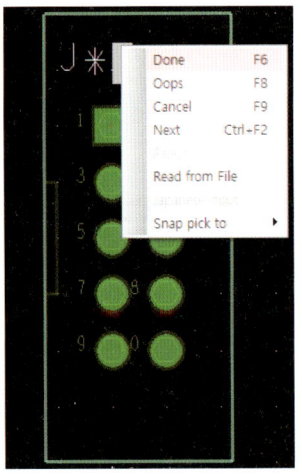 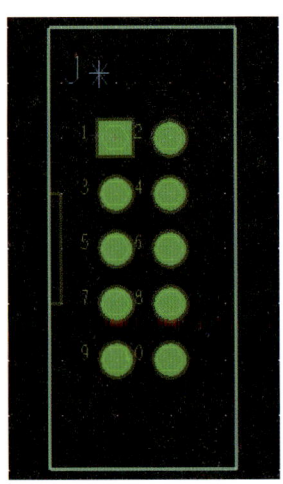

ⓞ 실크 데이터를 위한 참조번호의 입력을 위해서 Display 툴바에서 Label Refdes 아이콘(■)을 선택하거나 Layout 메뉴에서 Labels-RefDes를 클릭하고, Options 창에 다음과 같이 설정한다.

 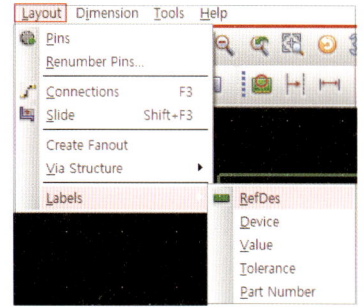 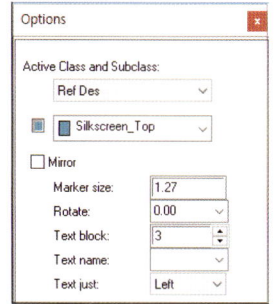

- Active Class and Subclass : **RefDes / Silkscreen_Top**

ⓧ 부품의 위쪽에 "J*"를 입력하여 배치하고, 마우스 오른쪽 버튼을 클릭하여 팝업메뉴에서 Done(F6)을 눌러 작업을 마친다. 이때 Footprint 영역은 Place_Bound_Top 으로 설정한다.

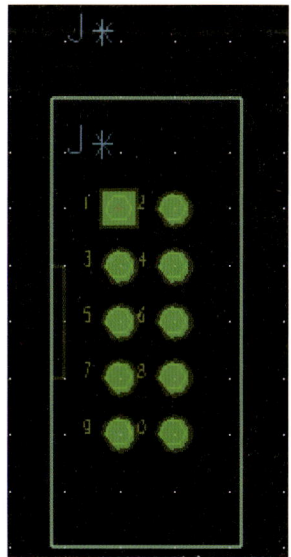

ⓧ Shape 툴바에서 Shape Add Rect 아이콘(▢)을 클릭하거나 Shape 메뉴에서 Rectangular을 클릭하고, Options 창에서 다음과 같이 설정한다.

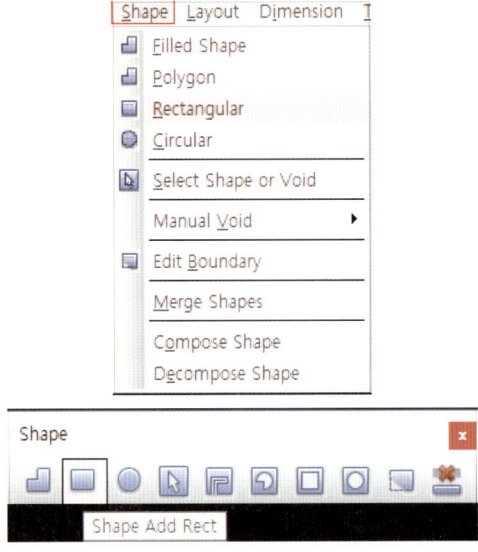
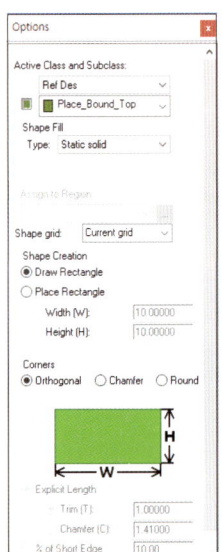

- Active Class and Subclass : **Package Geometry / Place_Bound_Top**

㉣ 화면 하단의 Command 창에 아래와 같이 좌표값을 입력하고 마우스 오른쪽 버튼을 클릭하여 팝업메뉴에서 Done(F6)을 눌러 작업을 마친다.

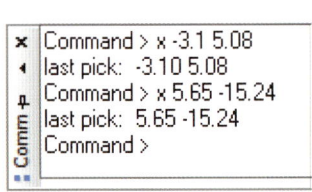
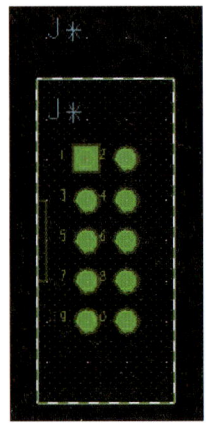

- Command : x -3.1 5.08 [Enter↵]
  x 5.65 -15.24 [Enter↵]

ㅌ) 생성된 심벌을 확인하고 File 메뉴에서 Save를 클릭하거나 File 툴바에서 Save를 클릭한 후에 Command 창에 저장되었는지 확인한다.

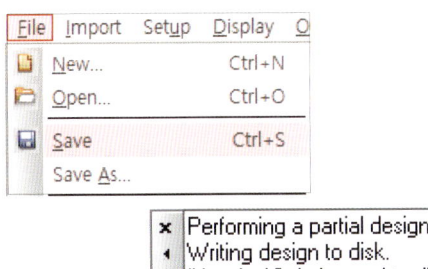
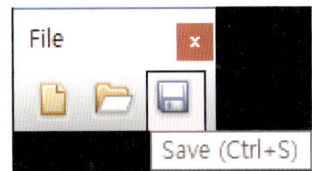

③ Atmega8의 풋프린트(TQFP32A) 생성

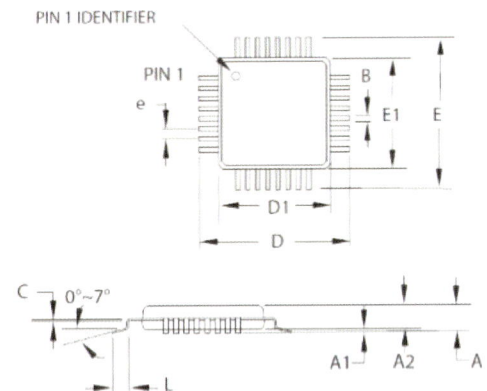

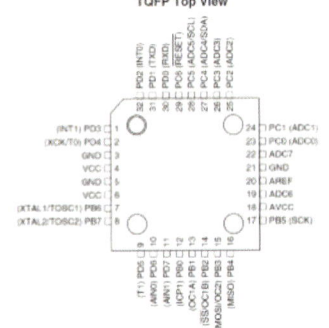

㉠ 풋프린트 제작을 위한 smd pad 생성

ⓐ 윈도우의 시작 메뉴에서 Cadence – Pad Designer()를 클릭한다.

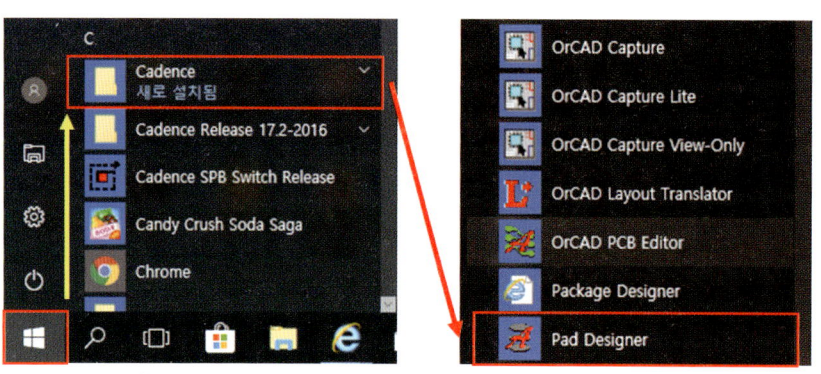

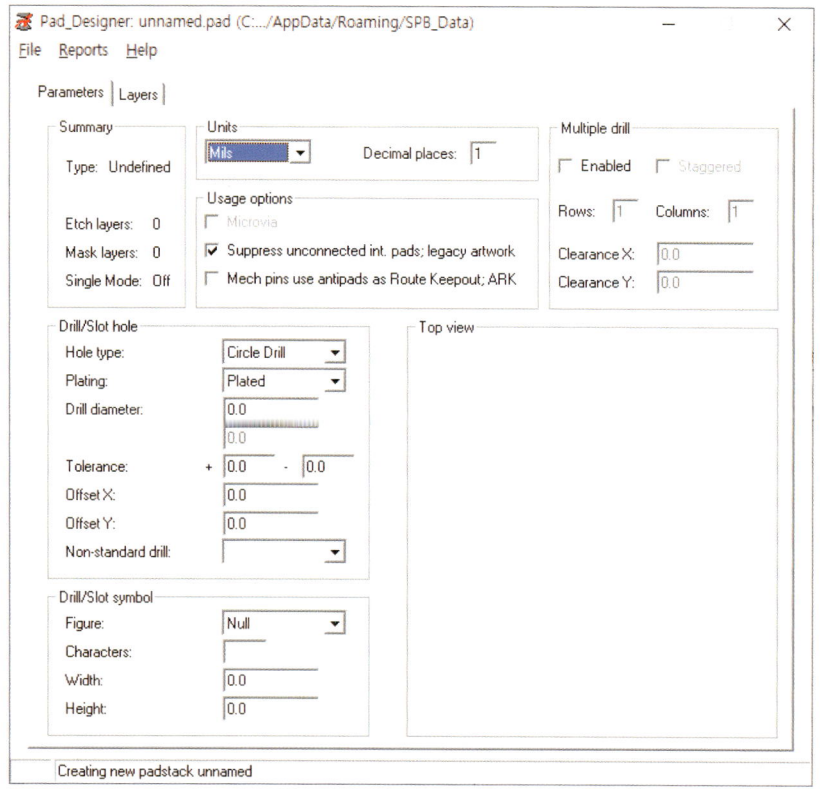

ⓑ File 메뉴에서 New를 클릭하고 New Padstack 창의 Padstack Name에서 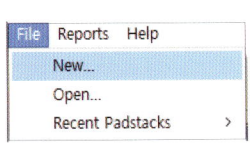를 클릭하여 저장경로("symbols" 폴더)를 설정하고 Padstack Name에 "PAD10X045"을 입력한 후에 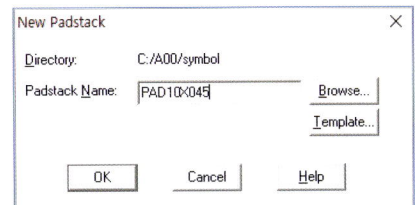 버튼을 누른다.

ⓒ Pad Editor 창의 Parameters에서 다음과 같이 설정한다.

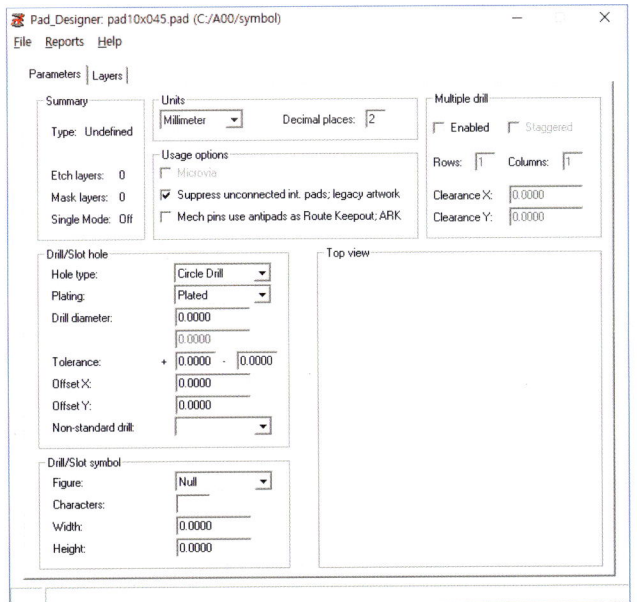

- Units : **Millimeter**
- Decimal places : 2

ⓓ Layers Tab에서 다음과 같이 설정한다. 이때 Regular pad의 size는 납땜을 위하여 데이터 시트(datasheet)에 나와 있는 핀의 size보다 1.2~1.5배 정도 더 크게 만들어야 하나 시험에서는 주어진 규격으로 입력한다.

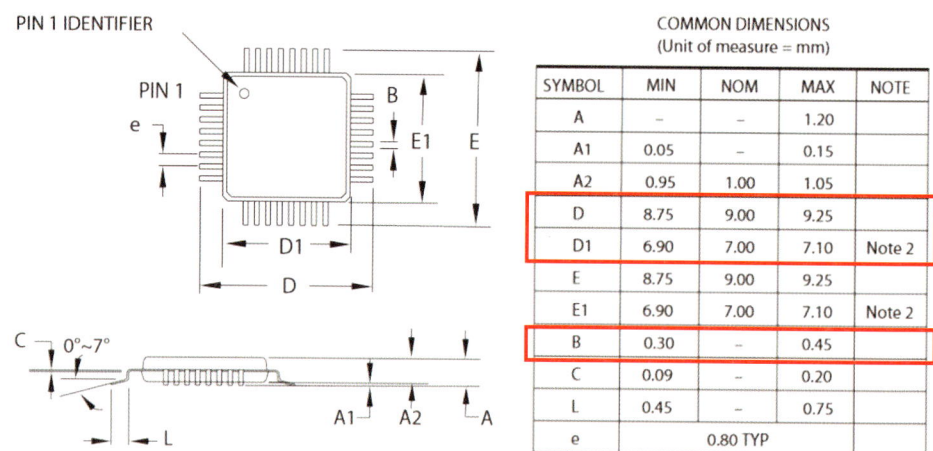

Width : (D- D1)/2 = (9-7)/2 = 1mm
Height : B(Max) = 0.45mm

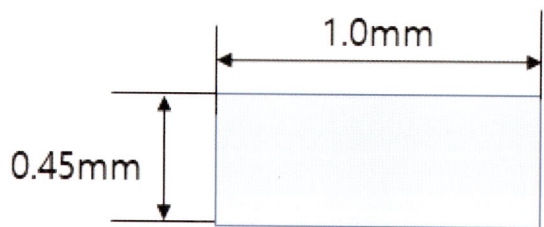

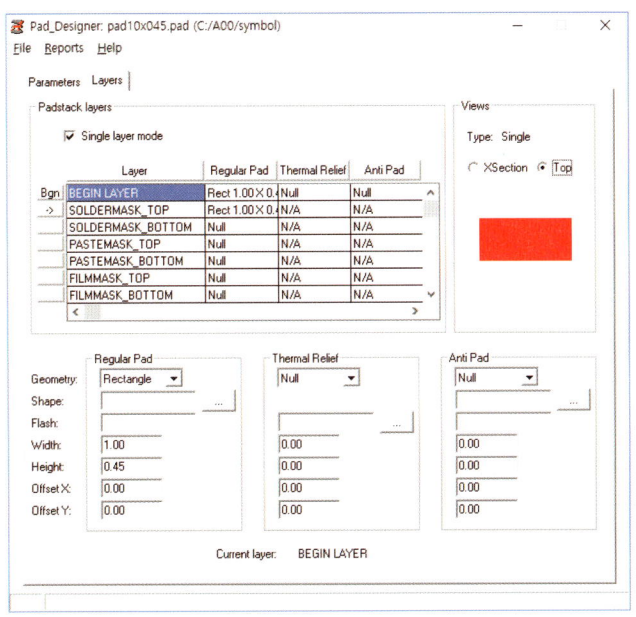

- Regular Pad : • Geometry : Rectangle
  • Width : 1.0
  • Height : 0.45
- Soldermask Top : • Geometry : Rectangle
  • Width : 1.0
  • Height : 0.45

ⓔ File 메뉴에서 Save를 클릭하거나 File 툴바에서 Save를 클릭하여 저장한다.

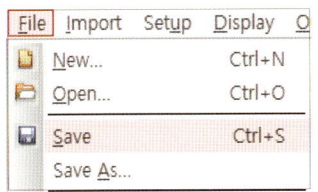
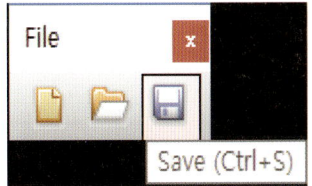

ⓛ TQFP32A Footprint 생성하기

ⓐ 바탕화면의 PCB Editor 아이콘(　)을 누르거나 윈도우의 시작 메뉴에서 Cadenc
-PCB Editor를 실행한다.

ⓑ File 툴바에서 New 아이콘( )을 누르거나 File 메뉴에서 New를 클릭한다.

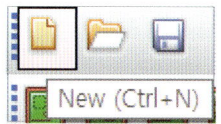 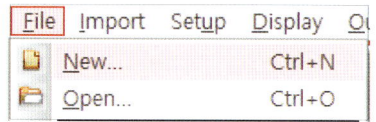

ⓒ New Drawing 창이 나타나면 Browse... 버튼을 클릭하여 저장경로("symbols" 폴더)를 지정하고 풋프린트명(TQFP32A.dra)을 파일 이름에 입력하고 Drawing Type은 Package symbol[wizard]를 선택한 후 OK 버튼을 클릭한다.

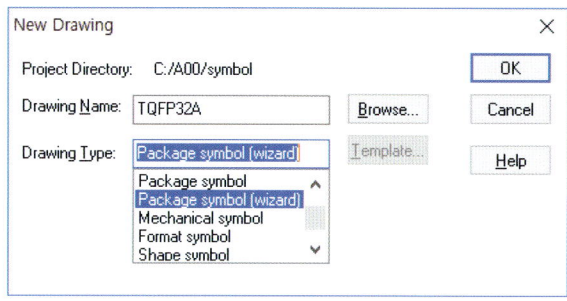

ⓓ Package symbol wizard 창에서 PLCC/QFP 타입을 선택하고 Next> 버튼을 클릭한다.

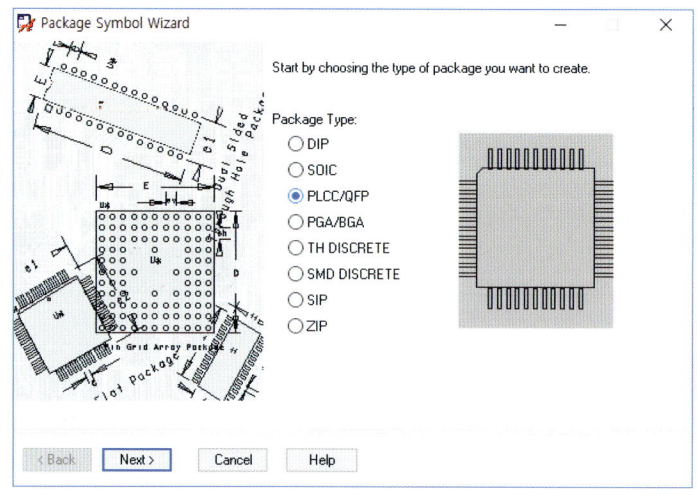

ⓔ Load Template 버튼을 클릭하여 기본적으로 제공하는 템플릿을 불러들인 다음 Next> 버튼을 클릭한다.

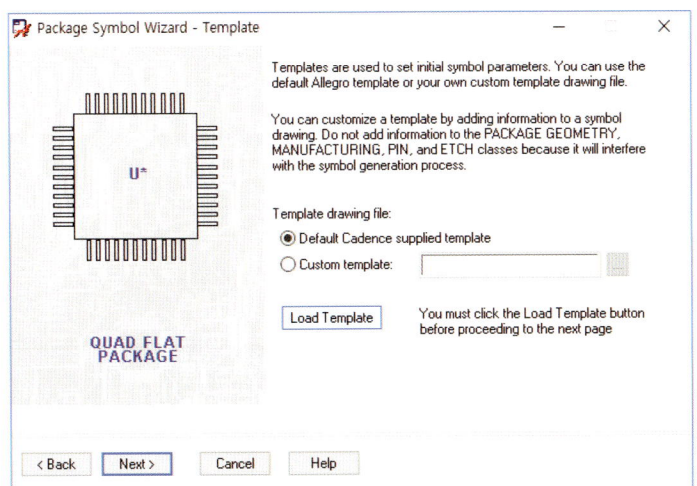

ⓕ 단위는 "Millimeter"를 선택하고 소수점 자릿수(Accuracy)는 "2"로 클릭하고 RefDes는 "U*"를 선택한 후 Next> 버튼을 클릭한다.

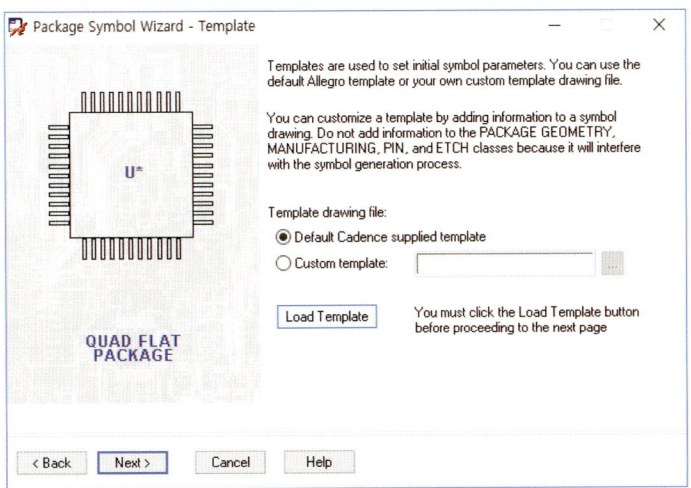

ⓖ 데이터 시트(Datasheet)를 참조하여 필요한 값들을 선택해서 입력한다.

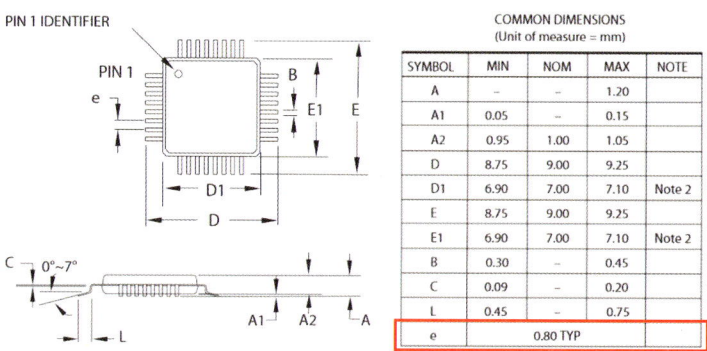

- Vertical pin count : 8
- Horizontal pin count : 8
- Lead pitch : 0.8mm

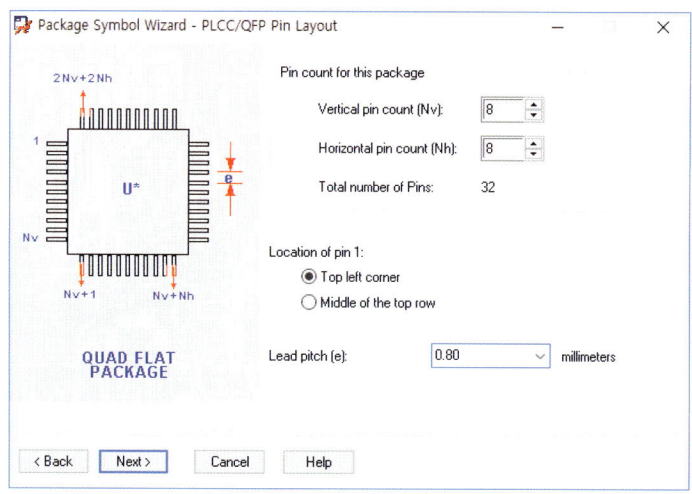

ⓗ 데이터 시트(Datasheet)를 참조하여 필요한 값들을 선택해서 입력한다. 이때 패드(Pad)와 실크 스크린(Silk screen) 데이터가 겹치지 않도록 하기 위해서는 D1, E1 뒤에 0.75를 빼나 시험에서는 규격에 따라 입력한다.

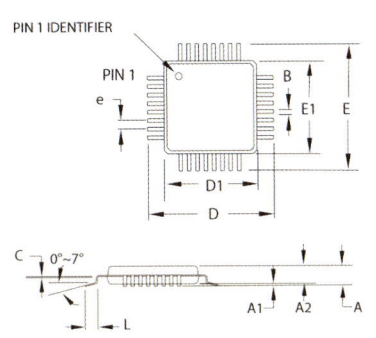

- Terminal column spacing (e1) : **8mm**
  - D1 + (D - d1)/2= 7 + (9 - 7)/2 = 7 + 1 = 8mm
- Terminal row spacing (e2) : **8mm**
  - E1 + (E - E1)/2 = 7 + (9 - 7)/2 = 7 + 1 = 8mm
- Package width (E) : **7mm**
  - E1 또는 D1 = 7
- Package length (D) : **7mm**
  - E1 또는 D1 = 7

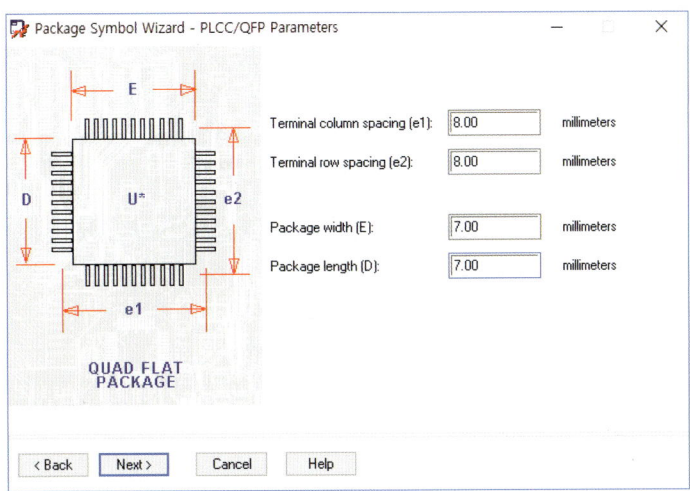

ⓘ Default Padstack과 Padstack to use for pin1에는 Padstack Editor로 생성한 "PAD10×045"를 선택하고, [Next>] 버튼을 클릭한다.

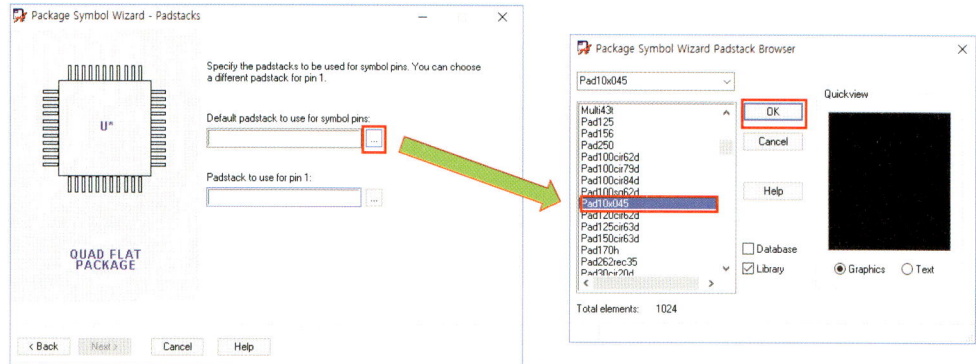

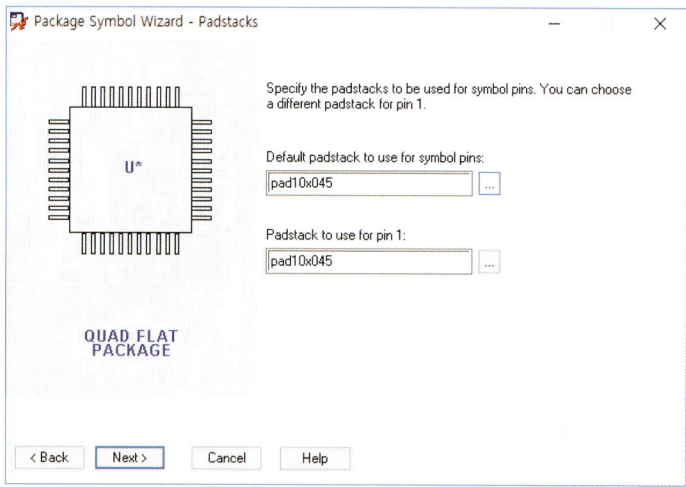

ⓙ Symbol origin은 가운데 핀(Center of symbol body)으로 설정하고 Symbol 생성을 위해 Create a compiled symbol을 선택한 다음 Next > 버튼을 클릭한다.

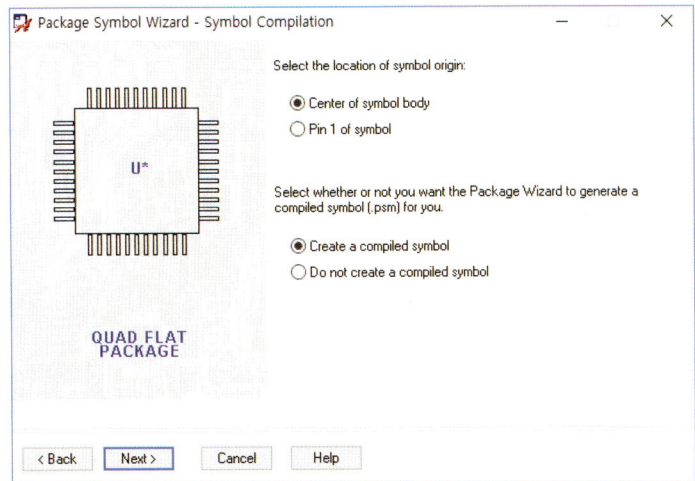

ⓚ "TQFP32A.dra", "TQFP32A.psm" 파일의 생성을 확인하고, Finish 버튼을 클릭하여 Package symbol Wizard를 종료한다.

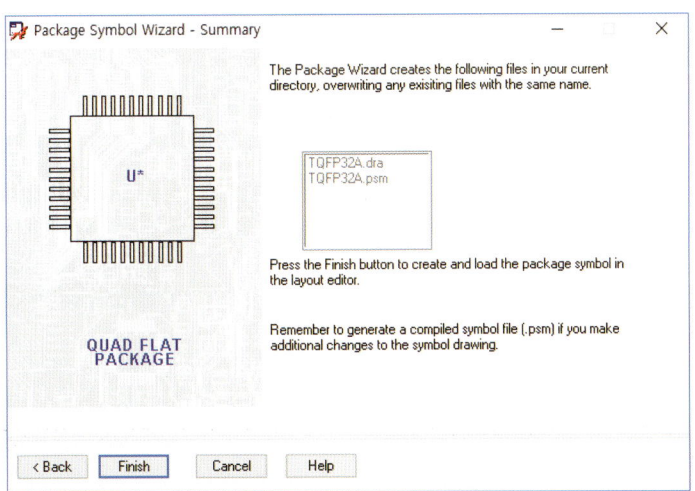

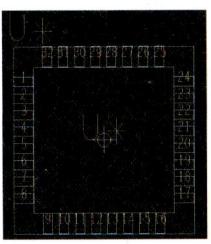

④ U2 - ADM101E(풋프린트 SOIC10)

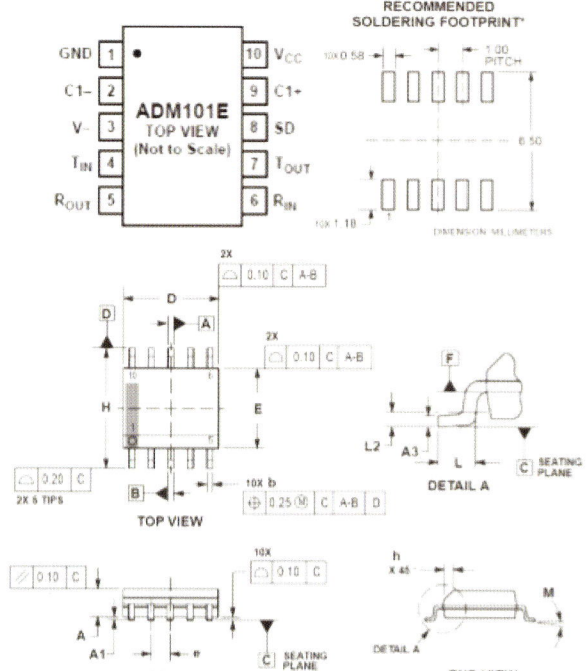

㉠ 풋프린트 제작을 위한 smd pad 생성

ⓐ 윈도우의 시작 메뉴에서 Cadence - Pad Designer()를 클릭한다.

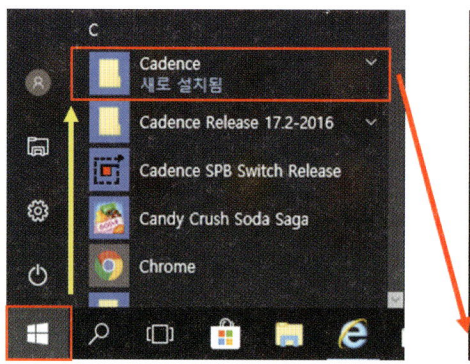
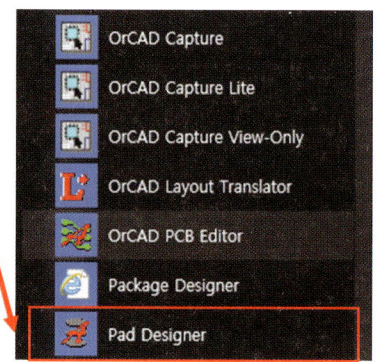

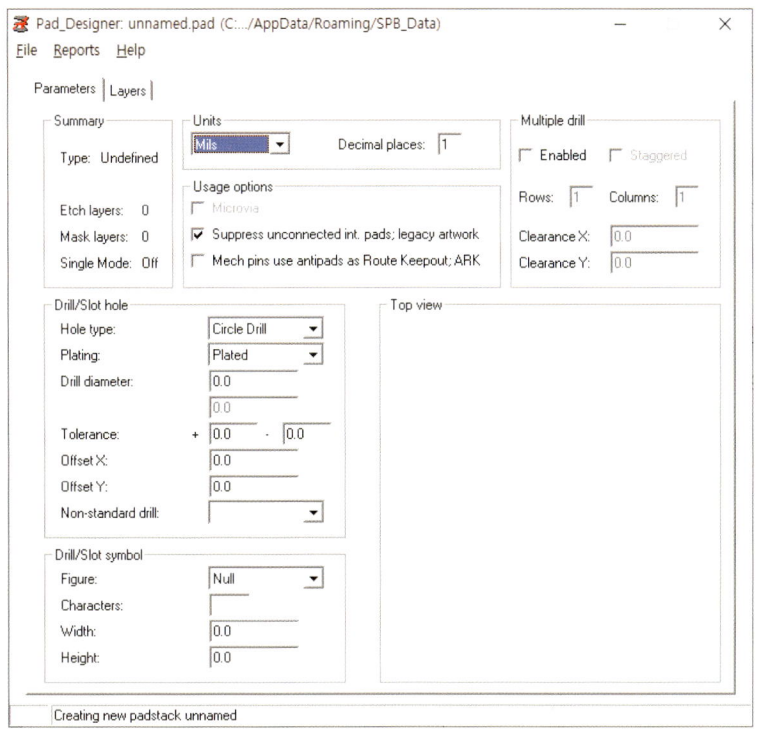

ⓑ File 메뉴에서 New를 클릭하고 New Padstack 창에서 Browse... 버튼을 클릭하여 저장경로("symbols" 폴더)를 설정하고 Padstack Name에 "PAD10×045"를 입력한 후에 OK 버튼을 누른다.

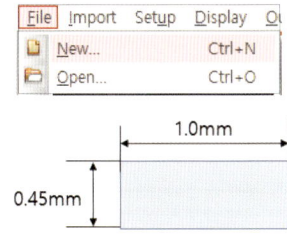
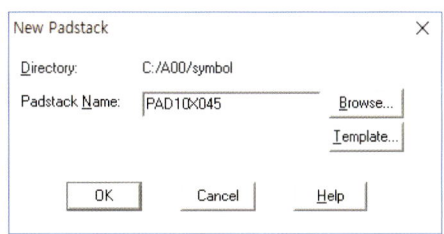

ⓒ Layers Tab에서 다음과 같이 설정한다. 이때 Regular pad의 size는 납땜을 해야 하므로 데이터 시트(data sheet)에 나와 있는 핀의 size보다 1.2~1.5배 정도 더 크게 만드는 것이 일반적이나 시험에서는 요구사항과 동일하게 입력한다.

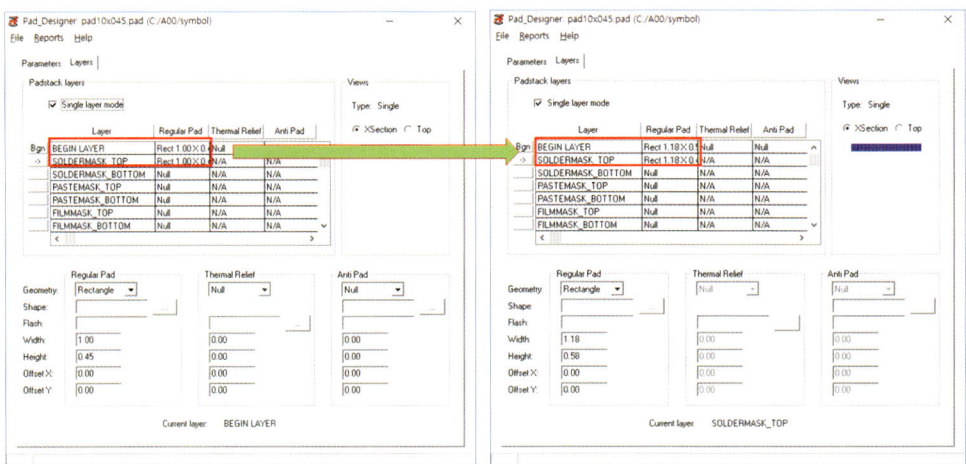

- Begin Layers Regular Pad
  • Geometry : **Rectangle**
  • Width : 1.18
  • Height : 0.58

- Soldermask Top Regular Pad
  • Geometry : **Rectangle**
  • Width : 1.18
  • Height : 0.58

ⓓ File 메뉴에서 Save As를 선택하여 "PAD118×058"로 저장한다.

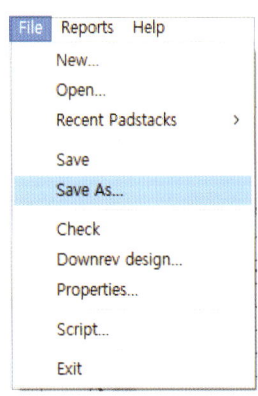 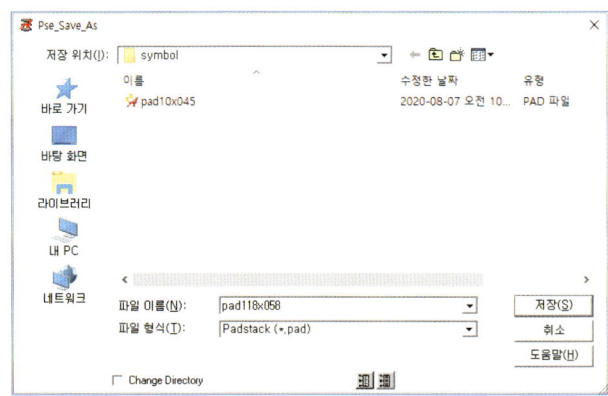

ⓛ SOIC10 Footprint 생성하기

ⓐ 바탕화면의 PCB Editor 아이콘( )을 누르거나 윈도우의 시작 메뉴에서 Cadence - PCB Editor를 실행한다.

ⓑ File 툴바에서 New 아이콘(　)을 누르거나 File 메뉴에서 New를 클릭한다.

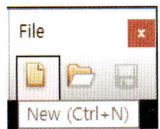 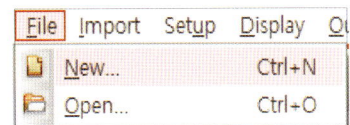

ⓒ New Drawing 창이 나타나면 　Browse...　 버튼을 클릭하여 저장경로("symbols" 폴더)를 지정하고 풋프린트명(SOIC10.dra)을 파일 이름에 입력 후 　OK　 버튼을 클릭한다.

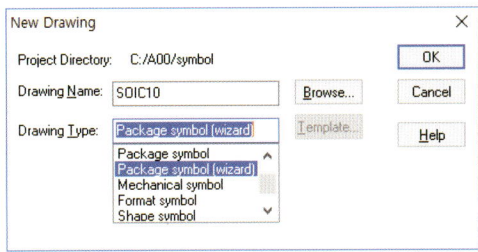

ⓓ SOIC 타입을 선택하고 　Next >　 버튼을 클릭한다.

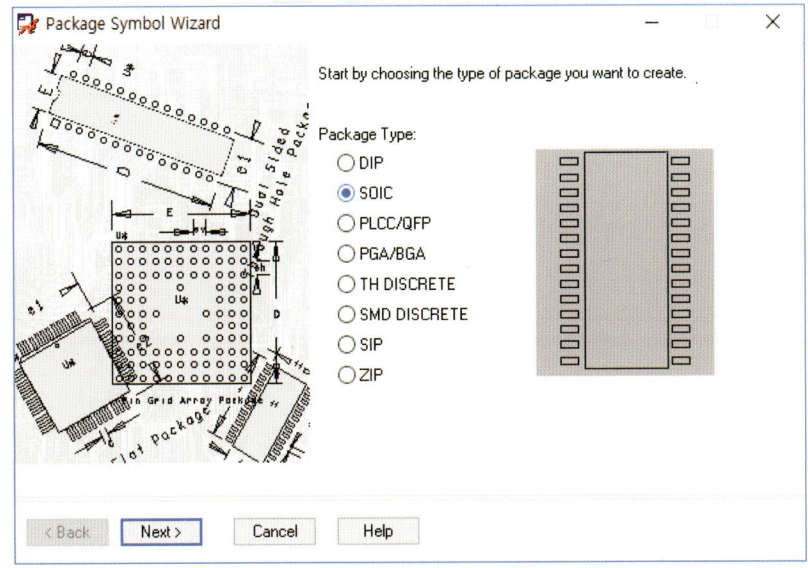

ⓔ Load Template 버튼을 클릭하여 기본적으로 제공하는 템플릿을 불러들인 다음 Next> 버튼을 클릭한다.

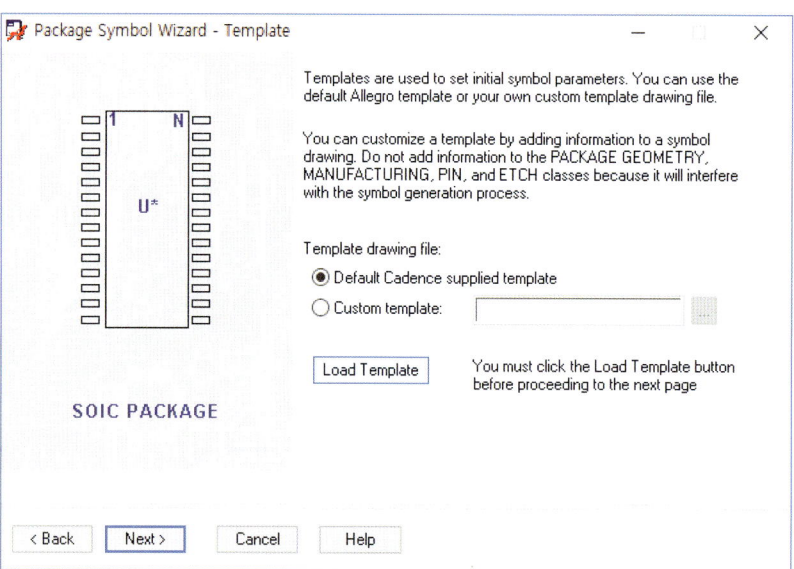

ⓕ 단위는 "Millimeter"를 선택하고 소수점 자릿수(Accuracy)는 "2"로, RefDes는 "U*"를 선택하고 Next> 버튼을 클릭한다.

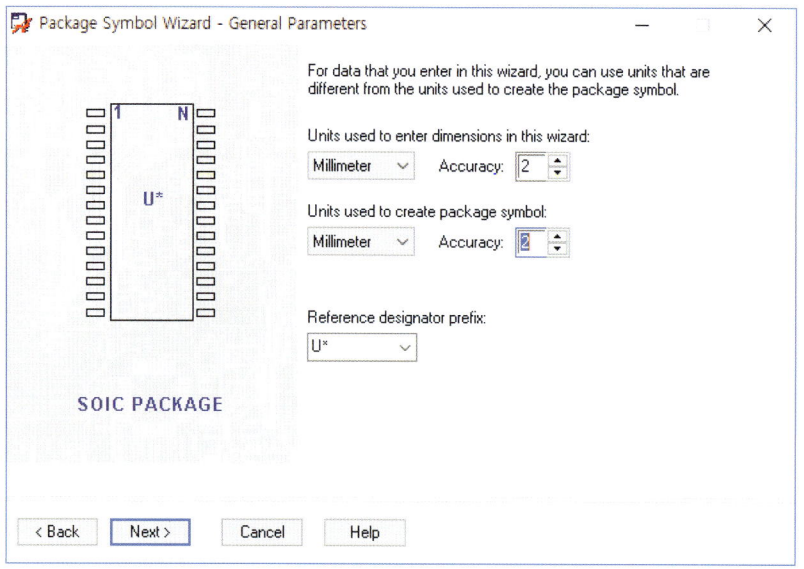

ⓖ 데이터 시트(Datasheet)를 참조하여 필요한 값들을 선택해서 입력한다.

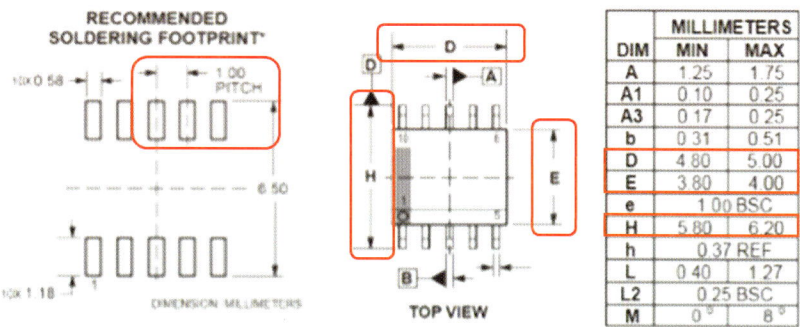

- Number of pins (N) : **10**
- Lead pitch (e) : **1.0mm**
- Terminal row spacing (e1) : **4.95mm**
  - E + (H - E)/2 = 3.9 + (6 - 3.9)/2 = 3.9 + 1.05 = **4.95mm**
- Package width (E) : **3.90mm**
- Package length (D) : **4.9mm**

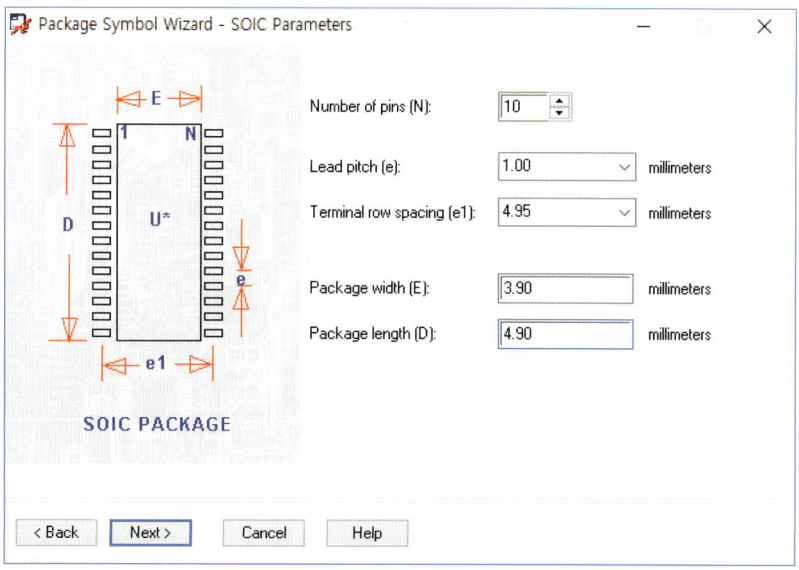

ⓗ Default Padstack과 Padstack to use for pin1에는 Padstack Editor로 생성한 "PAD118×058"을 선택한 다음 Next> 버튼을 클릭한다.

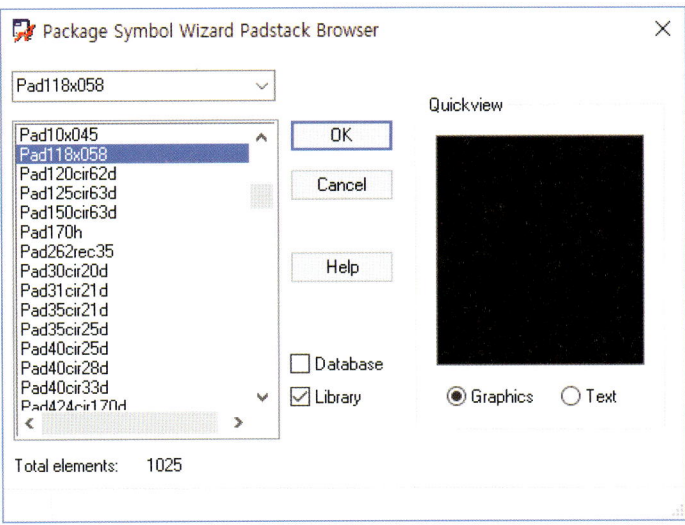

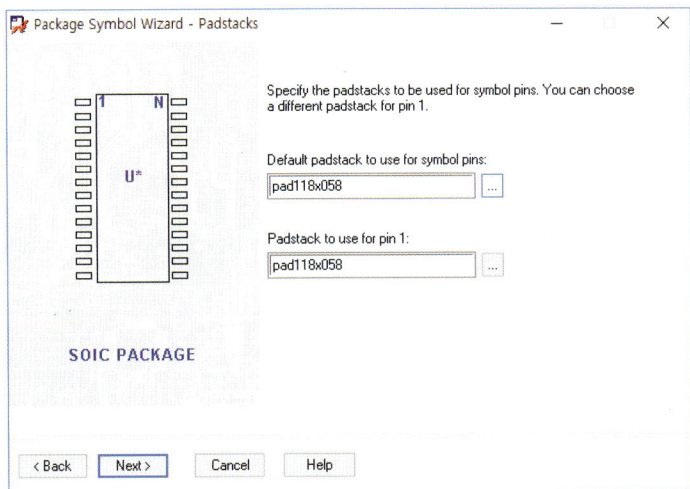

ⓘ Symbol origin은 가운데 핀(Center of symbol body)으로 설정하고 Symbol 생성을 위해 Create a compiled symbol을 선택한 다음 Next> 버튼을 클릭한다.

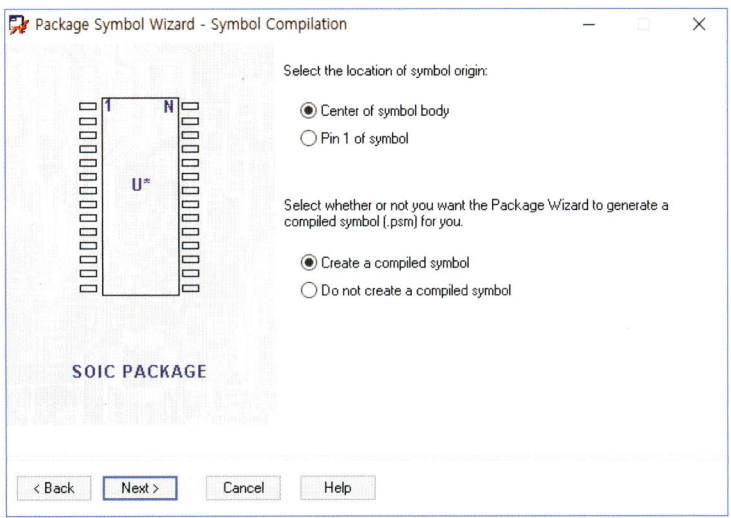

⑪ "SOIC10.dra", "SOIC10.psm" 파일의 생성을 확인하고, Finish 버튼을 클릭하여 Package symbol Wizard를 종료한다.

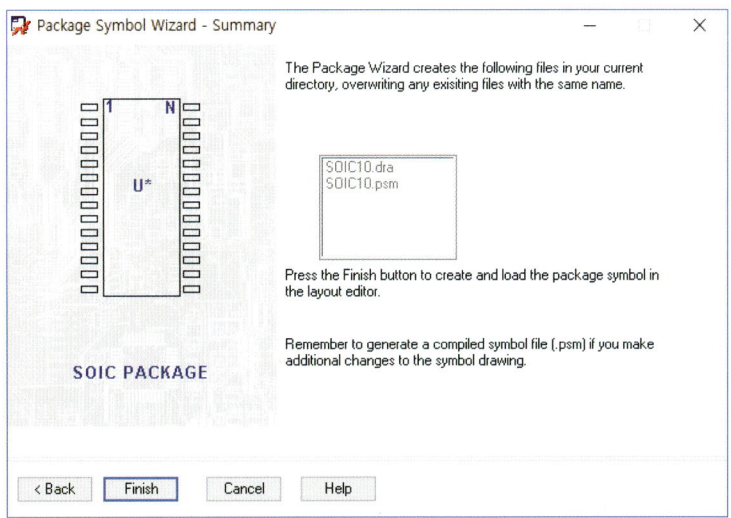

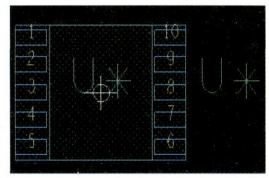

⑤ Y1 - Crystal(풋프린트 16MHz)

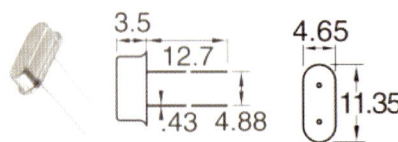

㉠ 풋프린트 제작을 위한 스루홀 pad 생성

ⓐ 윈도우의 시작 메뉴에서 Cadence - Pad Designer()를 클릭한다.

ⓑ File 메뉴에서 New를 클릭하고 Browse... 버튼을 클릭하여 저장 경로("symbols" 폴더)를 설정하고 Padstack Name 칸에 "PAD10×043"를 입력하고 OK 버튼을 누른다.

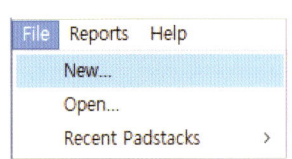
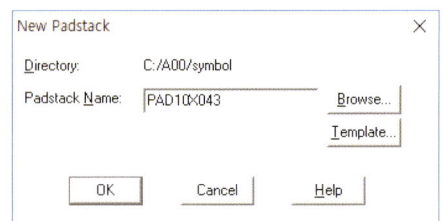

ⓒ Pad Designer 창에서 다음과 같이 설정한다.

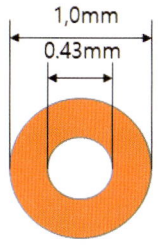

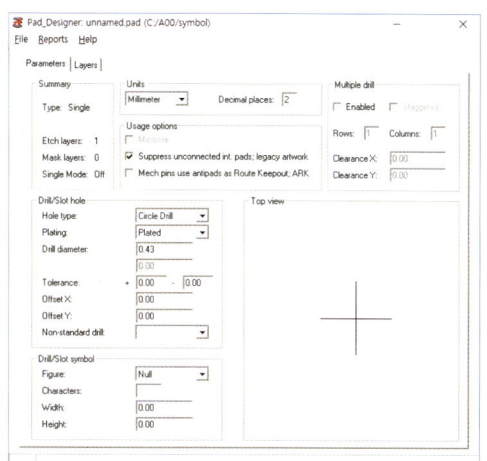

- Units : Millimeter
- Decimal places : 2
- Hole Type : Circle
- Drill diameter : 0.43

ⓓ Layers Tab에서 다음과 같이 설정한다.

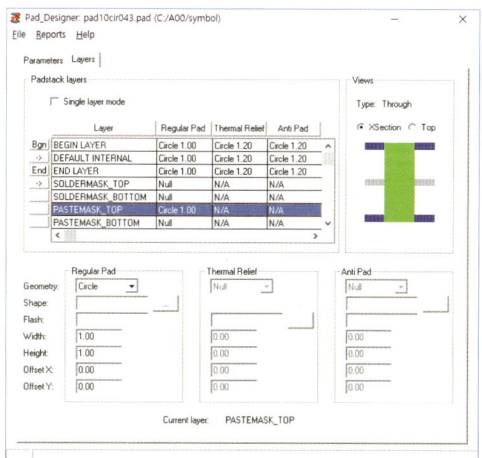

[Layers] – Regular Pad :   • BEGIN LAYER : Circle 1.0
　　　　　　　　　　　　• DEFAULT INTERNAL : Circle 1.0
　　　　　　　　　　　　• END LAYER : Circle 1.0
　　　– Thermal Pad :   • BEGIN LAYER : Circle 1.2
　　　　　　　　　　　　• DEFAULT INTERNAL : Circle 1.2
　　　　　　　　　　　　• END LAYER : Circle 1.2
　　　– Anti Pad :　　　• BEGIN LAYER : Circle 1.2
　　　　　　　　　　　　• DEFAULT INTERNAL : Circle 1.2
　　　　　　　　　　　　• END LAYER : Circle 1.2

ⓔ File 메뉴에서 Save를 선택하여 생성된 패드를 저장한다.

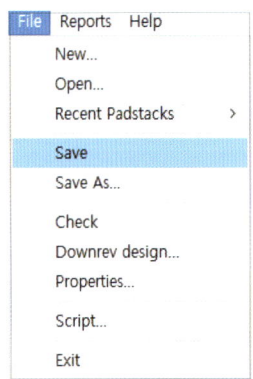 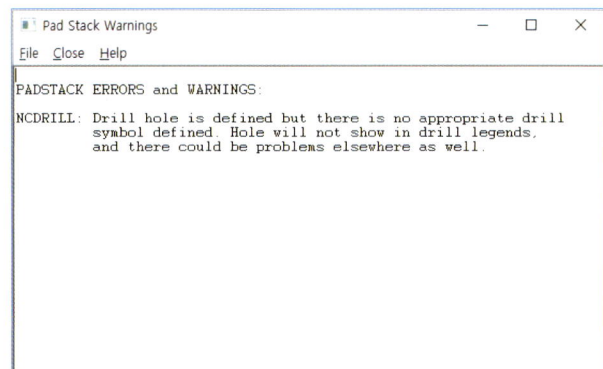

ⓕ Pad Designer 창을 종료하기 위하여 File 메뉴에서 Exit를 누른다.

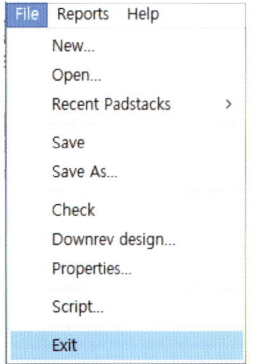

ⓛ 16MHz 크리스털 풋프린드 생성하기

ⓐ 바탕화면의 PCB Editor 아이콘( )을 누르거나 윈도우의 시작 메뉴에서 Cadence - PCB Editor를 실행한다.

ⓑ File 툴바에서 New 아이콘( )을 누르거나 File 메뉴에서 New를 클릭한다.

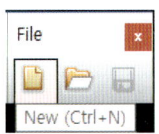 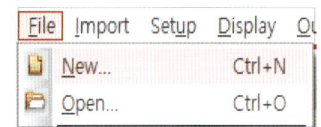

ⓒ New Drawing 창이 나타나면 [Browse...] 버튼을 클릭하여 이전에 생성한 "Symbols" 폴더를 경로로 지정하여 크리스털명(16MHz)을 파일 이름에 입력 후 Drawing Type에 Package symbol을 선택하고 [OK] 버튼을 클릭한다.

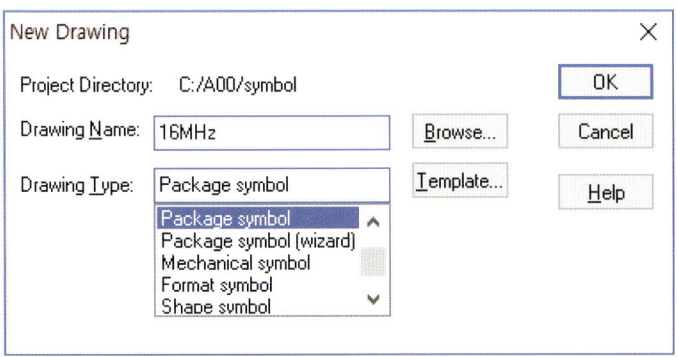

ⓓ Setup 메뉴에서 Design Parameter를 클릭하거나 Setup 툴바에서 Prmed 아이콘(▧)을 클릭하여 Display 탭의 Grid on을 활성화하거나 Setup 툴바에서 Grid Toggle 아이콘(▦)을 클릭, Design 탭에서 아래와 같이 설정하고 [OK] 버튼을 누른다.

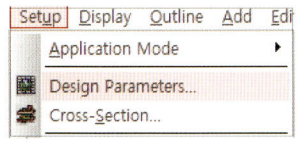 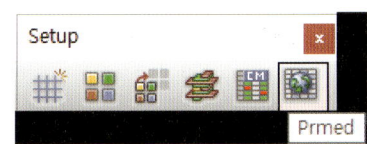

- Units : **Millimeter**
- Sheet Size : **A4**
- Accuracy : **2**
- Left X : **-80**
- Lower Y : **-80**

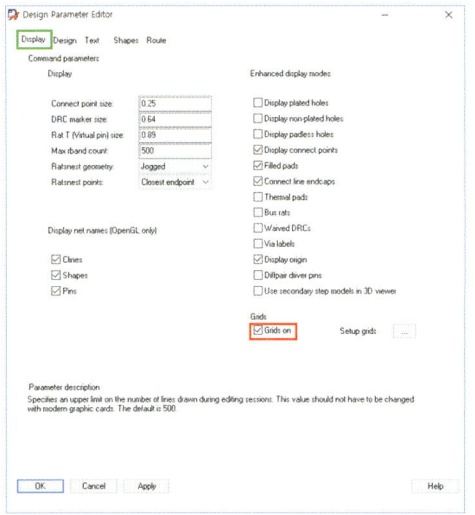
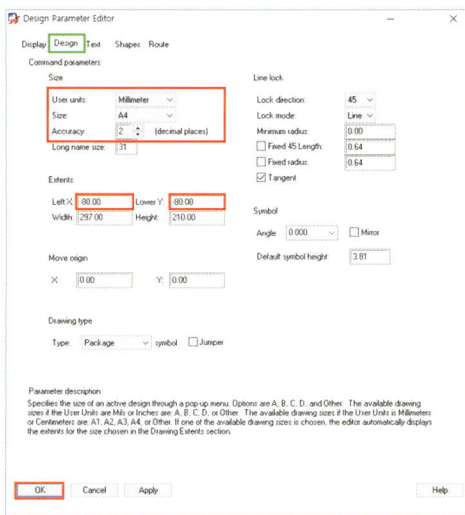

ⓔ Display 툴바에서 Add Pin 아이콘( )을 누르거나 Layout 메뉴에서 Pins를 선택하여 Option 창이 활성화되면, Padstack의 Browse 버튼을 클릭하고 Select apadstack 창에서 패드 디자이너에서 생성한 "pad10cir043"을 검색하여 선택 후 OK 버튼을 클릭한다.

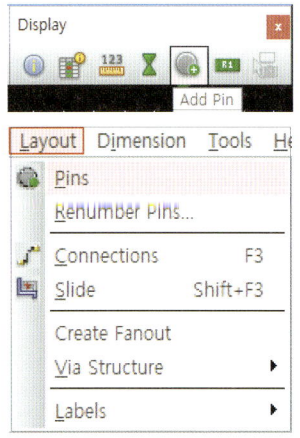
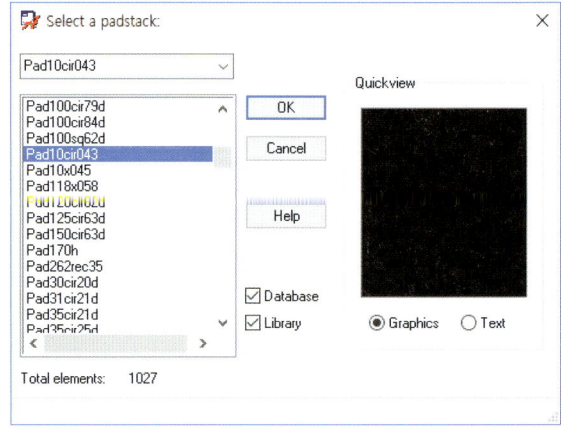

ⓕ Options 창에서 아래와 같이 설정한다.

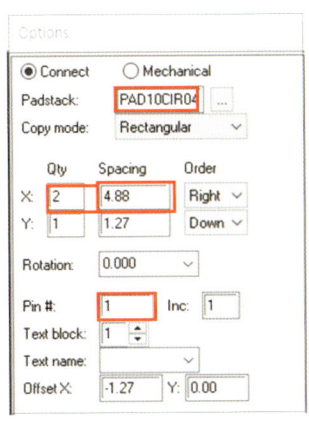
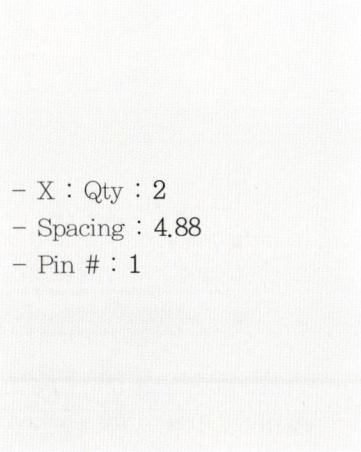

- X : Qty : 2
- Spacing : 4.88
- Pin # : 1

ⓖ Command 창에 pad의 배치를 위하여 다음과 같이 입력하고 오른쪽 마우스 버튼을 눌러 팝업메뉴에서 Done(F6)을 눌러 작업을 마친다.

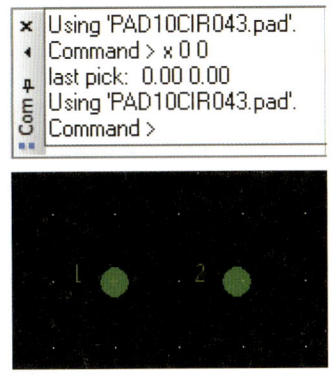
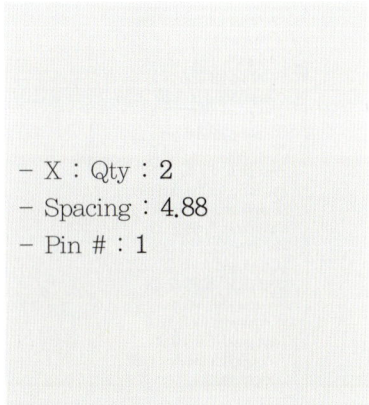

- X : Qty : 2
- Spacing : 4.88
- Pin # : 1

ⓗ Add 메뉴에서 3pt Arc를 클릭하고, Options 창을 다음과 같이 설정한다.

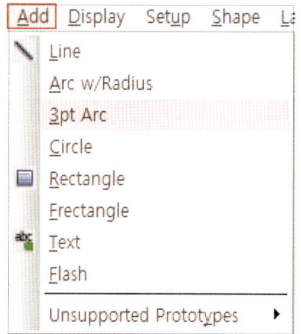 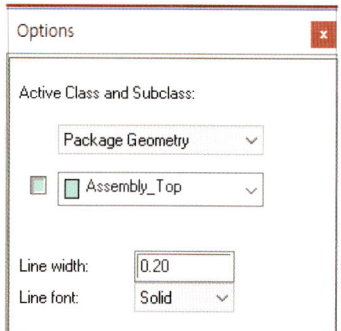

- Active Class and Subclass : Package Geometry
- Assembly_Top
- Line width : 0.2

ⓘ Command 창에 다음과 같이 입력하고 마우스 오른쪽 버튼을 눌러 팝업메뉴에서 Done(F6)을 눌러 작업을 마친다.

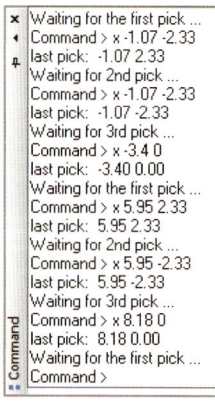 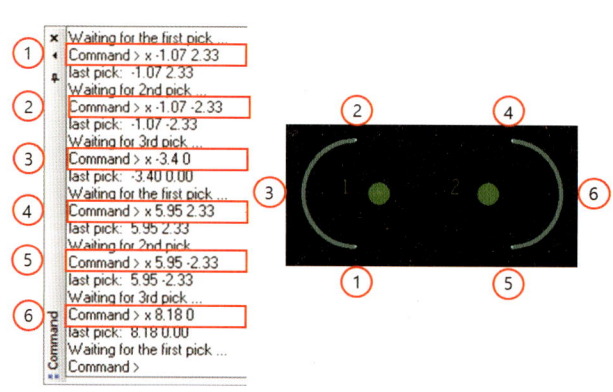

- Command : x -1.07 2.33 [Enter↵]
            x -1.07 -2.33 [Enter↵]
            x -3.4 0 [Enter↵]
            x 5.95 2.33 [Enter↵]
            x 5.95 -2.33 [Enter↵]
            x 8.18 0 [Enter↵]

ⓙ Add 툴바에서 라인 아이콘(　)을 누르거나 Add 메뉴에서 Line을 선택하고 Options 창에서 다음과 같이 설정한다.

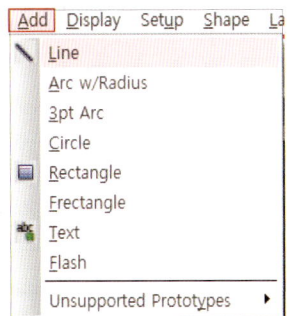
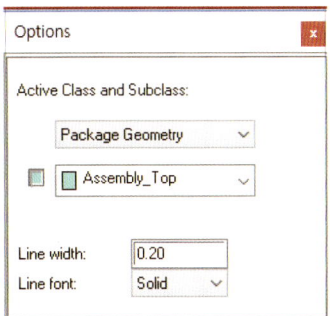

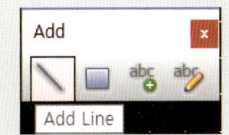

- Active Class and Subclass : Package Geometry
- Assembly_Top
- Line width : 0.2

ⓚ Command 창에 다음과 같이 입력하고 마우스 오른쪽 버튼을 클릭하여 팝업메뉴에서 Done(F6)을 눌러 작업을 마친다.

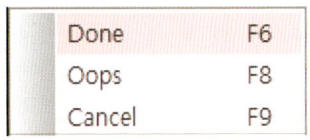

- Command : x -1.07 2.33 [Enter↵]
　　　　　　x 5.95 2.33 [Enter↵]
　　　　　　x -1.07 -2.33 [Enter↵]
　　　　　　x 5.95 -2.33 [Enter↵]

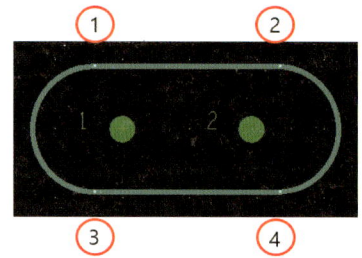

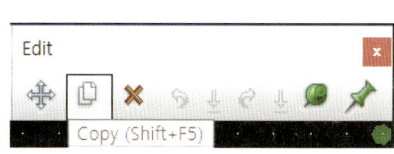

① Package Geometry-Assembly_Top의 라인을 복사하여 Package Geometry - Silk screen_Top 라인을 생성하기 위하여 Edit 툴바에서 Copy 아이콘(📋)을 누르거나 Edit 메뉴에서 Copy를 선택하고 오른쪽의 Find 창에서 All Off 버튼을 누른 후에 Lines만을 선택한다.

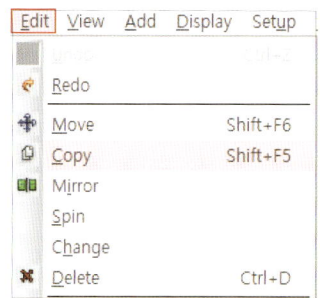

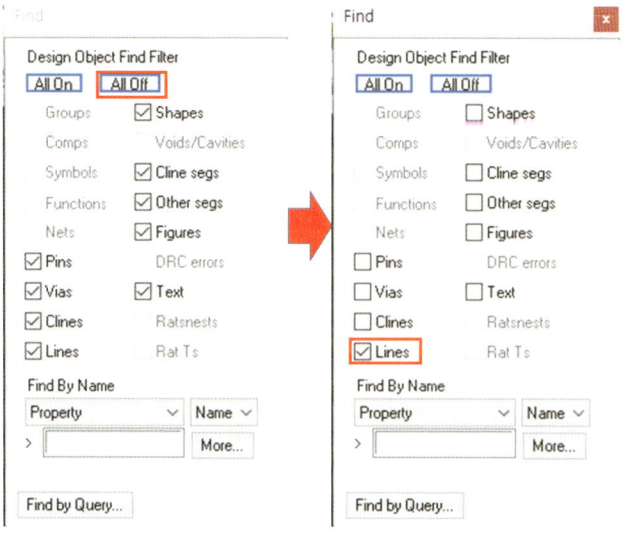

ⓜ Assembly_Top의 라인을 선택하여 복사된 라인을 그림과 같이 빈 영역에 배치한다.

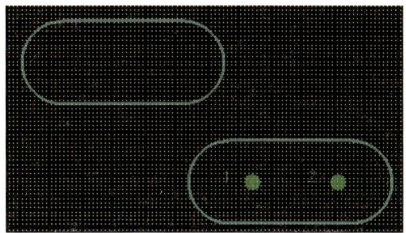

ⓝ 복사된 라인의 속성을 변경하기 위하여 Edit 메뉴에서 Change를 선택하고 오른쪽 Options 창에서 다음과 같이 설정한다.

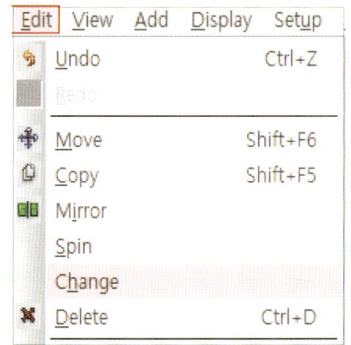
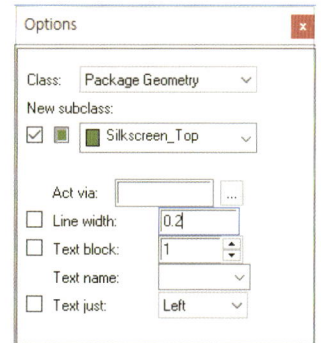

- Active Class and Subclass : **Package Geometry**
- Silkscreen_Top
- Line width : 0.2

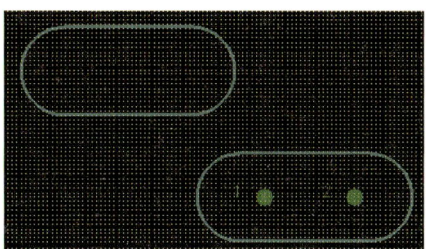

ⓞ 속성이 변경된 SilkScreen_Top 라인을 Assemblly_Top 라인에 덮어씌우기 위하여 그리드 간격을 미세하게 변경하기 위하여 Setup 메뉴에서 Grids… 를 클릭하고 Define Grid 창의 NonEtch 항목에서 Spacing 칸의 x와 y칸을 0.12로 변경하고 OK 버튼을 누른다.

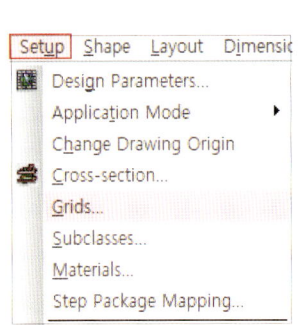
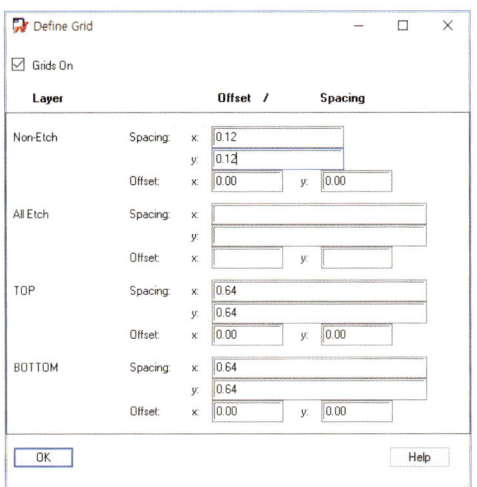

ⓟ Edit 툴바에서 Move 아이콘( )을 누르거나 Edit 메뉴에서 Move를 누른 후에 SilkScreen_Top의 라인을 이동하여 Assemblly_Top 라인 위에 덮어씌운다.

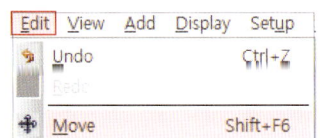

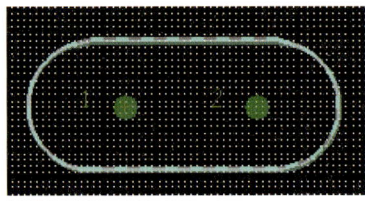

⑨ 부품의 참조번호를 입력하기 위해서는 Display 툴바에서 Label Refdes 아이콘 () 을 누르거나 Layout 메뉴에서 Labels - RefDes를 클릭하고, Options 창에 다음과 같이 설정한다.

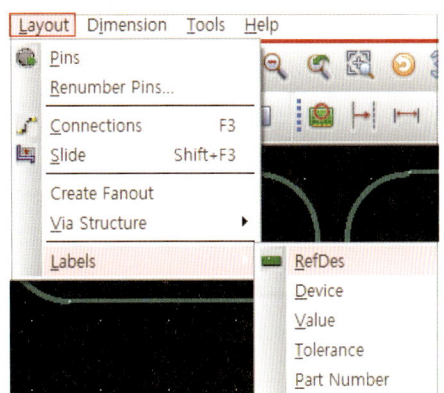

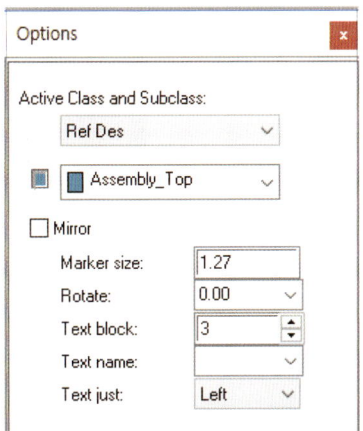

- Active Class and Subclass : RefDes - Assembly_Top
- Text block : 3

ⓡ 부품의 안쪽에 "Y*"를 입력하여 배치하고, 마우스 오른쪽 버튼을 클릭하여 팝업 메뉴에서 Done(F6)을 눌러 작업을 마친다. 이때 참조번호는 Assembly_Top과 Silkscreen_Top에 입력하여야 한다.

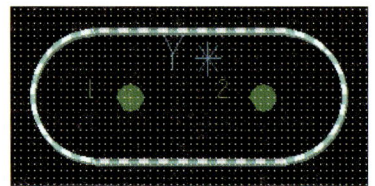
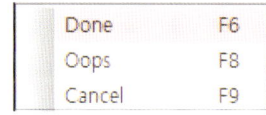

ⓢ 실크 데이터를 위한 참조번호를 입력하기 위해서 Display 툴바에서 Label Refdes 아이콘(■)을 누르거나 Layout 메뉴에서 Labels - RefDes를 클릭하고, Options 창에 다음과 같이 설정한다.

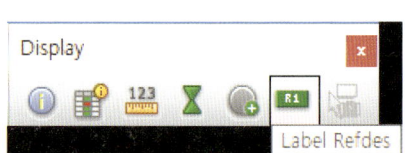
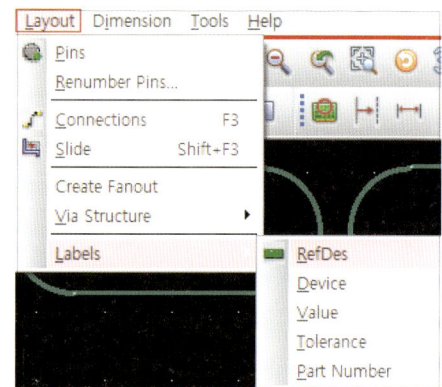

- Active Class and Subclass : RefDes - Assembly_Top
- Text block : 3

ⓣ 부품의 위쪽에 "Y*"를 입력하여 배치하고, 마우스 오른쪽 버튼을 클릭하여 팝업 메뉴에서 Done(F6)을 눌러 작업을 마친다. 이때 Footprint 영역은 Place_Bound_Top으로 설정한다.

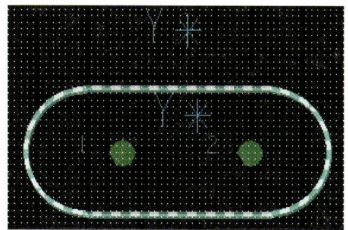

ⓤ Shape 메뉴에서 Compose Shape를 클릭하고, Options 창에서 다음과 같이 설정한다.

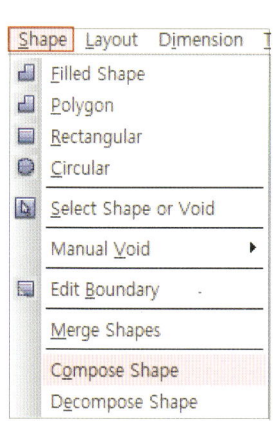 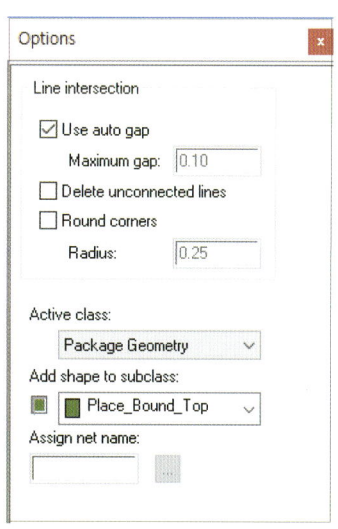

- Active Class : **Package Geometry**
- Add shape to subclass : **Place_Bound_Top**

ⓥ 왼쪽 마우스를 클릭한 채로 드래그하면 해당 외곽선을 기준으로 경계면이 형성된다. 그리고 마우스 오른쪽 버튼을 클릭하여 팝업메뉴에서 Done(F6)을 눌러

작업을 마친다.

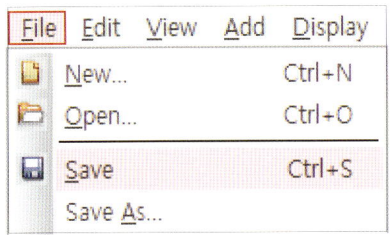 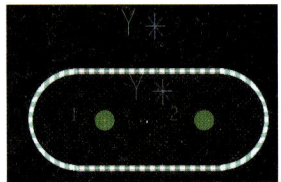

ⓦ 생성된 심벌을 확인하고 File 툴바에서 Save 아이콘(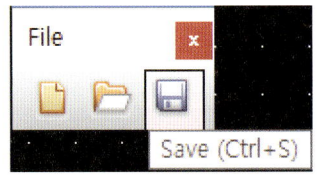)을 누르거나 File 메뉴에서 Save를 클릭하고, Command 창의 생성 부품의 저장 메시지를 확인한다.

 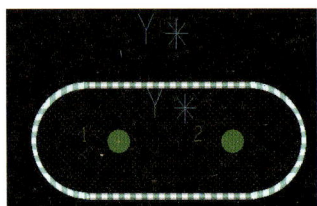

⑥ 전해 커패시터(C15~C16) 풋프린트(D55) 생성하기

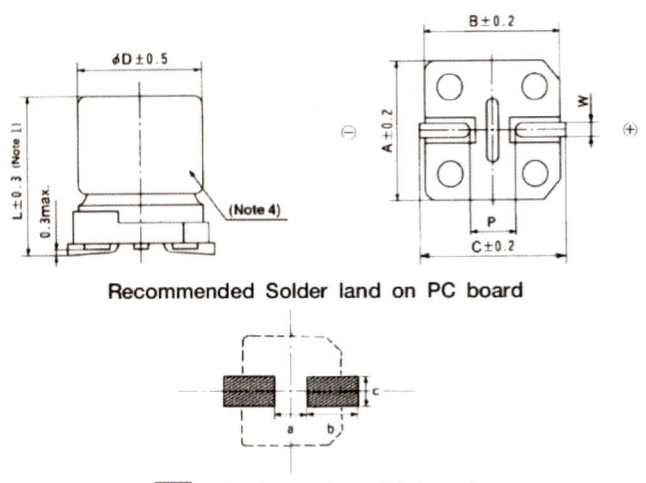

㉠ 풋프린트 제작을 위한 smd pad 생성

ⓐ 윈도우의 시작 메뉴에서 Cadence - Pad Designer(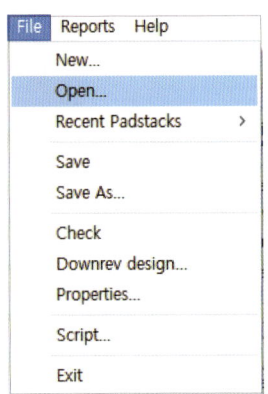)를 클릭한다.

ⓑ File 메뉴에서 Open을 클릭하고 Browse... 버튼을 클릭하여 설정된 저장경로("symbols" 폴더)에서 "PAD10×045"를 선택하고 열기(O) 버튼을 누른다.

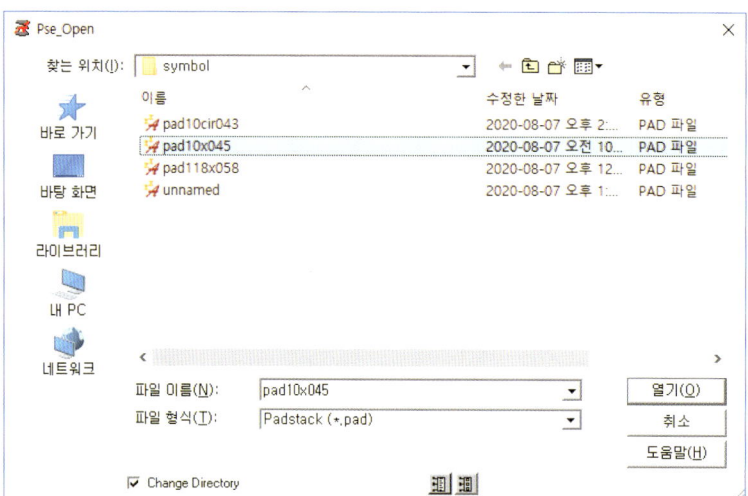

ⓒ Pad Designer 창의 Parameters 탭에서 다음과 같이 설정한다.

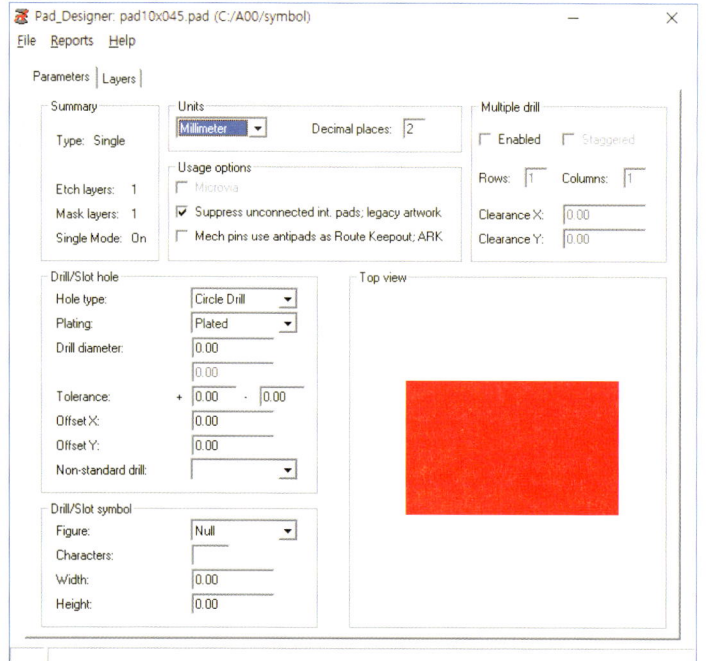

- Units : **Millimeter**
- Decimal places : 2

ⓓ Regular pad의 size는 납땜을 해야 하기에 데이터 시트(datasheet)에 나와 있는 핀의 size보다 1.2~1.5배 정도 더 크게 만들어야 하지만, 시험에서는 규격에 맞게 설계하여야 하므로 Pad Designer 창의 Layers Tab에서 다음과 같이 설정한다.

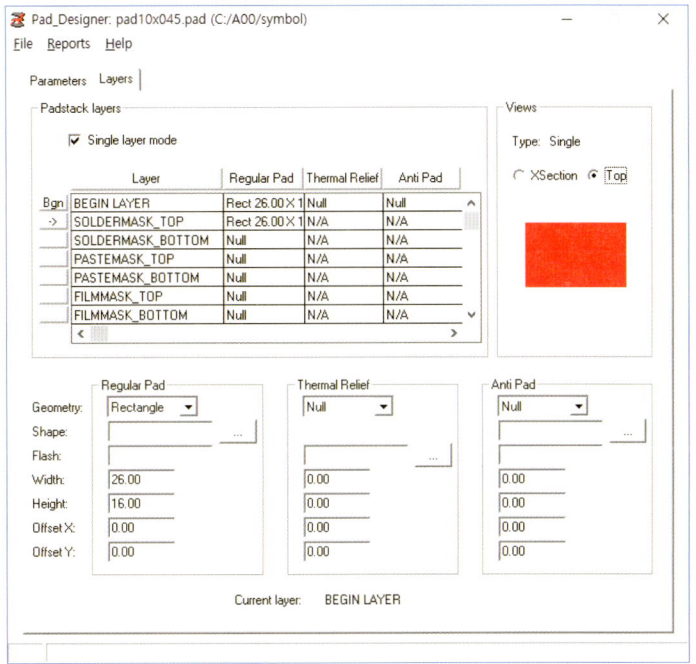

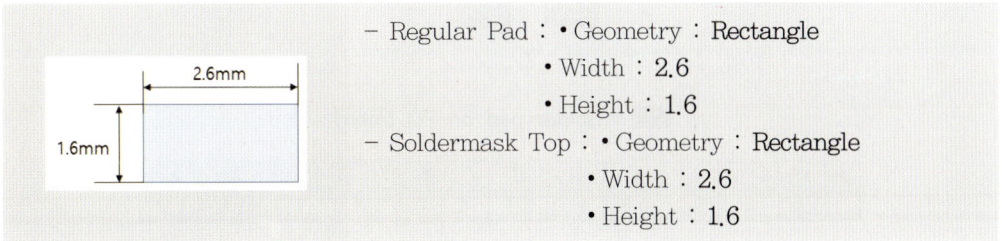

- Regular Pad : • Geometry : Rectangle
  • Width : 2.6
  • Height : 1.6
- Soldermask Top : • Geometry : Rectangle
  • Width : 2.6
  • Height : 1.6

ⓔ File 메뉴에서 Save As…를 클릭하여 "PAD26×16"으로 저장한다.

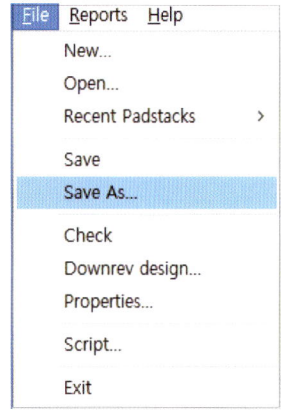 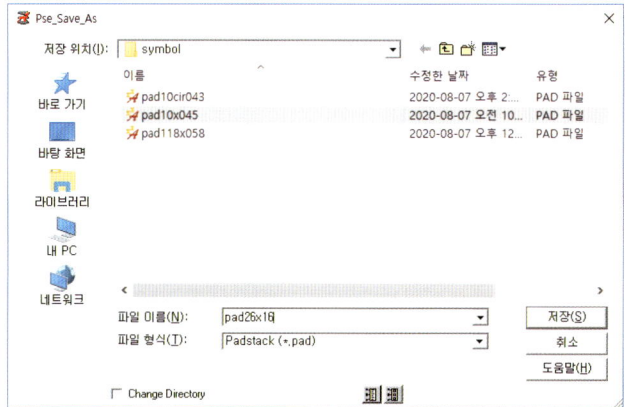

ⓒ CAPAL4_0×5_5 생성하기

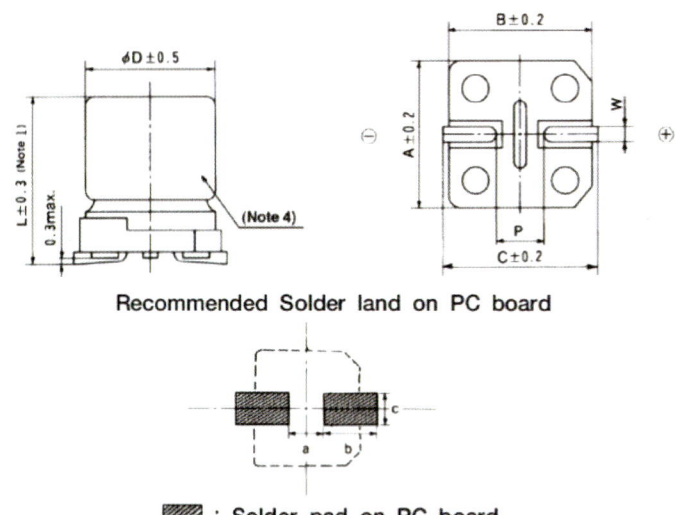

Case code	ØD	L	A	B	C	W	P	a	b	c
D55	4	5.2	4.3	4.3	5.1	0.5-0.8	1.0	1.0	2.6	1.6

ⓐ 바탕화면의 PCB Editor 아이콘()을 누르거나 윈도우의 시작 메뉴에서 Cadence-PCB Editor를 실행한다.

ⓑ File 툴바에서 New 아이콘( )을 선택하거나 File 메뉴에서 New를 클릭한다.

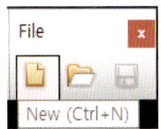 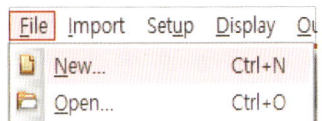

ⓒ New Drawing 창이 나타나면 Browse... 버튼을 클릭하여 이전에 생성한 "Symbols" 폴더에 경로로 지정하여 풋프린트명(D55.dra)을 파일 이름에 입력 후 Drawing Type에 Package symbol을 선택하고 OK 버튼을 클릭한다.

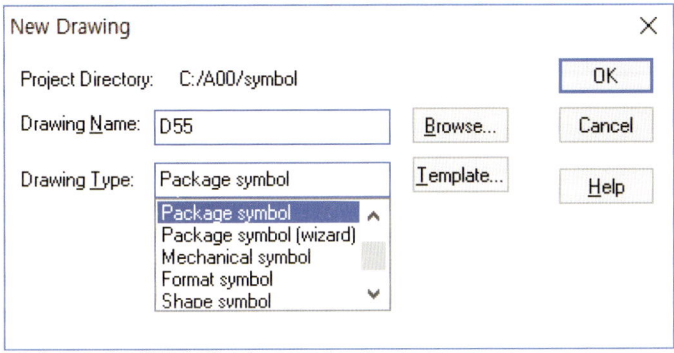

ⓓ Setup 메뉴에서 Design Parameter를 클릭하여 Display 탭의 Grid on을 활성화시키거나 Setup 툴바에서 Grid Toggle 아이콘(▦)을 클릭하고, Design 탭에서 아래와 같이 설정하고 OK 버튼을 누른다.

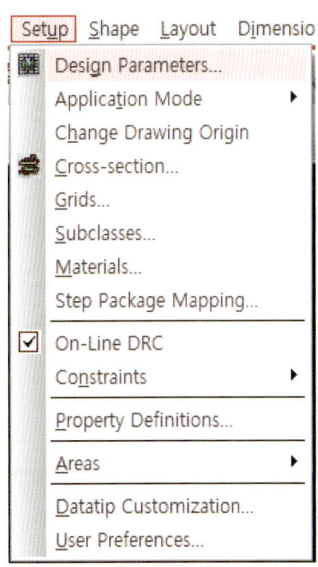

- Units : illimeter
- Sheet Size : A4
- Accuracy : 2
- Left X : -80
- Lower Y : -80

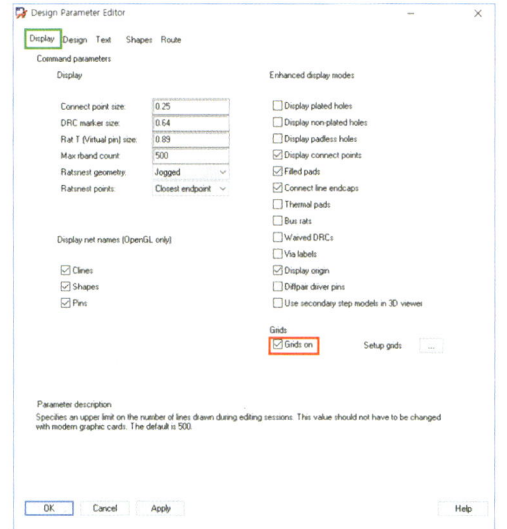
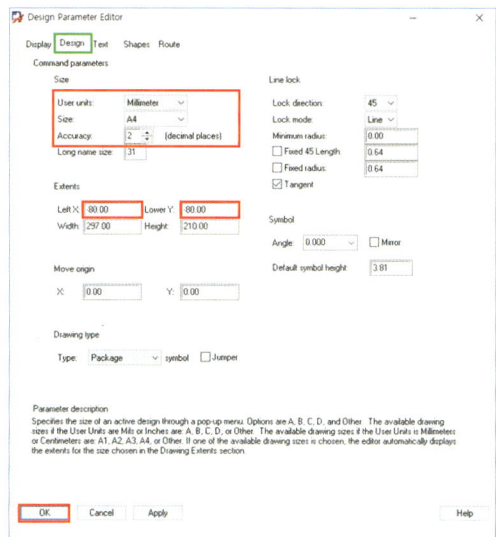

ⓔ Display 툴바에서 Add Pin 아이콘( )을 선택하거나 Layout 메뉴에서 Pins를 선택하여 Option 창이 활성화되면, Padstack의 Browse 버튼을 클릭하고 "PAD26×16"를 검색하여 선택 후 OK 버튼을 클릭한다.

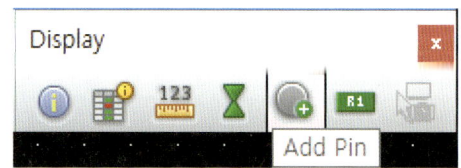

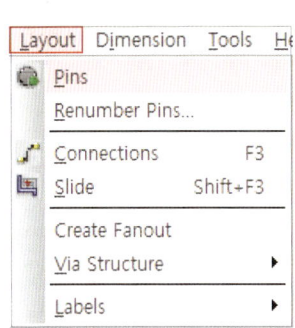 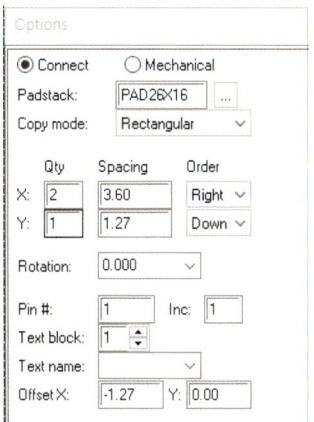

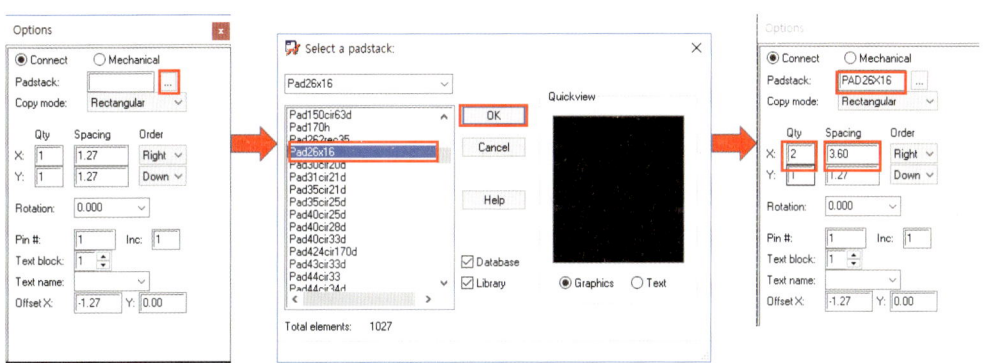

ⓕ Command 창에 다음과 같이 입력하여 pad를 배치하고 마우스 오른쪽 버튼을 클릭하여 팝업메뉴에서 Done(F6)을 눌러 작업을 마친다.

 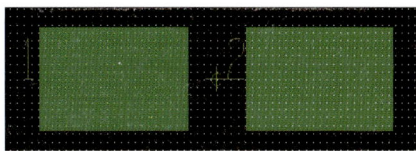

- Command : x -1.8 0

ⓖ Add 툴바에서 Add Line 아이콘( )을 선택하거나 Add 메뉴에서 Line을 클릭하고, Options 창을 다음과 같이 설정한다.

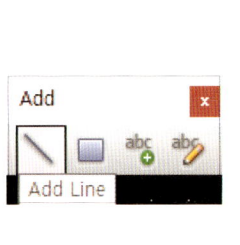 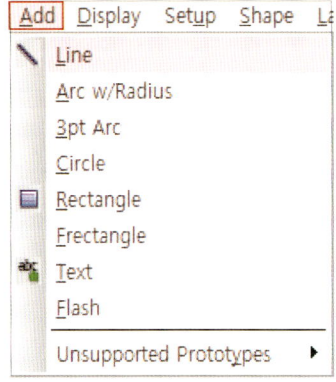 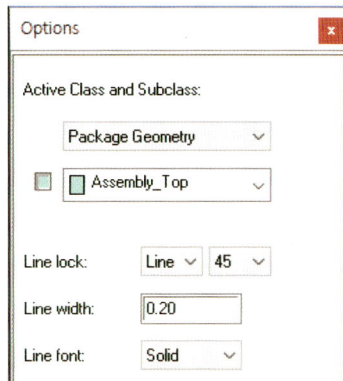

- Active Class and Subclass : **Package Geometry**
- Assembly_Top
- Line width : 0.2

ⓗ Command 창에 다음과 같이 입력하고 마우스 오른쪽 버튼을 클릭하여 팝업메뉴에서 Done(F6)을 눌러 작업을 마친다.

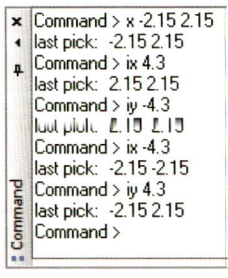 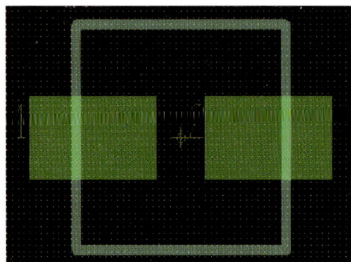

- Command : x -2.15 2.15 [Enter↵]
  ix 4.3 [Enter↵]
  iy -4.3 [Enter↵]
  ix -4.3 [Enter↵]
  iy 4.3 [Enter↵]

ⓘ 사각형의 모서리의 모따기를 위해 Dimension 메뉴에서 Chamfer를 클릭하고 Options 창의 Trim Segements의 First 칸에 1.08을 입력하고 모따기를 위한 영역을 드래그한다.

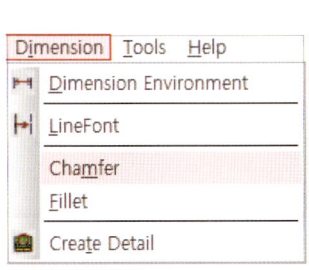
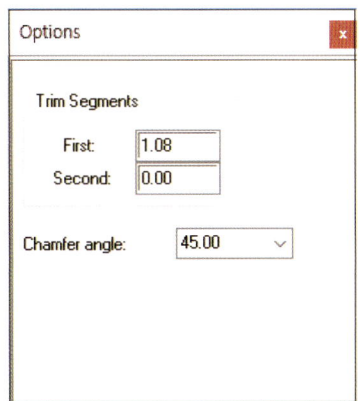

ⓙ 모따기의 설정이 끝나면 상단 부분의 모따기 할 모서리를 마우스로 드래그하면 45도 모따기가 이루어진다.

ⓚ 재차 하단 부분의 모따기를 위해 모서리를 마우스로 드래그하면 45도 모따기가 이루어진다.

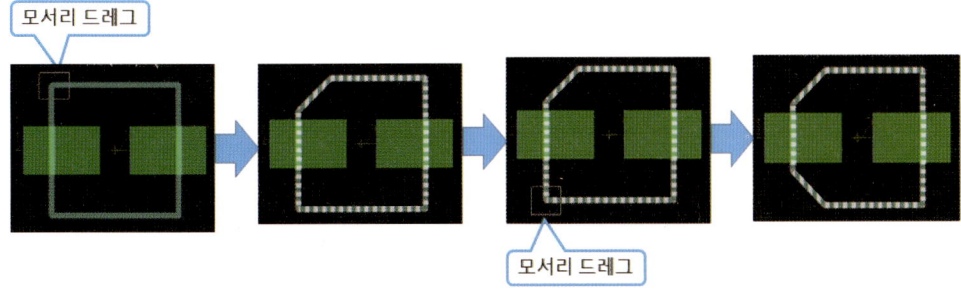

ⓛ Silkscreen_Top 영역을 지정하기 위하여 Edit 메뉴에서 Copy를 선택하고, 오른쪽의 Find 창에서 All Off 버튼을 눌러 모든 체크를 해제한 뒤에 Lines만 체크한다.

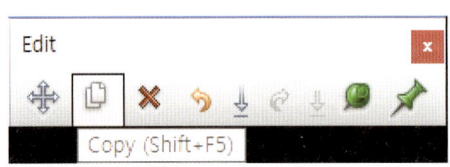
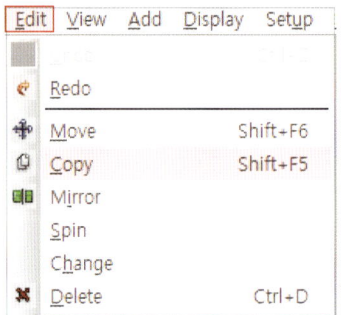

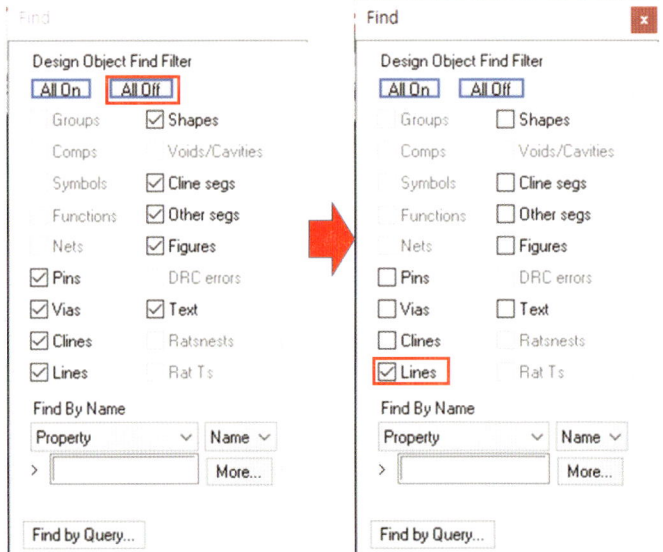

ⓜ 기존의 라인을 선택하여 빈 영역으로 복사된 라인을 옮겨 놓는다.

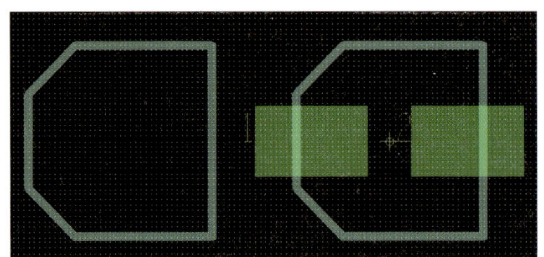

ⓝ 복사된 라인의 속성을 변경하기 위하여 Edit 메뉴에서 Change를 선택하고 오른쪽 Options 창에서 다음과 같이 설정한다.

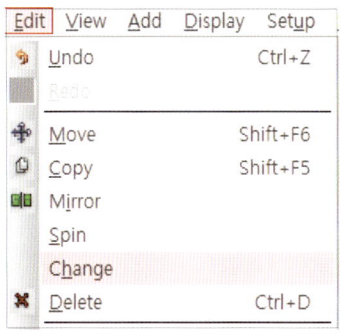 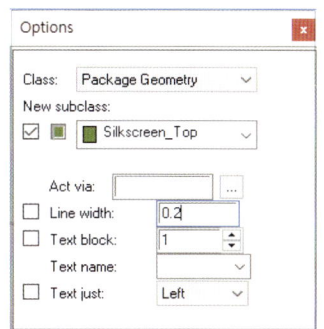

- Active Class and Subclass : **Package Geometry**
- **Silkscreen_Top**
- Line width : **0.2**

ⓞ 라인을 선택하고 오른쪽 마우스 버튼을 눌러 팝업메뉴에서 Show element를 눌러 라인의 속성 변경을 확인한다.

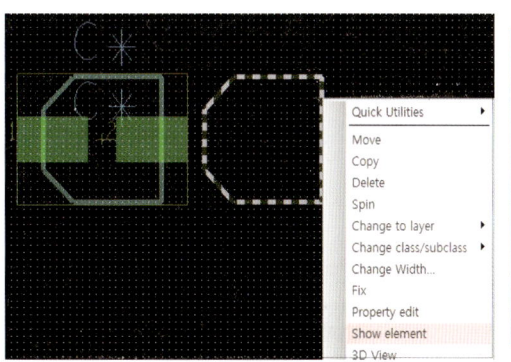 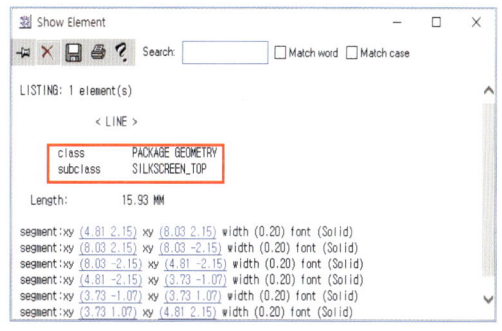

ⓟ 속성이 변경된 SilkScreen_Top 라인을 Assembly_Top 라인에 덮어씌우기 위해서는 그리드 간격을 미세하게 변경해야 하는데 Setup 메뉴에서 Grids… 를 클릭하여 Define Grid 창의 NonEtch 항목에서 Spacing 칸의 x와 y칸을 0.12로

변경하고 OK 버튼을 누른다.

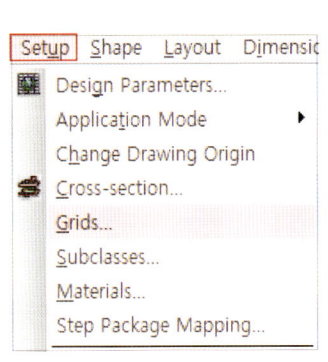
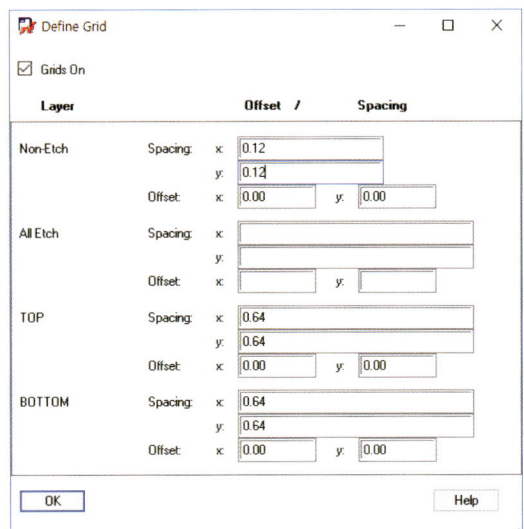

⑨ Edit 툴바에서 Move 아이콘( )을 누르거나 Edit 메뉴에서 Move를 누른 후에 SilkScreen_Top의 라인을 이동하여 Assemblly_Top 라인 위에 덮어씌운다.

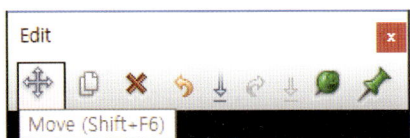

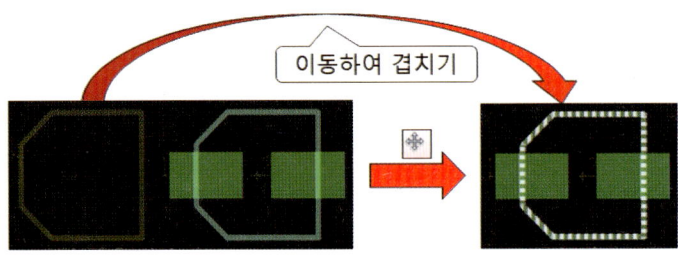

ⓡ 패드스택 위에 그려진 부분의 실크 스크린 데이터를 잘라내기 위하여 Edit 툴바에서 Delete 아이콘(✖)을 누르거나 Edit 메뉴에서 Delete를 클릭한 후에 마우스 오른쪽 버튼을 클릭하여 팝업메뉴에서 Cut을 누른다. 오른쪽의 Find 창에서 All Off 버튼을 누른 후에 Lines만을 체크하여 선택한다.

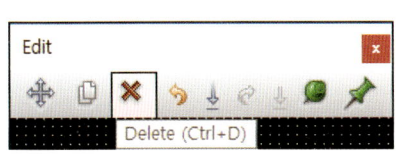

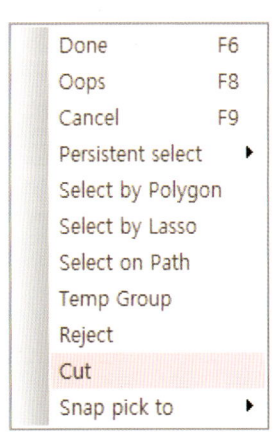

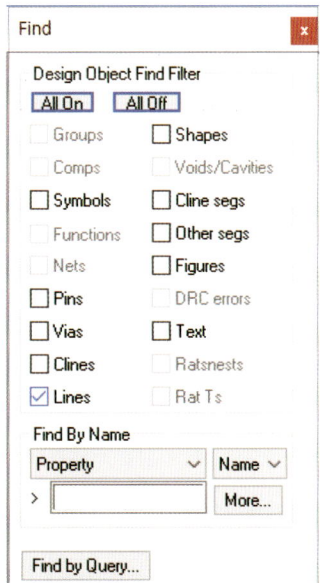

ⓢ 커서를 다음 그림에서처럼 ① 위치를 클릭한 후에 ② 위치를 클릭하면 잘라내고자 하는 선의 영역이 선택되고, ③처럼 SilkScreen_Top 영역 밖을 클릭하면 선택된 라인 부분이 삭제된다.

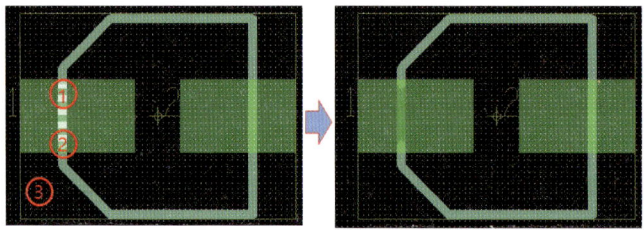

ⓣ 커서를 다음 그림에서처럼 ④ 위치를 클릭한 후에 ⑤ 위치를 클릭하면 잘라내고자 하는 선의 영역이 선택되고, ⑥처럼 SilkScreen_Top 영역 밖을 클릭하면 선택된 라인 부분이 삭제된다.

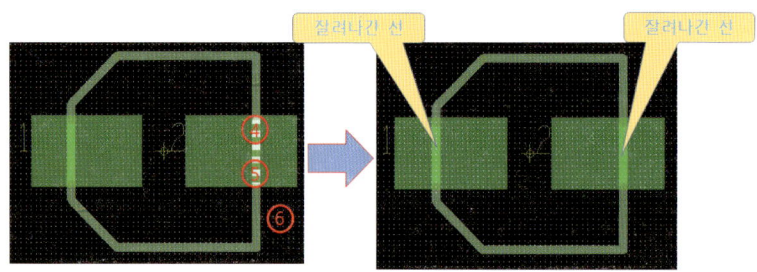

ⓤ 부품의 참조번호를 입력하기 위해서는 Display 툴바에서 Label Refdes 아이콘( )을 선택하거나, Layout 메뉴에서 Labels - RefDes를 클릭하고, Options 창에 다음과 같이 설정한다.

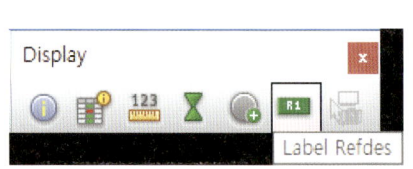
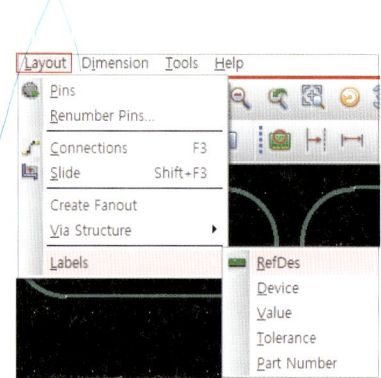

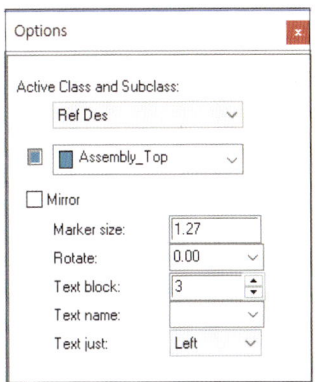

- Active Class and Subclass : RefDes - Assembly_Top
- Text block : 3

ⓥ 부품의 안쪽에 "C*"를 입력하여 배치하고, 마우스 오른쪽 버튼을 클릭하여 팝업 메뉴에서 Done(F6)을 눌러 작업을 마친다. 이때 참조번호는 Assembly_Top과 Silkscreen_Top에 입력한다.

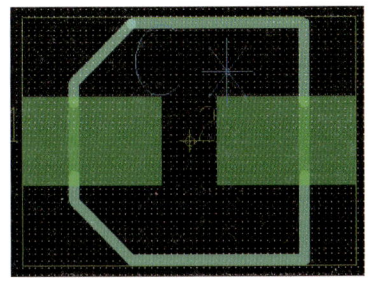

ⓦ 실크 데이터를 위한 참조번호 입력은 Display 툴바에서 Label Refdes 아이콘 ( )을 선택하거나 Layout 메뉴에서 Labels - RefDes를 클릭하고, Options 창에 다음과 같이 설정하고 부품의 위쪽에 "C*"를 입력하여 배치하고, 마우스 오른쪽 버튼을 클릭하여 팝업메뉴에서 Done(F6)을 눌러 작업을 마친다. 이때 Footprint 영역은 Place_Bound_Top으로 설정한다.

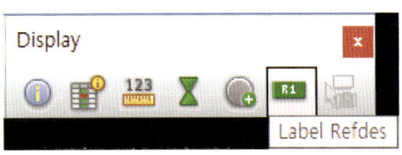
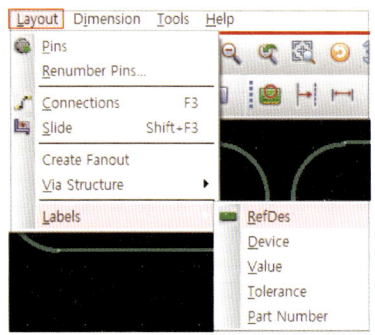

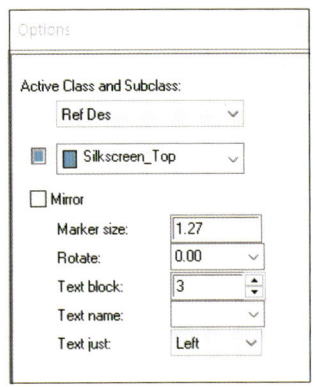
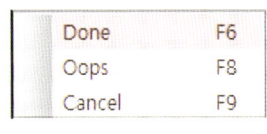
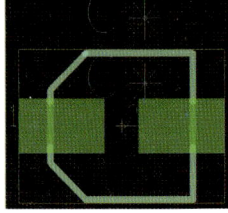

- Active Class and Subclass : **RefDes / Silkscreen_Top**

ⓧ Shape 메뉴에서 Rectangular를 클릭하거나 Shape 툴바에서 Rectangular 아이콘(▢)을 클릭하고, Options 창에서 다음과 같이 설정한다.

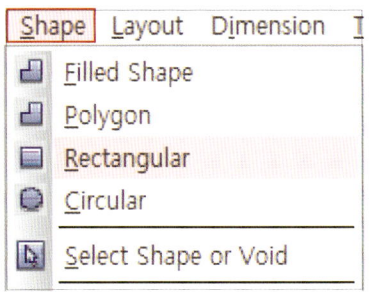

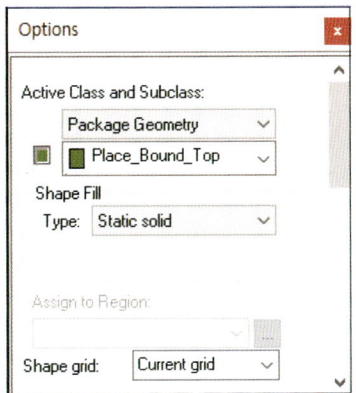

- Active Class and Subclass : Package Geometry
- Place_Bound_Top

ⓨ Command 창에 아래와 같이 입력하고 마우스 오른쪽 버튼을 클릭하여 팝업메뉴에서 Done(F6)을 클릭하여 작업을 마친다.

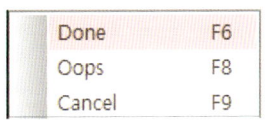 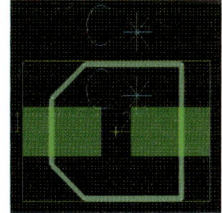

- Command : x -3.1 2.25 [Enter⏎]
  x 3.1 -2.25 [Enter⏎]

ⓩ 부품을 확인하고 File 툴바에서 Save 아이콘(🖫)을 클릭하거나 File 메뉴에서 Save를 클릭하고, Command 창에 생성한 부품이 저장되었는지 확인한다.

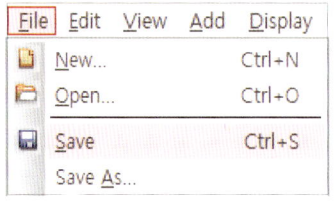
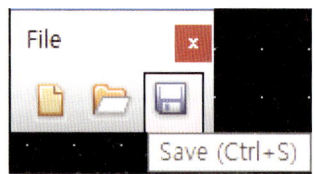

(3) PCB Footprint 확인하기

① Footprint 생성이 완료되었으면 Place 메뉴에서 Components Manually를 클릭하거나 Place 툴바에서 Place Manual 아이콘(, 비활성화 시에는 사용 불가)을 클릭한다.

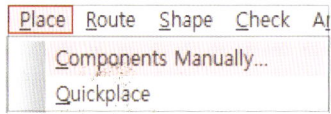

② Advanced Settings 탭을 선택한 뒤 List construction 상자의 Library를 체크한다.

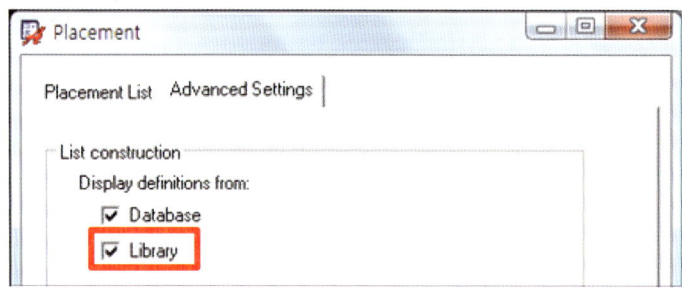

③ Placement List 탭을 선택한 후 List box에서 Package symbols를 선택한 후 생성한 Footprint가 존재하는지 확인한다.

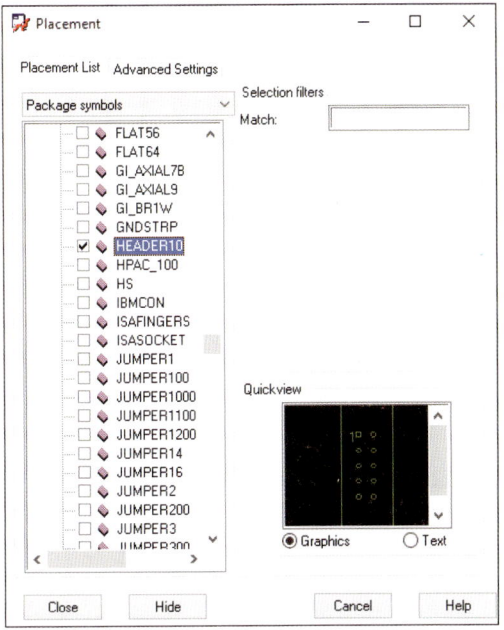

(4) PCB Footprint 설정

① Part 속성 창으로 설정
  ㉠ Project Manager 창의 (파일명).DSN을 클릭 후 마우스 오른쪽 버튼을 클릭하여 팝업메뉴에서 Edit Object Properties를 클릭한다.

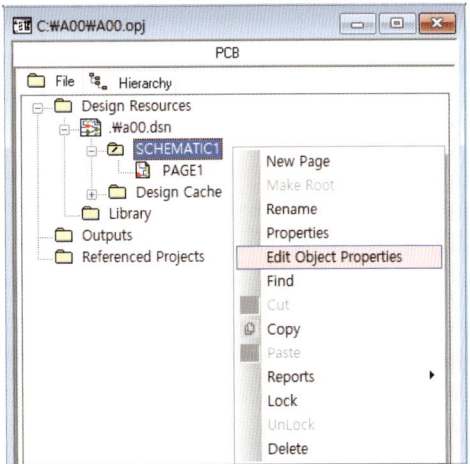

ⓛ Value 항목에 각 부품에 해당하는 Value값과 PCB Footprint 항목에 각 부품에 해당하는 Footprint값을 해당 칸에 입력한다.

ⓒ PCB Footprint 속성란에 Footprint값을 입력할 때 동일한 Footprint는 속성란 오른쪽 하단 부분에 마우스로 드래그하여 같은 Footprint를 사용하는 속성란을 선택하면 모든 부품들이 동일한 PCB Footprint로 적용된다.

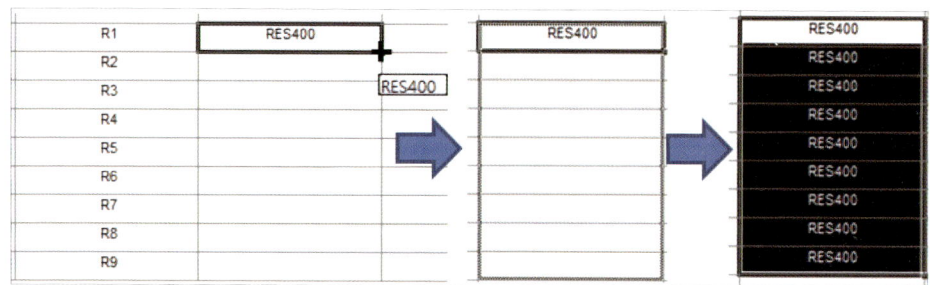

㉣ Value 항목과 PCB Footprint 항목 칸에 값의 입력을 마치면 스프레드 시트 창을 닫고 설계 창으로 돌아간다.

(5) PCB Footprint 리스트

Part Name	Part Reference	Part Symbol	PCB Footprint
ATMEGA8 (.OLB 파일 집적생성)	U1	Atmega8	TQFP32
ADM101E (.OLB 파일 집적생성)	U3	ADM101E	SOIC10(심벌생성)
MIC811 (.OLB 파일 집적생성)	U2	MIC811	SOT134
LM7805 (REGULATOR.OLB)	U5	U5 LM7805	TO220AB
R (DISCRETE.OLB)	R1~R16	R1 1K	SMR0805

Part Name	Part Reference	Part Symbol	PCB Footprint
CAP NP (DISCRETE.OLB)	C1~C13	C1 22pF	SMC0805
CAP POL (DISCRETE.OLB)	C14, C15	C14 220uF/16V	D55(심벌생성)
LED (DISCRETE.OLB)	LED1~LED5	D1 LED	SMD080512
LM2902 (OPAMP.OLB)	U4A, U4B, U4C	U4A LM2902	SOIC14
HEADER 10 (CONNECTOR.OLB)	J1	J1 HEADER 10	WALCON100_TM2OES_W325 10(HEADER10:심벌생성)
CRYSTAL (DISCRETE.OLB)	Y1	Y1 CRYSTAL	16MHz(심벌생성)

7) 설계규칙 검사(Design Rule Check)

기본 설정으로 검사를 실시하며 에러(ERROR)와 경고(WARNING)가 발생하면 해당 부분을 수정하고 다시 DRC 검사 실행하여 정상 동작(무결점 설계)이 되도록 한다.

>
> 5) 지정하지 않은 설계조건은 일반적인 설계규칙(KS규격 등)을 적용하여 설계하며, 설계규칙 검사항목은 기본값을 사용합니다.
> 라. 지급된 소프트웨어에 있는 ERC(Electronic Rule Check) 검사 기능을 이용하여 회로 설계규칙의 위반 유무를 감독위원에게 확인을 받은 후, 설계규칙의 위반사항이 없을 시에는 다음 순서의 작업을 진행하도록 하고, ERC 검사를 받지 아니한 경우 또는 ERC 검사를 통과하지 못한 경우 실격으로 처리됩니다. (단, 검사한 로그 파일은 디스크(HDD)에 저장합니다.)
> 마. 에러가 있는 경우 해당 지점의 부분을 수정하여 감독위원에게 재확인을 받습니다.
> 바. ERC(Electronic Rule Check) 검사에서는 전기적인 선결선 상태, 전원 연결 상태, 부품의 연결 상태 등의 규칙을 검사하는 과정입니다. 이 검사를 통과한 후, PCB 설계 시 풋 프린트(FootPrint)가 정상적으로 입력된 상태에서 PCB 설계로 그 정보가 정확하게 넘어간 경우 전자캐드 소프트웨어를 사용하여 인쇄회로기판(PCB)를 설계합니다.

(1) Design Rules Check Options 설정

① Project Manager 창에서 (파일명).DSN을 선택하고 Tools 메뉴에서 Design RulesCheck (　)를 클릭한다.

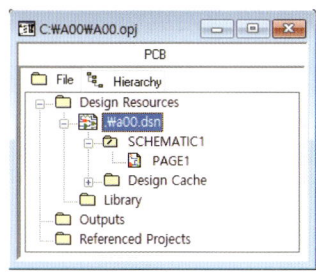
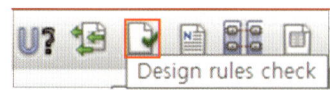

② Create DRC markers for warning과 View Output을 체크하고 [확인] 버튼을 누른다.

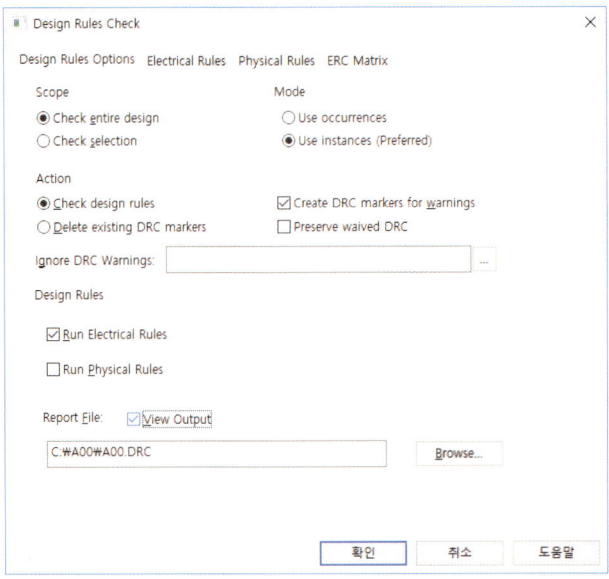

ⓐ Electrical Rules 탭과 Physical Rules 탭의 설정은 기본 상태로 진행을 하되, 조건이 있는 경우 설정을 하여야 한다.

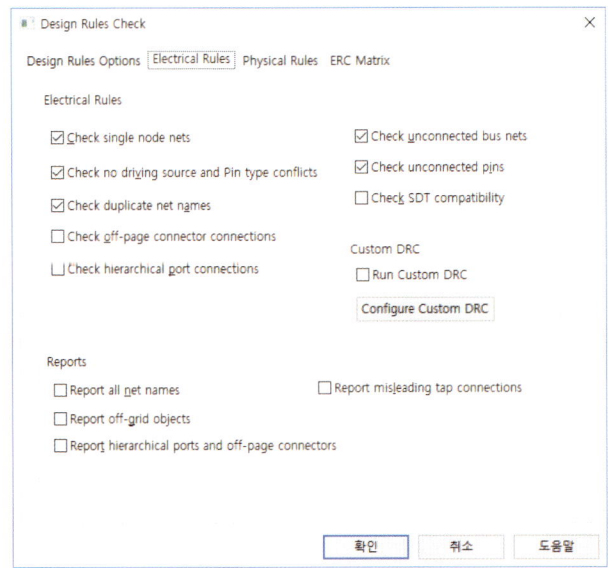

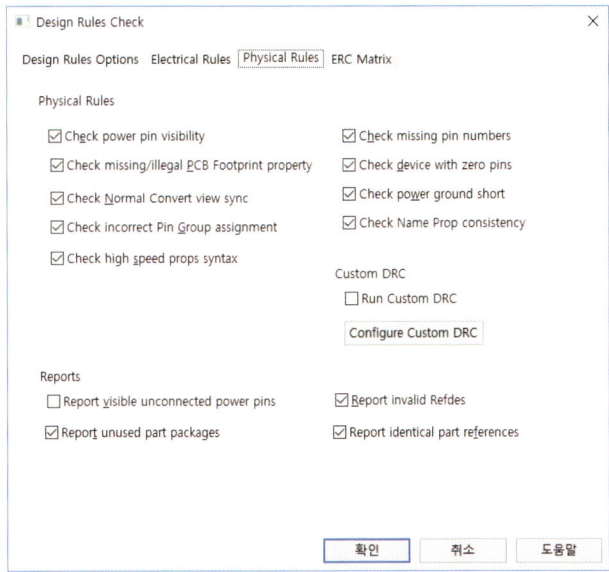

③ 설계 중인 회로에 에러가 발생하면 메모장이 활성화되며 에러의 내용을 나타낸다.
   ㉠ 전원 단자와 출력 단자의 충돌로 인식되어 에러가 발생한 상태이나, U5 LM7805의 3번 핀은 레귤레이터 IC의 출력 단자로 에러가 아니므로 ERC metric에서 조건을 변경 설정하여야 한다.

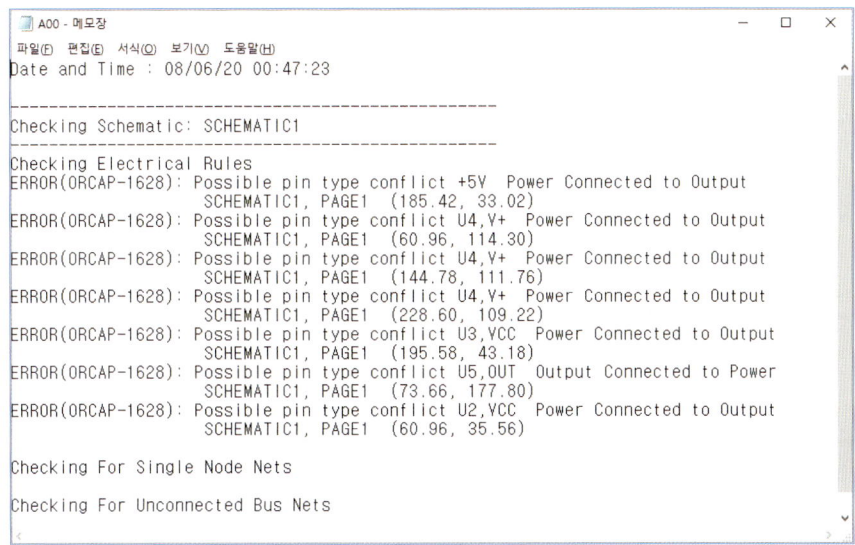

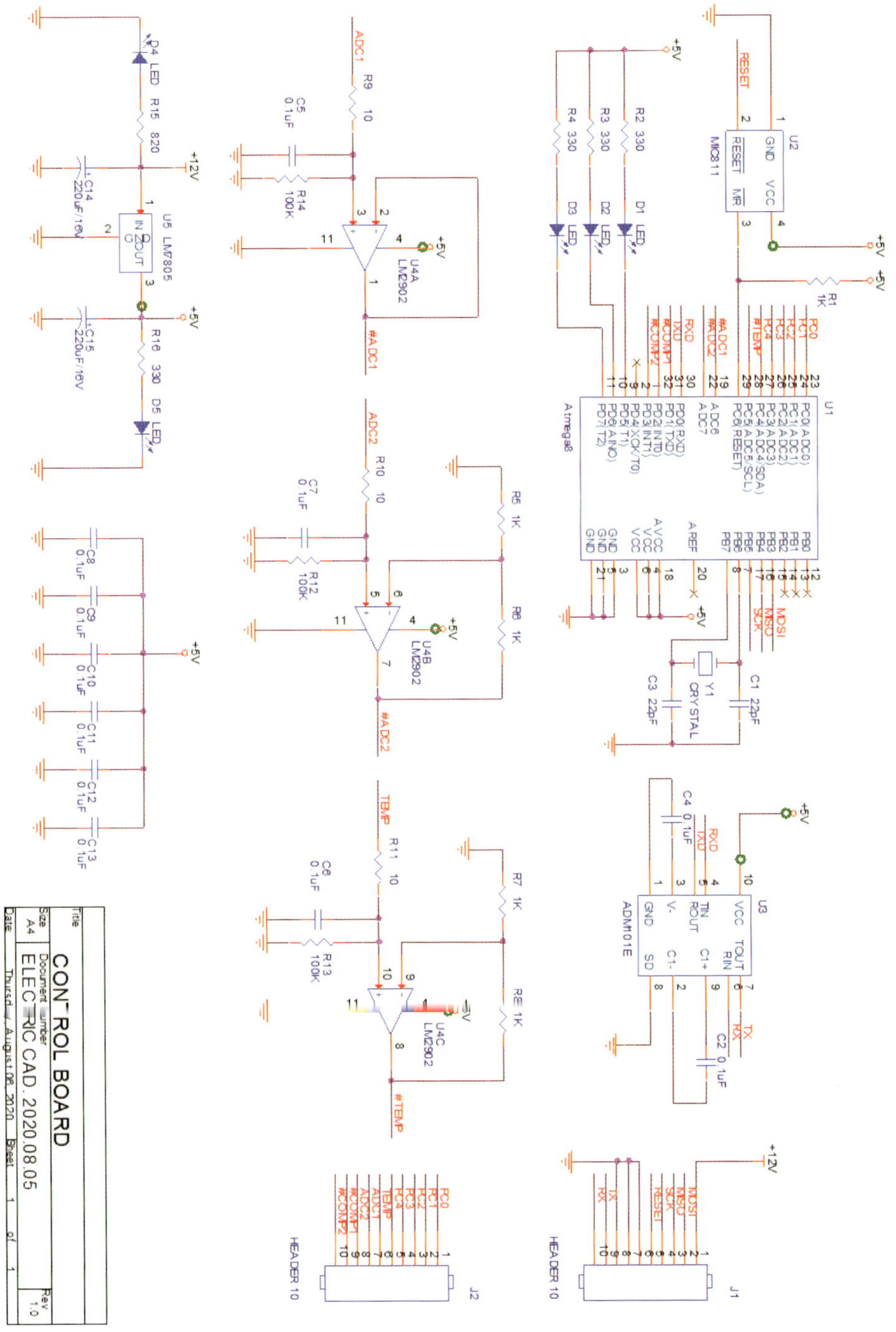

에러가 표시된 상태의 도면

④ 에러의 해결을 위하여 ERC Metric 탭에서 그림과 같이 POWER와 OUTPUT 칸의 블록을 눌러 설정을 변경하고 확인 버튼을 누른다.

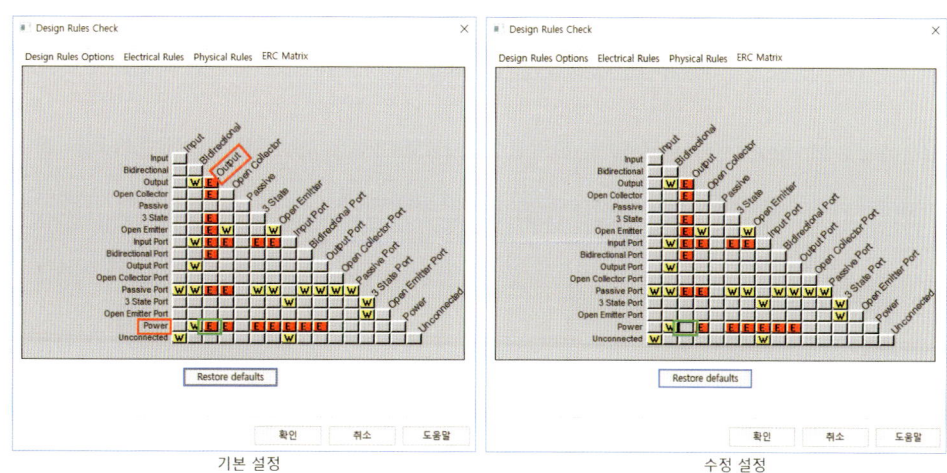

기본 설정 수정 설정

⑤ 재차 설계 규칙 검사를 수행하면 에러가 없으므로 결과 메모장에는 그림과 같이 표시된다.

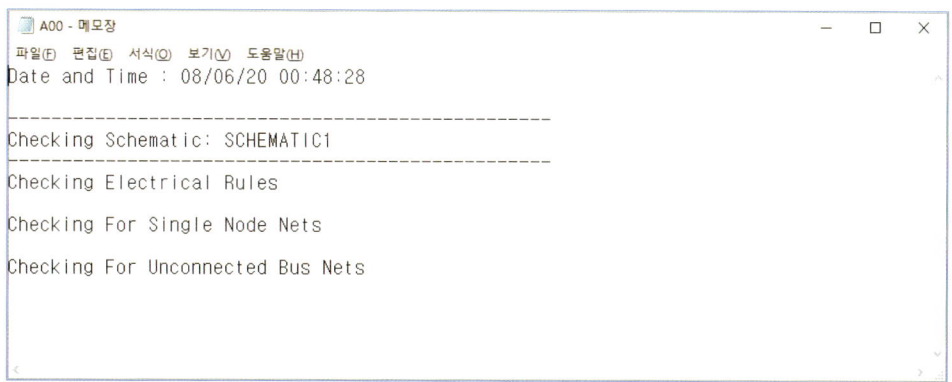

8) 네트 리스트 생성(Create Netlist)

설계가 완료되면 설계도면의 Netlist 파일을 생성한다.

요구사항

바. ERC(Electronic Rule Check) 검사에서는 전기적인 선결선 상태, 전원 연결 상태, 부품의 연결 상태 등의 규칙을 검사하는 과정입니다. 이 검사를 통과한 후, PCB 설계 시 풋 프린트(FootPrint)가 정상적으로 입력된 상태에서 PCB 설계로 그 정보가 정확하게 넘어간 경우 전자캐드 소프트웨어를 사용하여 인쇄회로기판(PCB)를 설계합니다.

① Project Manager에서 파일명.DSN, SCHEMATIC1, PAGE1 중에 하나를 선택 후 Tools 메뉴에서 Create Netlist(📄)를 클릭한다.

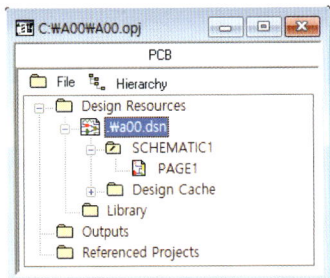
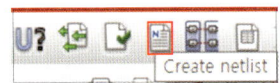

② Create Netlist 창에서 Create or Update PCB Editor Board (Netrev)를 체크하고, Open Board in OrCAD PCB Editor도 체크한다.

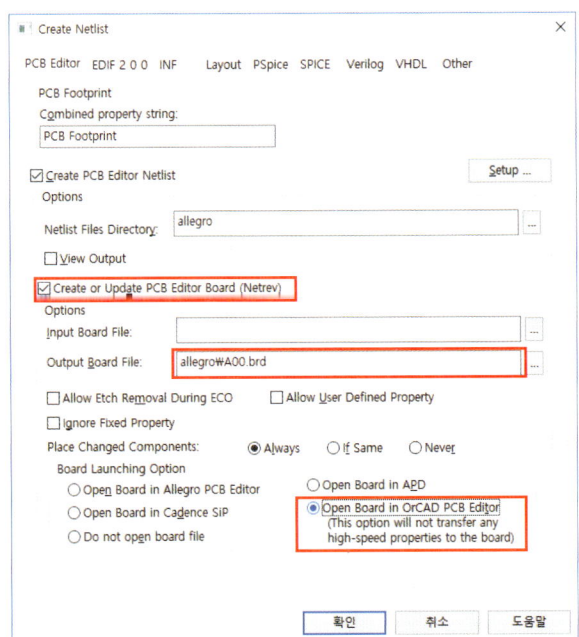

③ 확인 버튼을 누르면 다음의 그림과 같이 Netlist 생성 및 OrCAD PCB Editor로 정보가 전송되고, 에러가 없으면 OrCAD PCB Editor가 실행된다.

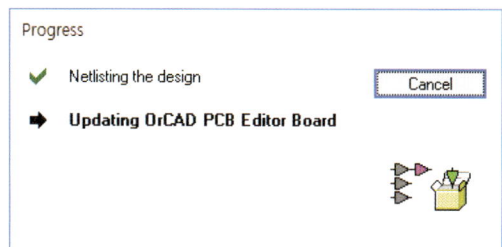

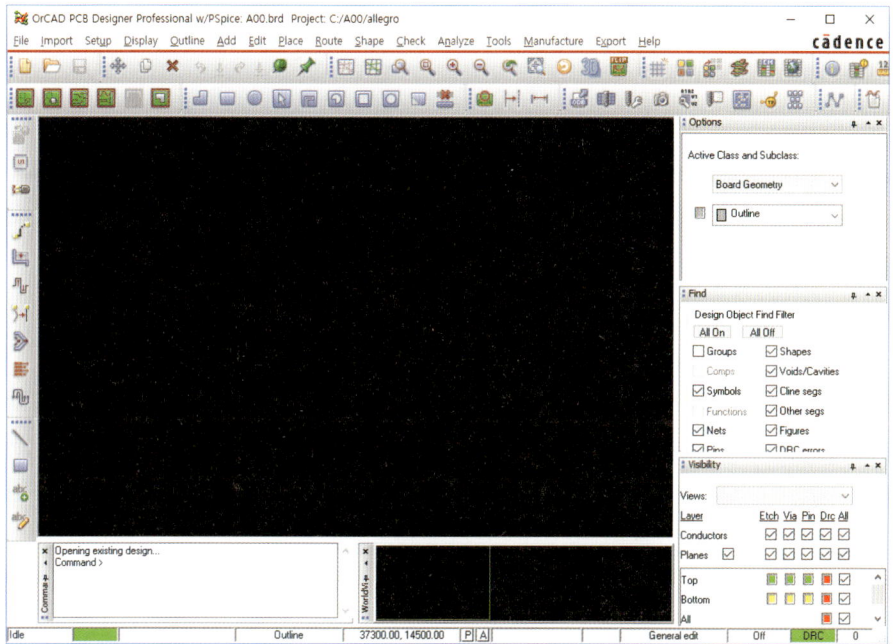

④ Capture의 Project Manager에서 Netlist 파일이 생성되었음을 확인한다.

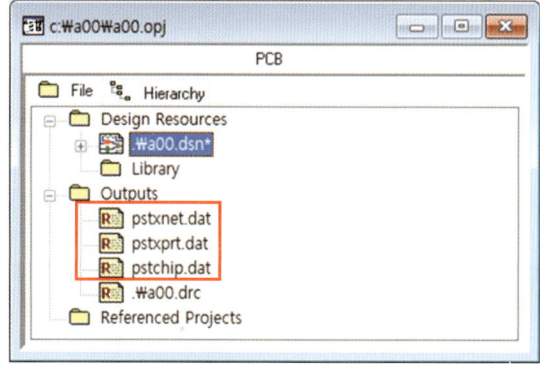

(1) Symbol 검사

① PCB Editor 실행 후 Place 메뉴에서 Components Manually를 클릭하거나 Place 툴바에서 Place Manual 아이콘(, 비활성화 시에는 사용 불가)을 클릭한다.

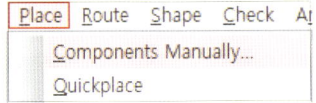 

② Components by refdes 항목의 폴더 아이콘 앞에 체크를 한다.
③ 위에서 하나씩 체크를 해제하면서 Quick view 창에 Symbol이 나타나는지 확인한다.

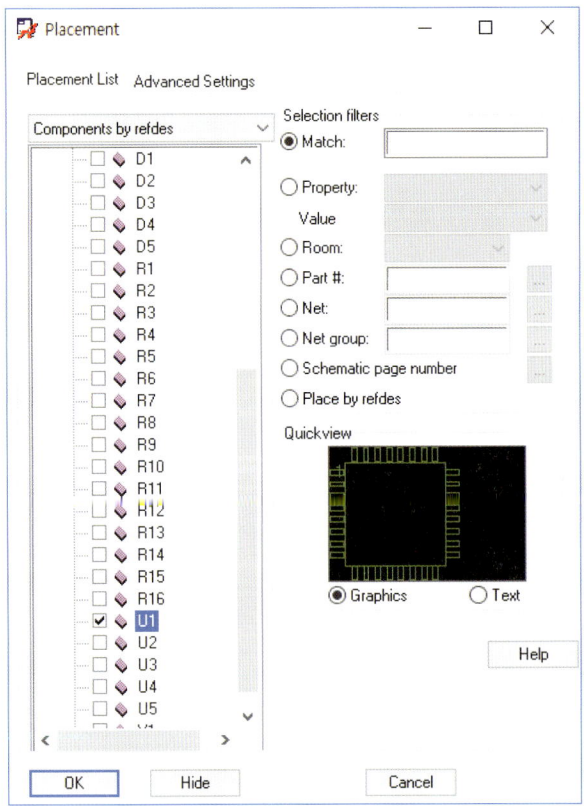

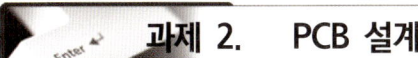

과제 2. PCB 설계

1) PCB 설계 환경설정

바. ERC(Electronic Rule Check) 검사에서는 전기적인 선결선 상태, 전원 연결 상태, 부품의 연결 상태 등의 규칙을 검사하는 과정입니다. 이 검사를 통과한 후, PCB 설계 시 풋 프린트(FootPrint)가 정상적으로 입력된 상태에서 PCB 설계로 그 정보가 정확하게 넘어간 경우 전자캐드 소프트웨어를 사용하여 인쇄회로기판(PCB)를 설계합니다.

PCB 설계에 관련된 환경설정은 Design Parameters와 Constraint managers로 설정하며, Design Parameters에서는 PCB 설계에 Display 설정, 단위 및 도면 크기 설정, Shape의 film 타입, Text의 설정, Route 방법 설정 등을 설정하고, Constraint managers는 PCB 설계에 패턴의 두께, 간격 등의 설계규칙을 설정할 수 있다.

① Setup 메뉴에서 Design Parameter를 클릭하거나 Setup 툴바에서 Prmed 아이콘 (🖼)을 클릭한다.

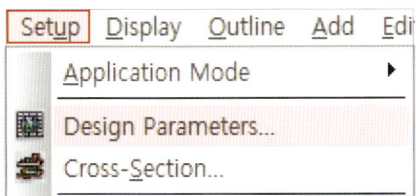 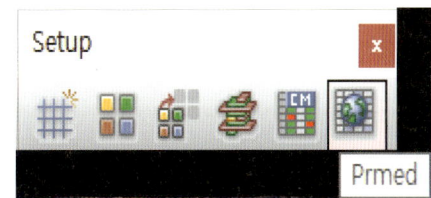

② Design Parameter Editor 창이 활성화된다.

[Design Parameter Editor 창 이미지]

(1) Design 탭

요구사항

2) 보드 사이즈 : 80mm(가로)×70mm(세로)
   (치수보조선을 이용하여 보드사이즈를 실크 스크린 레이어에 표시히여야 하며, 실크 스크린 이외의 레이어에 표시한 경우 실격 처리됩니다.)

Design 탭에서는 PCB 설계에서 사용할 단위와 도면의 크기, 작업 영역의 크기, 기준점의 위치, 배선 각도 설정(자유배선, 45°, 90°), 배선의 모양(Line, Arc), Symbol의 초기 배치 상태를 설정할 수 있다.

① Design Parameter Editor 창의 Design 탭을 선택한다.

② Commmand parameters의 Size 항목은 사용자가 PCB 설계에 사용할 기본 단위나 도면 크기 등을 아래와 같이 설정한다.

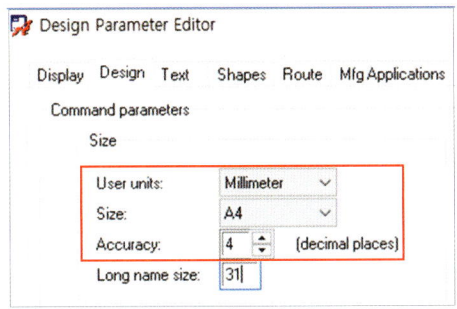

- User Unit : Millimeter
- Size : A4
- Accuracy : 4

③ Design 탭의 Extents 항목은 작업 영역의 크기를 설정할 수 있다.

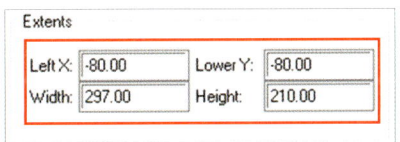

- Extents Left X : -80
- Extents Lower Y : -80
- Width : 297 (도면 규격 설정 시 자동 설정)
- Height : 210 (도면 규격 설정 시 자동 설정)

④  버튼을 클릭하여 환경설정을 적용시킨다.

(2) Shapes 탭

🗂 요구사항

9) 카퍼(Copper Pour)의 설정
  가) 보드의 카퍼 설정은 Bottom Layer에만 GND 속성의 카퍼 처리를 하되, 보드 외곽으로부터 0.1mm 이격을 두고 실시하며, 모든 네트와 카퍼와의 이격거리(Clearance)는 0.5mm, 단, 열판과 GND 네트 사이 연결선의 두께는 0.5mm로 설정합니다.

Dynamic shape에서 단열판과 Copper 사이의 연결선 두께는 0.5mm로 설정한다.

① Design Parameters Editor(▦)의 Shapes 탭을 클릭한다.

② Dynamic shape 항목에 Edit global dynamic shape parameters... 버튼을 클릭한다.

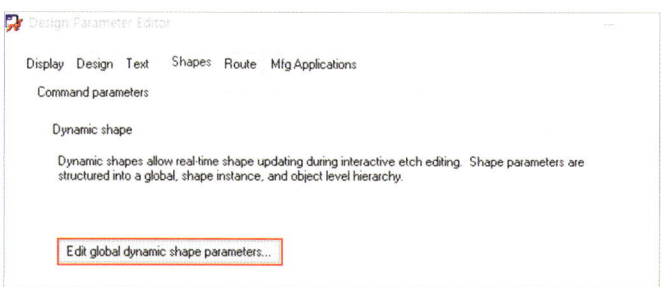

③ Global Dynamic Shape Parameters 창에서 Thermal relief connects 탭을 선택하여 아래 그림과 같이 Thru pins:과 Smd pins:, Vias:의 최소 연결 요소를 1로, 최대 연결 요소를 4로 선택하고 Use fixed thermal width of: 칸을 0.50으로 설정하고 OK 버튼을 누른다.

(3) Gerber 설정

> **요구사항**
>
> 12) PCB 제조에 필요한 데이터의 생성
>   가) 양면 PCB 제조에 필요한 데이터 파일(거버 데이터(RS274-X) 등)을 빠짐없이 생성하고 저장장치(HDD)에 비번호로 저장한 폴더 및 작업한 파일을 저장합니다.

Dynamic shape에서 Artwork format 형식을 Gerber RS274X로 설정한다.

① Design Parameters Editor()의 Shapes 탭을 클릭한다.

② Dynamic shape 항목에 Edit global dynamic shape parameters... 버튼을 클릭한다.

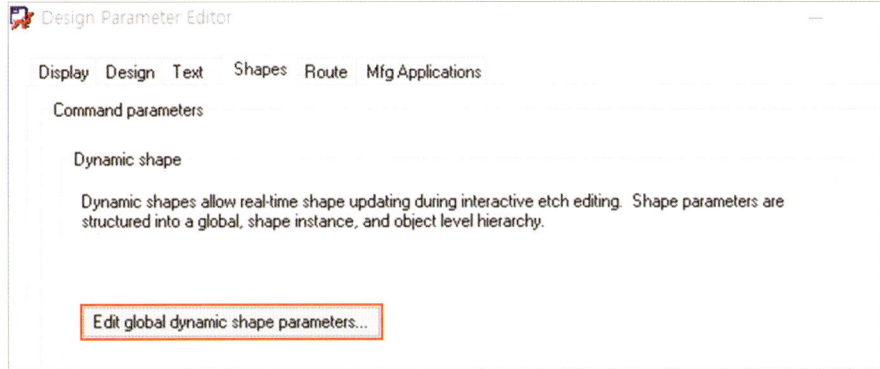

③ Global Dynamic Shape Parameters 창의 Void controls 탭에서 Artwork format을 GerberRS274X로 선택한다.

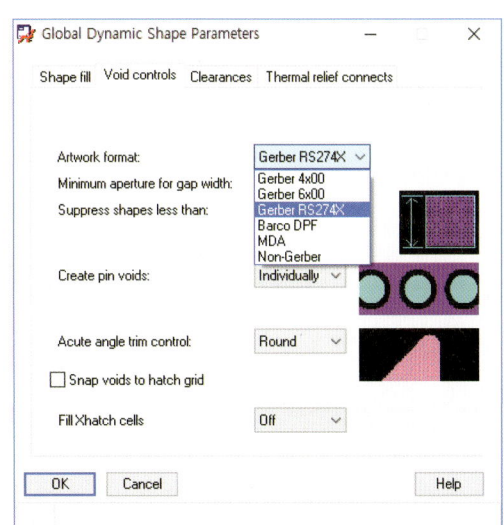

(4) Thermal Pad 설정

① Global Dynamic Shape Parameters 창의 Thermal relief connects 탭에서 단열판에 대한 설정을 한다.

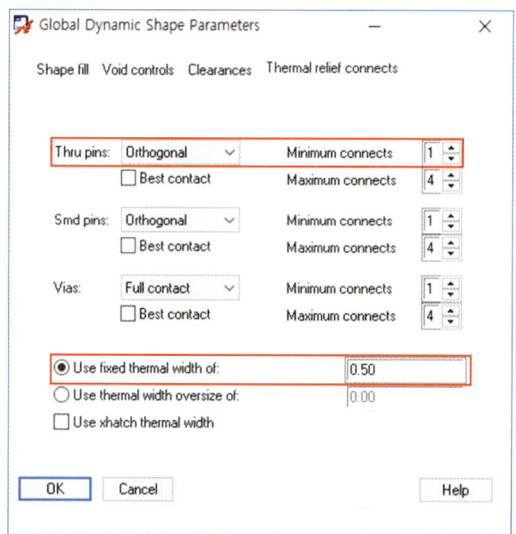 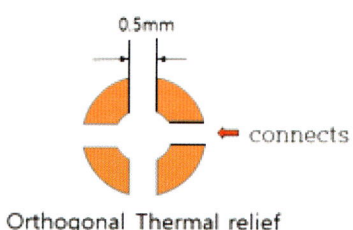

- Thru pins(스루 홀의 단열판 연결 타입) : **Orthogonal**
- Minimum connects(단열판의 최소 연결선의 수) : **1**
- Use fixed width oversize of(단열판과 네트 사이의 연결선의 두께 설정) : **0.5**

(5) Grid 설정

PCB 설계에서는 상황에 따라 Grid 설정을 할 수 있다. Non-Etch의 경우에는 보드 외곽선 등 동박 영역 이외의 작성 시 사용되는 Grid이고, All Etch(TOP, BOTTOM)의 경우에는 전기적 접속을 이루는 동박 영역에서의 작업 Grid로 배선과 카퍼 작업 시 Grid를 설정할 수 있다.

① Setup 메뉴에서 Grids…를 클릭하거나 Setup 툴바에서 Grid Toggle 아이콘()을 클릭한다. 또는 F10 키를 누를 때마다 그리드의 상태가 바뀌게 된다.

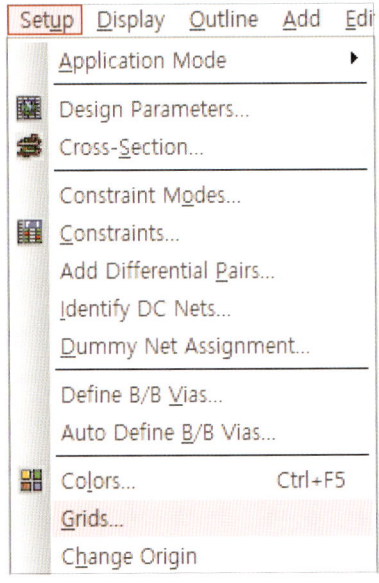 

② Grids On(　)을 누르면 PCB Editor 화면에 Grid가 표시된다.(화면의 + 기호가 좌표의 원점(0, 0) 위치이다.)

 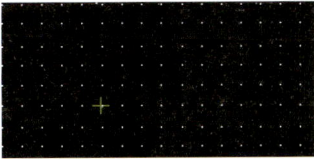

Grid off 상태　　　　　　　　　　　　Grid on 상태

③ Non-Etch 부분의 Spacing x / y에 0.5를 입력한다.

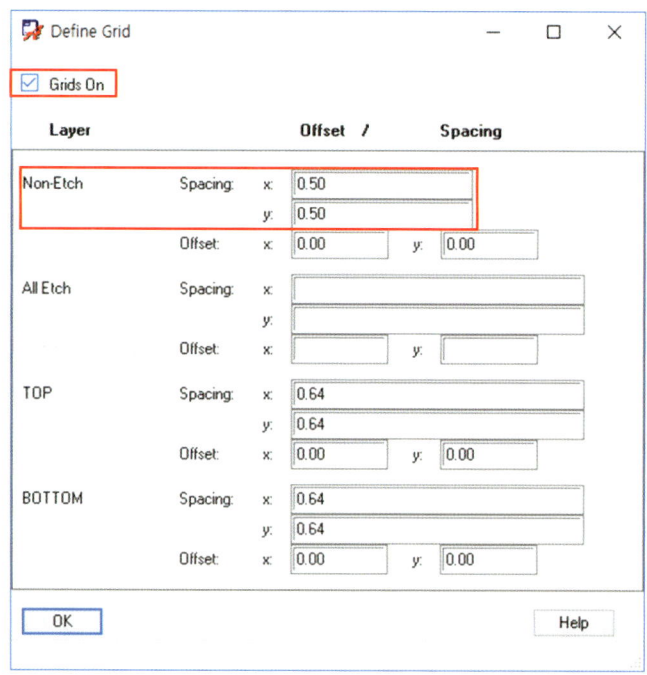

(6) Layer 설정

요구사항

1) 설계 환경 : 양면 PCB (2-Layer)

설계 레이어는 2Layer로 Top과 Bottom Layer이다.

① Setup 메뉴에서 Cross Section을 클릭하거나 Setup 툴바에서 Xsection 아이콘(　)
을 클릭한다.

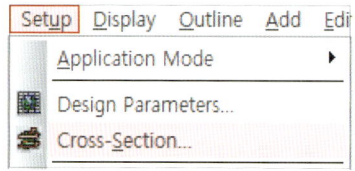 

② Layer는 Top과 Bottom이 설정되어 있는지 확인하고 [OK] 버튼을 클릭한다.

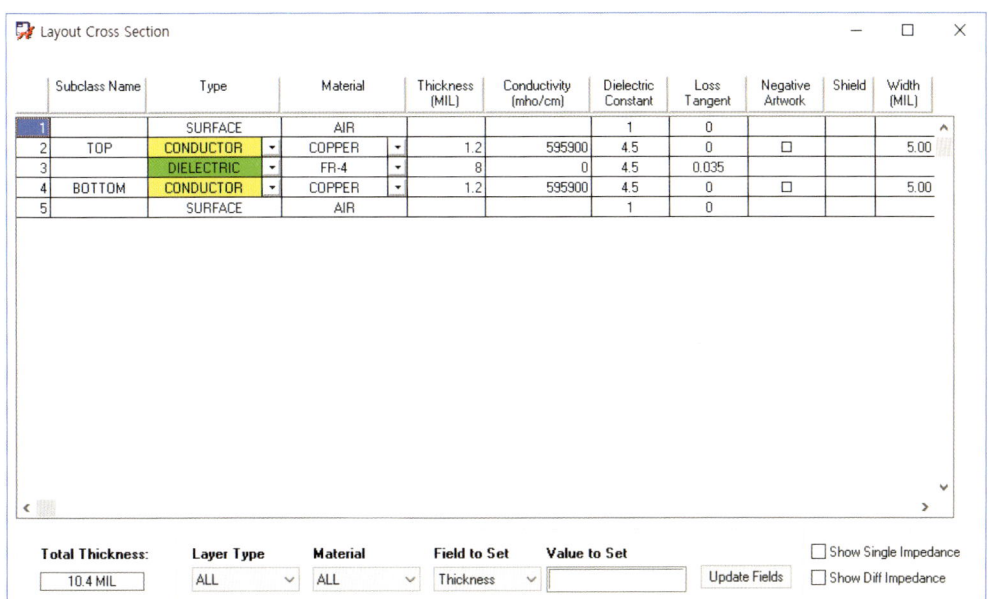

2) 보드 외곽선 생성

요구사항

2) 보드 사이즈 : 80mm(가로)×70mm(세로)
    (치수보조선을 이용하여 보드 사이즈를 실크 스크린 레이어에 표시하여야 하며, 실크 스크린 이외의 레이어에 표시한 경우 실격 처리됩니다.)
    가) 보드 외곽선 모서리는 아래 그림과 같이 라운드 처리합니다.

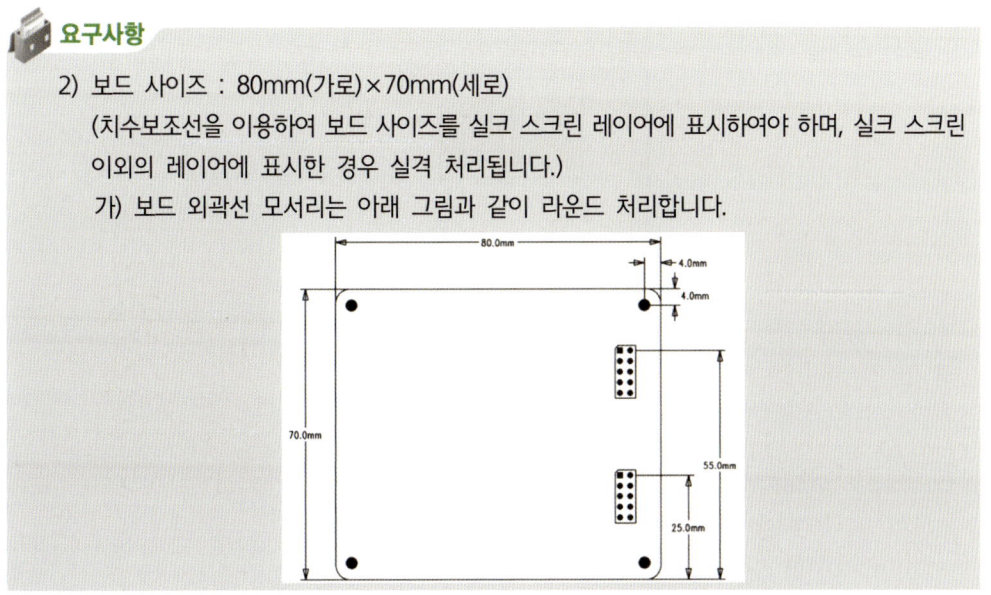

(1) 보드 외곽선 설정 및 배치

① Shape 메뉴에서 Rectangular를 클릭하거나 Shape 툴바에서 Shape Add Rect 아이콘(■)을 클릭한다.

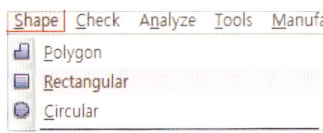 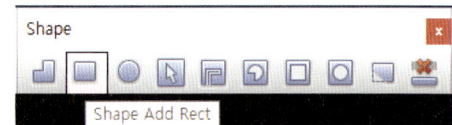

② 오른쪽 Options 탭에서 아래와 같이 입력한다.

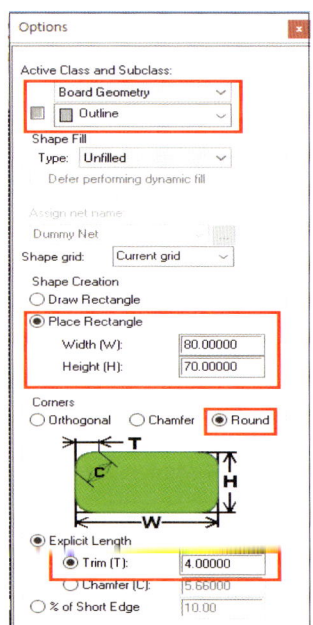

- Active Class and Subclass : **Board Geometry / Outline**
- Shape Creation : **Place Rectangle**
    - Width(W): 80
    - Height(H): 70
- Corners : **Round**
    - Explicit Length 체크
    - Trim(T): 4

③ Command 창에 아래와 같이 좌표를 입력하고 마우스 오른쪽 버튼을 클릭하여 팝업메뉴에서 Done(F6)을 눌러 작업을 종료한다.

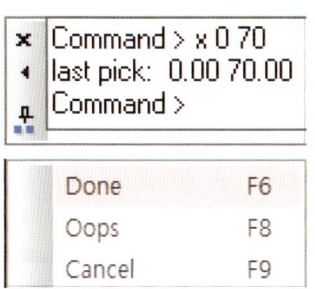 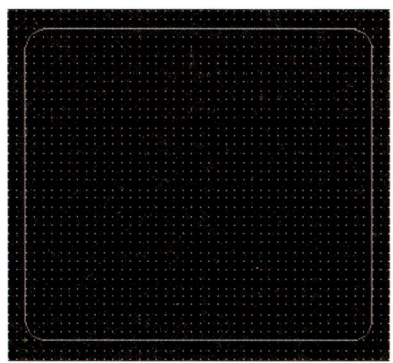

- Command : x 0 70

3) 기구 홀 배치하기

 요구사항

7) 기구 홀(Mounting Hole)의 삽입
  가) 보드 외곽의 네 모서리에 직경 3φ의 기구 홀을 삽입하되 각각의 모서리로부터 4mm 떨어진 지점에 배치하고(위 부품배치 그림 참고), 비전기적(Non-Electrical) 속성으로 정의하며, 기구 홀의 부품 참조값은 삭제합니다.

(1) mechanical Symbol 배치

PCB Editor에 등록된 Library의 Footprint를 이용하기 위해서는 List construction 항목의 Library가 체크되어 있어야 사용 가능하며, 기본적으로는 Capture에서 Netlist 설정된 Footprint만 이용할 수 있다.

① Place 메뉴에서 Components Manually를 클릭하거나 Place 툴바에서 Place Manual 아이콘(, 비활성화 시에는 사용 불가)을 클릭한다.

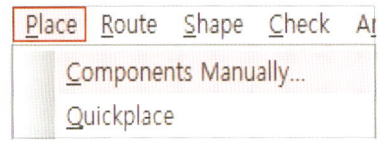 

② Advanced Settings 탭을 선택한 뒤 List construction 항목의 Library를 체크한다. 이때 Placement List 탭을 선택한 후 List box에서 Package Symbols, Mechanical symbols를 선택함으로써 Library에 등록된 Footprint를 이용할 수 있다.

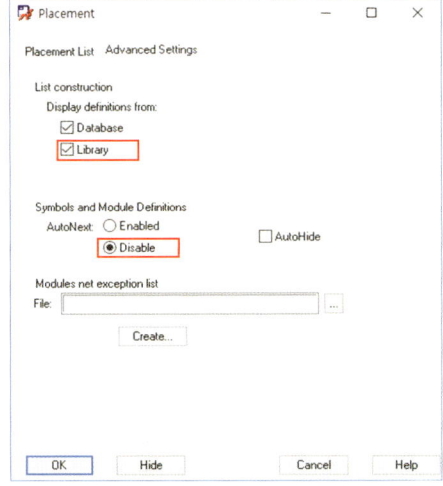

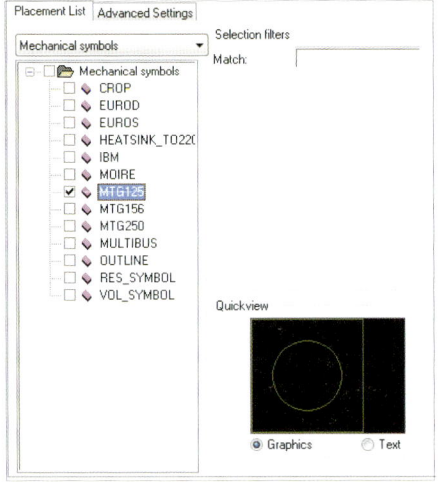

(2) 기구 홀(Mounting Hole)의 배치

기구 홀의 크기는 비도금 홀(Non-Plated Hole)로 직경 3ϕ로 기구 홀의 위치는 각 모서리 4mm 안쪽에 위치하므로 MTG125의 위치는 (4, 4) (4, 76) (76, 66) (4, 66)의 좌표값을 갖는다.

① Place 메뉴에서 Components Manually를 클릭하거나 Place 툴바에서 Place Manual 아이콘(, 비활성화 시에는 사용 불가)을 클릭한다.

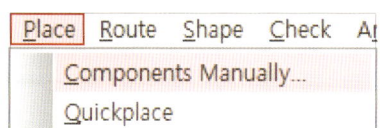 

② Advanced Settings 탭을 선택한 뒤 List construction 항목의 Library를 체크한다.
③ Symbols and Nodule Definitions의 AutoNext에는 Disable을 선택한다.

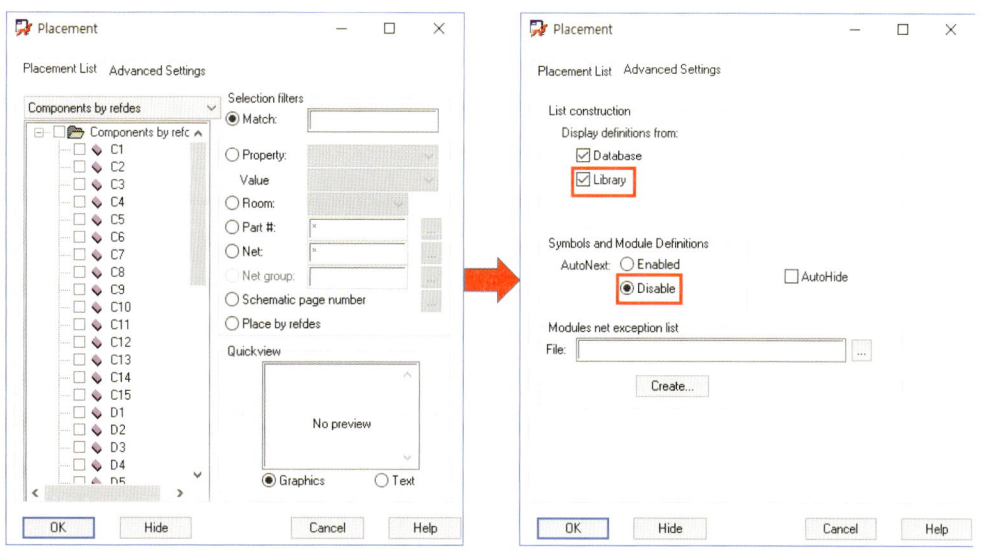

④ Placement List 탭을 선택 list box에서 Mechanical symbols를 선택하고 MTG125에 체크하고 Hide 버튼을 클릭한다.

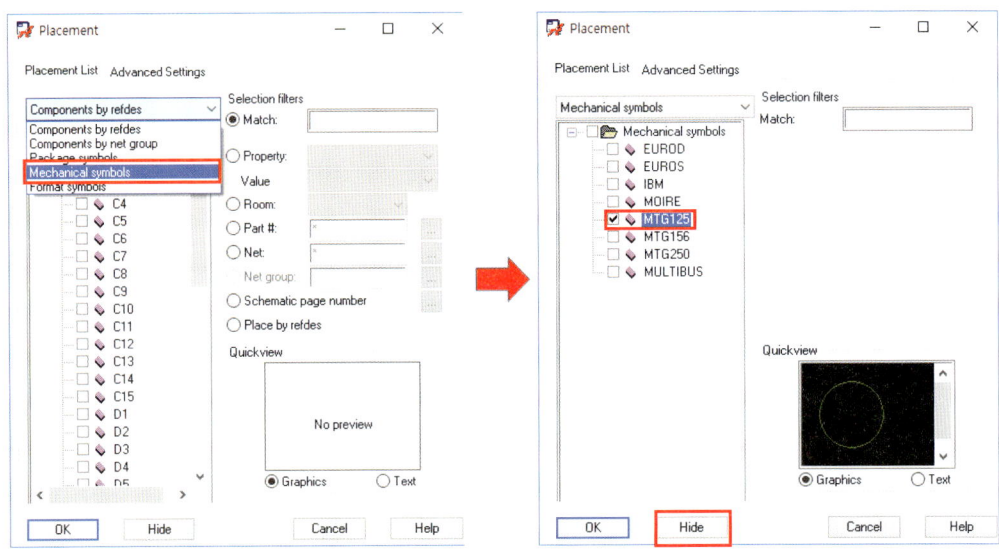

⑤ 다음과 같이 Command 창에 순서대로 입력하고 마우스 오른쪽 버튼을 클릭하여 팝업메뉴에서 Done(F6)을 눌러 작업을 종료한다.

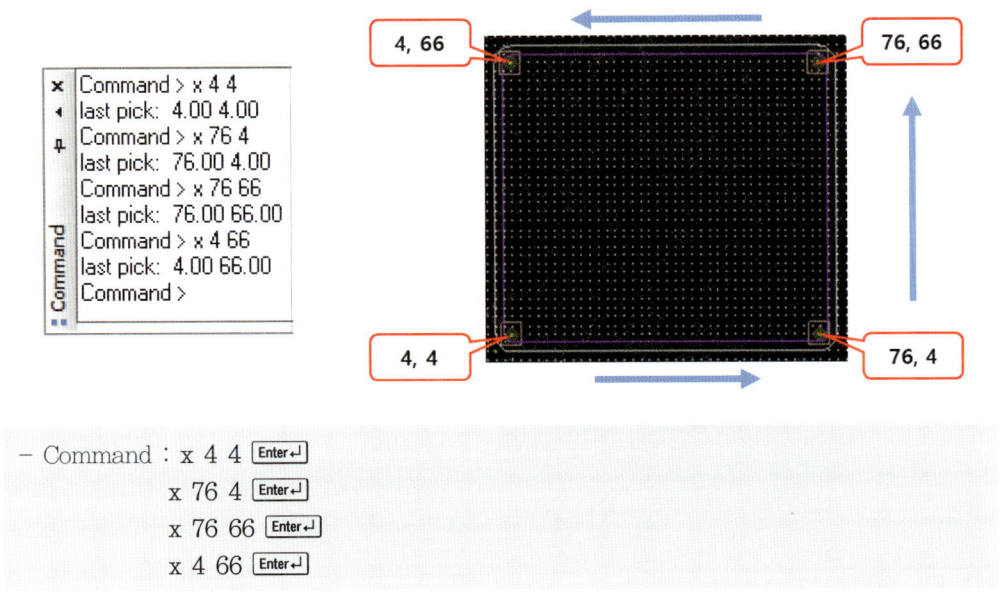

- Command : x 4 4 Enter↵
             x 76 4 Enter↵
             x 76 66 Enter↵
             x 4 66 Enter↵

(3) 기구 홀 MTG125의 PAD 수정

① MTG125는 125Mil(3.175mm)의 홀을 가진 기구 홀이기 때문에 Pad를 수정하여야 하므로 화면 오른쪽의 Find 창에서 All Off 를 누른 후에 Pins만 체크한다.

② 배치된 기구 홀(MTG125)의 PAD를 선택 후 마우스 오른쪽 버튼을 클릭하여 팝업메뉴에서 Modify design padstack – All instances를 선택한다.

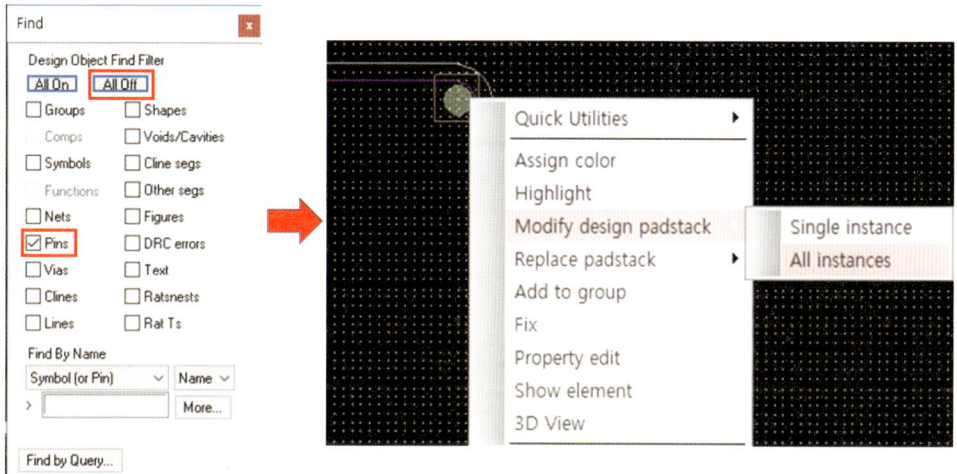

③ Padstack Designer 창에서 Units를 Millimeter와 Decimal Places를 2로 설정하고 Drill diameter에 3을 입력한다.

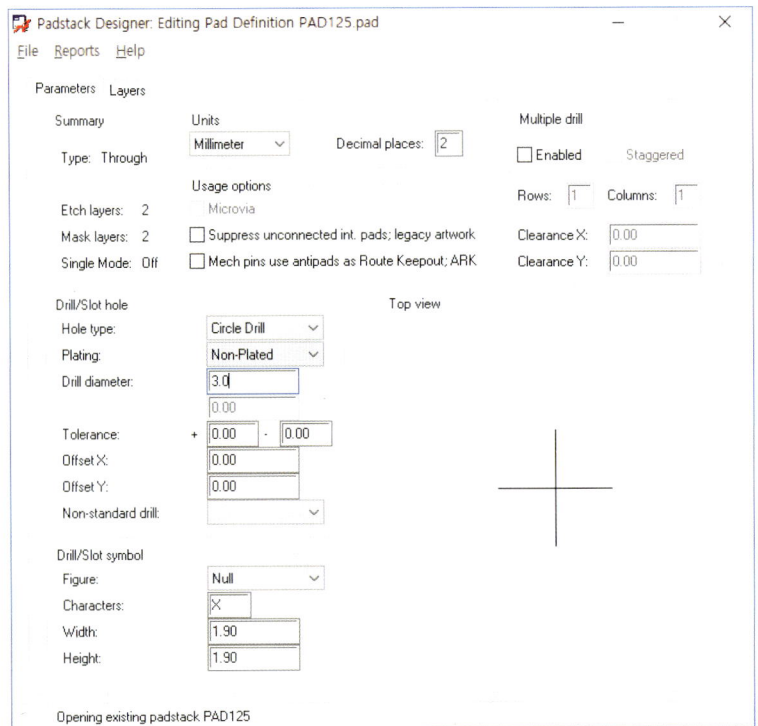

- Units : **Millimeter**
- Decimal Places : 2
- Drill diameter : 3.0

④ File 메뉴에서 Update to Design and Exit를 누르면 경고 메시지 창이 나타나는데 무시하고 Padstack 창을 종료한다.

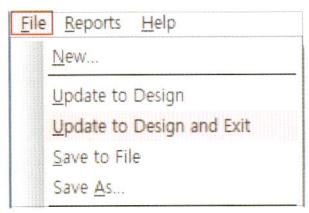 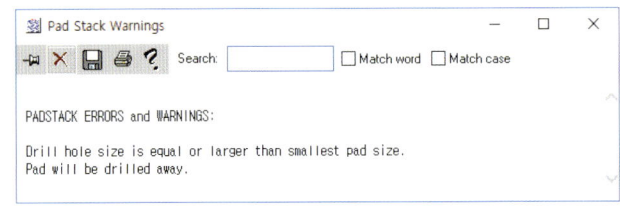

4) 부품(Footprint) 배치

> **요구사항**
> 3) 부품 배치 : 주요 부품은 다음 그림과 같이 배치하고, 그 외는 임의대로 배치합니다.
>   가) 특별히 지정하지 않은 사항은 일반적인 PCB 설계규칙에 준하며, 설계 단위는 mm입니다.
>   나) 부품은 TOP LAYER에만 실장하며, 부품의 실장 시 IC와 LED 등 극성이 있는 부품은 가급적 동일 방향으로 배열하도록 하고, 이격거리를 계산하여 배치합니다.

(1) Color 설정

부품 배치 작업 시 필요한 개체 외에 다른 속성들이 보이지 않게 처리함으로써 배치 작업 시 가시성을 높여 준다.

① Setup 메뉴의 Colors를 선택하거나 Setup 툴바에서 Color192 아이콘()을 클릭하면 ColorDialog 창이 활성화된다.

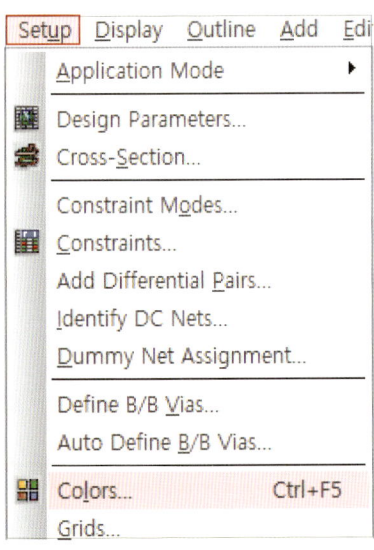
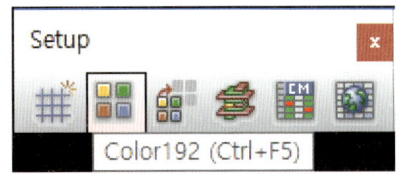

② 카테고리의 Package Geometry의 Pin_Number의 체크를 해지한다.

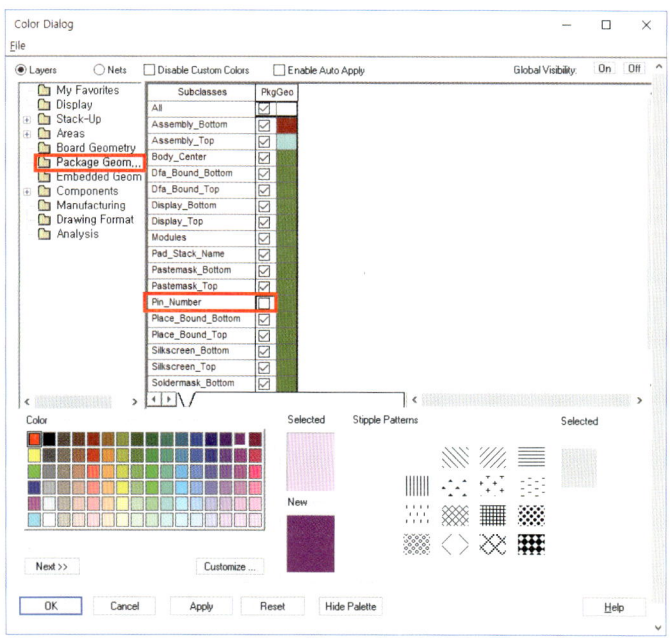

③ 카테고리의 Components를 선택한 뒤 오른쪽 설정 창에서 All을 두 번 클릭하여 체크 (선택)를 해지함으로써 부품의 세부 속성들을 숨길 수 있다.

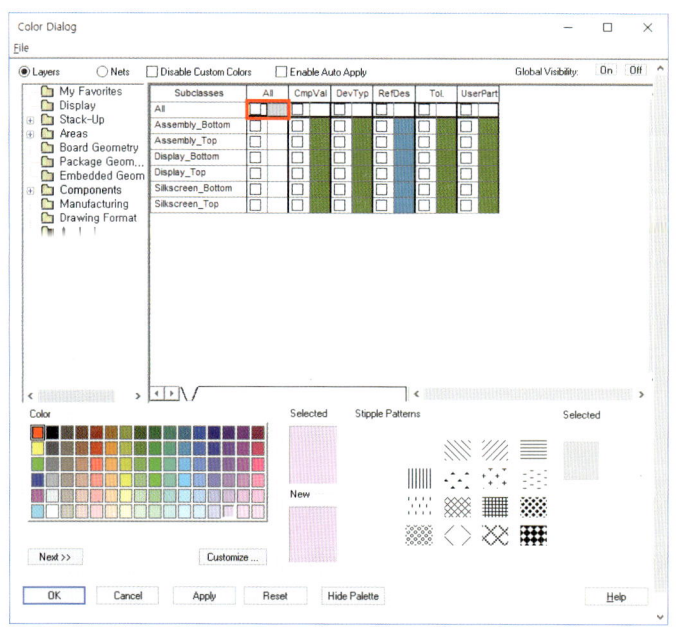

④ 카테고리의 Components에서 Silkscreen_Top – RefDes만 체크한다.

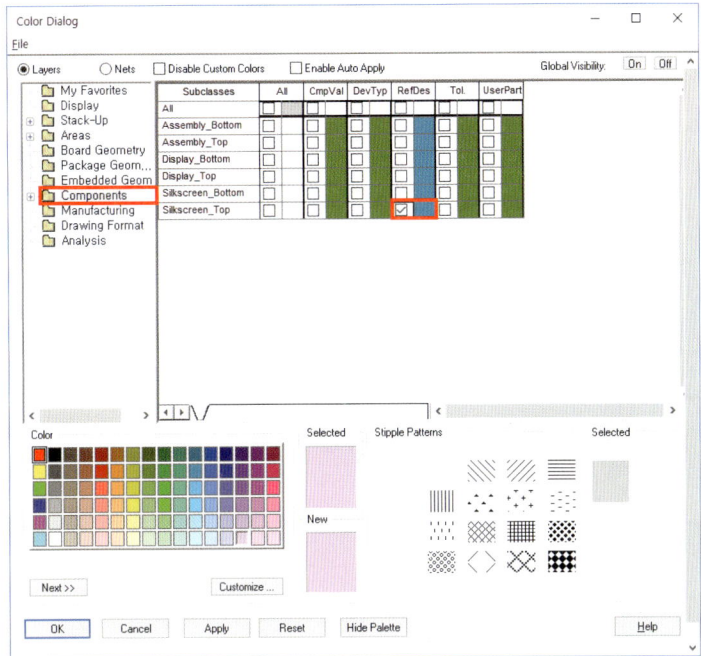

(2) 고정(위치가 지정된) 부품의 배치

3) 부품 배치 : 주요 부품은 다음 그림과 같이 배치하고, 그 외는 임의대로 배치합니다.
　가) 특별히 지정하지 않은 사항은 일반적인 PCB 설계규칙에 준하며, 설계 단위는 mm입니다.
　나) 부품은 TOP LAYER에만 실장하며, 부품의 실장 시 IC와 LED 등 극성이 있는 부품은 가급적 동일 방향으로 배열하도록 하고, 이격거리를 계산하여 배치합니다.

① J1, J2 커넥터(HEADER 10)의 배치

　PCB 우측의 주어진 J1 커넥터의 1번 핀 위치는 (70, 55), J2 커넥터의 1번 핀 위치는 (70, 25) 좌표에 배치한다. 이때 X축의 좌표값은 정확히 제시되지 않아 근사치 값이므로 꼭 70이 아니어도 된다.

　㉠ Place 메뉴에서 Components Manually를 클릭하거나 Place 툴바에서 Place Manual

아이콘(, 비활성화 시에는 사용 불가)을 클릭하여 List box에서 Components by refdes를 선택한다.

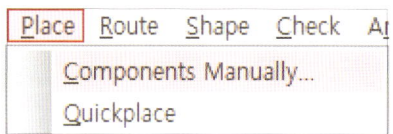 

ⓛ 부품 배치 창에서 커넥터(J1과 J2)를 체크한 뒤 아래와 같이 Command 창에 좌표 값을 입력한다.

- Command : x 70 55 [Enter↵]
            x 70 25 [Enter↵]

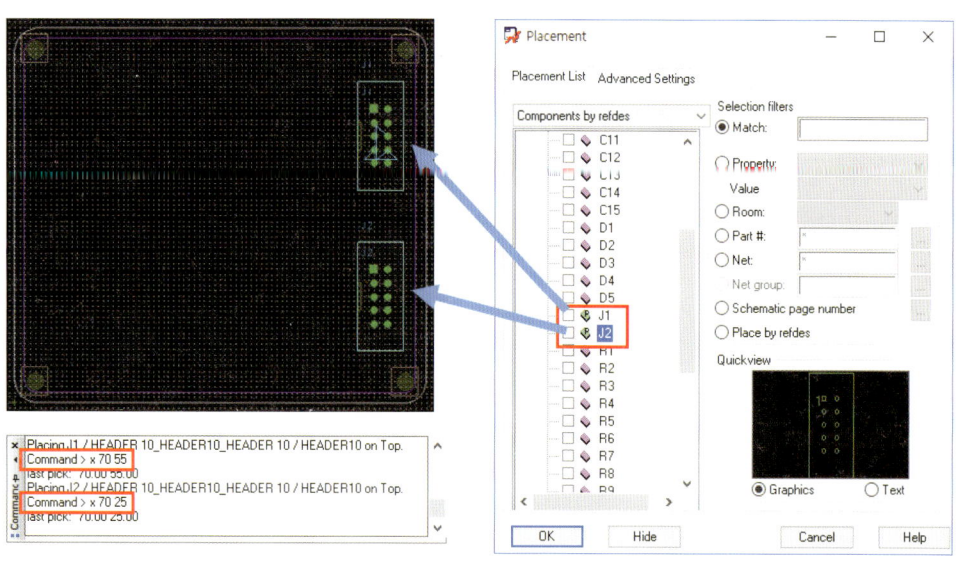

② 고정 부품(Fixed Footprint) 이외의 부품 배치

부품면(TOP)에만 부품을 실장하는 조건으로 고정 부품 외에 선이 많고 우선 배치될 부품들은 보드의 환경을 고려하여 유동적으로 바뀔 수 있으며, 보드의 면적을 고려하여 적절한 위치에 저항과 커패시터 등을 배치하되 LED, 커패시터, 다이오드의 경우 가급적 동일한 방향으로 배치한다.

㉠ 부품(Footprint) 배치 시 주의사항

ⓐ 부품의 배치 시 IC 부품(참조번호가 U?인 부품)과 같이 배선할 선이 많고 중요한 부품(능동 반도체 소자 등)을 우선적으로 보드에 배치한다.

ⓑ 중요 부품 배치 후에 저항과 커패시터, 다이오드, 수정진동자 등의 부품을 보드에 배치한다.

ⓒ 연관 부품은 가능한 한 가깝게 배치를 하되 부품이 겹쳐지지 않도록 하고 배선이 가능하도록 배치한다.

ⓓ 부품이 BOTTOM Layer에 배치되지 않도록 한다.

㉡ 부품 배치

ⓐ Place 메뉴에서 Components Manually…를 클릭하거나 Place 툴바에서 Place Manual 아이콘(, 비활성화 시에는 사용 불가)을 클릭한다.

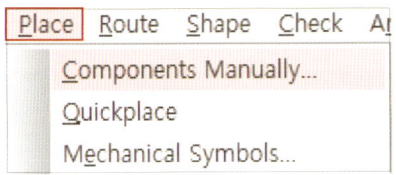 

ⓑ List box에서 Components by refdes를 선택한다.

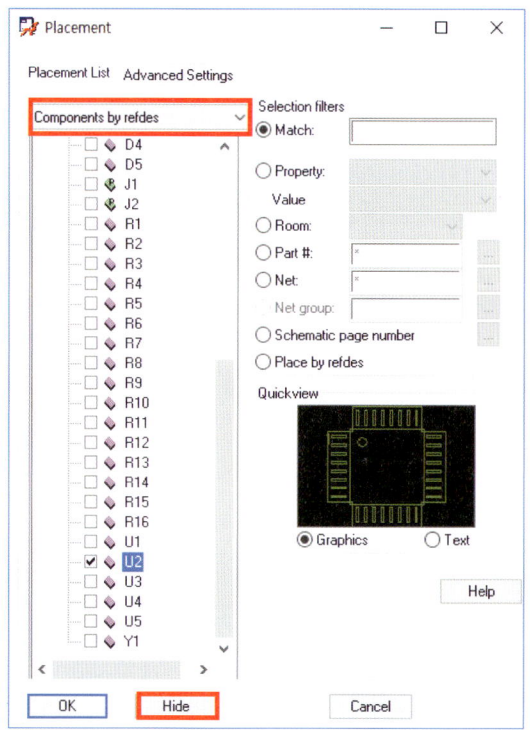

ⓒ 큰 부품(IC 부품, 참조번호 U?)을 먼저 체크한 뒤 Hide 버튼을 클릭하여 아래의 그림을 참조하여 고정 부품(J1, J2)에 따른 신호의 흐름을 고려하여 부품을 배치시킨다.

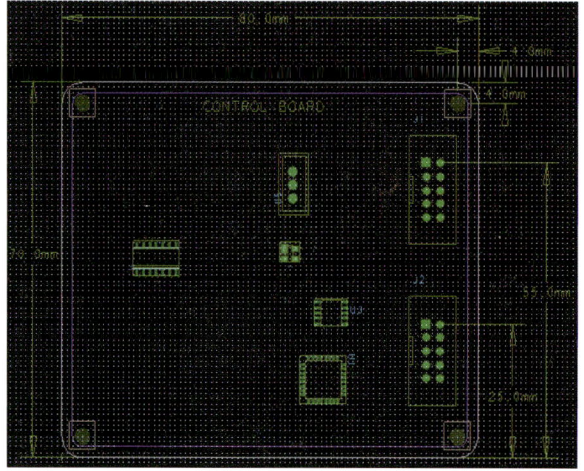

ⓓ 다시 Place 메뉴에서 Manually…(🖻)를 선택한 뒤 Components by refdes를 체크하여 부품을 배치시킨다.

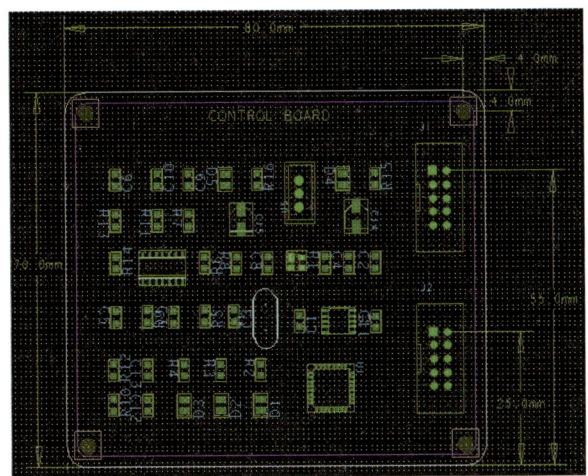

ⓔ 부품 배치가 완료되면 마우스 오른쪽 버튼을 클릭하여 팝업메뉴에서 Done(F6)을 선택한다.

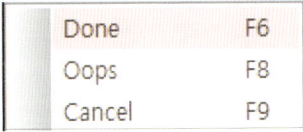

㉢ 부품의 회전 배치 : Application Mode 메뉴에서 Placement Edit(🔲)를 선택하고 마우스 오른쪽 버튼을 클릭하면 팝업메뉴가 부품 배치에 대한 명령으로 변경된다.

 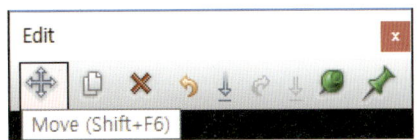

ⓐ 좌측 하단에 Place manual(🖻) 또는 Edit 툴바에서 move 아이콘(✥)을 클릭한다.

   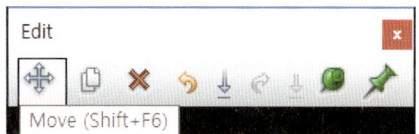

ⓑ 부품 배치 시 회전하고자 할 때는 회전하고자 하는 부품을 선택하고 오른쪽 마우스 버튼을 눌러 팝업메뉴에서 Rotate를 선택한다.

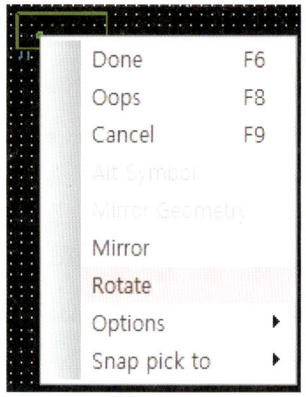

ⓒ 부품의 기준점(회전 시 생성되는 선을 기준)을 중심으로 생성된 선을 마우스로 돌리면 부품이 반시계 방향으로 90도씩 회전하게 된다.

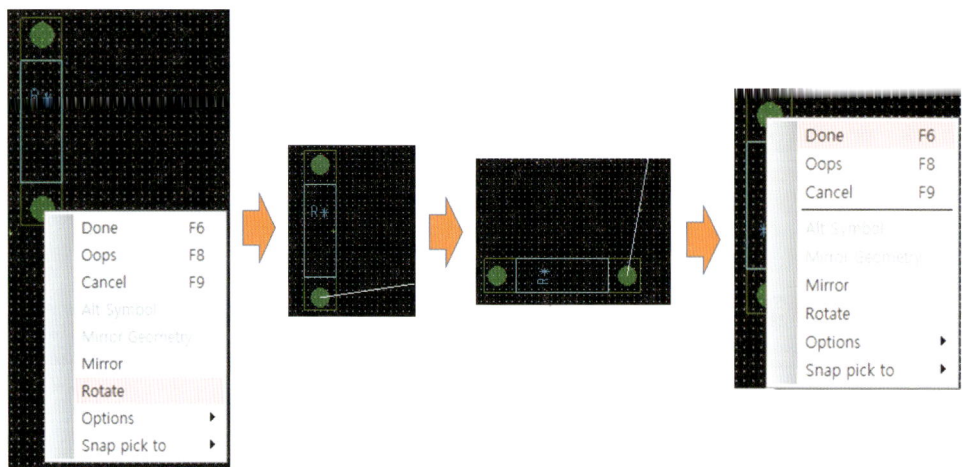

ⓓ 회전된 부품을 배치하기 위해서는 왼쪽 마우스 버튼을 누른 후에 오른쪽 마우스 버튼을 눌러 팝업메뉴에서 Done(F6)을 눌러 회전 명령을 종료한다.

ㄹ 부품의 자동 정렬 배치(부품들의 균형 배치 시에 유리) : Placement Edit 모드에서는 다수의 부품을 선택하고 마우스 오른쪽 버튼을 클릭하여 팝업메뉴에서 Align components를 선택하면 자동 정렬된다.

 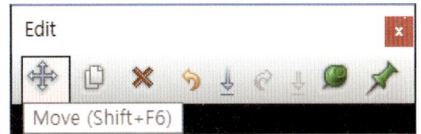

ⓐ 부품을 배치한 후에 정렬하기 위해서는 정렬하고자 하는 부품 영역을 마우스로 드래그하여 선택한다.

ⓑ 드래그 영역의 부품이 선택되면 마우스 오른쪽 버튼을 눌러 팝업메뉴에서 Align components를 선택한다.

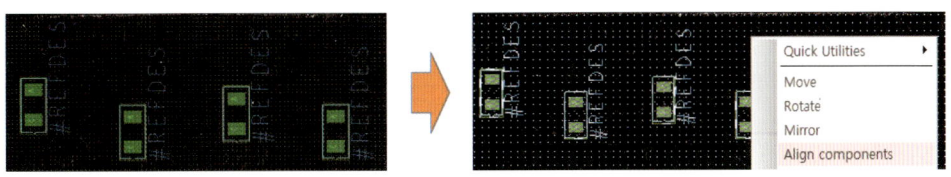

ⓒ 화면의 오른쪽 Options 창의 Alignment Direction에서 부품의 정렬 방향을 수직 또는 수평을 선택하고, Alignment Edge에서 정렬 위치를 부품의 상단, 중앙, 하단 중에서 하나를 결정하고, Spacing에서는 정렬 부품 간의 이격거리를 선택하면 부품들이 선택 조건에 따라 정렬 배치된다.

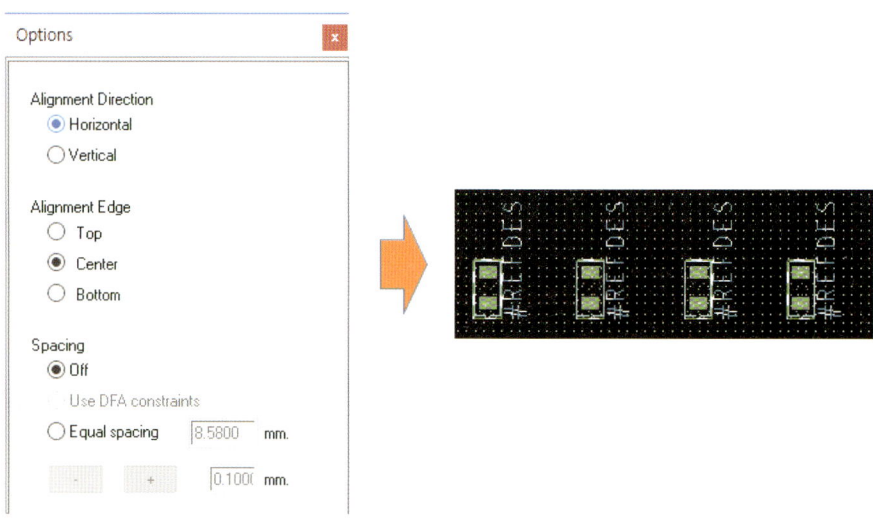

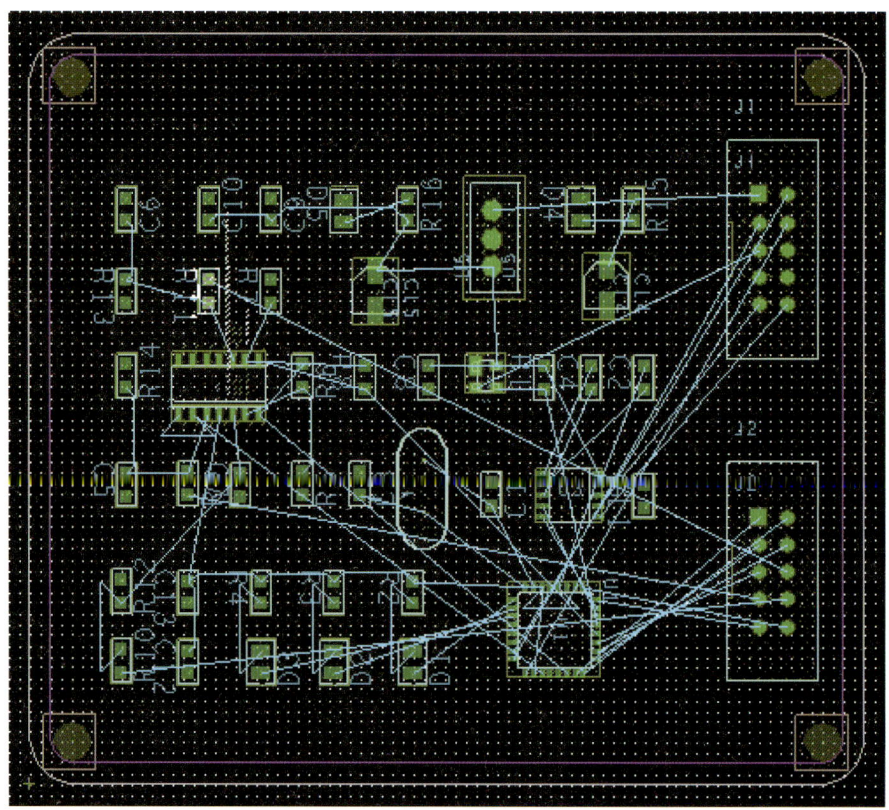

부품의 배치가 완료된 설계 보드

5) 치수보조선

문제의 요구 조건에 주어진 Board 외곽의 치수보조선을 참고하여 보드의 크기를 치수보조선으로 표시한다.

(1) Dimension Parameter 설정

치수보조선에 사용할 단위와 글자 크기 및 방향 등을 설정하기 위하여 Dimension Environment(▭)를 사용한다.

① Manufacture 메뉴에서 Dimension Environment를 선택하거나 Dimension 툴바의 Dimension Edit 아이콘(▭)을 클릭한다.

   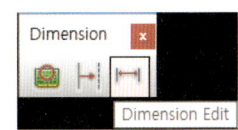

② PCB 화면에서 마우스 오른쪽 버튼을 클릭하고 팝업메뉴에서 Parameter를 선택하면 Dimensioning parameters 창이 활성화된다.

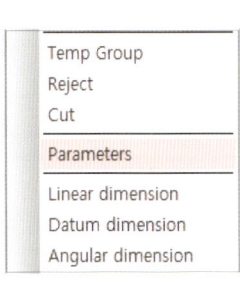   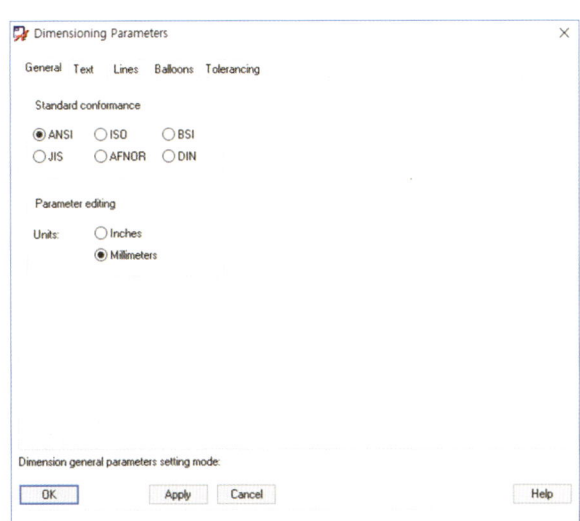

③ Text 탭을 선택하고 아래 그림과 같이 설정하고 ⬚OK⬚ 버튼을 클릭한다.

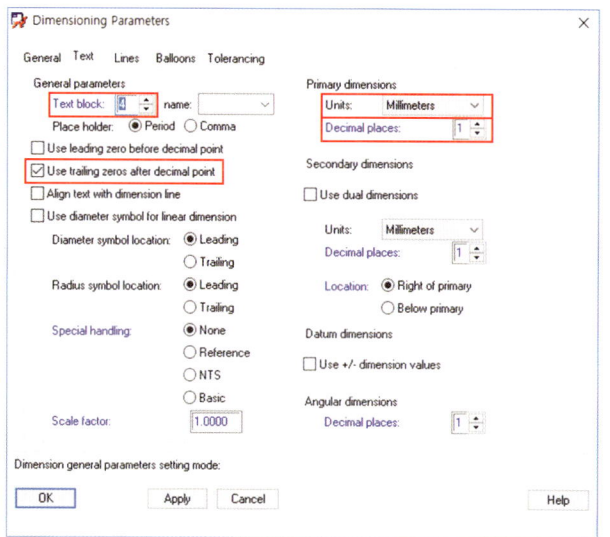

- Text Block : 4
- Use trailing zeros after decimal point : 체크
- Primary dimensions / Units : **Millimeters**
- Primary dimensions / Decimal places : 1

(2) 치수보조선 그리기

① Manufacture 메뉴에서 Dimension Environment를 클릭하거나 툴바에서 Dimension Edit 아이콘( )을 선택한다.

 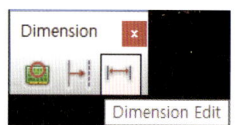

② PCB 화면에서 마우스 오른쪽 버튼을 클릭하여 팝업메뉴에서 Linear dimension을 선택하고 오른쪽 Options 탭에서 Text 칸에 %vmm을 입력한다.

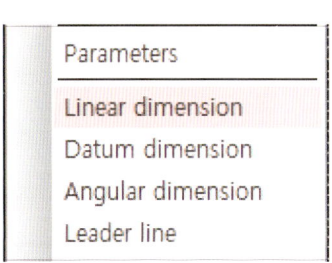 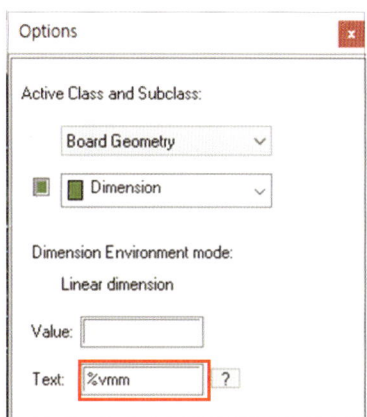

③ J2 커넥터의 치수보조선을 기입하기 위하여 ①번 위치의 보드외곽선을 클릭하고 ②번의 J2 커넥터의 1번 핀을 마우스로 클릭하면 치수보조선이 나타나며 마우스에 해당 치수의 숫자가 따라 다니면 ③의 위치로 이동하여 마우스를 클릭하면 ④의 위치에 치수보조선이 기입된다.

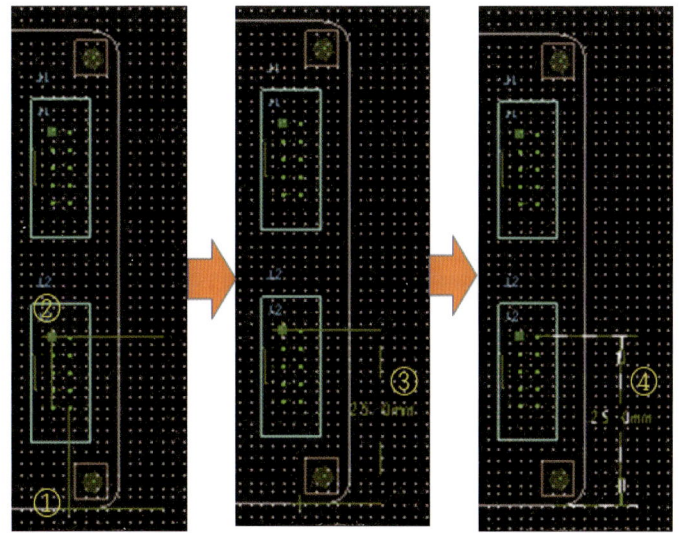

④ J1 커넥터의 치수보조선을 기입하기 위하여 ⑤번 위치의 보드외곽선을 클릭하고 ⑥번의 J1 커넥터의 1번 핀을 마우스로 클릭하면 치수보조선이 나타나며 마우스에 해당 치수의 숫자가 따라 다니면 ⑦의 위치로 이동하여 마우스를 클릭하면 ⑧의 위치에 치수보조선이 기입된다.

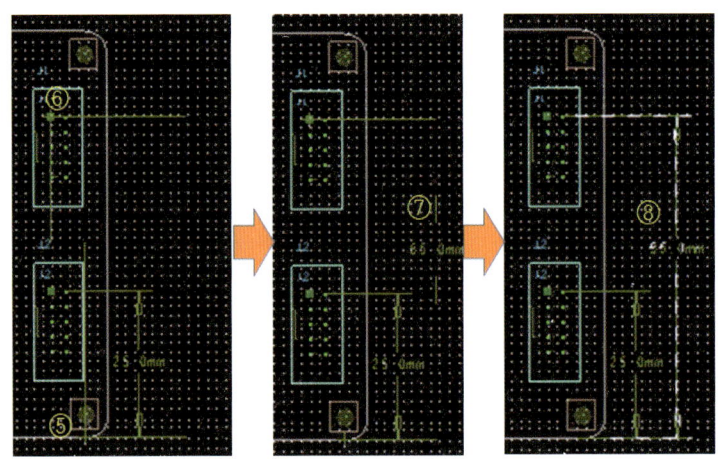

고정 부품(J1, J2)의 치수보조선의 기입

⑤ 고정 홀의 오른쪽 치수보조선을 기입하기 위하여 ⑨번 위치의 고정 홀을 클릭하고 ⑩번의 보드외곽선을 마우스로 클릭하면 치수보조선이 나타나며 마우스에 해당 치수의 숫자가 따라 다니면 ⑪의 위치로 이동하여 마우스를 클릭하면 치수보조선이 기입된다.

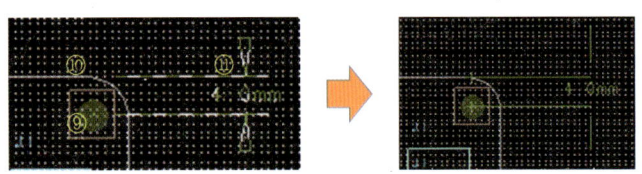

고정 홀의 오른쪽 치수보조선의 기입

⑥ 고정 홀의 상단 치수보조선을 기입하기 위하여 ⑫번 위치의 고정 홀을 클릭하고 ⑬번의 보드 외곽선을 마우스로 클릭하면 ⑭번의 치수보조선이 나타나며 마우스에 해당

치수의 숫자가 따라 다니면 ⑮의 위치로 이동하여 마우스를 클릭하면 치수보조선이 기입된다.

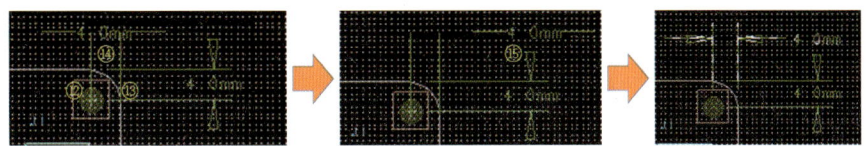

고정 홀의 상단 치수보조선의 기입

⑦ 수직면의 치수보조선을 기입하기 위하여 ⑯번 위치의 보드 하단 보드외곽선을 클릭하고 ⑰번의 보드 상단 보드외곽선을 마우스로 클릭하면 치수보조선이 나타나며 마우스에 해당 치수의 숫자에 따라 다니면 ⑱의 위치로 이동하여 마우스를 클릭하면 치수보조선이 기입된다.

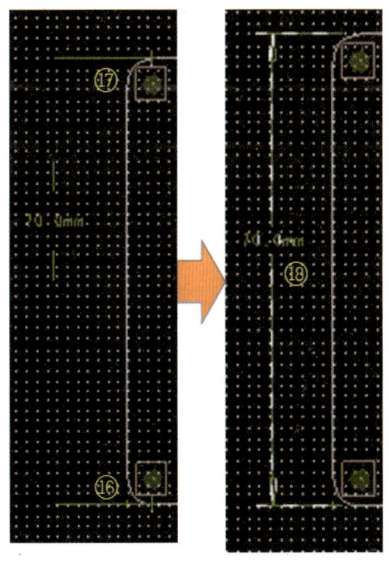

세로면 크기의 치수보조선 기입

⑧ 수평면의 치수보조선을 기입하기 위하여 ⑲번 위치의 왼쪽 보드외곽선을 클릭하고 ⑳번의 오른쪽 보드외곽선을 마우스로 클릭하면 치수보조선이 나타나며 마우스에 해당 치수의 숫자가 따라다니면 ⓐ의 위치로 이동하여 마우스를 클릭하여 치수보조

선이 기입하고 오른쪽 마우스 버튼을 눌러 팝업메뉴에서 Done(F6)을 눌러 치수보조선의 기입을 완료한다.

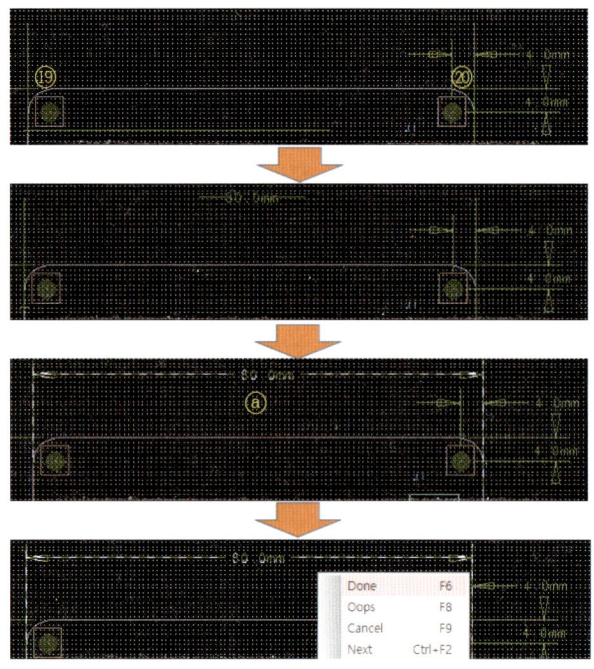

가로면 크기의 치수보조선 기입

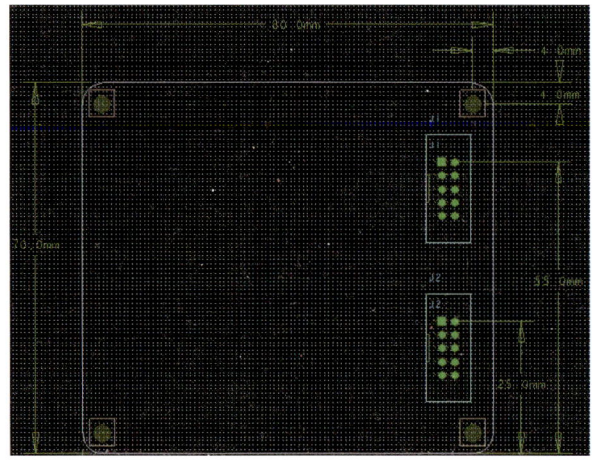

치수보조선의 배치가 완료된 PCB 설계 창

6) 실크 데이터 작성

> **요구사항**
>
> 8) 실크 데이터(Silk data)
> 가) 실크 데이터의 부품 번호는 한 방향으로 보기 좋게 정렬하고, 불필요한 데이터는 삭제합니다.
> 나) 다음의 내용을 보드 상단 중앙에 위치시킵니다.
>   (CONTROL BOARD)
>   (line width : 0.25mm, height : 2mm)

PCB Editor에서는 글자의 속성을 Text Block으로 설정하기 때문에 실크 데이터에 사용할 글자크기 및 두께를 위의 조건과 같이 설정한다. 문제에 정의된 Line width의 크기를 PCB Editor에서는 Photo Width에 설정하며, Height와 Line width를 제외한 나머지 부분은 문제의 Height와 비슷한 Text Block의 Width, Line Space, Char Space를 설정한다.

① Setup 메뉴에서 Design Parameter…를 클릭하거나 Setup 툴바에서 Prmed 아이콘 ()을 클릭한다.

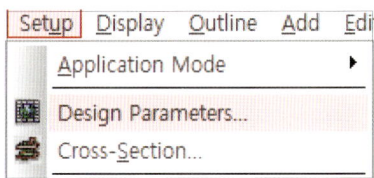
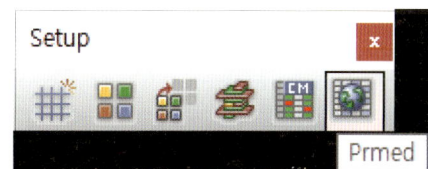

② Text 탭을 선택한 뒤 Setup Text Sizes의 ⋯ 버튼을 클릭하고 상단 중앙에 사용할 글자를 추가하기 위하여 Add 버튼을 클릭해서 새로운 Text Block(20)을 생성한다.

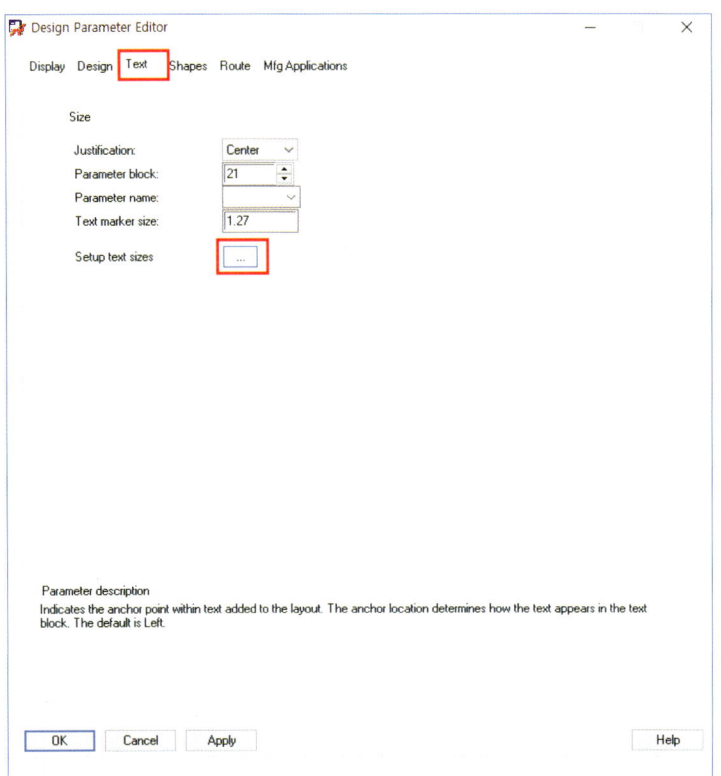

③ 생성된 Text Blk(20)에 다음과 같이 설정한다. 이때 사용자 텍스트 블록(Text Blk)의 번호는 다를 수 있다.

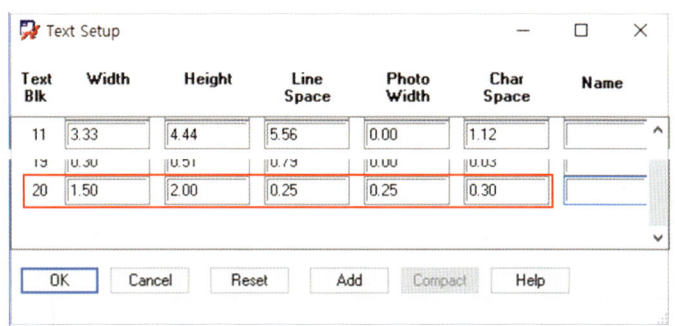

- Width (글자의 넓이) : 1.5mm
- Height (글자의 높이) : 2mm
- Line Space (글자의 두께) : 0.25mm
- Photo Width (글자 선의 두께) : 0.25mm
- Char Space (글자 간격) : 0.3mm

④ 설정이 완료되었으면 OK 버튼을 클릭하여 Text Setup 창을 닫는다.

(1) Text block 속성 설정

정해진 요구 조건에 맞게 실크 데이터를 보드에 배치하기 위해서는 오른쪽 Control Panel의 Options 탭을 이용하여 설정한다.

① Add 메뉴에서 Text를 클릭하거나 Add 툴바에서 Add Text 아이콘( )을 클릭한다.

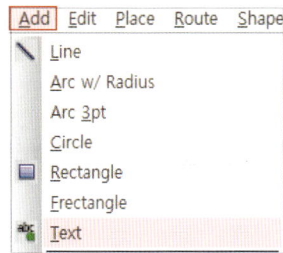

② Control Panel의 Options 탭을 다음과 같이 설정한다.

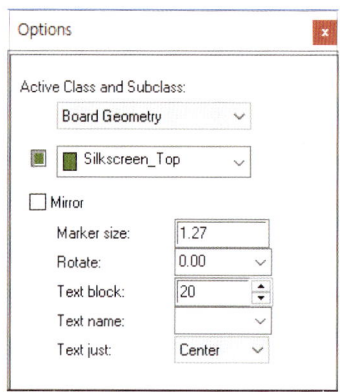

- Active Class and SubClass : **Board Geometry / Silkscreen_Top**
- Mirror (Text를 좌우 반전시켜 배치)
- Marker size : **1.27mm**
- Rotate (Text를 회전시켜 배치) : **0**
- Text just (Text 정렬 방법) : **Center**

(2) Text 데이터의 배치

Board 상단 중앙에 요구사항의 문자(CONTROL BOARD) 데이터를 실크 스크린의 레이어에 배치한다.

① Add 메뉴에서 Text를 클릭하거나 Add 툴바에서 Add Text 아이콘(　)을 클릭한다.

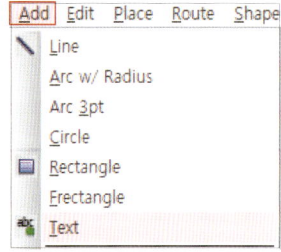 

② Control Panel의 Options 창을 다음과 같이 설정한다.

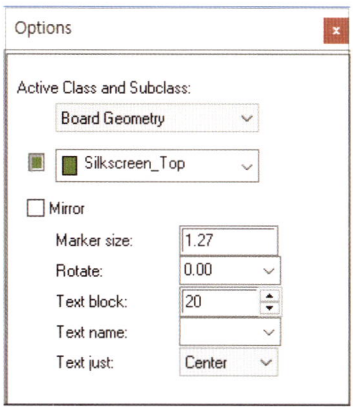

- Active Class and SubClass : Board Geometry / Silkscreen_Top
- Text block : 21
- Text just : Center

③ PCB 보드의 상단 중앙을 클릭하여 CONTROL BOARD를 입력한다.

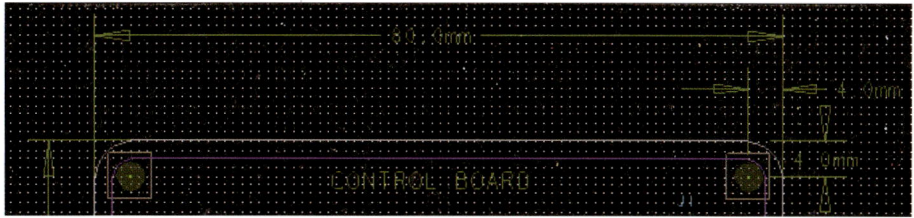

④ 작업이 완료되면 마우스 오른쪽 버튼을 클릭하여 팝업메뉴에서 Done(F6)을 선택한다.

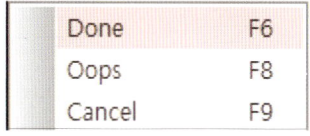

7) 설계 규칙 설정

(1) 네트 폭의 설정

Constraint manger()를 이용하여 배선의 두께와 배선, Pin, Shape 등의 간격 등을 설정하는데 다른 명령어가 활성화되어 있는 상태에서는 Constraint manager 창이 나타나지 않으므로 이전에 작업 중이던 작업을 완료 후 Constraint manager()를 실행시킨다.

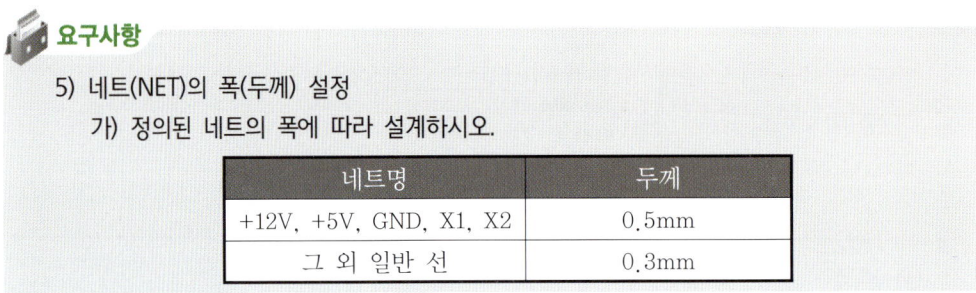

① Setup 메뉴에서 Constraints...를 클릭하거나 Setup 툴바에서 Cmgr 아이콘()을 클릭하고 Worksheet selector 창의 Physical 탭을 선택한다.

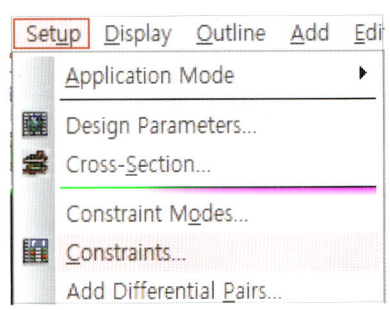

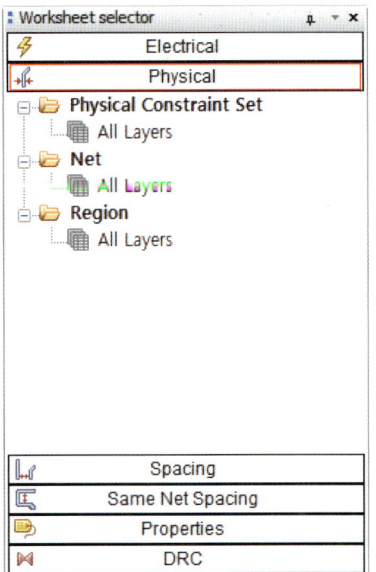

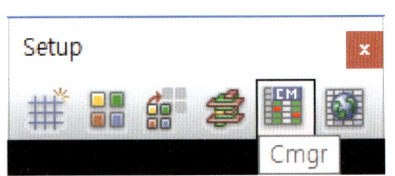

② Physical 탭의 Physical Constraint Set – All Layers를 선택하고, 오른쪽 창에서 DEFAULT의 Line Width – Min(mm)의 기입란에 0.3을 기입한다.

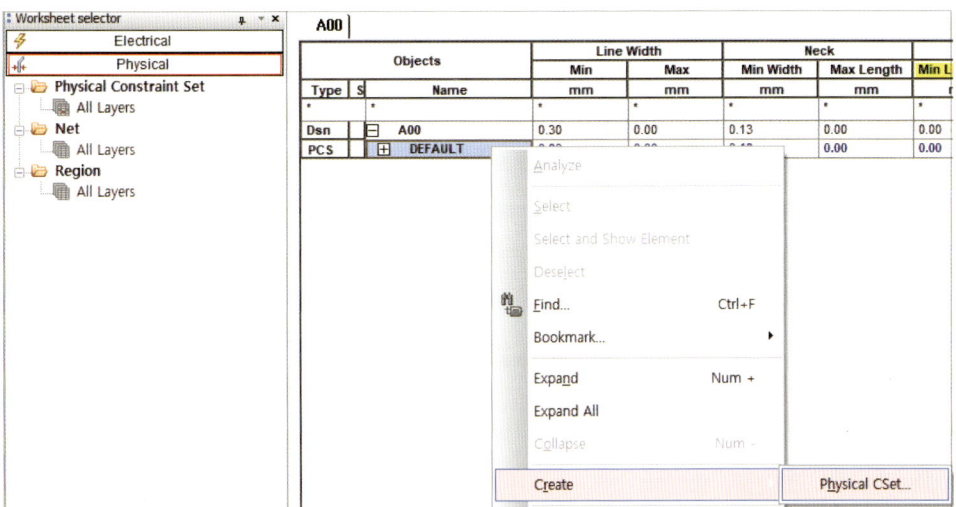

③ DEFAULT에서 마우스 오른쪽 버튼을 클릭하고 팝업메뉴에서 Create - Physical CSet을 클릭한다.

④ Physical CSet의 이름에 POWER라고 입력하고 OK 버튼을 클릭한다.

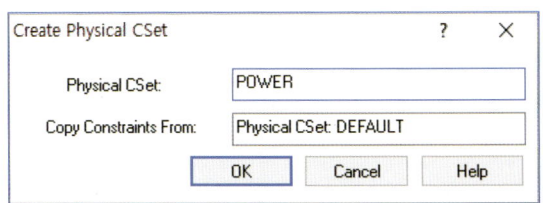

⑤ POWER의 Line Width – Min(mm)의 기입란에 0.5를 기입한다.

	Objects		Line Width	
Type	S	Name	Min mm	Max mm
*		*	*	*
Dsn		A00	0.30	0.00
PCS		DEFAULT	0.30	0.00
PCS		POWER	0.50	0.00

⑥ Worksheet selector 창의 Physical 항목에 Net – All Layers를 선택하고 오른쪽 창에서 전원네트(+12V, +5V, GND, X1, X2)의 Referenced Physical CSet을 POWER로 변경한다.

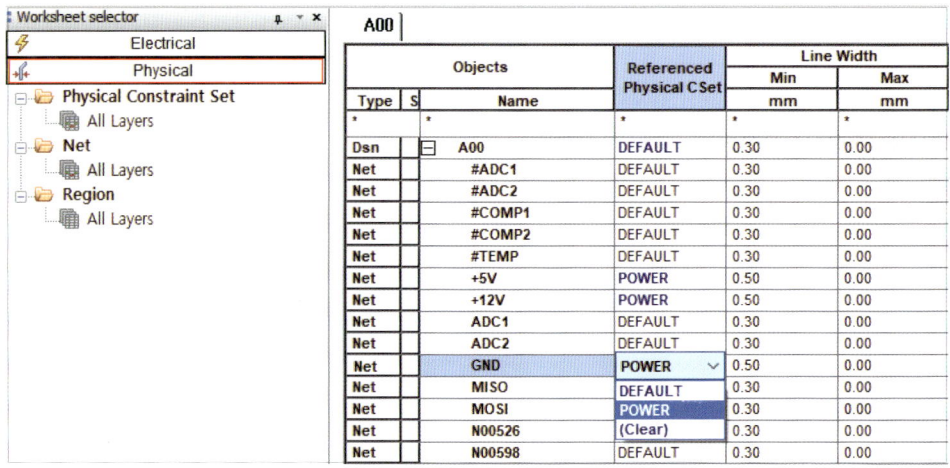

⑦ Constraint manager를 닫으면 설정이 저장된다.

(2) VIA 생성

요구사항

10) 비아(Via)의 설정

비아의 종류	속성	
	드릴 홀 크기(hole size)	패드 크기(pad size)
Power Via (전원선 연결)	0.4mm	0.8mm
Stadard Via (그 외 연결)	0.3mm	0.6mm

① 일반 Via(홀 : 0.3mm, 패드 : 0.6mm)의 생성

㉠ 윈도우의 시작에서 Cadence - Pad Designer(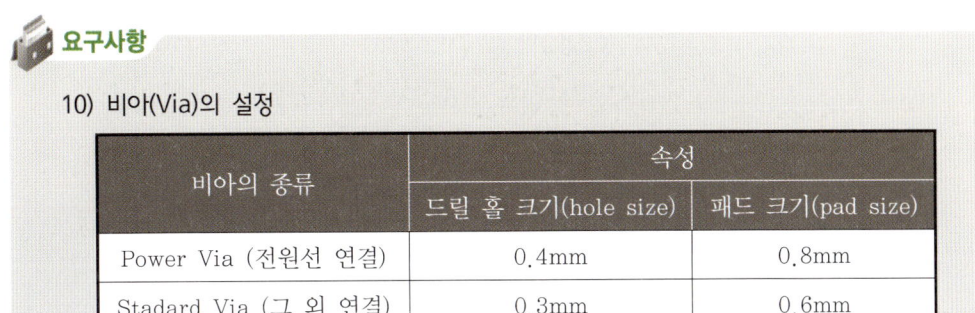)를 클릭한다.

㉡ File 메뉴에서 New를 클릭하고 New Padstack 창에서 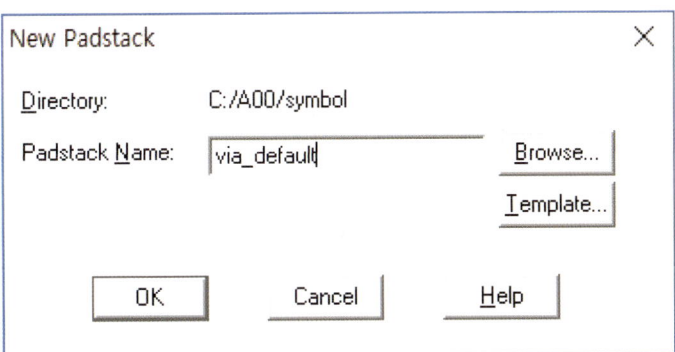 를 클릭하여 저장 경로("symbols" 폴더)를 설정하고 Padstack Name에 "via_default"로 작성한다.

ⓒ Parameter 창의 각 부분은 다음과 같이 설정한다.

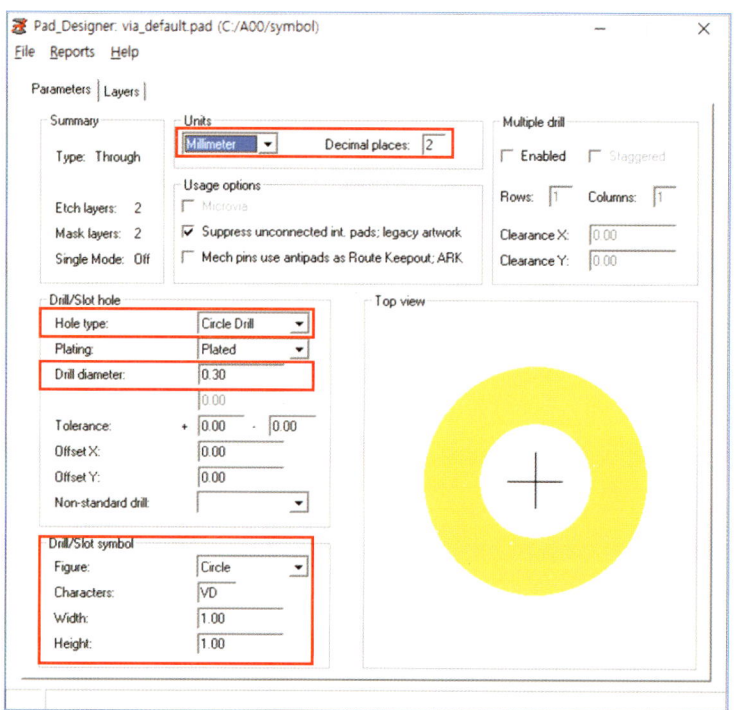

- Units : Millimeter
  • Decimal places : 2
- Drill/Slot hole
  • Hole type : Circle Drill • Drill diameter : 0.3
- Drill/Slot Symbol
  • Figure : Circle • Characters : VD
  • Width : 1.0 • Hight : 1.0

ㄹ Layers Tab은 다음과 같이 설정한다.

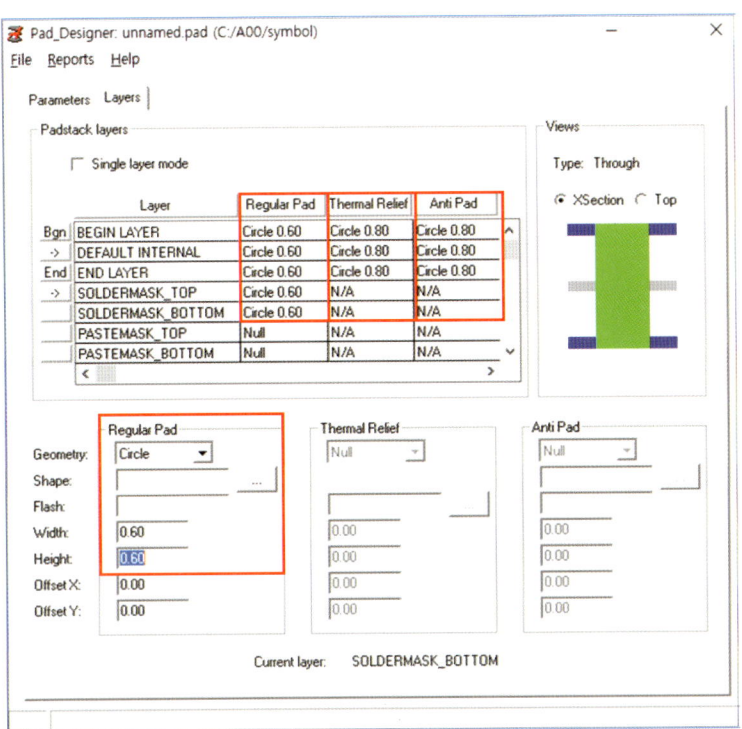

- Regular Pad(BEGIN LAYER, DEFAULTINTERNAL, END LAYER) :
  · Geometry : Circle
  · Diameter : 0.6
- Thermal Pad(BEGIN LAYER, DEFAULTINTERNAL, END LAYER) :
  · Geometry : Circle
  · Diameter : 0.8
- Anti Pad(BEGIN LAYER, DEFAULT INTERNAL, END LAYER) :
  · Geometry : Circle
  · Diameter : 0.8
- Regular Pad :
  · Geometry : Circle
  · Width : 0.6
  · Hight : 0.6

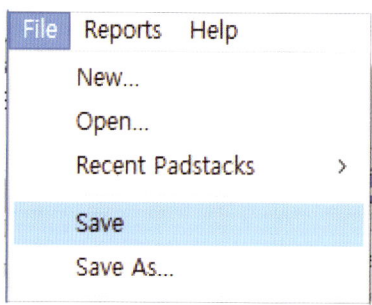

② 전원 Via(홀 : 0.5mm, 패드 : 0.8mm)의 생성

㉠ 윈도우의 시작에서 Cadence - Pad designer(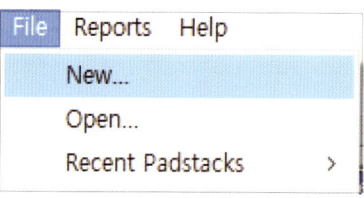)를 클릭한다.
㉡ File 메뉴에서 New를 클릭하고 New Padstack 창에서 Browse...를 클릭하여 저장경로("symbols" 폴더)를 설정하고 Padstack Name에 "via_power"로 작성한다.

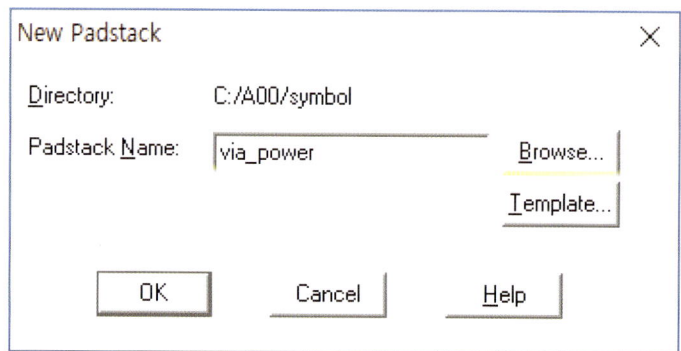

ⓒ Pad Editor 각 창은 다음과 같이 설정한다.

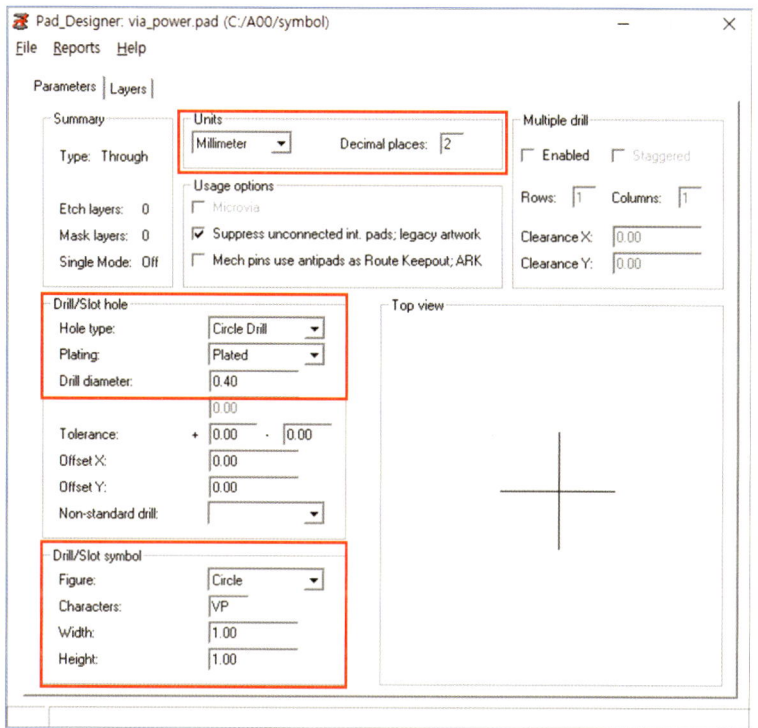

- Units : Millimeter
  • Decimal places : 2
- Drill/Slot hole
  • Hole type : Circle Drill • Drill diameter : 0.4
- Drill/Slot Symbol
  • Figure : Circle • Characters : VP
  • Width : 1.0 • Hight : 1.0

ㄹ) Layers Tab은 다음과 같이 설정한다.

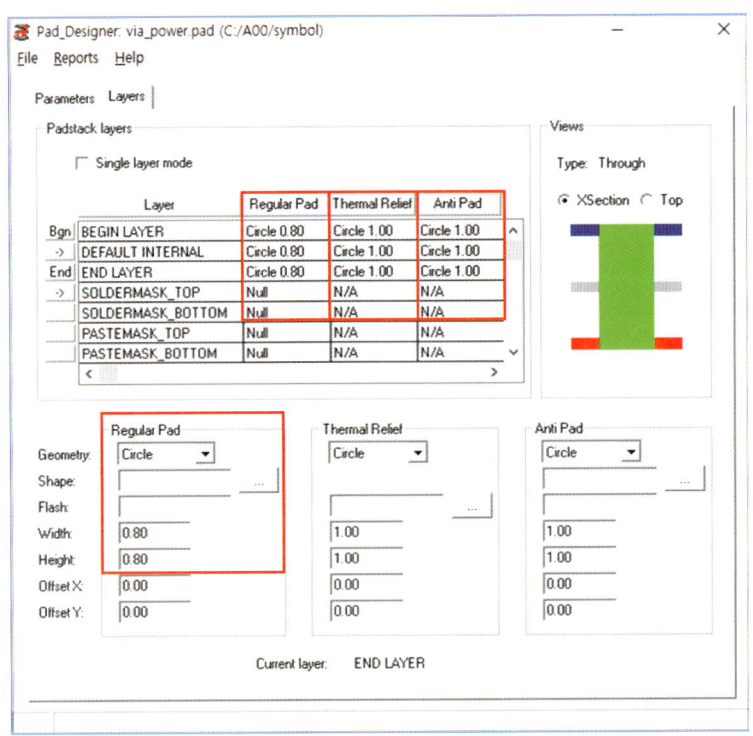

- Regular Pad(BEGIN LAYER, DEFAULTINTERNAL, END LAYER) :
  • Geometry : Circle
  • Diameter : 0.8
- Thermal Pad(BEGIN LAYER, DEFAULTINTERNAL, END LAYER) :
  • Geometry : Circle
  • Diameter : 1.0
- Anti Pad(BEGIN LAYER, DEFAULT INTERNAL, END LAYER) :
  • Geometry : Circle
  • Diameter : 1.0
- Regular Pad :
  • Geometry : Circle
  • Width : 0.8
  • Hight : 0.8

㉤ File 메뉴에서 Save를 선택하여 저장하고 Pad Designer를 종료한다.

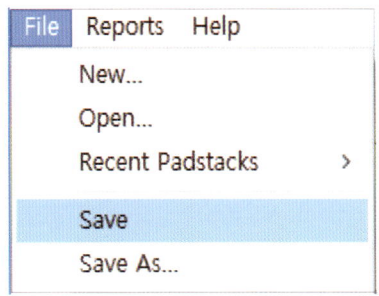

③ VIA 설정하기

㉠ Setup 메뉴에서 Constraints…를 클릭하거나 Setup 툴바에서 Cmgr 아이콘(■) 을 클릭하고 Worksheet selector 창의 Physical 탭을 선택한다.

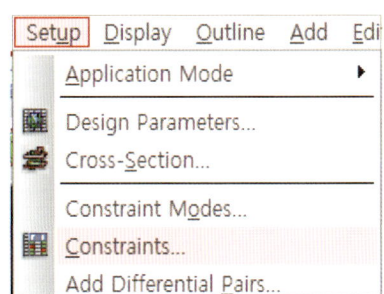

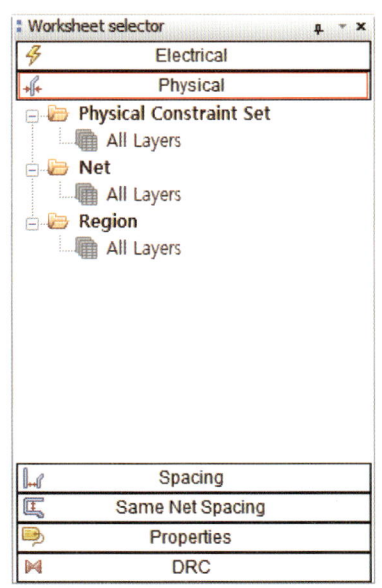

㉡ Physical 탭의 Physical Constraint Set - All Layers를 선택하고 오른쪽 창에서 POWER의 Vias 칸을 클릭한다.

Objects			Differential Pair			Vias
			Neck Gap	(+)Tolerance	(-)Tolerance	
Type	S	Name	mm	mm	mm	
*						
Dsn		A00	0.00	0.00	0.00	VIA
PCS	⊞	DEFAULT	0.00	0.00	0.00	VIA
PCS	⊞	POWER	0.00	0.00	0.00	VIA

ⓒ Edit Via List 창에서 Filter by name에 VIA_POWER를 기입한다.

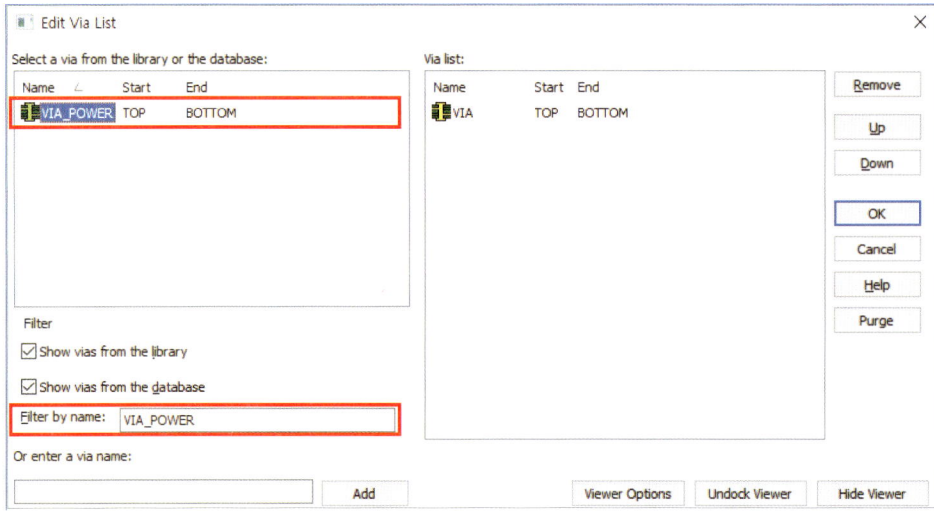

ⓓ Select a via from the library or the database에서 VIA_POWER를 클릭하면 오른쪽 Via list로 VIA_POWER가 이동한다. 오른쪽 Via list에서 VIA를 선택하고 Remove 버튼을 클릭하여 Via를 제거한다.

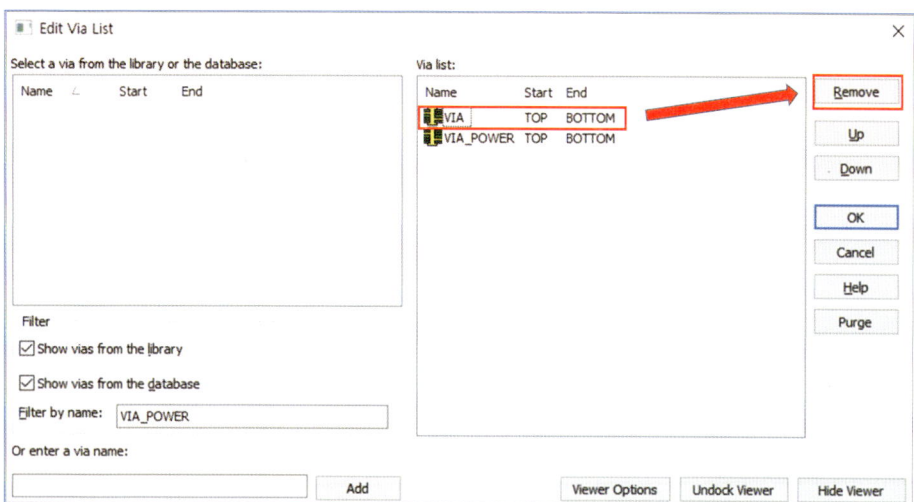

ⓜ Edit Via List 창의 [OK] 버튼을 누르면 Worksheet selector 창의 Physical 항목에 Physical Constraint Set의 Power 부분이 VIA_POWER로 변경된다.

Objects			Differential Pair			Vias
Type	S	Name	Neck Gap mm	(+)Tolerance mm	(-)Tolerance mm	
*		*	*	*	*	*
Dsn		A00	0.00	0.00	0.00	VIA
PCS		DEFAULT	0.00	0.00	0.00	VIA
PCS		POWER	0.00	0.00	0.00	VIA_POWER

ⓑ 오른쪽 창에서 DEFAULT의 Vias 칸을 클릭한다.

Objects			Differential Pair			Vias
Type	S	Name	Neck Gap mm	(+)Tolerance mm	(-)Tolerance mm	
*		*	*	*	*	*
Dsn		A00	0.00	0.00	0.00	VIA
PCS		DEFAULT	0.00	0.00	0.00	VIA
PCS		POWER	0.00	0.00	0.00	VIA_POWER

ⓢ Edit Via List 창에서 Filter by name에 VIA_POWER를 기입한 후에 Select a via from the library or the database에서 VIA_DEFAULT를 클릭하면 오른쪽 Via list

로 VIA_DEFAULT가 이동된다.

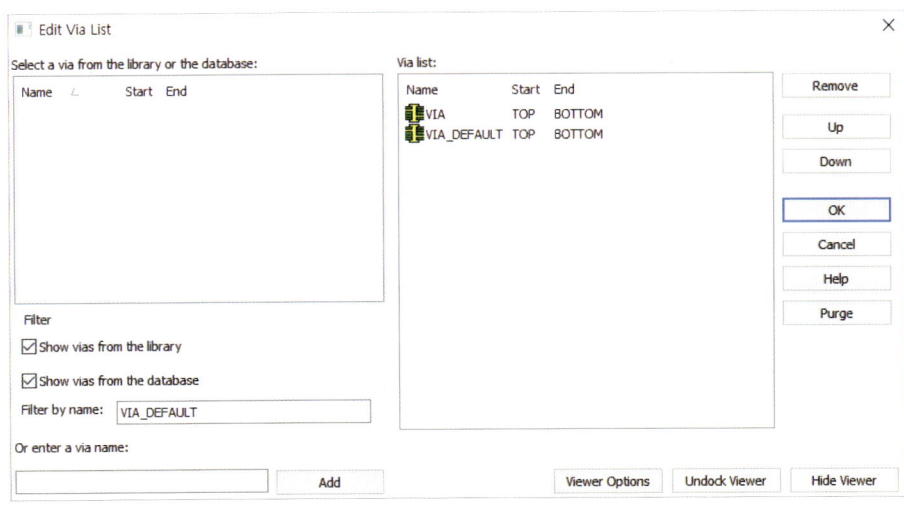

◎ 오른쪽 Via list에서 VIA를 선택하고 Remove 버튼을 클릭하여 VIA를 제거한다.

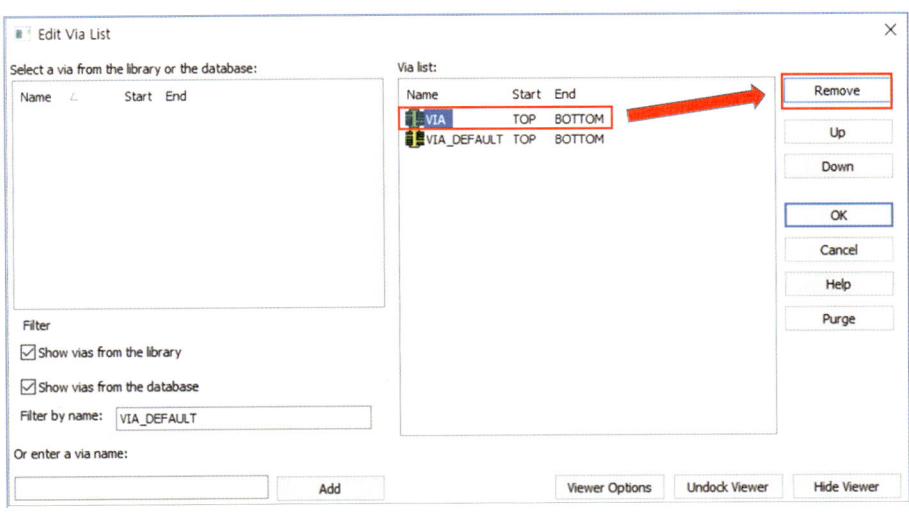

ⓩ DEFAULT의 Vias 칸에는 VIA_DEFAULT, POWER의 Vias 칸에는 VIA_POWER로 설정되면, Constraint manager를 닫으면 설정을 저장된다.

Objects			Differential Pair			Vias
Type	S	Name	Neck Gap mm	(+)Tolerance mm	(-)Tolerance mm	
*		*	*	*	*	*
Dsn		A00	0.00	0.00	0.00	VIA_DEFAULT
PCS		DEFAULT	0.00	0.00	0.00	VIA_DEFAULT
PCS		POWER	0.00	0.00	0.00	VIA_POWER

(3) Spacing의 설정

요구사항

9) 카퍼(Copper Pour)의 설정
   가) 보드의 카퍼 설정은 Bottom Layer에만 GND 속성의 카퍼 처리를 하되, 보드외곽으로부터 0.1mm 이격을 두고 실시하며, 모든 네트와 카퍼와의 이격거리(Clearance)는 0.5mm, 단, 열판과 GND 네트 사이 연결선의 두께는 0.5mm로 설정합니다.
11) DRC(Design Rule Check)
   가) 모든 조건은 default값(Clearance : 0.254 mm)에 위배되지 않아야 합니다. PCB 설계 규칙의 위반사항이 없을 시에는 다음 순서의 작업을 진행하도록 하고, DRC 검사를 받지 아니한 경우 또는 검사를 통과하지 못한 경우 실격 처리됩니다. (단, 검사한 로그 파일은 디스크(HDD)에 저장합니다.)

① Net Spacing 설정

㉠ Setup 메뉴에서 Constraints…를 클릭하거나 Setup 툴바에서 Cmgr 아이콘()을 클릭하고 Worksheet selector 창의 Spacing 탭을 선택한다.

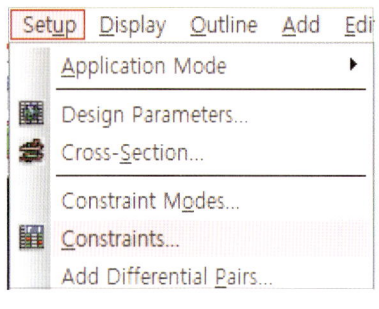

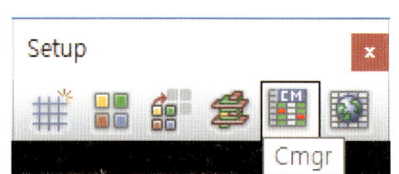

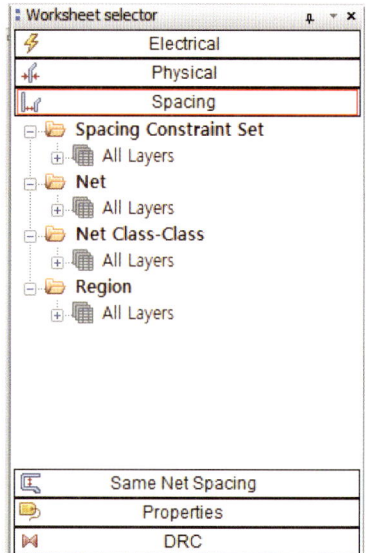

ⓛ Spacing 탭의 Spacing Constraint Set – All Layers – All을 선택하고, 오른쪽 창에서 DEFAULT를 더블클릭한다.

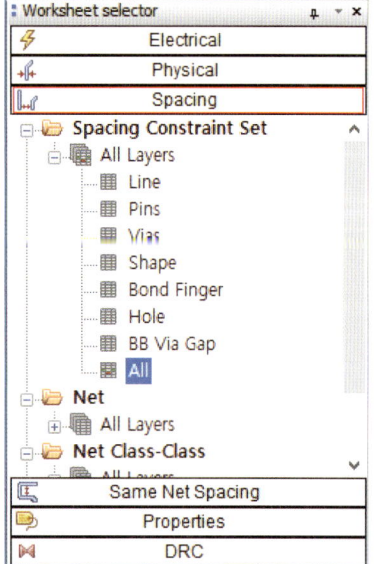

ⓒ 전체 선택이 된 상태에서 0.254을 기입한 뒤 Enter 키를 클릭한다.

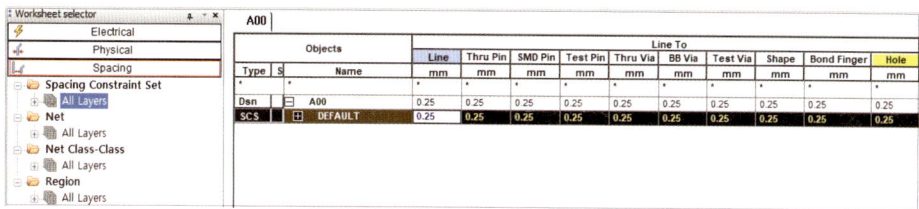

ⓓ DEFAULT의 SMD Pin to > All 기입란에 0.254을 기입한 뒤 Enter 키를 클릭한다.

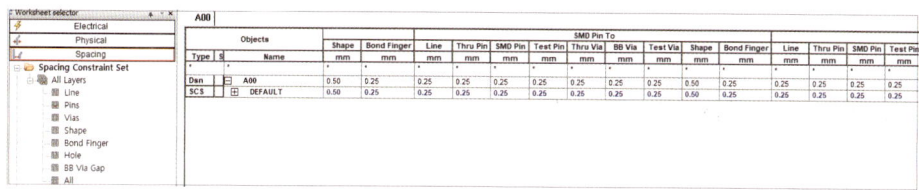

ⓔ DEFAULT의 Shape To > All 기입란에 0.5를 기입한 뒤 Enter 키를 클릭한다.

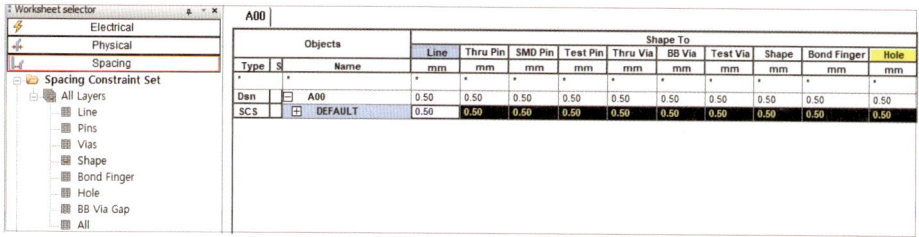

② Same Net Spacing의 설정

ⓐ Setup 메뉴에서 Constraints…를 클릭하거나 Setup 툴바에서 Cmgr 아이콘(▦)을 클릭하고 Worksheet selector 창의 Same Net Spacing 탭을 선택한다.

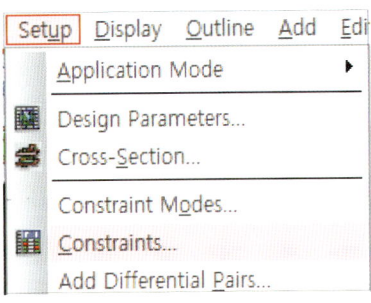
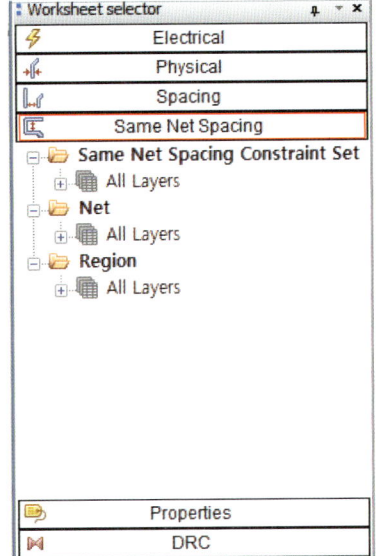

ⓒ Same Net Spacing 탭의 Same Net Spacing Constraint Set – All Layers – All을 선택하고 오른쪽 창에서 DEFAULT를 더블클릭한다.

ⓓ 전체 선택이 된 상태에서 0.254을 기입한 뒤 Enter↵ 키를 클릭한다.

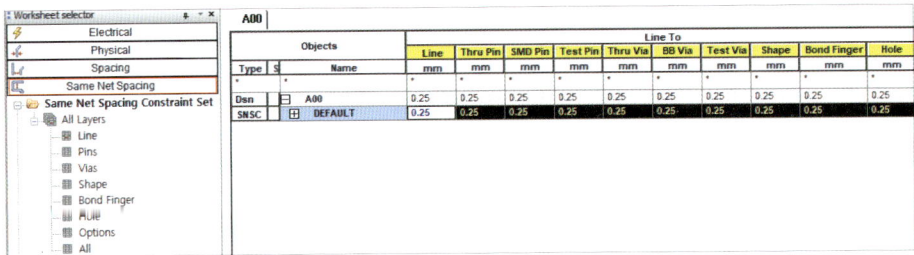

ⓔ DEFAULT의 SMD Pin to > All 기입란에 0.254을 기입한 뒤 Enter↵ 키를 클릭한다.

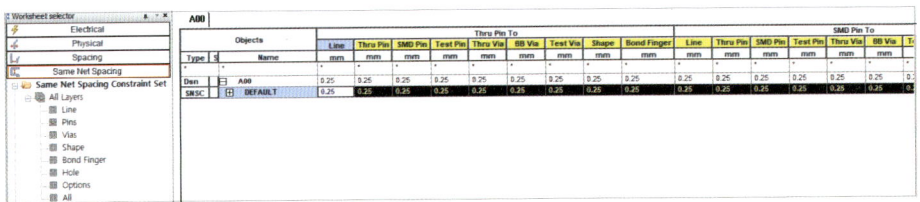

ⓜ DEFAULT의 Shape To > All 기입란에 0.5를 기입한 뒤 Enter⏎ 키를 클릭한다.

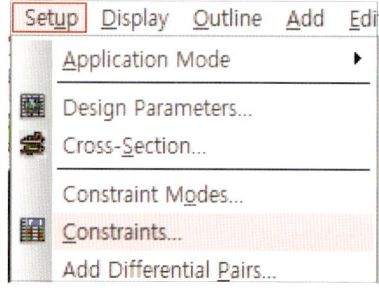

(4) Properties의 설정

PCB Editor 설계 시 VCC와 GND의 Ratnest 선이 보이지 않을 경우 Constraint manager의 Properties 항목에 Net – General Properties에서 No Rat이란 항목에 On을 Clear로 변경하면 Ratnest 선이 보이게 된다.

① Setup 메뉴에서 Constraints…를 클릭하거나 Setup 툴바에서 Cmgr 아이콘(▦)을 클릭하고 Worksheet selector 창의 Properties 탭을 선택한다.

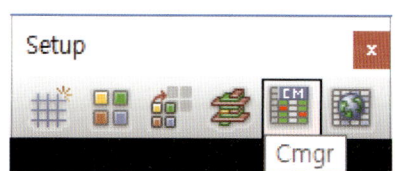

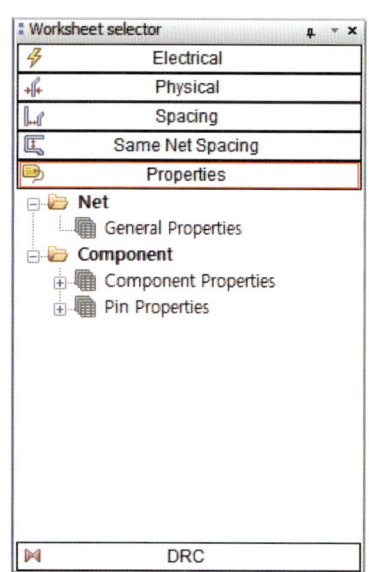

② Properties 탭의 Net – General Properties를 선택하고 오른쪽 창의 GND(Objects)의 No Rat에 On이 되어 있으면 (Clear)로 변경한다.

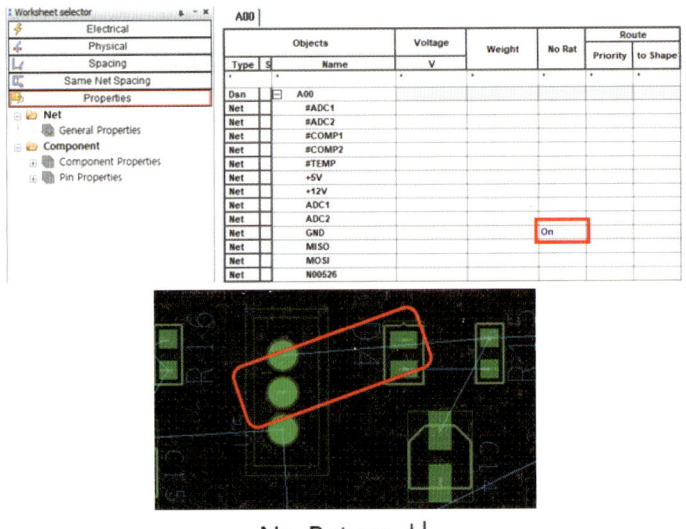

No Rat on 시

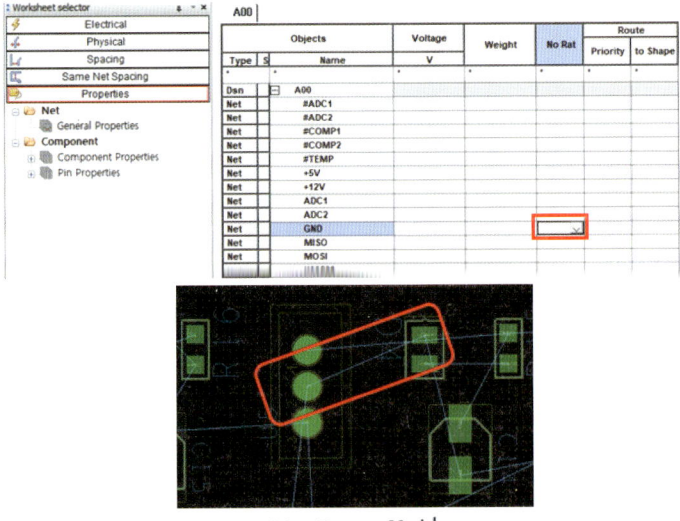

No Rat off 시

③ Constraint manager를 닫으면 설정이 저장된다.

8) 배선(Route)

> **요구사항**
> 6) 배선(Routing)
>   가) 배선은 양면 모두에서 진행하되 자동배선(Auto routing)은 사용할 수 없으며, 자동배선 시 실격 처리됩니다.
>   나) 배선경로는 최대한 짧게 하되 100% 배선하며, 직각배선은 하지 않도록 합니다.

Top면과 Bottom면의 배선 방향은 Top면이 가로 배선이면 Bottom면은 세로로 배선 또는 반대(Top면이 세로 배선이면 Bottom면은 가로로 배선)로 배선을 하되 직각(90°) 배선을 하지 않는다.

(1) 배선 설정

① 배선 각도의 설정(Control Panel – Options) : 배선 시 직각(90°) 배선을 하지 않도록 규정되어 있으므로 Option에서 45° 각도로 배선되도록 설정한다.

㉠ Route 툴바에서 Add Connect 아이콘()을 클릭하거나 Route 메뉴에서 Connect 를 클릭한다.

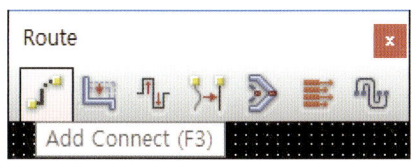
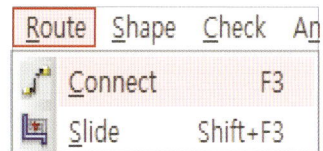

㉡ Control Panel의 Options 탭에서 Line Lock 속성에 45로 설정하고, Bubble 속성은 Shove preferred로 설정한다.

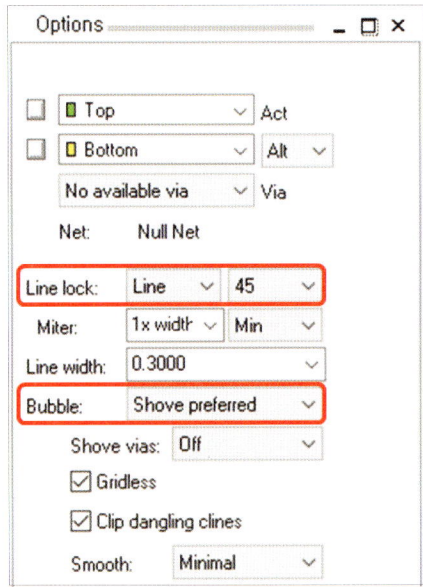

② Net Color 설정 : 각 네트(Net)에 색상을 부여함으로써 배선 시 중요한 Net을 쉽게 확인할 수 있다.

㉠ Setup 메뉴의 Colors를 선택하거나 툴바에서 Color 192 아이콘( )을 클릭하면 Color Dialog 창이 활성화된다.

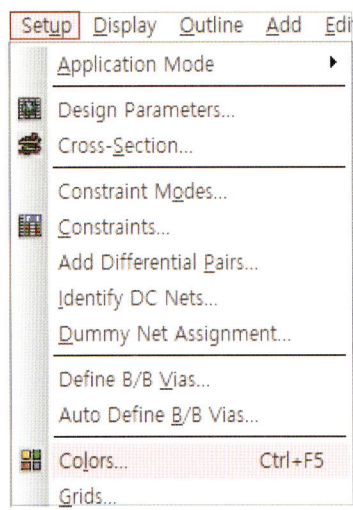

ⓛ Color Dialog의 Nets 탭을 선택하여 원하는 색상을 하단 Color 부분에서 선택한다.

ⓒ 색상 변경을 원하는 Net의 Pins, Vias, Rats를 클릭하여 색상을 설정한다. 이때 TOP과 BOTTOM의 색상이 같으면 레이어의 구별이 안 되므로 서로 상이한 색상으로 설정하여야 한다.

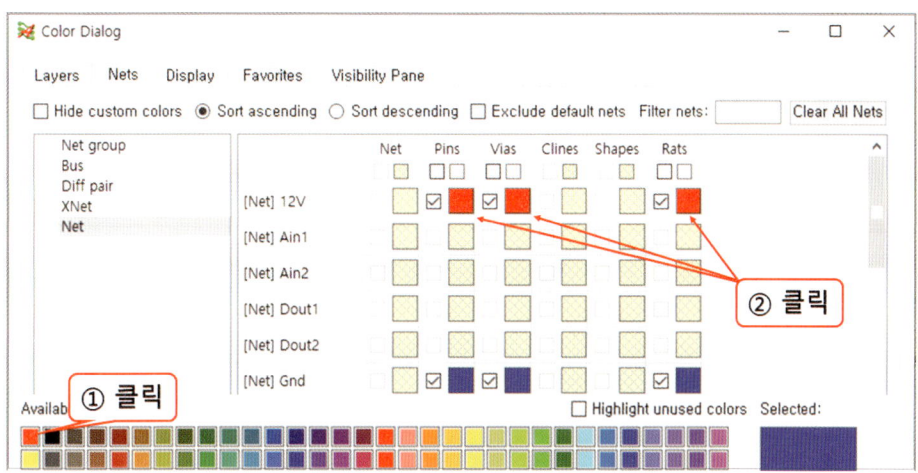

(2) 배선하기 / Via 생성

TOP면과 BOTTOM면을 구별하여 배선하도록 하며 GND 네트의 경우 카퍼와 연결되므로 따로 배선하지 않아도 된다.

① Route 툴바에서 Add Connect 아이콘( )을 클릭하거나 Route 메뉴에서 Connect를 클릭한다.

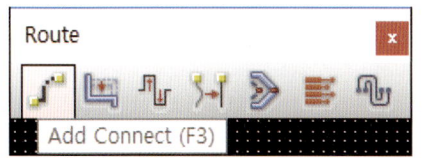
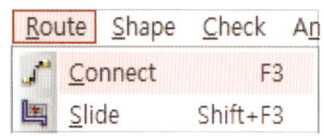

② 가급적 짧은 선부터 배선하여 Ratnest가 모두 사라질 때까지 배선한다.

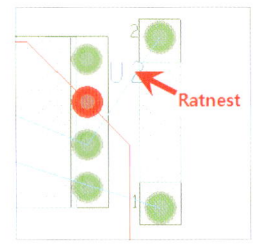

③ 배선 중에 동일한 Net은 하이라이트 되며, 하이라이트 된 Net은 Ratnest가 없는 핀끼리 연결 시 자동으로 Ratnest는 갱신된다.

④ 배선 중 더블클릭하면 해당 위치에 자동으로 Via가 생성되며 배선 레이어가 변경된다.

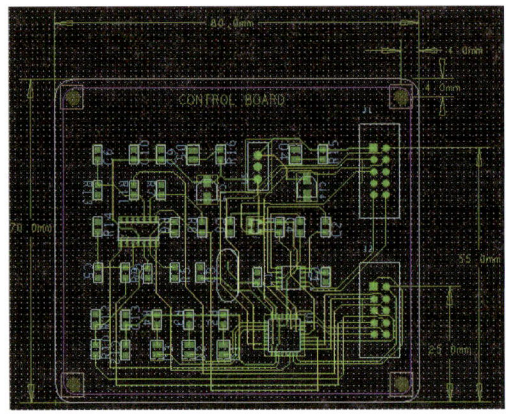

TOP/BOTTOM Layer의 배선상태

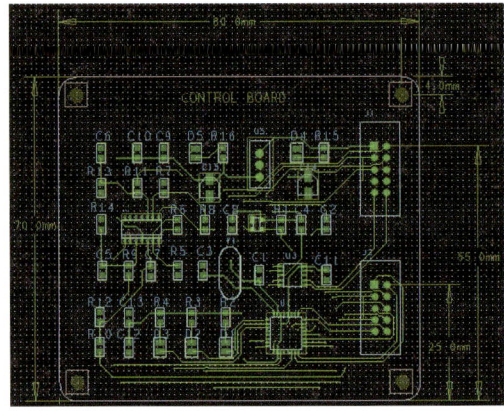

TOP Layer의 배선상태

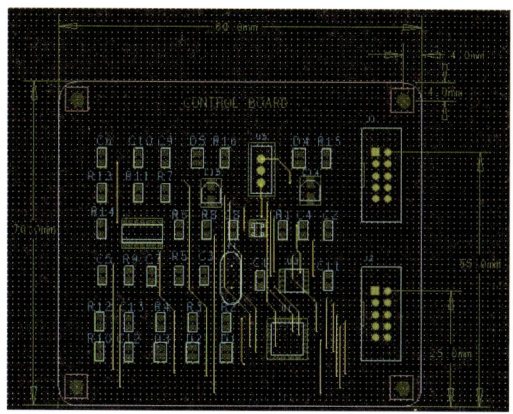

BOTTOM Layer의 배선상태

9) 배선 검사(DRC 검사)

(1) 검사하기

PCB 설계 시 모든 부품이 배치되었는지 또는 배선이 모두 되었는지를 확인할 수 있으며, 설계규칙(배선의 두께, 간격 등)에 위배 여부를 확인한다.

>  요구사항
>
> 11) DRC(Design Rule Check)
>   가) 모든 조건은 default 값(Clearance : 0.254 mm)에 위배되지 않아야 합니다. PCB 설계 규칙의 위반사항이 없을 시에는 다음 순서의 작업을 진행하도록 하고, DRC 검사를 받지 아니한 경우 또는 검사를 통과하지 못한 경우 실격 처리됩니다. (단, 검사한 로그 파일은 디스크(HDD)에 저장합니다.)
> 12) PCB 제조에 필요한 데이터의 생성
>   나) 지급된 소프트웨어에 있는 DRC(Design Rule Check) 이용하여 PCB의 설계규칙 여부를 감독위원에게 확인받고, 이동식 저장장치에 작업한 폴더를 저장하여 감독위원 PC로 이동합니다. (이동식 저장장치에 작업 파일을 제출 후에는 작품의 수정이 불가능하니 신중하게 작업 후 최종 제출하여야 하며, 파일 제출 후 작품 수정 시에는 부정행위자로 간주하여 실격 처리됩니다.)

① Check 메뉴에서 Design Status를 클릭한다.

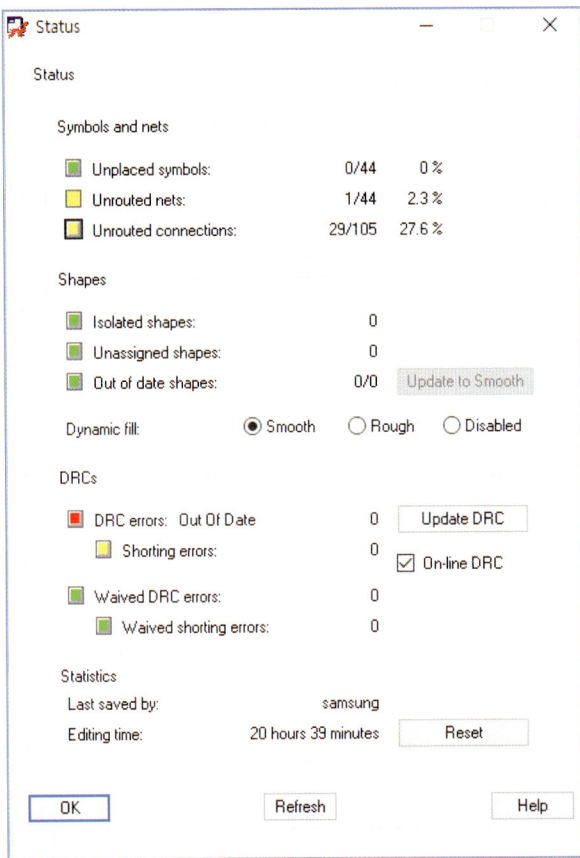

② Symbols and nets의 Unrouted connections 앞에 사각형 아이콘(■, ■, ■)의 상태를 확인한다. (■ : 에러, ■ : 경고, ■ : 정상상태)

③ 경고(■ 아이콘)일 경우 아이콘을 클릭하여 리포트 창을 확인한다.

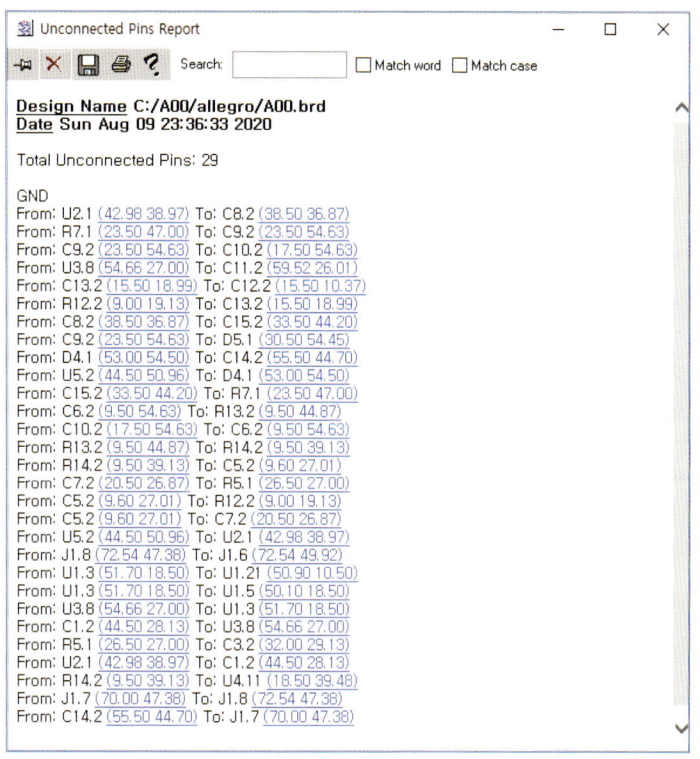

10) 카퍼(Copper Pour)의 설정

요구사항

9) 카퍼(Copper Pour)의 설정
  가) 보드의 카퍼 설정은 Bottom Layer에만 GND 속성의 카퍼 처리를 하되, 보드 외곽으로부터 0.1mm 이격을 두고 실시하며, 모든 네트와 카퍼와의 이격거리(Clearance)는 0.5mm, 단 열판과 GND 네트 사이 연결선의 두께는 0.5mm로 설정합니다.

(1) 카퍼 설정(Copper Pour)

카퍼 설정은 Shape 메뉴에서 Rectangular를 클릭하거나 툴바에서 Rectangular 아이콘()을 클릭하여 이용하며, 카퍼를 설정할 Layer와 카퍼에 적용할 Net 속성을 Control Panel의 Options 탭에서 설정할 수 있고 카퍼를 설정하기 위해 PACKAGE KEEPIN 라인

과 ROUTE KEEPIN 라인을 삭제하여야 한다.

① Edit 툴바에서 Delete 아이콘()을 클릭하거나 Edit 메뉴에서 Delete를 클릭한다.

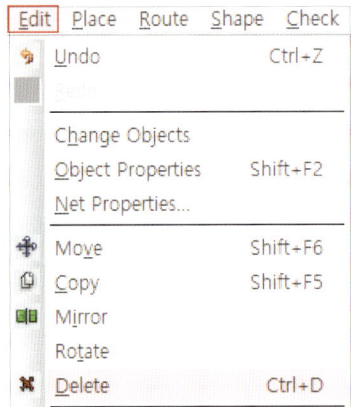

② PACKAGE KEEPIN 라인을 클릭 후에 ROUTE KEEPIN 라인을 클릭한다.

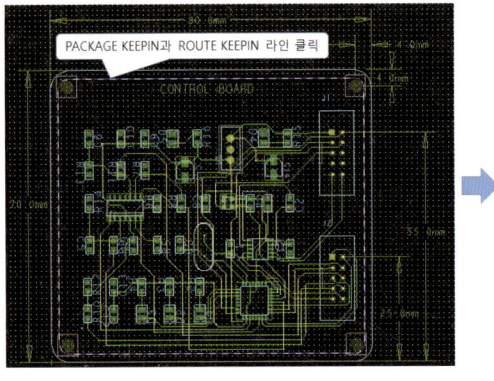
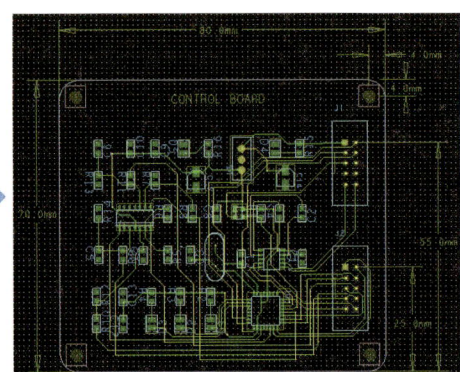

③ PACKAGE KEEPIN 라인과 ROUTE KEEPIN 라인이 삭제된다.

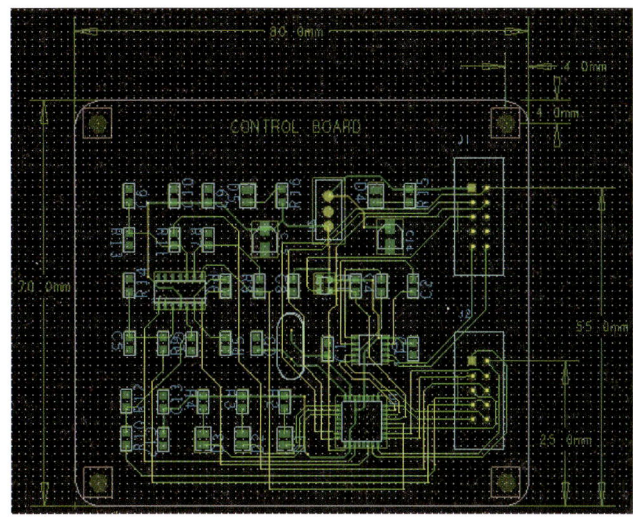

④ Shape 메뉴에서 Rectangular를 클릭하거나 Shape 툴바에서 Shape Add Rect 아이콘(■)을 클릭한다.

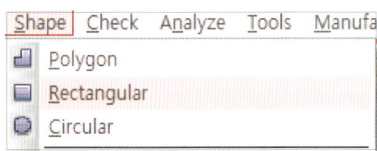 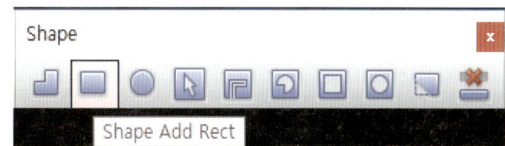

⑤ Control Panel의 Options 탭에서 Active Class and Subclass는 Etch/Bottom을 선택하고 Assign net name의 오른쪽 ☐ 아이콘을 클릭하여 Select a net 창에서 GND를 선택한다.

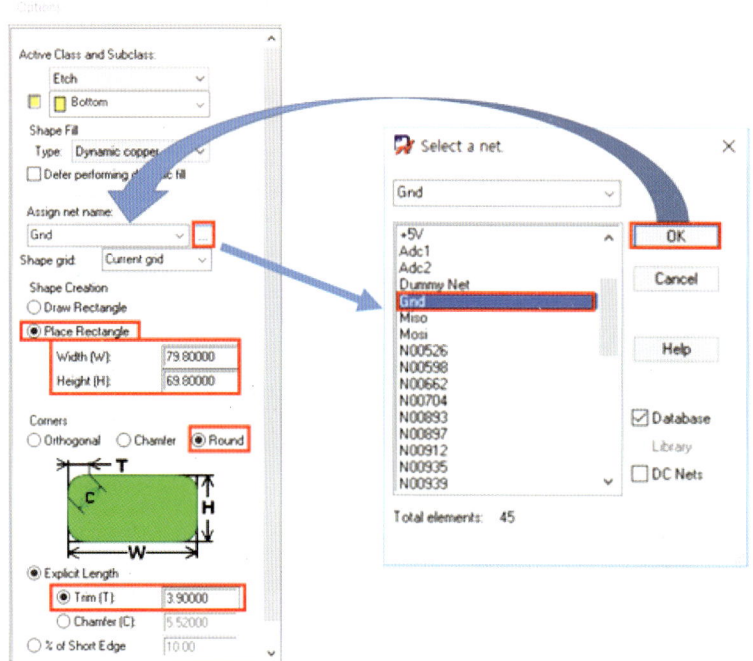

⑥ Command 창에 다음과 같이 입력한다.

- Command : x 0.1 69.9 [Enter↵]

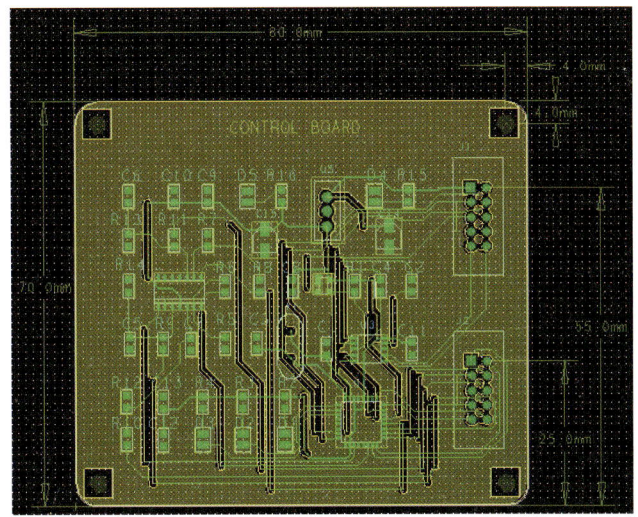

⑦ BOTTOM layer에 카퍼 설정이 완료되었으면, 마우스 오른쪽 버튼을 클릭하여 팝업 메뉴에서 Done(F6)을 클릭한다.

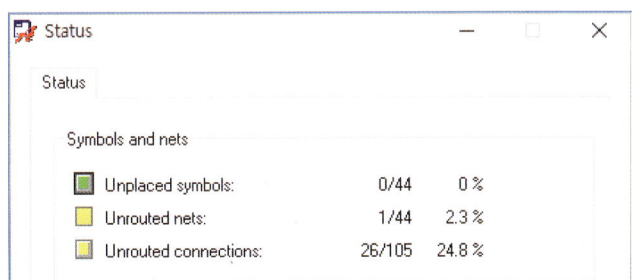

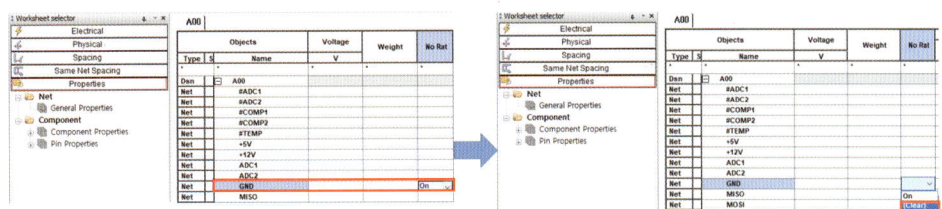

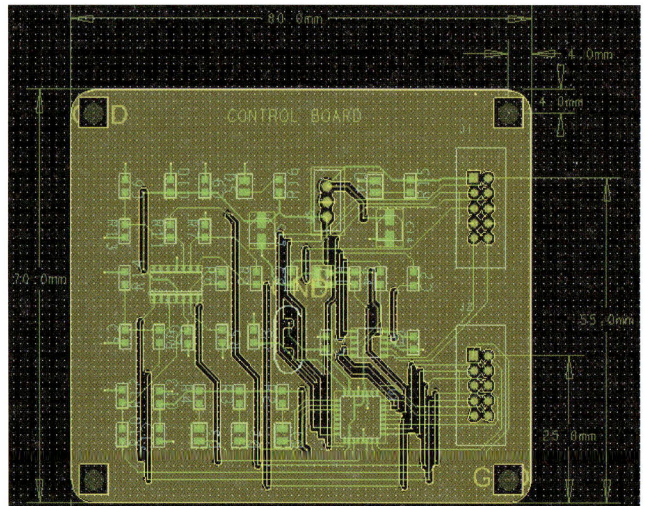

(2) 카퍼 검사(DRC 검사)

① Check 메뉴에서 Design Status...를 클릭한다.

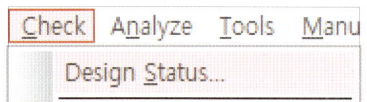

② Shapes 항목에 에러가 발생하였는지 확인하고, Symbols and nets와 Shapes 항목이 전부 정상 상태(■)일 경우 Update DRC를 클릭하여 설계가 조건에 맞게 되었는지 확인한다.

③ 에러와 경고 발생 시 아이콘(■, ■)을 클릭하여 Net 및 Shape 등 에러/경고가 발생한 곳을 수정 후 재검사를 한다.

(3) Isolated Shape의 삭제

Status 창에서 Isolated shape가 존재할 경우 Delete Unconnected Copper를 선택하여 제거한다.

① DRC 검사에서 Isolated Shape가 존재하는 경우 Shape 툴바에서 Isladn_Delete 아이콘(※)을 클릭하거나 Shape 메뉴에서 Delete Unconnected Copper를 선택한다.

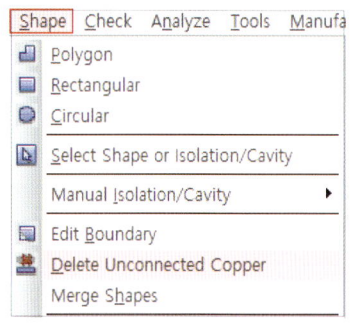
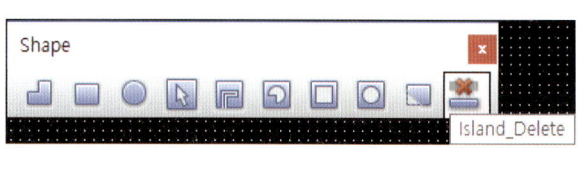

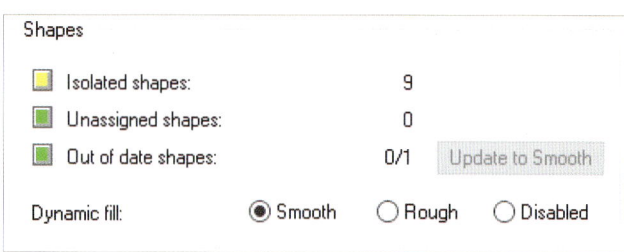

② Options 탭에서 Process layer에 Bottom을 선택하고 Delete all on layer 버튼을 클릭한다.

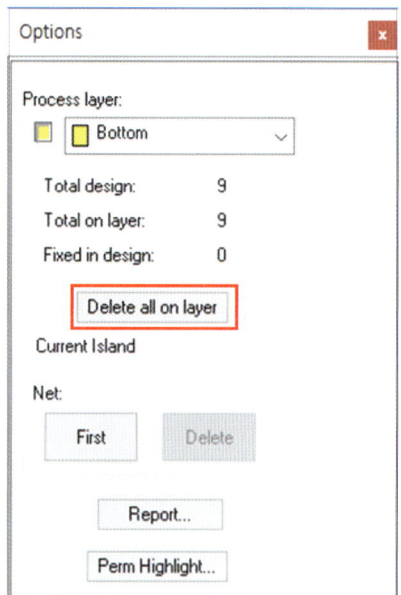

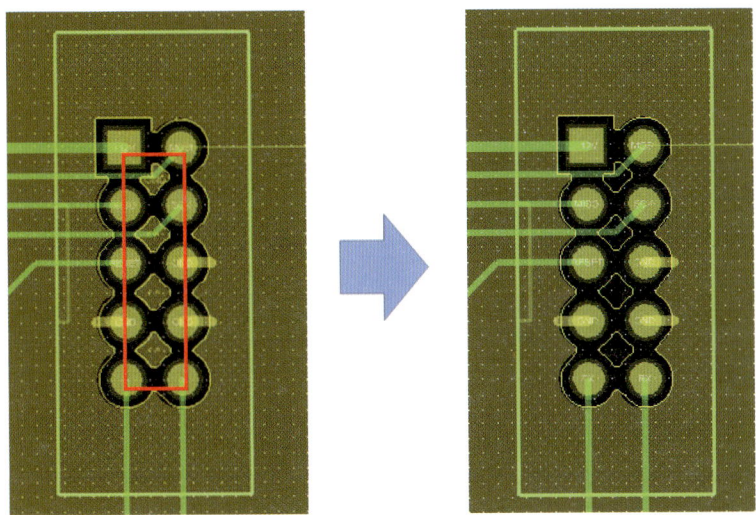

③ Isolated shape를 제거하였으면, 마우스 오른쪽 버튼을 클릭하여 팝업메뉴에서 Done(F6)을 클릭한다.

④ DRC 검사를 재실행하여 Status 창을 다시 확인한다. 이때 화면에서 Out of date shapes가 적색이므로 Update to Smooth 버튼을 클릭하면 오른쪽 창과 같이 해결되어 이상이 없음을 표시한다.

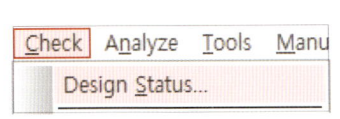 

11) 부품 참조번호(Part Reference Number)의 정리

요구사항
8) 실크 데이터(Silk data)
가) 실크 데이터의 부품 번호는 한 방향으로 보기 좋게 정렬하고, 불필요한 데이터는 삭제합니다.

부품의 참조번호(Part Reference) 정리 시 설계된 보드의 개체들에 대한 디스플레이 설정 후 참조번호(Part Reference) 정리작업을 한다.

(1) 디스플레이 설정

① Control Panel의 Visibility 탭에서 Conductors의 체크를 해제한다.

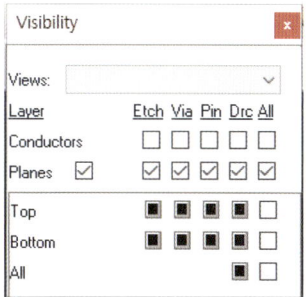

(2) Reference 크기 정리

설계규칙에서 부품의 참조번호(Part Reference)는 가급적 동일한 방향으로 보기 좋게 정렬한다.

① Edit 메뉴에서 Change Objects를 클릭한다.

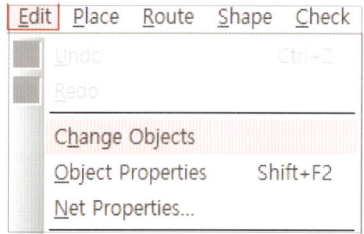

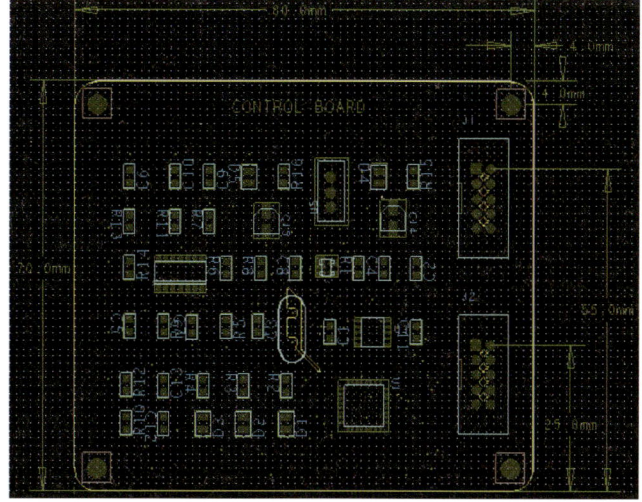

② 오른쪽 Control Panel의 Options Panel 창에서 Text block을 체크하고 Text block 을 3으로 설정한다.

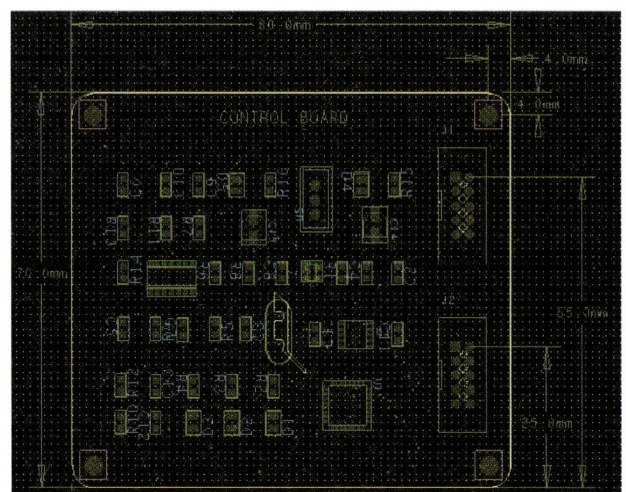

③ 마우스로 보드 전체를 드래그하여 참조번호(Part Reference)의 크기를 동일하게 변경한다.

④ 크기가 변경되었으면, 마우스 오른쪽 버튼을 클릭하여 팝업메뉴에서 Done(F6)을 클릭한다.

(3) Reference 정렬

① Edit 메뉴에서 Move를 클릭하거나 Edit 툴바에서 Move 아이콘(✥)을 클릭한다.

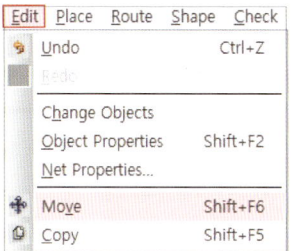   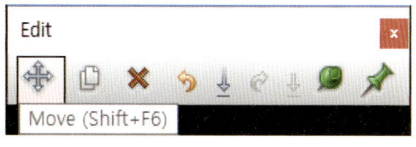

② 오른쪽의 Find Panel 창에서 All Off 후 Text 외 다른 개체가 선택되지 않도록 Find 창에서 Text만 체크(선택)한다.

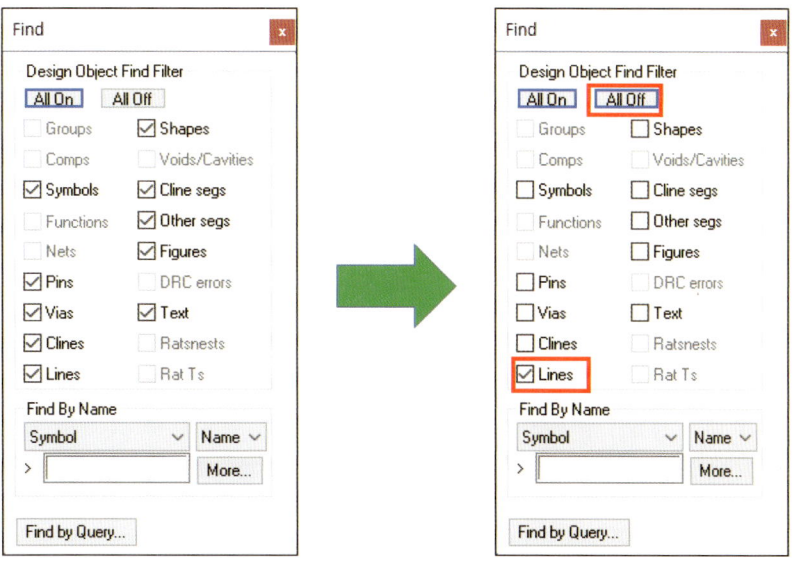

③ 문자의 위치 및 방향을 정렬 후 마우스 오른쪽 버튼을 클릭하여 팝업메뉴에서 Done(F6)을 클릭한다.

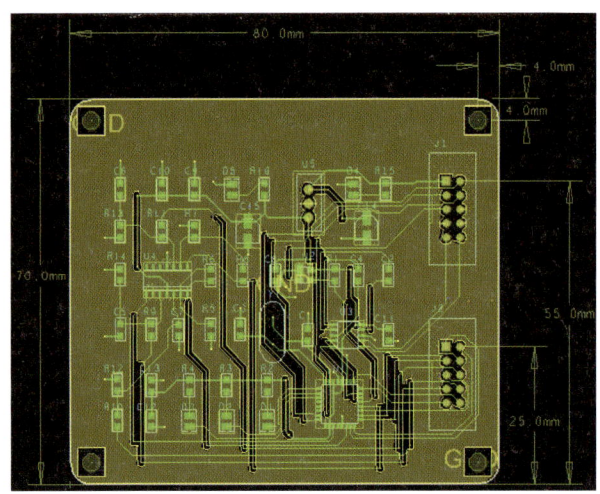

참조번호의 상단정렬 완료 상태

12) Artwork 필름 File 만들기

요구사항

12) PCB 제조에 필요한 데이터의 생성
 가) 양면 PCB 제조에 필요한 데이터 파일(거버 데이터(RS274-X) 등)을 빠짐없이 생성하고 저장장치(HDD)에 비번호로 저장한 폴더 및 작업한 파일을 저장합니다.

(1) Drill 데이터 생성

Artwork Film(Gerber)은 1 : 1로 출력하며, 모든 레이어에 Outline이 포함되어야 한다.
① Drill Symbol 생성
 ㉠ Manufacture 메뉴에서 Customize Drill Table을 선택하거나 툴바에서 NC Drill Customization 아이콘()을 선택한다.

ⓛ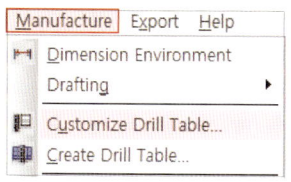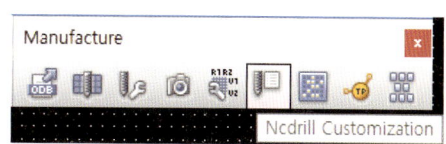

Drill Customization 창이 열리면 하단 부분의 Auto generate symbols 을 클릭한다.

ⓒ 자동으로 Drill에 대한 Symbol이 생성되면 홀의 목록 중에 0.3과 0.4의 via 홀과 0.43과 1.0의 스루 홀, 그리고 3ϕ인 Non-Plated 홀이 4개가 있는지 확인한다.

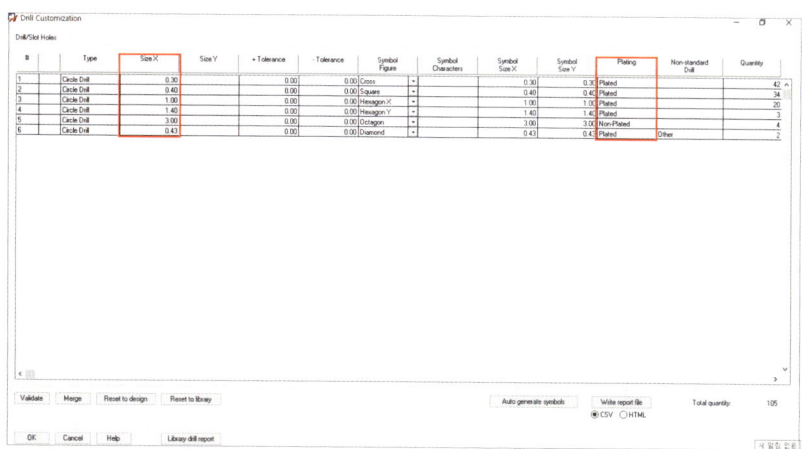

② Drill 차트 생성

ⓐ Manufacture 메뉴에서 Create Drill Table을 클릭하거나 툴바에서 Nc drill Legend 아이콘(🔲)을 클릭한다.

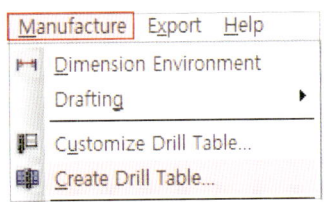 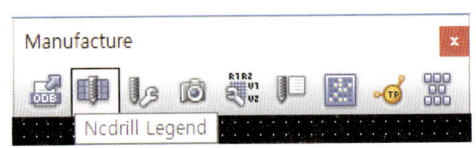

ⓑ Nc drill Legend 창이 열리면 OK 버튼을 클릭 후 원하는 위치(보드의 하단 또는 오른쪽)에 드릴 차트를 배치한다.

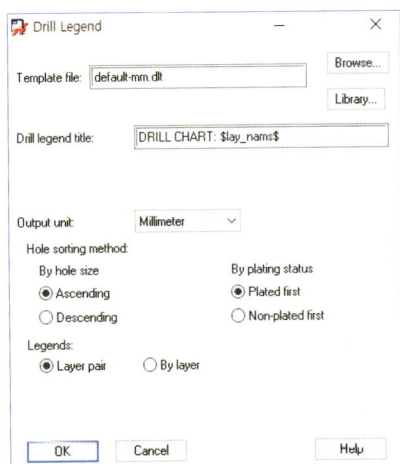 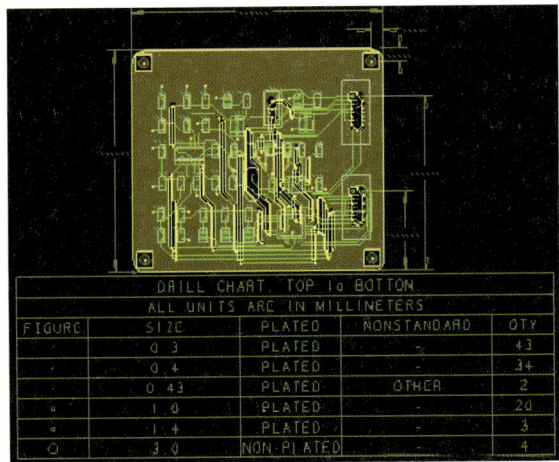

드릴 차트에 기구 홀의 크기(3φ)와 비전기적 속성(Non-Plated)을 확인한다.

(2) Artwork 작업

① Artwork 설정

ⓐ Export 메뉴에서 Gerber를 클릭하거나 Manufacture 툴바에서 Artwork 아이콘(📷)을 클릭한다.

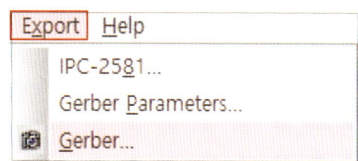 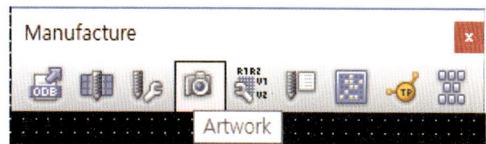

ⓛ Artwork Control Form 창이 나타나면 General Parameters 탭을 선택한 뒤 아래와 같이 설정한다.

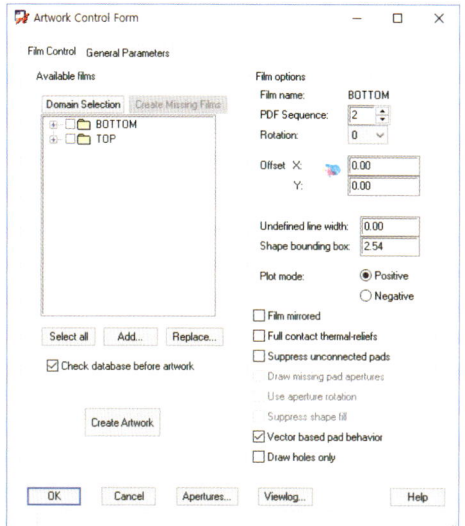 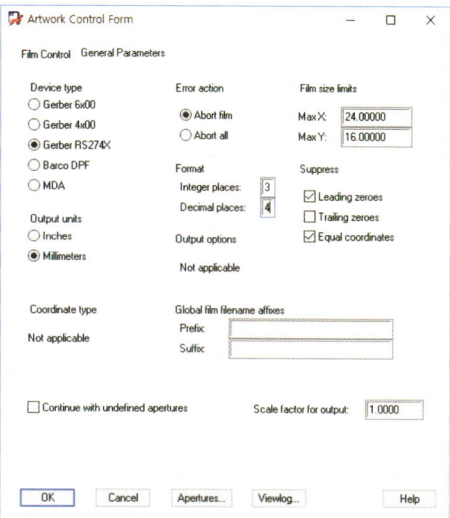

[Artwork Control Form 이미지]

- Device type : **Gerber RS274X**
- Output units : **Millimeters**
- Format : • Integer places : 3
         • Decimal places : 4
- Suppress : • **Leading zeroes**
           • **Equal coordinates**

② Artwork Film 설정 : Artwork Film 출력 작업은 PCB 설계의 최종 과정으로 설계 작업의 내용을 출력하는데 필요한 정보를 추출하는 과정이므로 각 Film에 맞는 Artwork Film 파일을 생성하는 것이 중요하다.
  - Top 면
  - Bottom 면
  - Solder Mask Top 면
  - Solder Mask Bottom 면
  - Silk Screen Top 면(치수보조선의 데이터 포함)

- Drill Draw 면(드릴 차트와 드릴 심벌 데이터)
㉠ TOP Layer 필름의 설정
　ⓐ Export 메뉴에서 Gerber를 클릭하거나 툴바에서 Artwork 아이콘( )을 클릭한 뒤 Film Control 탭을 클릭한다.

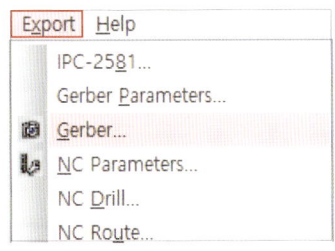
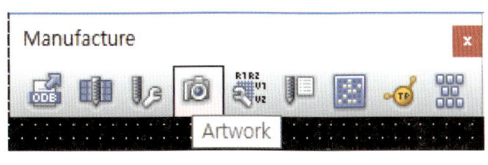

　ⓑ Available films에 있는 TOP 항목에서 앞의 펼침 버튼(+)을 클릭하여 하위 항목(ETCH/TOP)을 선택 후 마우스 오른쪽 버튼 클릭하고 팝업메뉴에서 Add를 선택한다.
　ⓒ BOARD GEOMETRY 항목에 있는 Subclasses 항목 중 OUTLINE을 선택 후 OK 버튼을 클릭한다.

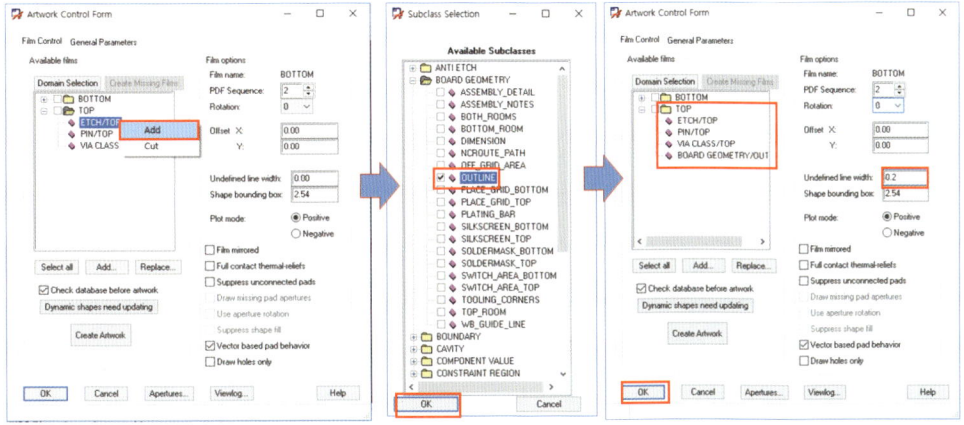

ⓓ Available films에 있는 TOP을 선택하고 오른쪽에 있는 Film options에서 Undefined line width 칸에 0.2를 입력한다.

ⓛ BOTTOM Layer 필름의 설정

ⓐ Artwork Film Control 창의 Available films 탭에 있는 BOTTOM 항목에서 앞의 펼침 버튼(⊞)을 클릭하고 하위 항목(ETCH/TOP)을 선택 후 마우스 오른쪽 버튼 클릭하여 팝업메뉴에서 Add를 선택한다.

ⓑ BOARD GEOMETRY 항목에 있는 Subclasses 항목 중 OUTLINE을 선택 후 OK 버튼을 클릭한다.

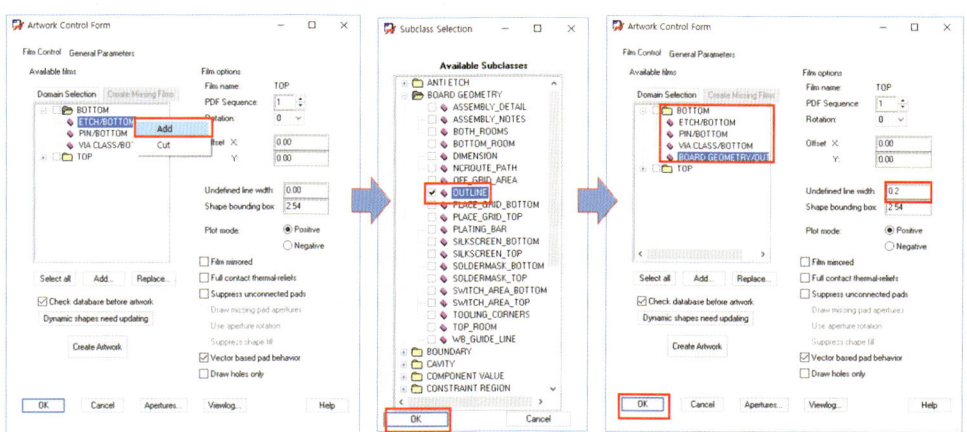

ⓒ Available films에 있는 BOTTOM을 선택하고 오른쪽에 있는 Film options의 Undefined line width 칸에 0.2를 입력한다.

ⓓ SolderMask_TOP Layer 필름의 설정

ⓐ Artwork Film Control 창이 켜져 있는 상태에서 Setup 메뉴의 Colors를 선택하거나 Setup 툴바에서 Color 192 아이콘(▦)을 클릭하면 Color Dialog 창이 활성화된다.

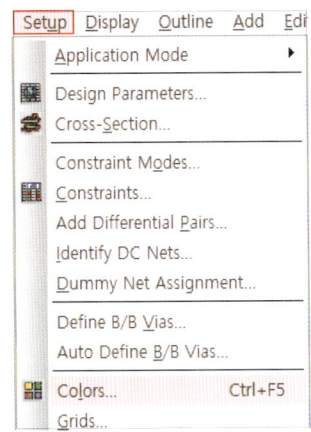 

ⓑ Color Dialog 창 오른쪽 상단의 Global Visibility의 Off 버튼을 클릭하고 Stack-Up 항목을 선택한 후, Subclasses의 Soldermask_Top에서 All을 체크한다.(Pin과 Via, DRC 항목이 체크된다.)

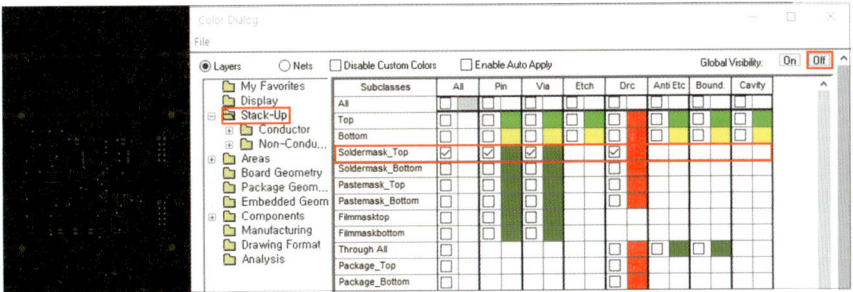

ⓒ Color Dialog 창 하단의 Apply 버튼을 클릭하고 설계 창의 정보를 확인한다.
ⓓ Board Geometry 항목의 Subclasses의 Outline을 체크한다.

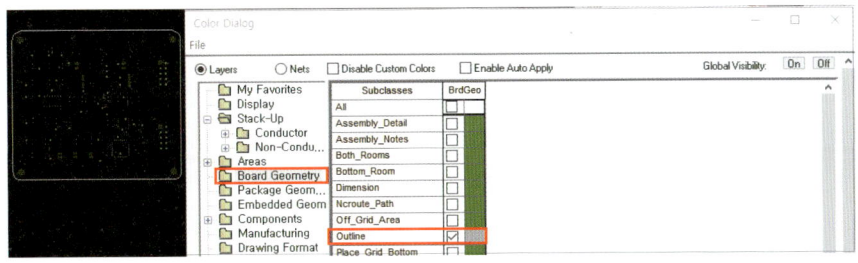

ⓔ 화면 하단의 Apply 버튼 클릭 후 Outline이 나타난 것을 확인하고 OK 버튼을 선택하여 Color Dialog 창을 닫는다.

ⓕ Artwork Control Form 창의 TOP 또는 BOTTOM을 선택 후 마우스 오른쪽 버튼을 클릭하여 팝업메뉴에서 Add를 클릭하여 SolderMask_TOP을 기입한 후 OK 버튼을 클릭한다.

ⓖ Available films에 있는 SolderMask_Top을 선택하고 오른쪽에 있는 Film options의 Undefined line width 칸에 0.2를 입력한다.

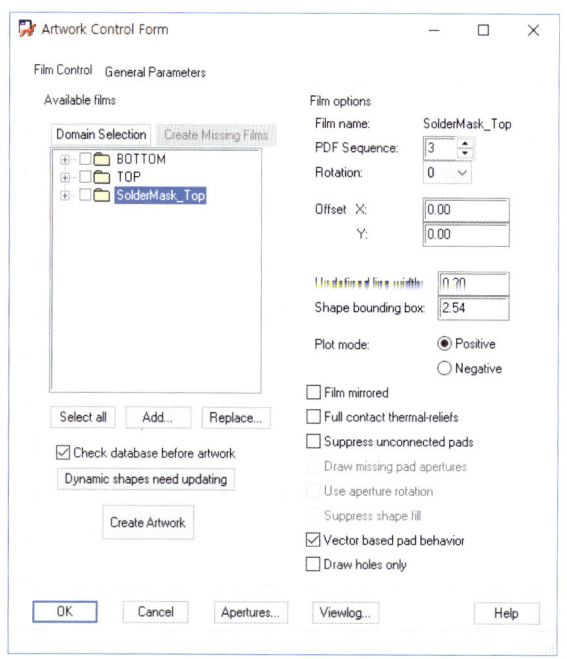

ⓔ SolderMask_BOTTOM Layer 필름의 설정

ⓐ Artwork Film Control 창이 켜져 있는 상태에서 Setup 메뉴의 Colors를 선택하거나 Setup 툴바에서 Color 192 아이콘( )을 클릭하면 Color Dialog 창이 활성화된다.

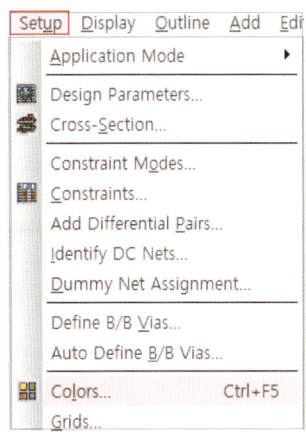

ⓑ Color Dialog 창 오른쪽 상단의 Global Visibility의 Off 버튼을 클릭하고 Stack-Up 항목을 선택한 후, Subclasses의 Soldermask_Bottom에서 All을 체크한다.(Pin과 Via, DRC 항목이 체크된다.)

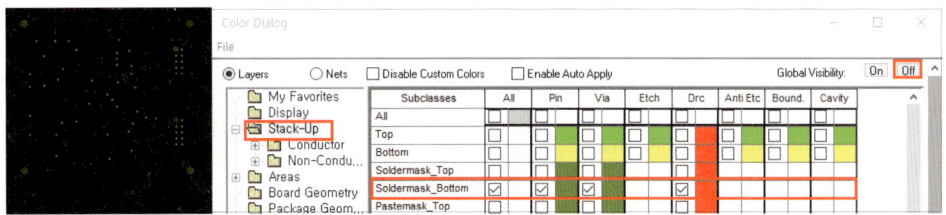

ⓒ Board Geometry 항목의 Subclasses의 Outline을 선택한다.

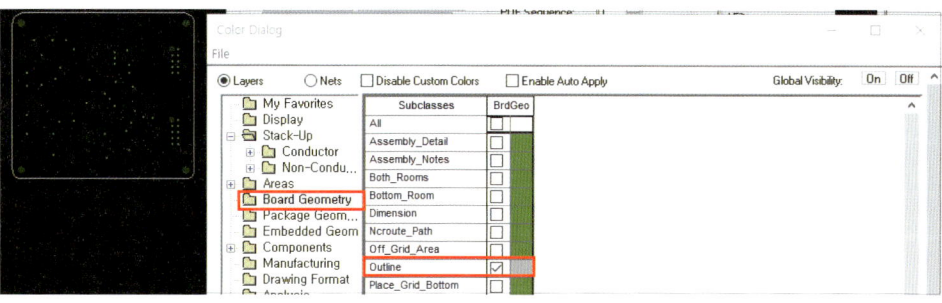

ⓓ `Apply` 버튼 클릭 후 `OK` 버튼을 선택하여 Color Dialog 창을 닫는다.

ⓔ Artwork Control Form 창의 TOP 또는 BOTTOM이나 SolderMask_Top을 선택한 후 마우스 오른쪽 버튼을 클릭하여 팝업메뉴에서 Add를 클릭하여 Soldermask_BOTTOM이라고 기입 후 `OK` 버튼을 클릭한다.

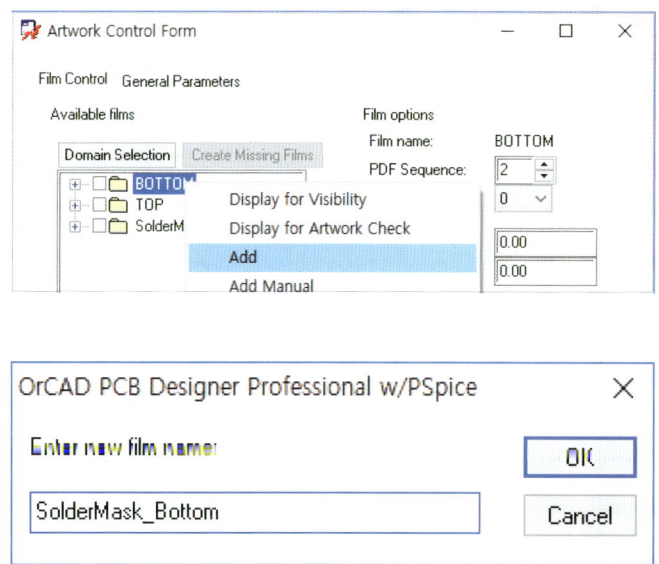

ⓕ Available films에 있는 SolderMask_Bottom을 선택하고 오른쪽에 있는 Film options의 Undefined line width 칸에 0.2를 입력한다.

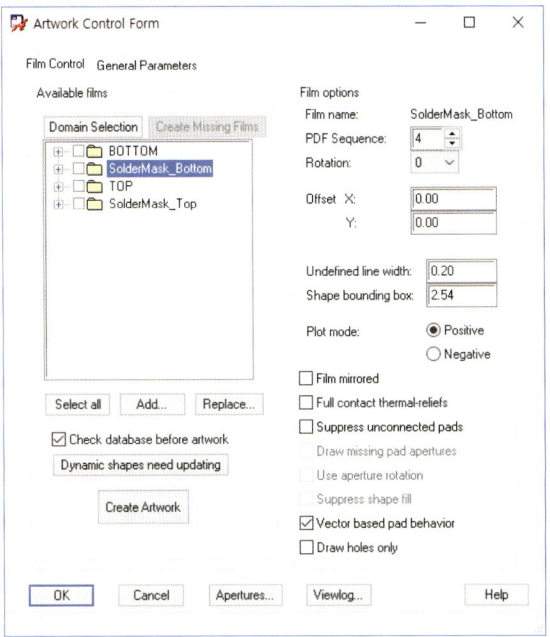

ⓜ SilkScreen_TOP Layer 필름의 설정

ⓐ Artwork Film Control 창이 켜져 있는 상태에서 Setup 메뉴의 Colors를 선택하거나 Setup 툴바에서 Color 192 아이콘(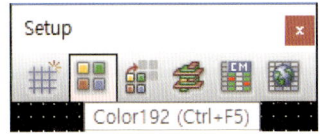)을 클릭하면 Color Dialog 창이 활성화된다.

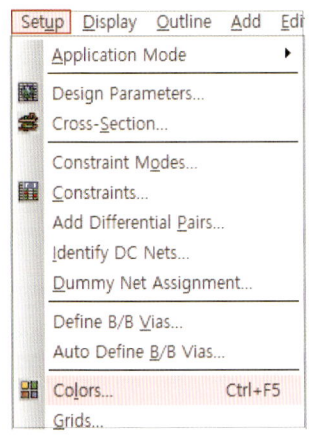

ⓑ Color Dialog 창 오른쪽 상단의 Global Visibility의 Off 버튼을 클릭하고 Board Geometry 항목의 Subclasses 항목 중 Outline, Dimension, Silkscreen_Top을 선택한다.

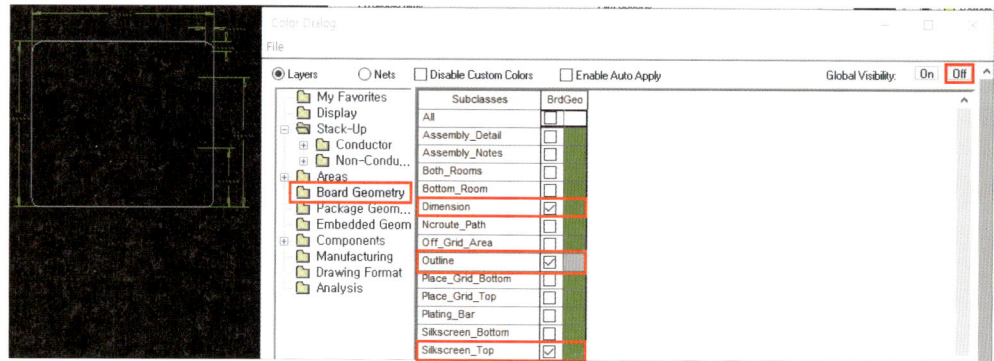

ⓒ Package Geometry 항목의 Subclasses 항목 중 Assembly_Top, Silkscreen_Top을 체크한다.

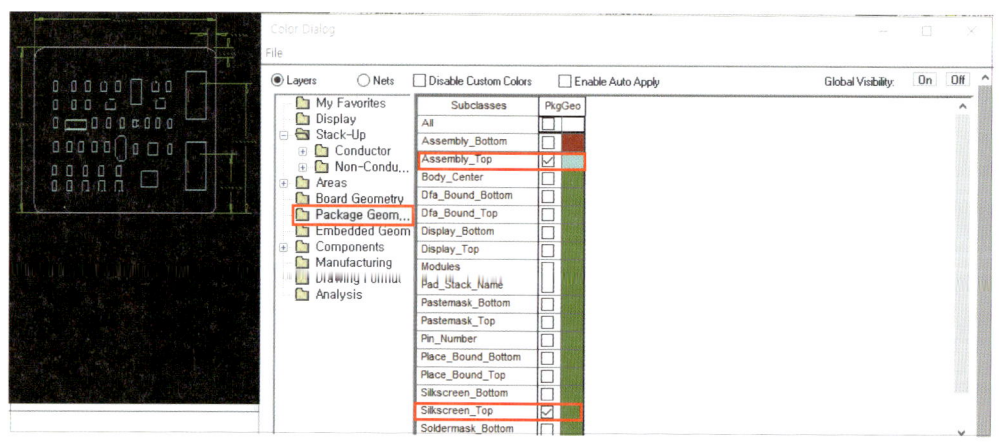

ⓓ Components 항목의 Subclasses 항목 중 Silkscreen_Top의 RefDes 항목을 체크한 후 Apply 버튼을 클릭한다.

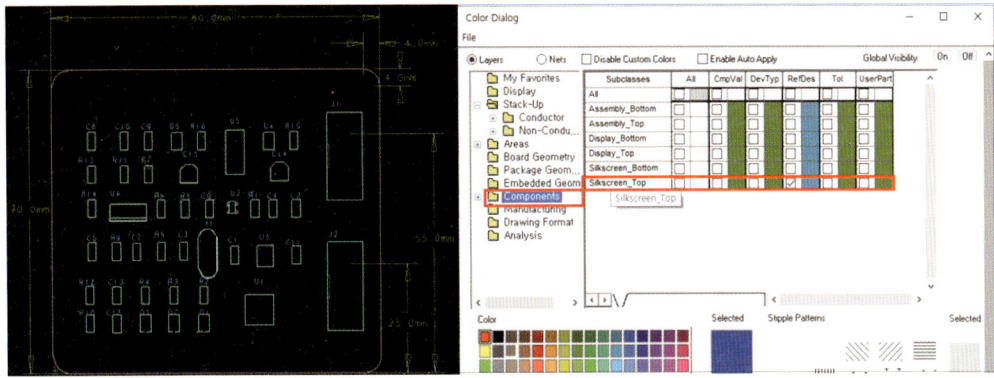

ⓔ Artwork Control Form 창의 TOP 또는 BOTTOM, SolderMask_Top, Solder Mask_Bottom 중에 하나를 선택한 후 마우스 오른쪽 버튼을 클릭하여 팝업메뉴에서 Add를 선택하여, Silkscreen_TOP이라고 입력한 후 OK 버튼을 클릭한다.

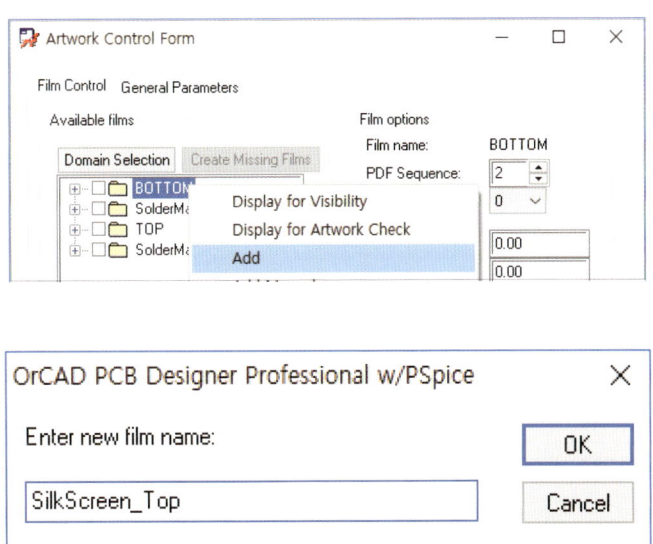

ⓕ Available films에 있는 SilkScreen_Top을 선택하고 오른쪽에 있는 Film options의 Undefined line width 칸에 0.2를 입력한다.

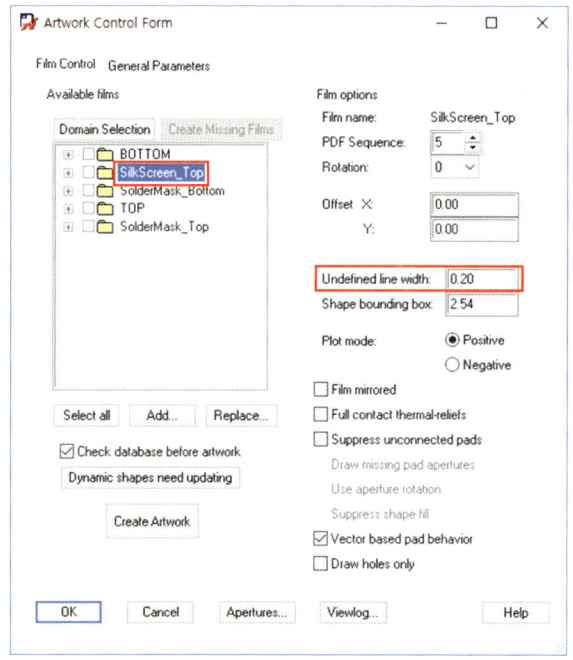

ⓑ Drill_Draw의 설정

ⓐ Artwork Film Control 창이 켜져 있는 상태에서 Setup 메뉴의 Colors를 선택하거나 Setup 툴바에서 Color 192 아이콘()을 클릭하면 Color Dialog 창이 활성화된다.

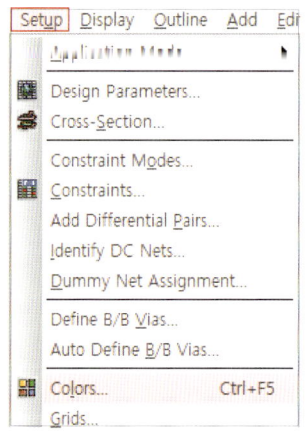

ⓑ Color Dialog 창 오른쪽 상단의 Global Visibility의 [Off] 버튼을 클릭하고 Board Geometry 항목의 Subclasses 항목 중 Outline을 체크한다.

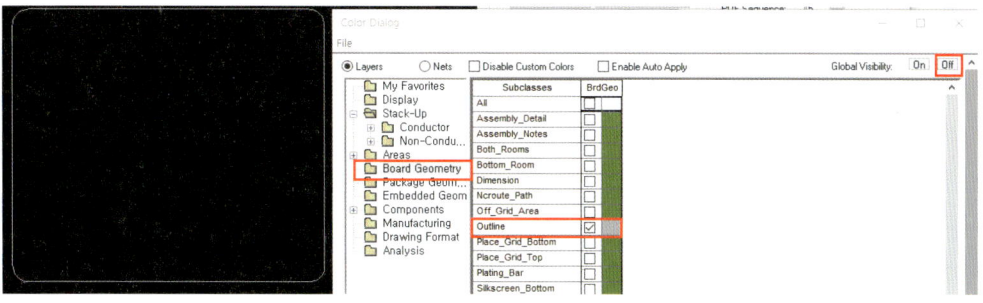

ⓒ Manufacturing 항목의 Subclasses 항목 중 NcLegend-1-2를 체크한 후, [OK] 버튼을 클릭한다.

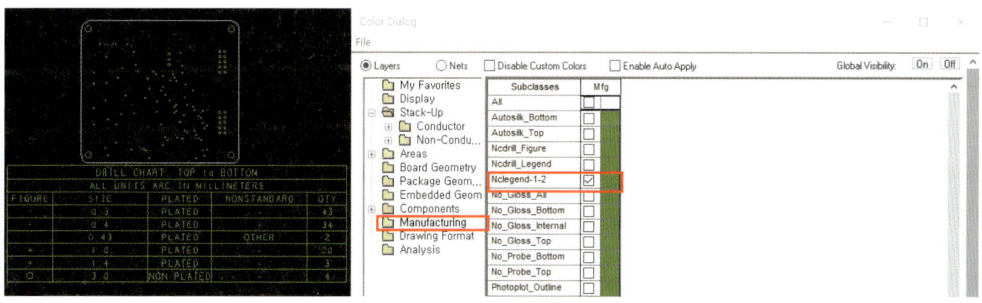

ⓓ Artwork Control Form 창의 TOP 또는 BOTTOM, SilkScreen_Top, SolderMask _Top, SolderMask_Bottom 중에 하나를 선택 후 마우스 오른쪽 버튼을 클릭하여 팝업 메뉴에서 Add를 선택하여, Drill_Draw이라고 입력한 후 [OK] 버튼을 선택한다.

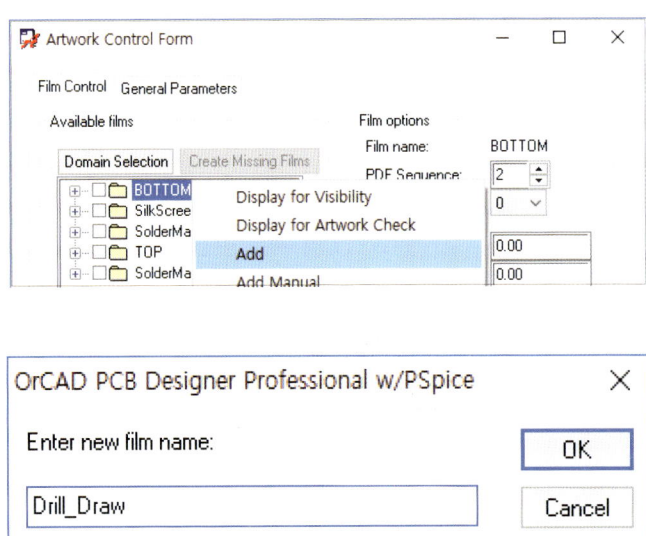

ⓔ Available films에 있는 Drill_Draw을 선택하고 오른쪽에 있는 Film options의 Undefinedline width 칸에 0.2를 입력한다.

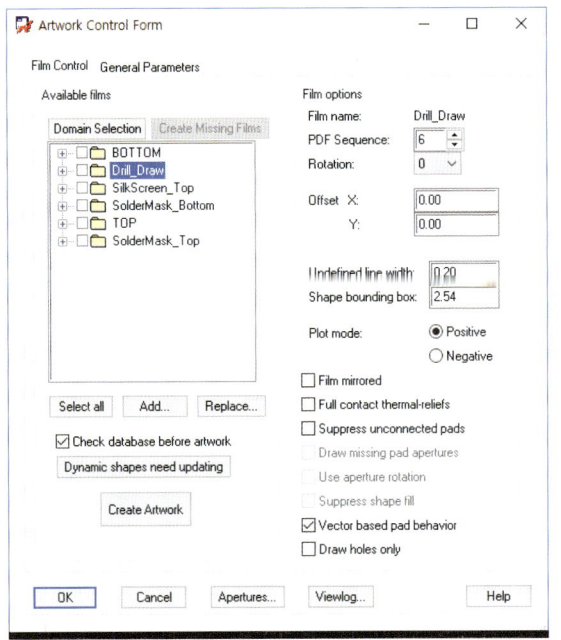

③ Artwork Film의 생성
  ㉠ Artwork Control Form 창에서 Select all 버튼을 클릭하고 하단의 Create Artwork 버튼을 클릭한다.

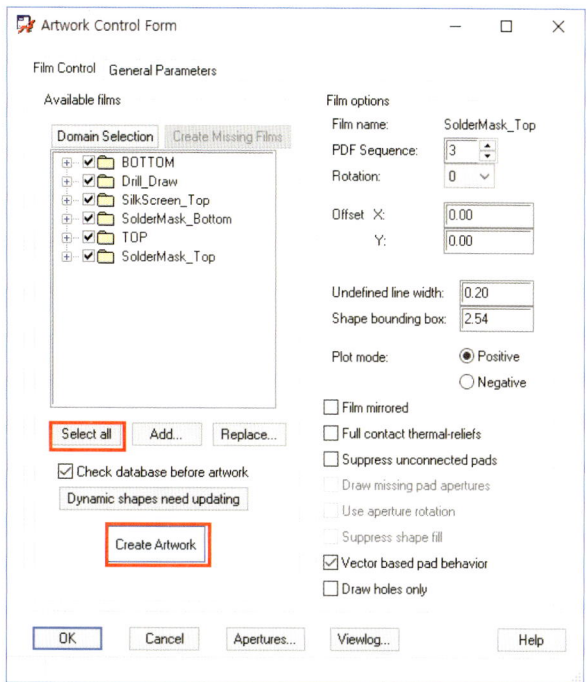

  ㉡ 거버 파일의 생성을 알리는 창이 다음과 같이 나타난다.

ⓒ 거버 데이터를 확인하기 위하여 우측의 Visibility 탭에서 Views : 칸의 스크롤 버튼을 이용하여 그림과 같이 BOTTOM Layer를 선택하고 설계 창에서 Bottom Layer의 데이터를 확인한다.

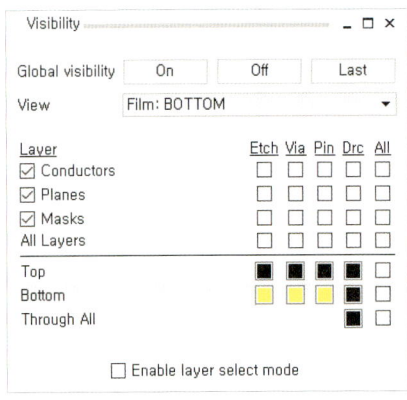 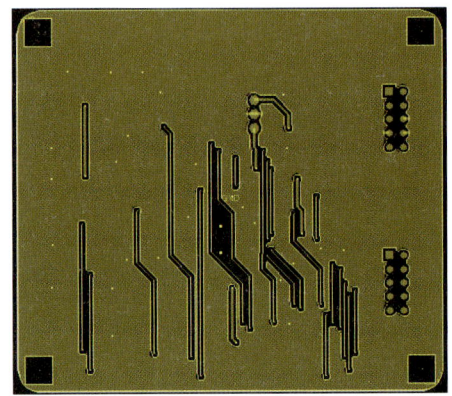

ⓔ 거버 데이터를 확인하기 위하여 우측의 Visibility 탭에서 Views : 칸의 스크롤 버튼을 이용하여 그림과 같이 Drill_Draw를 선택하고 설계 창에서 Drill_Draw의 데이터를 확인한다.

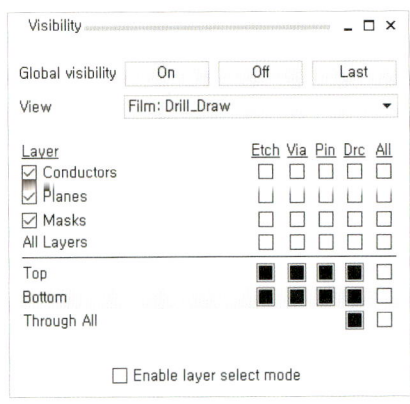 

ⓜ 거버 데이터를 확인하기 위하여 우측의 Visibility 탭에서 Views : 칸의 스크롤 버튼을 이용하여 그림과 같이 Silkscreen_TOP Layer를 선택하고 설계 창에서

Silkscreen_TOP Layer의 데이터를 확인한다.

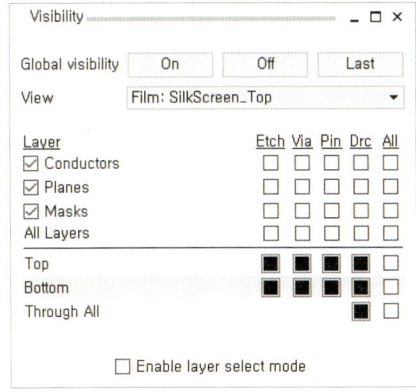 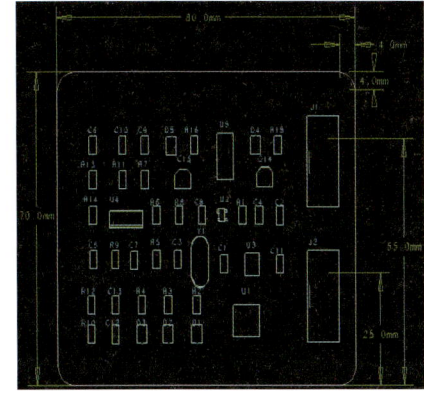

ⓑ 거버 데이터를 확인하기 위하여 우측의 Visibility 탭에서 Views : 칸의 스크롤 버튼을 이용하여 그림과 같이 Soldermask_BOTTOM Layer를 선택하고 설계 창에서 Soldermask_BOTTOM Layer의 데이터를 확인한다.

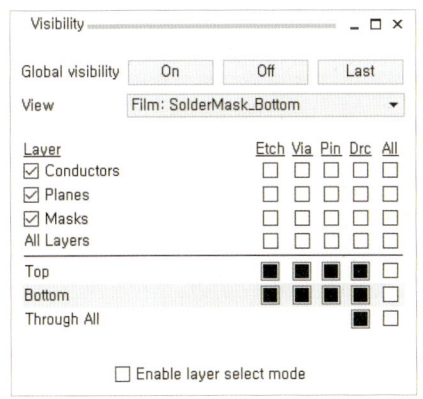 

ⓢ 거버 데이터를 확인하기 위하여 우측의 Visibility 탭에서 Views : 칸의 스크롤 버튼을 이용하여 그림과 같이 Soldermask_TOP Layer를 선택하고 설계 창에서 Soldermask_TOP Layer의 데이터를 확인한다.

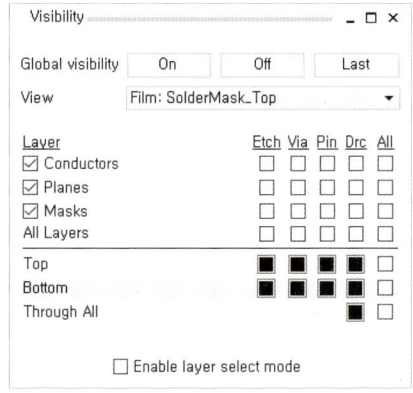 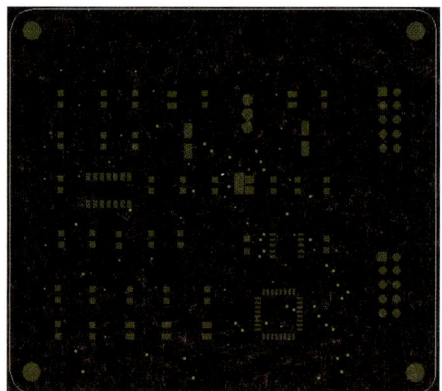

◎ 거버 데이터를 확인하기 위하여 우측의 Visibility 탭에서 Views : 칸의 스크롤 버튼을 이용하여 그림과 같이 TOP Layer를 선택하고 설계 창에서 TOP Layer의 데이터를 확인한다.

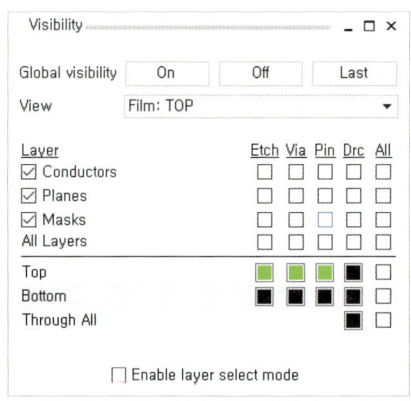 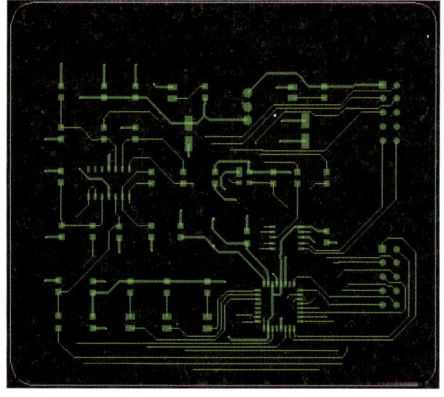

13) 설계 결과물 출력하기

(1) Capture 출력하기

요구사항

사. 설계가 완료된 회로도면은 시험의 종료 전까지 프린터로 제시된 용지의 규격과 동일하게 본인이 출력하여 제출합니다.

① 출력 설정하기

　㉠ File 메뉴에서 Print Setup...을 선택하고 인쇄 설정 창에서 프린터 방향을 가로로 선택하고 확인 버튼을 클릭한다.

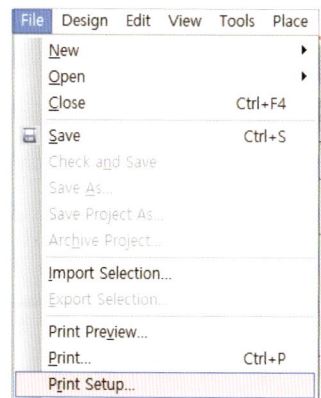 

　㉡ File 메뉴에서 Print Preview...를 클릭하여 아래의 그림과 같이 설정하고 OK 버튼을 누르면 Print Preview 창이 나타난다.

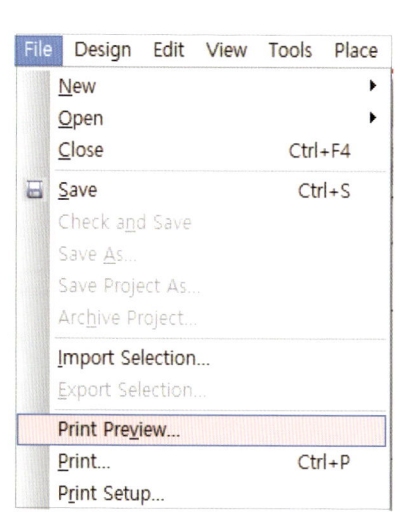 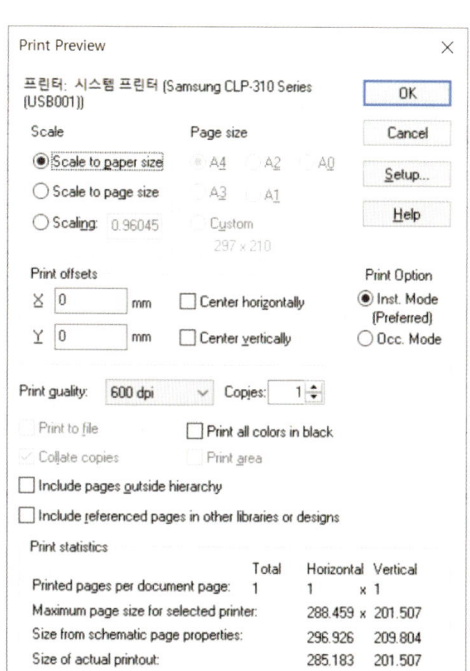

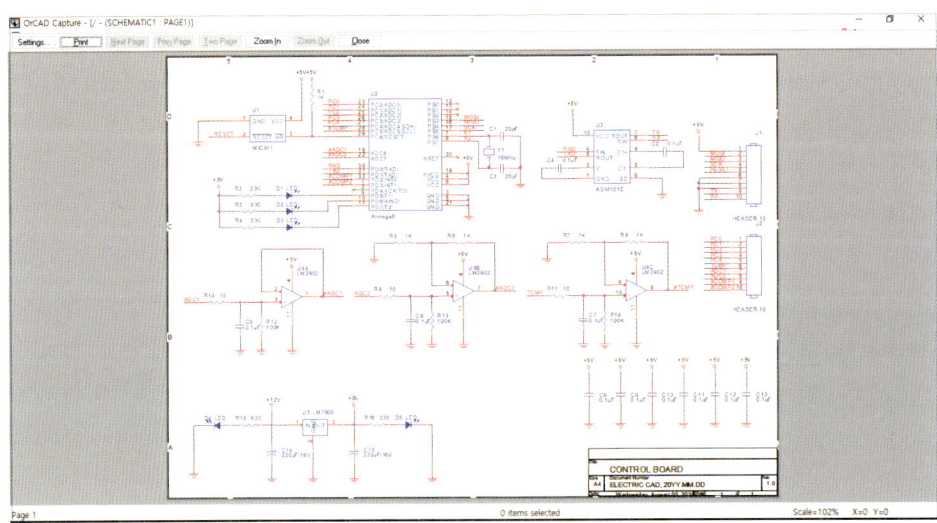

ㄷ Print Preview 창의 상단에서 Print 버튼을 눌러 Print 창에서 OK 버튼을 클릭하면 회로도면이 프린터로 출력된다.

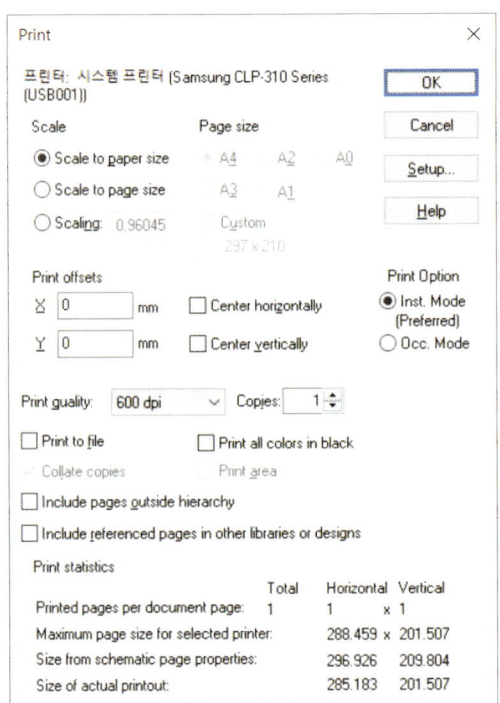

ㄹ 또는 File 메뉴에서 Print를 선택하거나 툴바에서 Print(Ctrl+P) 아이콘(🖨)을 눌러 Print 창에서 OK 버튼을 클릭하면 회로도면이 프린터로 출력된다.

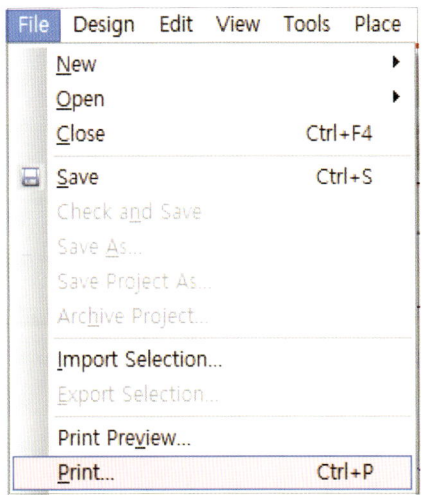

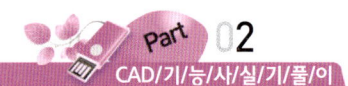

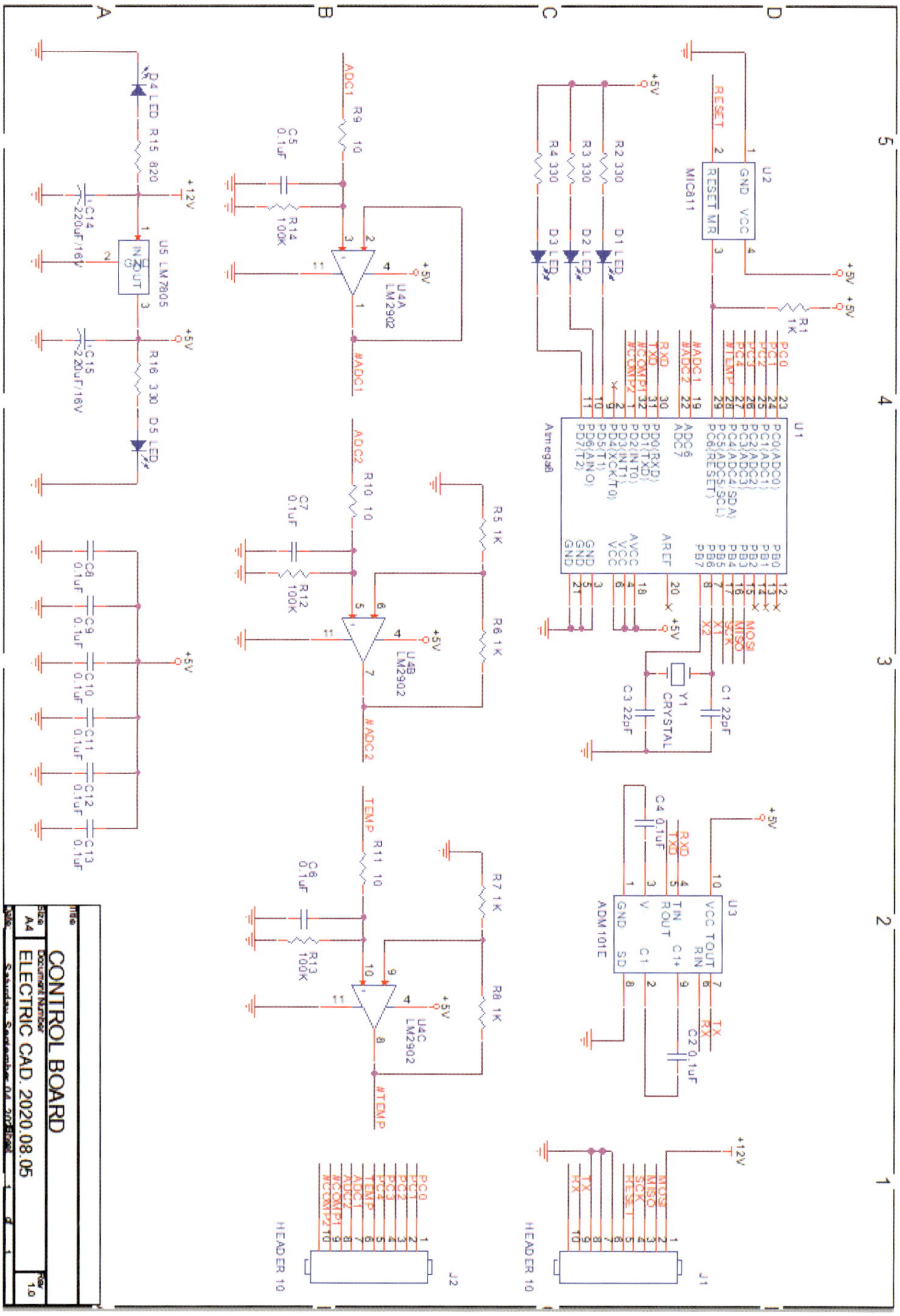

설계도면의 출력

(2) PCB Editor 출력하기

 요구사항

12) PCB 제조에 필요한 데이터의 생성
   다) 작품 출력 시에는 감독위원이 입회하고 수험자는 회로도와 PCB 제조에 필요한 데이터 파일(거버 데이터 등)을 실물(1 : 1)과 같은 크기로 출력합니다. (실물과 다르게 출력한 경우 실격 처리)

① 출력 설정하기

　㉠ Print(Plot) 설정

　　ⓐ File 메뉴에서 Print Setup을 클릭한다.

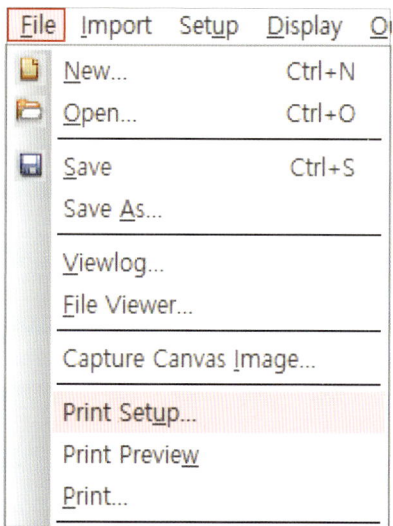

　　ⓑ Plot Setup 창에서 Plot Scaling : 칸의 Scaling factor에 1.00 입력하고, Plot orientation :은 Auto Center를 체크하고, Plot method :는 Black and white, Plot contents :는 Sheetcontents를 선택하고 OK 버튼을 누른다.

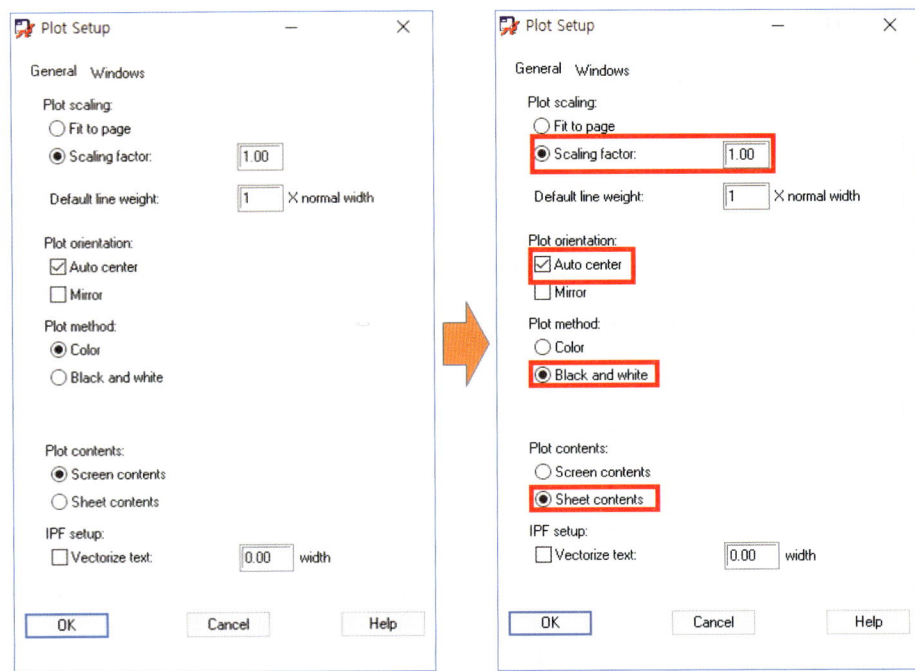

② 거버 데이터(Gerber Data) 출력하기

㉠ Control Panel의 Visibility 탭에서 Film : Bottom을 선택한다.

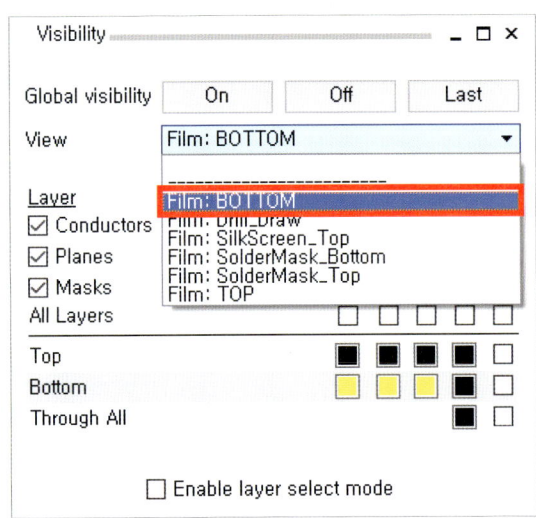

ⓒ File 메뉴에서 Print Preview 클릭한다.

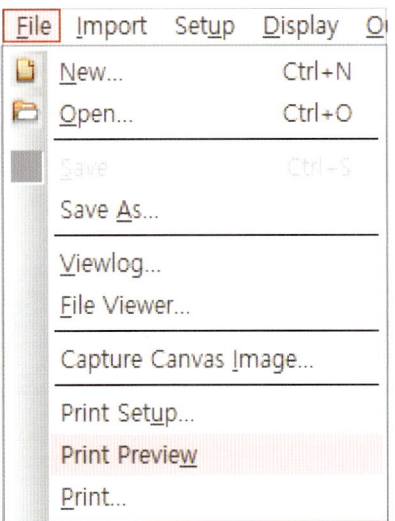

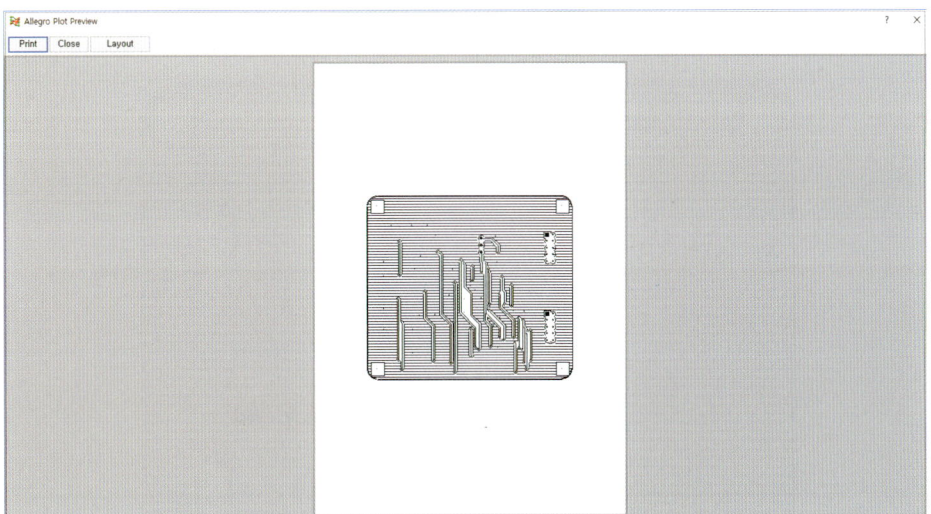

ⓒ 확인 후 Print 버튼을 클릭하면 프린트로 출력이 된다.
ⓔ 나머지 Artwork Film(Top, Soldermak Top, Soldermak Bottom, Silkscreen Top, Drill Draw)도 ㉠~㉢의 과정과 동일한 방법으로 출력하면 된다.

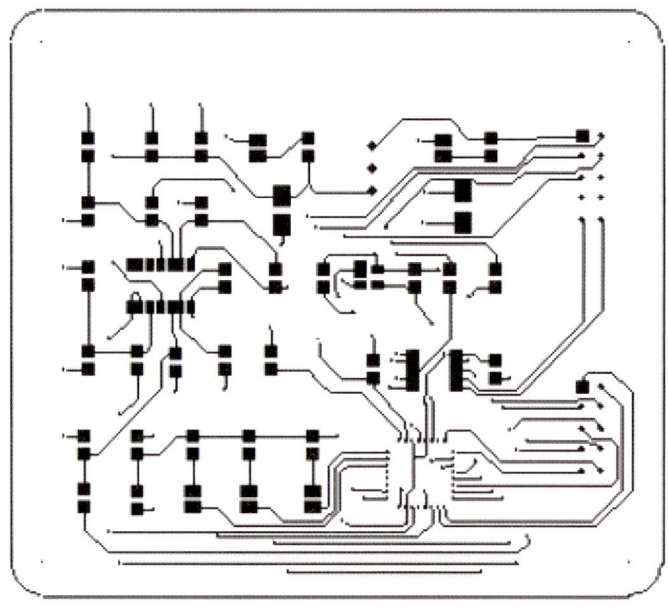

TOP Layer의 거버 출력 데이터

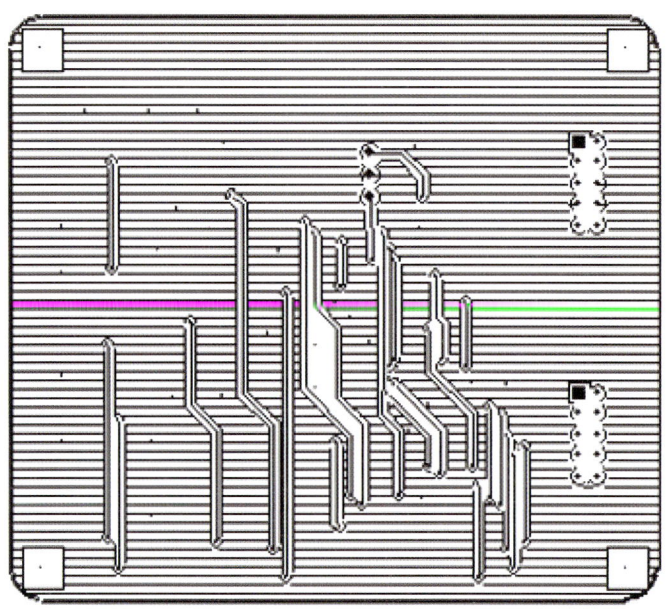

BOTTOM Layer의 거버 출력 데이터

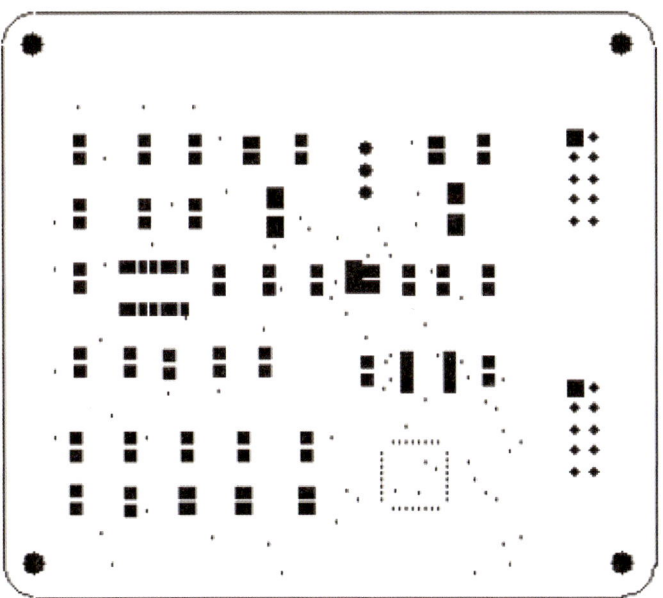

Soldermask_TOP Layer의 거버 출력 데이터

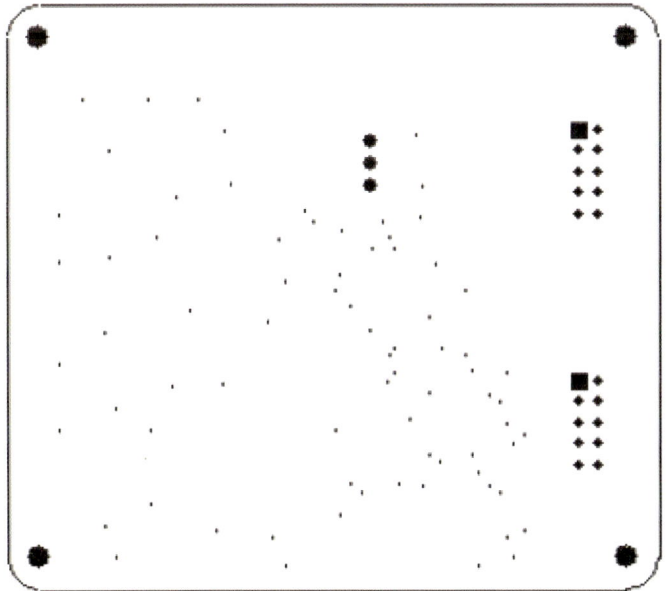

Soldermask_BOTTOM Layer의 거버 출력 데이터

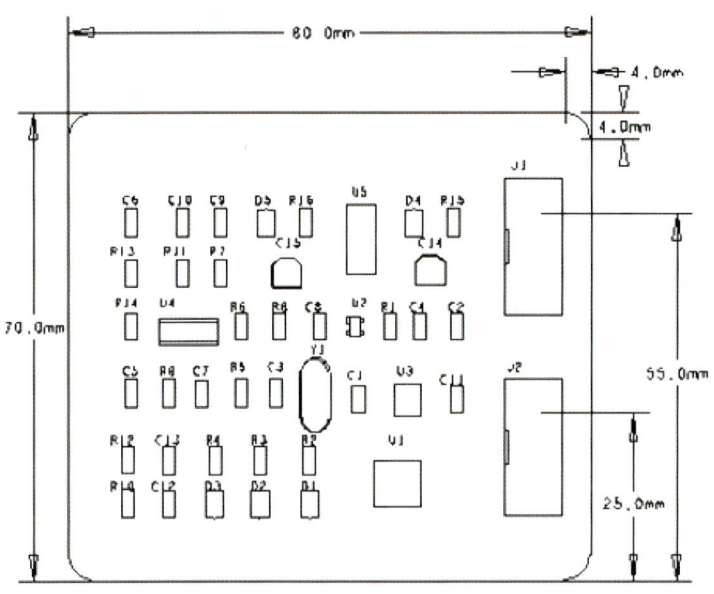

Silkscreen_TOP Layer의 거버 출력 데이터

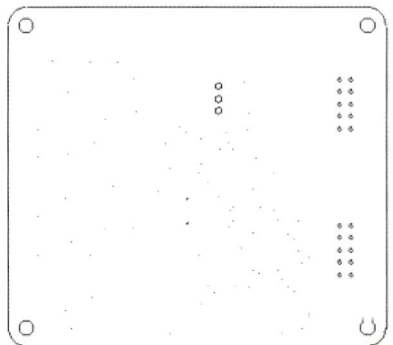

| DRILL CHART: TOP to BOTTOM |||||
| ALL UNITS ARE IN MILLIMETERS |||||
FIGURE	SIZE	PLATED	NONSTANDARD	QTY
·	0.3	PLATED	-	43
·	0.4	PLATED	-	34
·	0.43	PLATED	OTHER	2
○	1.0	PLATED	-	20
○	1.4	PLATED	-	3
○	3.0	NON-PLATED	-	4

Drill_Draw의 거버 출력 데이터

기술문의

나인플러스이디에이(주)

- **서울** : 서울시 금천구 가산동 345-4 에이스하이엔드타워 8차 1502호
  (TEL) 02-6123-3355
- **부산** : 부산광역시 해운대구 우동 1470 에이스하이테크21. 1410호
  (TEL) 051-758-4841

OrCAD 16.6으로 배우는

전자캐드기능사 실기

1판	1쇄 발행	2012년	3월	20일	1판 2쇄 발행	2013년 4월	15일
1판	3쇄 발행	2014년	8월	15일	1판 4쇄 발행	2015년 7월	30일
2판	1쇄 발행	2017년	1월	05일	3판 1쇄 발행	2022년 1월	05일

- **지은이** 캐드문제연구회
- **펴낸이** 김 주 성
- **펴낸곳** 도서출판 엔플북스
- **주 소** 경기도 구리시 체육관로 113번길 45. 114-204(교문동, 두산)
- **전 화** (031)554-9334
- **F A X** (031)554-9335

- **등 록** 2009. 6. 16 제398-2009-000006호

정가 **28,000**원

ISBN 978-89-6813-350-3 13560

※ 파손된 책은 교환하여 드립니다.
본 도서의 내용 문의 및 궁금한 점은 저희 카페에 오셔서 글을 남겨주시면 성의껏 답변해 드리겠습니다.
http://cafe.daum.net/enplebooks